萬國
代禱手冊

Pray for the world

主編—— 萬迪克 Jason Mandryk
　　　　沃莫莉 Molly Wall
　　　　　　　　譯—— 顧華德
　　　　　　　　　　　黃懿翎

◎橄欖出版有限公司

目錄

萬國代禱手冊
Pray for the world

世界與五大洲

附 錄

國家索引

備註：

1. 沒有永久居民的地區不在此列，包含南極洲。

2. 被其他國家佔領、管轄的國家，會被包括進入前者。例如，西撒哈拉包括在摩洛哥之下，西藏包括在中國之下，科索沃包括在塞爾維亞之下。這是為了反映現實狀況，不代表本書的政治立場。

中文版備註：

1. 國家與各國首都名稱，參考外交部出版之《世界各國簡介暨政府首長名冊》（2011 年）。

2. 陸港地區國家譯名不同者，在該國頁面以括弧附上陸港的用法。例如：「亞塞拜然（阿塞拜疆）」。陸港的譯名參考《普世宣教手冊》第六版，由大使命中心出版（2003 年）。

原作者序

　　我是在五十年前——也就是 1964 年——寫作第一版《普世宣教手冊》（*Operation World*），接著總共發行六版。2010 版是我交棒給繼任者後的首版。本書第一版的篇幅僅三十頁，但隨後每一版涵蓋的資訊都逐漸增加。2010 版問世時，《普世宣教手冊》的篇幅已經達將近一千頁，也不再是手冊！沃莫莉（Molly Wall）和整個小組勇敢擔負起編寫精簡版的責任。我們相信精簡版能夠讓更多人受益，也可以被翻譯成更多種語言。我們的宗旨是激發更多熱情又知性的禱告勇士為普世福音事工、教會，也就是基督新婦的裝備以及我們的王耶穌即將回來屈膝禱告。

　　回顧過去這五十年，上帝藉著祂百姓的禱告所成就的一切，讓我心中充滿敬畏與驚嘆。我在 1962 年拜訪非洲時，福音派基督徒僅佔全世界教會中的極少數。在此之前的五十年，福音的種子已經不斷被散播在充滿戰爭與苦難的世界上，但普世禾場依舊有待收割。接著就是五十年的驚人成長。這一切始於 1960 年代的非洲，然後是 1970 年代的南美洲、1990 年代的亞洲，接著就是近年來在伊斯蘭教世界中，首次出現大批百姓相信基督的景況。然而，僅有少數人瞭解這是大規模與大範圍的舉世復興，因為這也是一段停滯與衰落的期間，尤其在歐洲以及泛西方世界。我相信為非洲、亞洲和南美洲祈求的代禱勇士的數量激增，就是這次復興的主要因素。福音派基督徒已經逐漸位居二十一世紀全球的中心位置。

　　然而，我們現在非常迫切地需要這樣的一本書！我們還有許多工作要完成，才能實現主耶穌所吩咐的命令：把天國的福音傳遍天下，好讓祂回來時，普世教會將充滿來自各個人種、民族、國家與語系的百姓，並一同敬拜祂。除非世界上發出熱情、迫切、足以綑綁撒但的禱告，然後藉此興起、維持並添加力量給那些在禾場收割的人，構想出正確的策略並緊密地與耶穌同行而贏得那些失落的人，否則我們就無法把福音傳遍全人類。這本書勾勒出世界上每一個國家的輪廓，以及那地教會和失喪之人的景況。願此書能夠激發出更知性並蒙應允的禱告！

莊斯頓（Patrick Johnstone）

2014 年 6 月 12 日

前言

在最新版的《普世宣教手冊》送廠印刷之前，作者萬迪克（Jason Mandryk）就已經在異象中預見這些資料被傳到世界各地快速增長的教會手中的畫面。

他知道上帝在過去五十年曾使用《普世宣教手冊》轉化許許多多個人、家庭與教會的禱告生活。許多人在使用本書禱告時，蒙主呼召以服事與宣教為終生職志。《普世宣教手冊》的早期版本，曾經在巴西與南韓等國家的新教海外宣教運動的興起與成長過程中，扮演非常重要的角色。若把這本禱告手冊推廣到更多國家，甚至翻譯為多種語言，讓更多基督徒獲得此書，是否能造成同樣的影響，甚至擴及整個世界？我們能夠大膽地相信，上帝可能會使用它搧動全球的代禱烈火，甚至興起又一波全球宣教浪潮嗎？

萬迪克所構想的《萬國代禱手冊》（*Pray for the World*），深得普世宣教手冊團隊的認同。我們規劃的是一本禱告小冊——《普世宣教手冊》2010 版的改編本或者精簡版。因為特別考量到母語非英語的讀者以及便於翻譯，所以本書篇幅較短並且以簡單的英文撰寫。就出版流程來說，《普世宣教手冊》是一部厚重、複雜、瑣碎又昂貴的出版品。《萬國代禱手冊》能夠讓各個出版社按照它們自己的市場規模規劃印刷、發行與銷售。

我在寫這篇序言的同時，《萬國代禱手冊》即將被送到印刷廠。正當我們為普世宣教系列增添生力軍之際，我們感到很欣慰，因為上帝再次扶助我們的事工與團隊，並供應我們所需的一切。我們滿懷希望祈求上帝使用這新版的《普世宣教手冊》，興起數百萬代禱勇士更睿智的禱告，並鼓動祂的教會完成大使命，並且為主耶穌的再來做好萬全準備！

沃莫莉（Molly Wall）
英國，布爾斯特羅德
2015 年 1 月

推薦序一

《萬國代禱手冊》提醒差傳機構「宣教毋忘禱告」；
《萬國代禱手冊》挑戰地方教會「禱告毋忘宣教」！

《萬國代禱手冊》激勵教會領袖體認天父愛世人的宣教心；
《萬國代禱手冊》帶領基督門徒順服主耶穌的宣教大使命！

李秀全
世界華人福音事工聯絡中心 前總幹事
2016 年 1 月

推薦序二

你我的禱告，是改變世界的重頭戲

「若要瞭解上帝的心意，我們需要一本攤開的聖經和一張攤開的地圖。」
──威廉克里（William Carey），印度宣教先驅，近代宣教之父

2010 年十一月，第三屆世界洛桑福音會議於南非開普敦舉行，也是《普世宣教手冊》（*Operation World*）第七版終於問世的時刻。繼二十一世紀版於 2000 年推出之後，歷時十年，全球教會及宣教機構引頸期盼的宣教動員與代禱的工具書終於面世。

我的好友、加拿大籍的萬迪克（Jason Mandryk），就是《普世宣教手冊》這本最具代表性的全球代禱指南的作者兼專案負責人。他當初於 1995 年加入隸屬於環球福音會（WEC）的「普世宣教手冊」團隊，擔任原作者莊斯頓（Patrick Johnstone）的助理。他這七個人的團隊在倫敦近郊的工作點，與全球幾乎每一個國家，超過一千五百個聯絡人或機構通信，收集珍貴、最新的宣教資料和數據。「有時候，人們之所以回應宣教（與禱告）的呼召，是因為那真相既精確卻又痛苦。也許他們不喜歡那些事實，但卻會感激我們提供了這些事實。」他在接受訪問的時候，是這樣誠實的看待這本禱告手冊的影響力。

然而，我還記得當時熱心地向好幾個代表性的出版社推薦，把新版的《普世宣教手冊》翻譯成中文並且發行。心急到一種程度，我甚至想要自告奮勇把那快一千頁的手冊義務翻譯（當然沒有這個能力，也沒有時間）。然而，因為種種現實的因素，當時得到的回應多持保留態度，包括十年前曾經花三年把二十一世紀版翻譯出版的機構，都打退堂鼓。而普世宣教團隊本身，也於 2012 年因發行推廣告了一個段落而有所調整，由一位英國的姐妹沃莫莉（Molly Wall）接手，也就是這本《萬國代禱手冊》（*Pray for the World*）的專案執行者。

這個看似相對簡單（不是重新，而是改編）的任務，也一路推延到 2015 年下半年，英文原版才正式出版，成為本屆爾巴拿宣教大會上最熱賣的書籍

之一。中文版雖好事多磨，卻也有個美好歸宿。感謝橄欖華宣總編輯玉梅姐在 2014 年我們第一次開會時，就有魄力地願意接手。也終於在 2016 年，又有「青年宣教大會」、又有「世界華人福音會議」的重要時刻，看到這得來不易的成果。這一段長達五、六年的路途，我點滴在心。

《萬國代禱手冊》是《普世宣教手冊》節略、簡易的版本，這本小書的目的，是希望可以使用於世界上大多數的地方，在非以英文為母語的環境，更容易翻譯成其他語言。雖然精簡，卻保留了各國相當重要的統計數字（國家人數和人口統計資料、宗教信仰和基督徒比例、主要語言和民族），簡單的地圖和相關曲線圖／圖表，還有最重要的各國最切身的代禱事項。

我們在教會的講台上，聽到一次又一次「國度的眼光」的挑戰，和上帝愛世人的心。我們需要真正去展開雙臂、謙卑自己，願意瞭解世界不同角落的需要、開拓國際的視野，並求神把「跨界」的感動放在禱告當中。在越是混亂的世代，越是風聞戰爭與天災的時刻，神的兒女越需要警醒守望。

過去幾年來，許多教會也發現這個迫切的需要，也更認同、珍惜聯合差傳所提供與推薦的各式禱告資源。舉凡從每天為未得之民代求的《宣教日引》季刊，不定期的「改變世界的旅程：為萬國禱告」多媒體 DVD 光碟，齋戒月時的《三十天為穆斯林禱告》，復活節前的《為這城市尋求神》，一直到各位手上拿的這本《萬國代禱手冊》，都是你我參與普世宣教的重要工具。

我們一再地呼籲，也要提醒每一位神國的子民，宣教的眼光從來不是地理位置的距離，而是心理位置的距離。許多的時候，正因為陌生，更要付上禱告的代價。當你從書架上拿起這本書，一個改變世界的旅程就此展開。

彭書睿

聯合差傳事工促進會 秘書長

2016 年 1 月

編者致謝

本書奠基於《普世宣教手冊》半世紀以來的心血（共印製兩百萬本，經過七次修訂，翻譯成十二種語言，已有兒童版、電子版與其他版本），絕對無法靠一人獨立完成。對於莊斯頓提出的願景及奉獻的精神、對於他數十年來透過創立與發展「普世宣教機構」（Operation World）促進普世宣教，並仍持續不斷貢獻無可取代的珍貴想法與指導，我們致上深深感謝之意。

《萬國代禱手冊》是在我和萬迪克，以及 Michael Jaffarian、J. Robert Parks、Glenn Myers、Chris Maynard、Bryan Nicholson 等特約編輯的努力之下集結而成。將一千頁的內容縮減成三百頁並不容易，我們每個人都在禱告與深思中竭力工作。感謝 Sandy Waldron、Pamela Shaw 以及美國校園團契出版社（IVP）編輯團隊細心審訂整份文本，提出建議。感謝 Margaret Bardsley 貢獻她在普世宣教機構的豐富經驗，協助校對與整理國家資訊欄的工作。

這項計畫的完成，依賴其他人在這一季「普世宣教機構」的事工的積極參與和支持，包括 Bethany Campbell、Linda Sullivan、Jeremy and Kate Ellis、John Bardsley、Shin-seon Jeong、Paul Dzubinski、Tony Woodward、David Phillips，另外還有許多普世宣教機構的同工。更感謝 Bulstrode 社區與環球福音會（WEC International）的同僚，他們不僅是我們的團契與屬靈的遮蓋，更給我們許多的鼓勵與支持。

再次感謝國際製圖協會（Global Mapping International）為第七版繪製的地圖，本書也沿用稍做修改之後的原圖。特別感謝 Bryan Nicholson（cartoMission），他不僅貢獻專業，重新上色與修圖，還製作了幾張新的地圖與圖表。感謝 Chris Maynard 熟練地修改了蘇丹與南蘇丹的宗教統計數字。

感謝 Pieter Kwant（Piquant 機構），他不僅僅是出色的文字同工，更是我們的好友，鼓勵我們堅持下去，熱心將神的榮耀傳到世界各國！我們也同樣感謝 Jeff Crosby、Al Hsu、Andy Le Peau 以及美國校園團契出版社的團隊。出版社同仁不僅親切，也有著奉獻的精神，與作者及書商合作時亦展現傑出的工作能力。

感謝神吸引了許多才華獨特的人來事奉祂！祂透過這一季所遭遇的困難，鍛鍊並強化我們每一個人，使我們信靠祂，各盡其職，建立基督的身體。

引言

　　初代教會時期，使徒保羅和他的小團隊周遊各地的時候，隨走隨分享教會的消息與需要。信徒不但能夠因為禱告蒙應允而喜悅並感謝神，同時也能夠分擔整個地區在基督裡的肢體的重擔與難題。這種做法一直延續至今，世界各地的基督徒藉著禱告分享自己的喜悅，同時也分享他們的重擔。正如初代教會一樣，這種禱告會帶來行動與實際的幫助。

　　數百萬基督徒，尤其是南美、非洲與亞洲教會的基督徒都會定期就近聚集在一起禱告。現在，我們還可以透過網路參與世界各地的禱告會。此外，我們的禱告還能夠更緊密的合一，因為科技讓我們彼此的連結更緊密，更能夠以十年或者二十年前難以想像的方式分享訊息！目前有數十萬乃至上百萬人按照普世宣教的禱告日曆禱告，這表示每天會興起一波來自世界各地，針對特定國家所發出之齊心合意的禱告浪潮。

　　禱告會往往會把整個城市或國家裡面，各種宗派的基督徒凝聚在一起。基督徒往往發現，曾經出現過派系紛爭的地方，只要他們禱告——不論是為世界各地遭迫害教會的苦難基督徒，或者某個深陷苦難的國家，或者上帝向世人彰顯基督的慈愛與眷顧而求——上帝就會讓他們彼此間產生合一與信任。

　　我們千萬不可低估禱告會所能帶來的合一（甚至和好）的果效！

　　歷史上有幾場極其盛大的禱告會就發生在當代的奈及利亞。印尼和印度的禱告網非常努力地在每個省分的各村落，或者全國各地組織禱告小組。巴西一間非常活躍的教會的支柱與力量就是來自禱告網，尤其是姊妹之間的禱告。24-7 禱告運動（專為二十四小時禱告而設立的禱告鏈或禱告室）已經遍布全球許多主要城市，此外大學校園、教會以及其他別出心裁的地點也紛紛設立禱告屋。基督徒承接起數百年之久的禱告傳統，專為特定區域或者特別事項整晚儆醒禱告，也就是禱告音樂會（現在的參與人數往往非常眾多）。

　　這本書在讀者手中的重量不到一公斤，然而書中敘述的期待、願望和目標如果都實現的話，將徹底改變世界各國！上帝正呼召你我投入為萬國祈禱的事工。稍後幾頁將勾勒出我們這個貧瘠罪惡的世界正面臨的種種困難。仇敵會努力用這一切恫嚇我們，並擾亂我們對天上永恆國度（充滿來自各個人種、民族、國家與語言的百姓，參啟示錄七章 9-12 節）所懷抱的異象。有時

候,我們會在痛苦中仰望耶穌,但我們一定要明白自己的真正地位——我們與祂一起俯視這個世界,憑藉著祂已經賜給每一個基督徒的權柄禱告。

我們不僅是照本宣科為書中各種事項禱告,而是有定向的禱告——父神旨意的成就以及祂國度的降臨。願我們都成為放眼世界的代禱者,發出擊退撒但、建立上帝國度、感動世人、釋放被擄者、引進復興、榮耀基督的禱告!

普世宣教手冊的精神

我們的宗旨是幫助信徒來到上帝面前禱告，以及看到祂的國度擴展到世界上每個國家。《普世宣教手冊》的主要目的有二：

- 提供禱告資訊。這本禱告手冊的設計是作為禱告日記之用，整年的每一天都有讚美的重點以及禱告事項。
- 推動事工。我們希望手冊裡的訊息與相關統計資料，能夠激勵基督徒更關心世界上那些最偏僻與最貧乏的區域與族群。

對許多基督徒來說，《普世宣教手冊》是他們為整個世界禱告時，唯一的訊息來源，同時，先前的版本（尤其是非英語版本）已經成為正在不斷成長的全球宣教運動的重要資源。

直接參與製作《普世宣教手冊》第七版（《萬國代禱手冊》的藍本）的同工來自十個不同國家、橫跨三個世代以及二十個宗派。即使如此，也僅呈現出基督多樣化的身體的一小部分而已。我們自己的觀點當然會影響材料的選擇以及其中表達的見解，但我們相信我們已經顧及其他人所抱持的觀點。我們重視可供未來修訂版採用的正面建議，並總是會努力與評論者進行有益的討論。其中許多人最終成為非常有幫助的人士！

在編撰過程中我們所依循的是下列原則：

讀者群。我們所定的對象是委身的基督徒，願意順服耶穌的吩咐向世界傳福音並完成大使命。他們當中許多人屬於福音派（參定義，380 頁）。但許多屬於其他宗派的人也會使用這本手冊。但願我們已經顧及你們並整個上帝多樣化的大家庭。

神學立場。《普世宣教手冊》採取廣泛的福音派立場，觀點跟洛桑信約（Lausanne Covenant）非常接近。我們在編撰時，對於造成福音派分歧的次要神學議題（例如教會治理、洗／浸禮、上帝的主權、聖靈的恩賜與作為）盡

量採用兼容並蓄的文筆。

政治立場。雖然我們是個多元的團隊，但其中成員大多數是西方人。我們知道我們的觀點會受到我們的文化與背景的影響。我們盡量保持平衡與公允，即使在提筆針貶我們眼中世界上的錯誤時依舊如此。但有時候結果可能會事與願違，因此部分人士可能認為我們語帶偏見。

研究探索。詳盡的觀察與蒐證，只要抱持著謹慎戒懼的態度並倚靠上帝的指引，就是合乎聖經的教導。部分人士錯誤地把統計研究和撒母耳記下二十四章裡面，上帝對大衛王人口普查的審判混為一談。但上帝也允許，甚至命令摩西、約書亞、歷代志作者、以斯拉、以西結、路加、約翰以及聖經中其他人運用統計數字。

時效。這本書裡的統計數字，就跟其他出版物的統計數字一樣，在它們被送進印刷廠前就已經過時了。世界總是在不斷改變。《萬國代禱手冊》是《普世宣教手冊》第七版（2010 年）的濃縮版，幾乎所有的統計數字與禱告重點都引自那版本。我們著重的是長期具策略性的禱告重點，這些是不會在一夜間就改變的！有時候，它們需要持續數十年的代禱。轉化將臨到每一個國家（選舉、天災、戰爭等等），但其中大多數的禱告重點都需要我們在未來歲月中勤奮的禱告。

重視教會。我們的資訊集中在各個國家的教會。不過，其他基督徒機構往往能提供最充分的資訊，這是文中也會提到它們的原因。與我們保持聯絡的數百個對象，也就是提供我們關於各個國家資訊的人士，包括教會與宣教機構領袖，同時也涵蓋當地基督教領袖以及外來的基督工人。

資源。《萬國代禱手冊》是一個倚靠信心的行動。團隊裡沒有任何人支領普世宣教事工的薪資。我們的設備並不昂貴，而且我們的辦公場所是環球福音會（WEC International）慷慨提供的。我們所有版稅都存入專用基金，準備支付未來普世宣教各種專案的事工與製作費用。這就是我們沒有把《萬國代禱手冊》以及《普世宣教手冊》全部內容免費刊載在網路上的原因之一。

禱告的負擔。我們所提供資源的最高宗旨就是要成為禱告的工具，相較之下，我們其他的相關工作都是次要的。鑑於我們對上帝性格的瞭解，我們渴望消滅貧窮、伸張正義、瞎眼的看見以及瘸子行走、寡婦與孤兒得到照顧、被綑綁的得釋放、土地得到滋養、戰爭止息、仇敵和好、失喪的人被耶穌尋回並得到祂帶來的救恩。許多基督徒（以及許多非基督徒）都恆心地努力奮鬥，希望看到這一切得以實現。

根據主的命令，我們的職志就是看到教會在所有族群中增長，這就是預備新婦迎接新郎。但我們還有一個更高的目標，那就是：榮耀上帝。驅使我們禱告的就是渴望上帝的榮光以及耶穌君王的再來。我們心裡不斷迴盪著啟示錄二十二章 17-20 節：「聖靈和新娘都說：『來吧！』聽見的也要說：『來吧！』……主耶穌啊，我願祢來！」。

如何使用本書

《萬國代禱手冊》是本要拿起來用的書，而不是陳列在書架上。要經常翻閱、參考它。跟你所帶領的人一起使用它或者閱讀它。你可以運用上帝正在世界各地推動的事工激勵與鼓舞其他人。

在家庭裡使用

《萬國代禱手冊》裡面充滿各種鼓勵，而且告訴我們世界上教會快速成長的區域。這一切能夠讓我們對自己的處境也充滿希望。

1. 用一年的時間為整個世界禱告！禱告日曆（參 384 頁）讓讀者在一整年的每一天為一個國家禱告。讀者翻閱到當日代禱的國家時，就會知道自己正參與一個遍布全球的龐大禱告團隊，為那個特定國家禱告。讀者的禱告或許可以專注在一、兩件聖靈放在你心中的事項。不妨把禱告事項用筆劃下記號，那麼以後就可以回顧上帝的回應。

2. 把這書放在電視、收音機、報紙或者電腦附近。一旦遠地發生重大新聞事件，就可以查出該地的屬靈景況。這樣就可以把世俗的新聞事件轉化成知性的屬靈禱告！

3. 搭配宣教代禱信或者宣教機構的刊物與網站。這本書能夠讓我們在瀏覽這些寶貴資源所提供的故事與新聞時，能夠更深入與廣泛地瞭解其背景與觀點。

4. 在家庭團聚時（靈修、進餐、旅遊）閱讀一小段，並為當日的國家禱告。

5. 運用本書製作趣味的益智猜謎遊戲。這是普世宣教團隊最喜歡的活動。

在教會裡使用

普世宣教與為世界禱告應該是每一個團契的核心。在各年齡層的大大小小團體中充分運用《萬國代禱手冊》。

1. 小組與禱告會。在聚會前閱讀當日國家的資料，然後選擇幾項資料分享給其他人。例如，可以分享總人口數、最大的宗教、基督徒人口數以及一

項關鍵禱告要點。

2. 敬拜。 當我們與其他人一起禱告時，就能發揮同心的力量！鼓勵每個人要珍惜禱告的無比價值。這不是枯燥的任務，而是美妙的殊榮。身為真神的子女，我們要為世上萬國來到祂面前，而且我們可以期待看到祂的作為！先簡短敘述背景資料，然後就專注地為一個關鍵領域禱告。

3. 教會週報與刊物。 在教會的出版物上引用書中相關的部分，引起會眾的興趣，從而激勵他們禱告。請務必說明資料來源！善用跟各該國家相關的地圖、照片、影帶以及簡報材料。

在禱告日、研討會、禱告特會、禱告日誌與其他禱告場合使用

《萬國代禱手冊》的初衷就是要為放眼世界的禱告特會提供資訊。下面是一些帶領禱告的方針。

1. 簡短。 要記得大家是為禱告而聚在一起。重點不是要用資訊娛興，也要避免分享過多的資訊，導致大家不知如何禱告。

2. 親近感。 我們在書裡面沒有提到為個人禱告的事項，而是敘述整個國家的概況。《萬國代禱手冊》的禱告要點，應該跟你們所認識或者支持的宣教士的個人資訊，以及禱告小組的特殊相關情況搭配使用。

3. 慎選禱告事項。 過多的事實讓人記不住。謹慎選擇幾件禱告事項，讓會眾在散會後依舊能夠長久記在心頭。

4. 慎用統計數字。 引用太多數據的報告，會讓聽眾感到枯燥乏味！這就是書中關於統計部分使用小字體的原因。慎用那些跟禱告事項密切相關的統計數字。

5. 倚靠聖靈。 聖靈賜下的負擔會激勵其他人在靈裡禱告，並且帶領他們按照上帝為他們所定的旨意而活。他們可能會委身於代禱、行善施捨或者前往探訪自己代禱的地區或對象。許多基督徒因為使用《萬國代禱手冊》禱告，而在聖靈帶領下投入特定的宣教事工。

為上帝的榮耀

「宣教的最高動機不是要順服大使命，也不是憐憫失喪的靈魂，更不是

因為福音而感到的興奮，乃是為榮耀基督的名而興起的熱情（甚至『嫉妒之火』）。最強烈的動機，莫過於渴望基督應該得到祂的名配得的榮耀。」（約翰・斯托得，John Stott）。

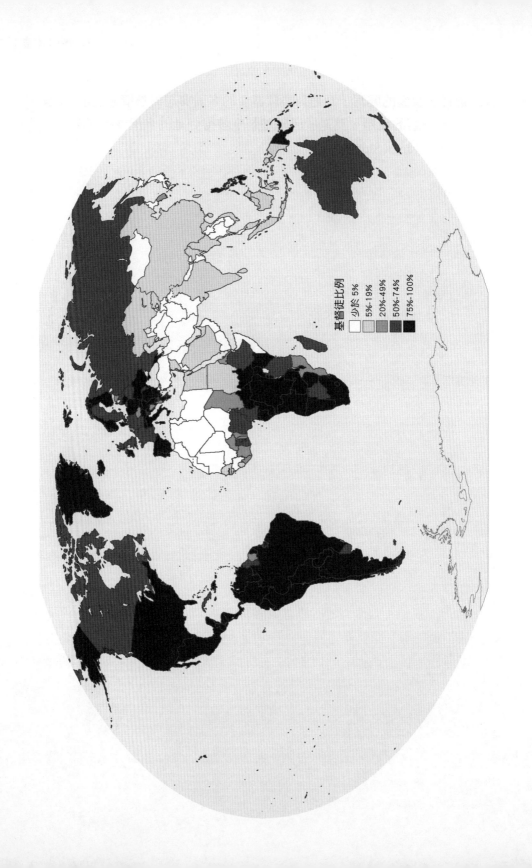

基督徒比例
少於 5%
5%-19%
20%-49%
50%-74%
75%-100%

世界

人數：69 億

基督徒人數：22 億　　**福音派基督徒人數**：5 億 4,590 萬

最大宗教：基督教　　**成長最快速宗教**：伊斯蘭教

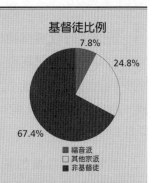

基督徒比例
7.8%
24.8%
67.4%

■ 福音派
□ 其他宗派
■ 非基督徒

全球居民數超過一百萬的城市有 487 座，而居民數超過一千萬的城市有 21 座。時至 2009 年，世界人口有 50% 居住在城市，這是歷史首見的情形。

種族：約書亞計畫列出 16,350 個不同民族，世界基督教資料庫列出 13,674 個民族（二者的數據都是以民族語言為基準，所以散居在不同國家的民族會被重複計算）。

語言：世界上使用人口最多的語言（按照母語人口計算），依序是中文（12 億）、西班牙語（3 億 2,900 萬）、英語（3 億 2,800 百萬）、阿拉伯語（2 億 2,100 萬）、印度語（1 億 8,200 萬）、孟加拉語（1 億 8,100 萬）、葡萄牙語（1 億 7,800 萬）、俄語（1 億 4,400 萬）、日語（1 億 2,200 萬）和德語（9,000 萬）。

全部語言：因為對語言和方言的認定標準各異，所以統計結果也隨之不同。民族語言網（Ethnologue，2009 年）計算出 6,909 種語言，《世界基督教百科全書》計算出 13,511 種語言以及三萬種方言，環球錄音網估計全球的語言與方言總數超過一萬。

聖經的譯本：威克理夫聖經翻譯會列出 6,909 種語言，聖經只被完整翻譯為其中 662 種語言。聖經部分被翻譯為其中 2,582 種語言（其中 457 種語言有整本聖經，1,202 種語言有新約聖經，另有 953 種語言有部分的舊約或者新約聖經）。他們列出 2,252 種語言可能尚須聖經譯本（有 1,363 項專案正在進行中）。目前沒有聖經譯本（尚待展開工作）的族群人口數是兩億。

　　上帝在世上掌權，從古至今始終如此。然而，對信徒來說，禱告可能是件難事。上帝已經賜下許多應許，但世界、肉體和那惡者會引誘我們產生懷疑。新聞報導把焦點放在各種惡事上面，那些美好、健全又良善的一切——例如上帝及其僕人的作為——往往被擱置一旁。我們的屬靈眼光並不完全明亮。我們是透過一面模糊的鏡子觀看世界（林前十三 12）。

　　就像以馬忤斯路上的門徒（路加福音二十四章）一樣，我們需要耶穌打開我們的眼睛才能看到隱藏的真相。上帝回應我們的禱告，且在世上成就美妙的作為！目前正是教會歷史中一個奇妙的時代。三十年前，我們當中誰能想像得到，中國的基督徒人口數竟然能超過一億，在伊朗與阿爾及利亞有大批百姓相信耶穌，或者基督教能傳入柬埔寨與尼泊爾？唯獨上帝！因此，我們要先提到禱告的回應，將一切感謝與讚美獻給我們的主。我們要持續為我們眼中看似不可能的事情禱告，因為在上帝沒有難成的事情。

禱告蒙應允

1　新信徒的收割持續出現在非洲、亞洲和南美洲,相較之下,世界其他區域的教會成長非常緩慢,甚至出現衰退的情形。雖然有時候為數不多,或者不受到大眾矚目,但目前每個國家都有基督徒在其中生活與團契。普世宣教、移民以及全球化使得教會遍布各地。它不再是歐洲的「白人宗教」,而是全球的萬民信仰。目前的基督徒大部分都是非洲人、亞洲人以及南美洲人。

2　基督教福音派的成長速度超過其他世界宗教與全球信仰運動。造成這種成長的主要原因是福音派教會在前所未到的地點拓展的本土運動。福音派人數在 1960 年是八千九百萬（世界人口的 2.9%）,但 2010 年時他們已經增長到五億四千六百萬（7.9%）！這些增長大部分都是因為悔改歸主,而不是單單因為自然生育率增加。就教會增長的地區來說,這些都是過去或者現在

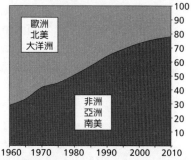

全球福音派分佈
（福音派總人口分佈百分比）

歐洲
北美
大洋洲

非洲
亞洲
南美

對基督徒迫害相當嚴重的地區。但由於人口成長持續緩慢,福音派的成長也將隨之趨緩。

3　五旬節派和其他靈恩運動的成長超乎預期。五旬節運動肇始於一百多年前。主流宗派的靈恩復興大致上始於 1950 年代和 1960 年代,接著就是二十世紀末的第三波。靈恩復興運動曾影響許多教會,包括數千個宗派,幾乎遍及每一個國家！儘管每個運動都會出現屬世缺點,但靈恩更新運動確實曾復興與更新將近五億人的信仰。

4　許多世界上與世隔絕的民族都已經得到好消息！許多十年到二十年前不曾有任何人信主的族群,如今已紛紛建立起持續成長又活躍的教會！1990 年代的研究成果有助於普世教會為那些與世隔絕的民族禱告,採取適當的宣教策略並集中力量。如今,我們對宣教的需要有更深入的認識,然而許多宣教拓荒的工作尚待完成。但我們要讚美上帝,宣教的門已經大開,而且數百個族群裡面已經有許多人回應福音的呼喚——甚至包括一些曾經被認為不可能有所回應的群體！

5 上帝的百姓聚集在一起禱告，不僅人數比以往眾多，而且更加專注！地區性、全國性以及跨國性的草根運動紛紛興起，不但為他們的社會、國家以及族群禱告，也為重要的全球議題（例如遭迫害的教會、受虐兒童、人口販賣的受害者等等）禱告。起來，與世界各地的人連結在一起，為你關切的國家、區域或者議題禱告！

6 世界各地的救助、開發以及慈善事工不斷增加，從 1980 年代到 1990 年代，然後延續到目前的世代。讚美上帝，世人比以往更願意伸出援手幫助世界上最弱勢與最貧乏的人。照顧弱勢族群以及為受壓迫者伸張正義的事工，所反映的正是上帝的心意以及聖經的命令。它也為福音信息打開許多大門。基督徒能夠藉著實際的服務進入傳統宣教方式無法突破的國家、地域與社區。

7 大使命運動的全球化改變了宣教的樣貌。亞洲、非洲以及南美洲的許多國家（例如衣索比亞，該國已經展開差派宣教士的運動）。「佔世界人口多數的國家」（Majority World）差派的宣教士已經超過西方國家。這個令人興奮的二十一世紀現實也帶來獨特的難題。嶄新的宣教運動也會犯下古老的錯誤，而來自富北方（Global North）的宣教士現在不但要跟窮南方（Global South）的宣教士同工，甚至要聽從他們的領導。有些國際宣教機構認為來自這些國家的生力軍將會增加。讚美上帝，普世宣教運動將比以往更具有跨文化與跨國籍的特色！

8 教會必須找尋新方法訓練、差派與支持宣教士，尤其是非西方工作者。傳統的新教宣教士將繼續投入普世運動，但面對全球政治與經濟的轉變，宣教事工需要建立創新的模式與型態才能因應。

- 宣教機構與配搭網絡之間的合作越來越緊密，這些網絡不但願意分享資源，甚至同工，且樂於共同合作推展事工。
- 具有宣教心志的基督徒在異鄉的各個領域參與服事，包括救濟與營建、貿易、教育、運動、藝術以及其他行業。其中有部分是透過機構，另有些人則是獨自行動，或者跟宣教團體僅維持鬆散的聯繫。
- 移民到世界各地的族群（例如菲律賓人、華人、韓國人、奈及利亞人）已經成為宣教的強大勢力，因為他們願意把握機會在異鄉拓展上帝的國度。

9　因為天災人禍而出現在新聞裡的地區，往往成為密切禱告以及相關宣教事工的焦點。過去二十年間，信靠基督的伊斯蘭教徒遠超過以往的數量，也有更多的工人投入伊斯蘭教核心地區的服事。正當世界逐漸注意到伊斯蘭世界散布的範圍、內部的複雜性及其帶來的各種難題時，許多基督徒心裡開始產生向穆斯林傳講耶穌的負擔。佛教重鎮（西藏、泰國、柬埔寨）爆發的政治危機，引發基督徒對佛教世界產生類似的關心，而賤民（印度、尼泊爾）的艱困處境，更讓世界各地基督徒為他們禱告與服事。

10　上個世代的普世運動塑造出世界宣教的方向。洛桑運動、世界福音聯盟（World Evangelical Alliance）、全球禱告日（the Global Day of Prayer）以及主後兩千福音遍傳運動（AD2000 and Beyond）都各盡其力，動員世界各地的教會發起福音外展行動。

11　上帝使用許多器皿（個人見證，文字、聖經翻譯、基督教錄音資源、電視、網路以及其他各種方式）服事基督徒與非基督徒。我們祈禱藉著聖經翻譯（2025 計畫〔Vision 2025〕）、錄音資源（萬舌計畫〔the 10K Challenge〕）、基督教電台（廣播傳世界〔World by Radio〕）以及其他各種事工的共同努力，讓更多的非基督徒有機會聽聞好消息，進而相信福音！然而，即使在這一切活動的努力下，世界上還是有大約 24～27% 的人口無法清楚明白地聽聞好消息，然後接受它。

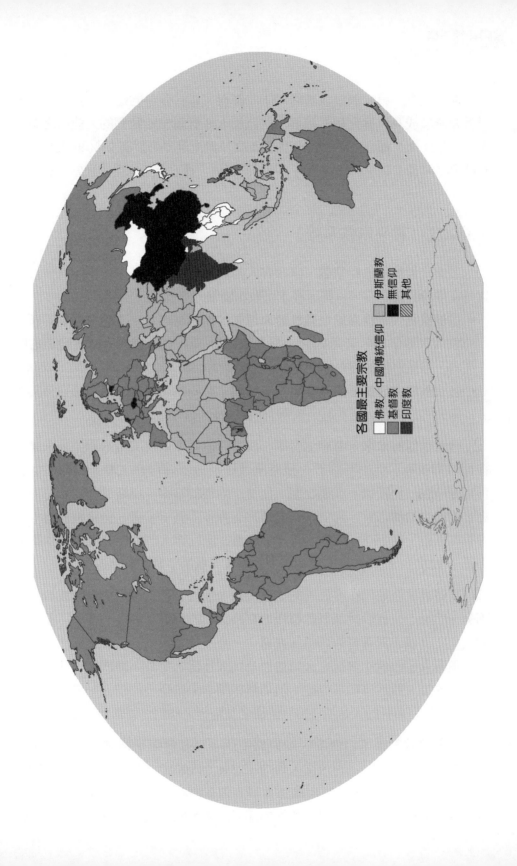

各國最主要宗教

佛教／中國傳統信仰　　伊斯蘭教
基督教　　　　　　　　無信仰
印度教　　　　　　　　其他

耶穌建立了第一個宣教團隊：十二使徒。新約教會的建立便是成果。普世教會應該成為一個宣教的機構，並且加入耶穌頒布給我們的大使命之中。過去五十年來，福音在全世界有許多進展，但全世界仍然有 25% 的人從來沒有聽過好消息！為普世教會能為了基督的緣故，齊心進入未得之民當中禱告。

未竟之工（世界宗教系統）

1　**二十一世紀的世界宗教**。宗教在大多數社會中扮演基礎角色，許多人面對外在環境的變動時，會轉而尋求宗教和屬靈的事物。

- **這個世紀，全世界的宗教性越來越強，而不是趨弱**。不論在哪個地區、哪個宗教信仰，皆是如此。許多人認為二十世紀是世俗主義勝利的時刻，但是宗教信仰在二十一世紀仍舊非常活躍。
- **各宗教當中的基要主義團體均有增加**。有些團體用暴力的方法對待其他宗教的信仰者，有些甚至攻擊有相同宗教信仰的人。

2　**普世信仰的未來**。考慮生育率、傳道的積極度以及文化影響力，未來的普世信仰很有可能由基督教、伊斯蘭教以及無信仰信仰主導。其他的宗教可能維持在一個區域，或者在某一個特定的族群當中。伊斯蘭教的生育率最高，但較少的轉信者。無信仰信仰雖然有許多「轉信」者，但這個族群的生育率非常低。從 1900 年到 2000 年，基督徒佔世界人口的比例從 34.5% 微幅降低至 32.3%。基督教在非洲和亞洲的增長，抵消了歐洲的衰退。

3　**基督教**是全球化程度最高的宗教，每一個國家都有基督徒見證或者信徒團契。然而，只有少數基督徒積極地實踐他們的信仰。許多人傳承了基督教的文化，但個人對基督的認識卻非常少。在一些情況中，人們接受了基督信仰，但混入了他們的傳統宗教習俗以及民間迷信。另外，摩門教、耶和華見證人等異端，雖然自稱基督徒，但仍然相信非來自聖經的信念、價值觀以及做法。數以百萬計的人是還沒得救的掛名基督徒，他們需要聽到真正的福音。

4　**伊斯蘭教**掌握了自西非、中東到中亞，以及向南延伸到印尼的地帶。伊斯蘭教的成長非常迅速，從人類的 12.3%（1900 年）增長至 22.9%（2010 年）。大部分的增長人口來自高生育率，但在西非、印尼和美國的大批歸信者，也扮演重要角色。但伊斯蘭教內部面對重大的危機，激進的穆斯林以暴

力和恐怖策略驚嚇了整個世界，包含愛好和平的大多數穆斯林。歸信基督的穆斯林超越以往，但也有許多穆斯林選擇乾脆放棄信仰。在許多西方國家，穆斯林已經變成一個人數眾多的少數族群，但同時也為著世俗價值觀帶來的社會、靈性影響而掙扎不已，尤其是年輕人；請為跟隨基督的穆斯林禱告，願這股涓涓細流變為席捲世界的洶湧浪潮！

5 宣稱無信仰信仰的版塊或者群體在上個世紀擁有最高的成長率。這個群體在 1900 年時僅佔世界人口 0.2%，但到了 2010 年已經來到 13.6%。大多數是華人和歐洲人。當共產主義在歐洲以及當前的其餘地區瓦解時，許多宗教出現新的成長。但在全世界，人們仍然繼續離開自己的宗教傳統。目前，基督教仍然無法向世俗的後現代世界有效地傳遞福音，教會也在世俗思想和價值觀的擴張中不斷掙扎。許多人離棄信仰，尤其是年輕的世代。

6 印度教仍然在印度保持強大的中心地位（全世界 90% 的印度教徒住在這裡），然而印度教的思潮在全世界受到歡迎，如新世紀運動、瑜珈、超脫現實的打坐、哈瑞奎師那宗派（Hare Krishna sect）和廣受喜愛的印度教大師（*gurus*，靈性導師）。如同伊斯蘭教，印度教也有暴力的一面。極端的印度教分子對印度和尼泊爾的基督徒施暴。印度次大陸擁有全世界密度最高的未得之民群體。教會在最貧窮、最低賤的種姓當中高速成長，但佔印度人絕大多數的種姓主體仍然與福音隔絕。

7 佛教在亞洲，是四個國家的國教、三個國家的主要宗教，以及九個少數民族信仰的宗教。在絕大多數地方，佛教徒將中國傳統信仰、道教、儒教和神道教混入了佛教信仰。在共產主義失去強大的影響力之後，佛教開始成長。佛教藉由西藏達賴喇嘛的影響力在西方獲得歡迎。有佛教背景的人中只有少數成為基督徒。佛教和基督教的世界觀迥異，這使得佛教徒在理解基督徒表達福音的方式時，遭遇很大困難。請為突破困難禱告。

8 種族宗教和泛神論開始在一些地方成長。甚至有一些情況是，當人們接受其他信仰時（例如伊斯蘭教、佛教、印度教甚至基督教時），不過是在根深蒂固的種族宗教信念和習俗上披上一層淺薄的信仰罷了。傳統信仰仍然在人們的生活、社群和整個文化擁有強大的影響力。即便是在世俗西方世界，人們也對新世紀運動或者其他屬靈的習俗、神祕主義、祕教著迷。這在在顯示：人類是充滿靈性需求的受造物！而我們的確身處一場屬靈的爭戰之中。

9　一些其他宗教始終侷限於少數人和地區當中，例如南亞的錫克教、耆那教、帕西教等等，哈巴伊教則已散布全世界。

10　猶太教徒數目在各國均呈現下降趨勢，這是由於低生育率、世俗影響、歸信基督教以及猶太人回歸以色列國的結果（全世界猶太教徒的 37% 現在居住在以色列）。全世界 1,480 萬的猶太人當中，約有十五萬人跟隨耶穌。為猶太人能找到——Yeshua（譯註：耶穌在舊約的名字）——他們的彌賽亞禱告。

未竟之工（世界民族）

距離耶穌吩咐祂的門徒去使萬民作祂的門徒，已經是兩千年以前的事情了。但直到二十年前，我們才終於獲得全世界民族與語言的清楚樣貌。約書亞計畫（此計畫調查全球民族語言群體及其福音化狀態）列出的清單，在全世界的 16,350 個群體中，有 6,645 個群體仍停留在未接觸福音／最少接觸福音的分類中；那是 41% 的世界人口！總人數是二十八億。（記住，一位基督徒可能屬於福音未得群體，一位非基督徒也可能屬於福音已得之民。）

1　**全世界的教會必須領受傳福音給未得之民的異象。**「民族」（Peoples）——或者希臘文新約的用語 *ethne*——是神救贖人類大工之中的基本單位；當我們閱讀舊約、福音書和啟示錄時，我們看到萬民萬族都將有人來成為門徒；請為教會能熱切地追求這個結果禱告！每一個基督教的事工會有不同的策略、方法、潮流，但教會在理解大使命時，「民族」是個不可少的概念。

2　**今日福音最少觸及之民**仍然沒有聽聞福音，因為實在太難接觸到他們！許多障礙（地理、語言、文化、宗教、政治、經濟、靈界勢力）使得他們仍然被隱藏或者被忽視。除非有人能夠越過這些重重險阻進到他們面前，告訴他們基督的愛並建立教會，否則這些人將永遠不會聽到好消息。開拓型的宣教事工是困難、昂貴而且相當花費年日的。它需要良好的文化同理和決心，並以禱告來突破屬靈戰爭。許多未得之民僅有少數人口；基督徒對他們的認識是這麼的少，因為他們與世隔絕，或者常混入其他大群體之中；向神祈求，願祂將耶穌顯明在這些小又脆弱的群體當中。

當耶穌將使命委託給教會，祂同時保證神的能力及聖靈的同在。我們的任務浩大，但不會比那位應許要與我們同往並賜力量給我們的神更偉大。

禱告格言

代禱上的鬆懈，無疑是為敵人開了一扇門。
——戴德生（*Hudson Taylor*）

沒有任何一句禱詞會被神遺忘，我們等得越久，所累積的祝福就越大。
——宣信（*Albert B. Simpson*）

如果我每天早上沒有用兩個小時的時間禱告，魔鬼在那一天便得勝了。就因為 我有太多的事情，所以我每天不能不花三個小時的時間去禱告。
——馬丁路德（*Martin Luther*）

代禱是一種負擔，雖然有時壓得你極緊極重，但當上帝恩惠的雨降下來時，卻如大雨後晴光照耀青翠樹木那樣的美麗。
——海德（*John Hyde*）

推動基督徒禱告的人，是對普世福音化貢獻最卓著的人。
——慕安德烈（*Andrew Murray*）

禱告，是軟弱者對全能者的倚靠。
——鮑德（*W. S. Bowd*）

沒有一個國家或地方的靈命覺醒，不是從合一的禱告開始。
——畢爾遜（*A.T. Pierson*）

宣教史，就是一連串蒙應允的禱告。
——施為美（*Samuel Zwemer*）

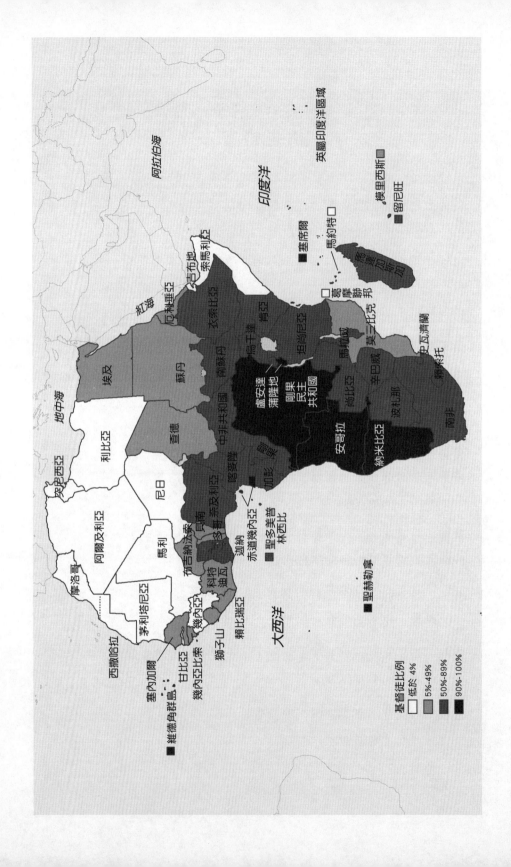

地中海

阿拉伯海

印度洋

英屬印度洋區域

模里西斯

留尼旺

塞席爾

馬約特

葛摩聯邦

馬達加斯

吉布地

厄利垂亞

索馬利亞

衣索比亞

肯亞

坦尚尼亞

馬拉威

莫三比克

史瓦濟蘭

賴索托

埃及

蘇丹

南蘇丹

烏干達

盧安達
蒲隆地

剛果
民主
共和國

尚比亞

辛巴威

波札那

南非

納米比亞

安哥拉

利比亞

查德

中非共和國

喀麥隆

剛果

加彭

突尼西亞

尼日

奈及利亞

多哥
貝南

阿爾及利亞

馬利

布吉納法索

迦納

赤道幾內亞

聖多美普
林西比

摩洛哥

茅利塔尼亞

幾內亞

科特
迪瓦

獅子山

賴比瑞亞

西撒哈拉

塞內加爾

甘比亞

幾內亞比索

維德角群島

聖赫勒拿

阿拉伯海

印度洋

大西洋

基督徒比例
低於 4%
5%-49%
50%-89%
90%-100%

非洲

人數：10 億
基督徒人數：5 億 3,700 萬 **福音派人數**：1 億 8,240 萬
最大宗教：基督教
成長最快速宗教：無信仰

非洲 57 個國家涵蓋世界上 15% 人口，而且人口增長率幾乎是世界平均數的兩倍。世界上 33 個最低度開發國家中有 32 個在非洲。

所有語言：2,110 種。有聖經譯本的語言：新舊約 173 種語言，新約 335 種語言，新約或者舊約 223 種語言（根據聯合聖經公會統計）。693 種語言翻譯中，至少有 225（實際可能高達 925）種語言尚待翻譯。非洲依舊是聖經翻譯事工最艱鉅的挑戰！

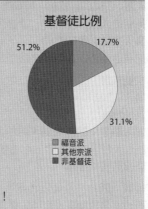

基督徒比例

51.2% 17.7%

31.1%

■ 福音派
□ 其他宗派
■ 非基督徒

　　幾乎所有非洲國家都是在 1957 年以後才獨立。儘管民主制度和真正的多黨政治已開始在非洲生根，但進程緩慢。並非所有非洲人都認為西方世界的政治型態最適合非洲採用。許多領袖因為腐敗、對某些部落的偏袒和實施不當的經濟策略而使得貧窮與動亂惡化，又不願放棄他們的權力。其中部分領袖利用腐敗與竊盜為自己取得上億財富。

　　非洲是各大洲中最需要援助，而且貧窮最普遍的一個。然而，在經過數十年的救助與開發後，情況卻沒有太多改善。許多人認為少點援助以及更自由的全球貿易會更有益於非洲。

　　一百年前由西方殖民勢力劃分的國界，在今日依舊困擾著非洲，並且在十幾個國家掀起動亂甚至戰爭。伊斯蘭教與基督教的分界線從西到東橫跨整個非洲，而武裝伊斯蘭運動就在這條線上的幾處熱點掀起恐怖行動與戰爭。

阿爾及利亞 Algeria   *非洲*

人數：3,540 萬 **首都**：阿爾吉爾（280 萬人）
基督徒人數：9 萬 9 千 **福音派人數**：8 萬 4 千
最大宗教：伊斯蘭教
成長最快速宗教：無信仰
主要族群：馬格利布阿拉伯人（69.9%）、柏柏
爾人（22.8%）、貝都因人（6%），其他阿拉伯
人（1%）
官方語言：阿拉伯語、柏柏爾語（普遍使用法
語和英語，25% 人口使用柏柏爾語之一）
全部語言：22 種

經濟：因為石油與天然氣儲量豐富，相關工業國營化成長迅速。然而，一般大眾沒有享受到
石油帶來的財富，而且失業率居高。

政治：曾為法國殖民地（132 年），1962 年在經過激戰後獨立，由獨一的社會主義政黨執政 25
年。伊斯蘭教在 1992 年贏得選舉，但遭到軍方反對。爆發一場死亡人數超過十萬的內戰。現
任總統（自 1999 年執政迄今）努力推動和平與和諧。儘管暴力趨緩止息，但從 2006 年開始，
伊斯蘭民兵的攻擊又趨猛烈。

1　**阿爾及利亞教會過去十年的增長，就是禱告蒙上帝應允的結果！**宣教士
與禱告勇士多年來辛勤努力的工作，結出美好的果實！多數信徒都是卡比爾
柏柏爾人，但是阿拉伯人和多數其他族群也紛紛信主。基督徒間瀰漫著合一
的氣氛，對長期處於敵對狀態的各族群來說，這是相當獨特的情形。部分信
徒得到耶穌超自然的異象，但多數都是透過個人佈道而信主的。阿爾及利亞
各地逐漸出現新的團契，部分原因是柏柏爾信徒為分享好消息而遷移到尚未
接觸福音的阿拉伯人地區；請為這地的百姓繼續來到基督面前而禱告！

2　**阿爾及利亞曾經歷極大苦難。**先是遭受法國殖民壓迫，然後是在 1962 年
結束的解放戰爭，接著就是 1992 年爆發的殘酷內戰。儘管憲法應許實施民主
政治，但百姓的自由非常有限，人權依舊遭受侵犯。想要以伊斯蘭律法統治
國家的穆斯林攻擊那些反對他們的政府、媒體、外國人以及伊斯蘭教領袖；
請祈求上帝善用這種情勢吸引眾人歸向基督，也為阿爾及利亞的伊斯蘭教領
袖能相信耶穌而禱告。

3　**阿爾及利亞的教會正面臨迫害**以及其他種種困難。它是藉著大膽的見證
與個人佈道而成長，但宗教與政治領袖強烈反對這個新運動。信徒要面對來
自家族、朋友、穆斯林極端分子以及雇主的威脅。在穆斯林環境中成長的信

徒的失業率高達九成。他們正面對政府對個人佈道與敬拜聚會頒佈的新限制措施。政府也禁止進口聖經，對門徒訓練造成阻礙。許多信徒依舊無法得到聖經。請祈禱阿爾及利亞教會能有足夠的信心與韌性面對這些壓力。

4 教會的運作非常本土化，具有阿爾及利亞的特色。聖經與查經材料、敬拜的樣式、甚至培訓與領導模式都充分反映出阿爾及利亞的文化。阿爾及利亞需要更多工人參與鞏固本土教會，以及把福音傳向數百萬未得之民的工作。目前有數個福音機構透過廣播、文字、衛星電視、隨身媒體以及聖經函授課程幫助阿爾及利亞信徒；請為這些資源的不斷增加而讚美上帝，並為這一切能散播得更廣闊而祈禱！

5 特別為下列這些未得之民禱告：

- **超過四百萬居住在歐洲的阿爾及利亞人**，其中許多都是非法居民。他們在歐洲有較多的機會接觸福音，但伊斯蘭教的教導也一樣；為那些向他們傳福音的宣教機構與教會禱告，也請為柏柏爾語和阿拉伯語族群的門徒訓練與植堂、為上帝興起眾多阿爾及利亞信徒成為他們自己同胞的宣教士而禱告。

- **年輕族群往往期望前往歐洲，以尋求更廣闊的自由與更美好的生活。**阿爾及利亞 65～70% 的人口年齡低於三十歲。學生在校園中接受許多可蘭經的教導。目前尚無專門的孩童事工。

- **亞特拉斯山脈的柏柏爾族（占人口 23%）**在經歷阿拉伯民族數百年的統治後，渴望恢復他們文化的傳統。他們的先祖是基督徒，而且許多卡比爾人都已經歸信基督。但柏柏爾族群中其餘的十三支派都屬於對福音反應最冷淡的非洲族群；為基督徒在每一個族群裡的見證祈禱！

安哥拉 Angola　　　　　　　　　　　　　*非洲*

人數：1,900 萬　**首都**：魯安達（480 萬人）
基督徒人數：1,790 萬　**福音派人數**：430 萬
最大宗教：基督教
成長最快速宗教：伊斯蘭教
主要族群：奧文本杜族（25.5%）、姆本杜族
（22.9%）、剛果族（12.9%）、盧瓦勒族（8.1%）、
喬奎族（5%）、混合族群（1.2%）、科伊桑語族
（0.6%）
官方語言：葡萄牙語　**全部語言**：41 種

經濟：擁有部分全球最豐富的自然資源（石油、鑽石、礦產、農地），但普遍貧窮。基礎建設遭戰爭毀壞，但正在重建中。

政治：前為葡萄牙殖民地（450 年）。馬克思派發動政變結束殖民政權（1975 年）。內戰使得數百萬人流離失所，90 萬人喪生。1990 年達成和平協議，但 1998 年至 2002 年爆發戰鬥。2008 年舉行國會（總統人選由其決定）選舉。部分分離主義繼續在卡賓達省戰鬥。

1　綿延將近四十年的內戰（1962～2002 年）重創安哥拉。受創最重的就是無辜百姓。戰爭摧毀道路、學校、醫院、家庭與教會，數百萬人逃離家鄉，八萬人因為地雷而瘸腿。70%～90% 的人口陷於貧窮。心理、社會與精神的創傷需要許多年才能恢復；在國家重建的過程中，教會成為促進各方和好的助力，當為和平以及百姓能夠重回家園讚美上帝。

2　高舉聖經的基督教不斷成長，即使在戰爭與貧窮中也一樣！效忠馬克思主義的第一任總統發誓，要在二十年內消滅基督教，他失敗了！在 1990 年至 2010 年間，福音派人數增長四倍。眾教會極需禱告，以撫平衝突造成的傷口；請為赦免與愛能夠落實在日常生活中禱告。僅有極少數教會得到接受過裝備的牧者餵養。錯誤的信仰、對聖經一無所知、巫術以及泛靈信仰，玷污許多信徒以及教會的生命。伊斯蘭教利用簡單的教條以及外國的資金擴張領域；請為基督徒的合一、聖潔的生活以及合乎聖經的信仰而禱告。

福音派成長速率
（佔總人口 %）

3 青年與兒童。馬克思主義與戰爭造成一個傷痕累累、欠缺受教機會以及物質匱乏的世代。目前這世代是數十年來第一個嚐到和平滋味的世代。多數安哥拉基督徒的年齡不到二十五歲。請為小學與初級中學的重建、教職員的召募並能夠充滿學生而禱告。

4 海外宣教士的出現是過去多年苦難中美好的見證。各種事工如今應該從援助與救災轉變為建設,並從佈道轉變為門徒造就與培訓。多數宣教事工都是全人的,要滿足信徒物質與精神的需要;請為那些以基層醫療照顧、教育、職業訓練與疾病防制為主要事工的機構(例如世界展望會、撒馬利亞救援會以及其他機構)禱告。

貝南(貝寧)Benin   *非洲*

人數:920 萬 **首都**:新港(28 萬 7 千人)

基督徒人數:370 萬 **福音派人數**:76 萬 8 千

最大宗教:基督教

成長最快速宗教:伊斯蘭教

主要族群:種族群體總數超過六十個,多數在南部。幾內亞人(59.5%)、谷爾人(17.4%)、約魯巴人(13.1%)、富拉尼人(4.8%)

官方語言:法語 **貿易語言**:豐語(南方)、登迪語(北方)**全部語言**:56 種

經濟:以農業為基礎,棉花是最大宗產物。跟奈及利亞貿易關係密切,但依舊是全球最貧窮國家之一。

政治:1960 年脫離法國獨立。歷經七次政變和一次馬克思主義政權的統治後,在 1991 年實施民主政治。目前政府穩定。

---

1 貝南依舊是全世界最低度開發國家之一。各種振興經濟的努力,往往因為政治腐敗而告失敗。將近 75% 的經濟活動都屬於「地下」或者非法活動,這跟奈及利亞利益密切相關。部分人士懷疑每年都有成千上萬的孩童被罪犯偷渡到海外,賣為童工;請為司法和正義在貝南得到伸張,以及奈及利亞能更加發揮較正面與敬虔的影響力而禱告。

2 貝南百姓中信奉傳統民族信仰的比例為非洲最高。許多基督徒都把他們的信仰和泛靈信仰混合在一起。他們在星期日上教會,在週間卻會詢問巫醫;請為教會能經由復興而得到潔淨禱告;巫毒衍生自豐族(Fon)的泛靈

信仰，不但影響所有豐族百姓（最大的種族群體），甚至其中的基督徒也難倖免；請為巫醫能經歷耶穌的大能，從而信靠祂而禱告！

3 **教會不斷成長而遍及整個國家**，尤其那些源自非洲的宗派。所有教會都感受到一股對門徒訓練與領袖培訓的迫切需要。幾乎半數的貝南語言都還沒有完整的聖經譯本，甚至連新約譯本也沒有。部分福音派目標在 2020 年建立兩萬間教會！請為把福音傳遍貝南每個地區，以及在每個族群建立教會所需要的毅力與恆心禱告。泛靈信仰信徒以及穆斯林對聚落的醫療事工以及鄉村的整體開發事工，產生非常正面的迴響。

4 **多數貝南百姓依舊未曾聽聞福音**。基督徒僅在少數較小族群的人口中佔大多數。貝南是少數穆斯林、基督徒和泛靈信仰人口比例幾乎完全相等的國家之一，基督徒能夠自由的服事與傳福音，但貝南卻極可能是非洲基督化程度最低的非伊斯蘭教國家！最北方的伊斯蘭教族群中僅有極少數福音派；請為眾教會和眾差會能夠差遣更多的工人，尤其是到中部和北部區域而禱告。

波札那（博茨瓦納）Botswana　　*非洲*

人數：200 萬 **首都**：加伯隆里（20 萬 1 千人）
基督徒人數：130 萬 **福音派人數**：16 萬
最大宗教：基督教
成長最快速宗教：基督教
主要族群：茨瓦納人（69.1%）、卡蘭卡人（10.1%）、恩德貝勒人（3.3%）、桑人（叢林部落，2.8%）、紹納人（2.4%）、卡格拉格帝人（2.3%）、赫雷羅人（1.2%）、姆布庫舒人（1.1%）、葉依人（1.1%）

官方語言：英語、茨瓦納語 **全部語言**：40 種
經濟：1966 年獨立後就因為出口鑽石、銅、鎳、黃金與牛肉而迅速發展，目前觀光業也是經濟體系的一環。政府將財政收入有效地投入國家發展，是全非洲成長最穩定的國家（1990～2010年）。
政治：1966 年自英國獨立，現為穩定的多黨民主政體（非洲少見）。

1 **請為波札那的政治安定、經濟成長以及腐敗少見讚美上帝**。宗教自由讓所有機構都能夠傳福音與植堂。政府為健康、經濟與社會訂立的新目標（Vision 2016），非常符合聖經原則。

2 茨瓦納人是非洲所有班圖語民族中率先回應福音的族群。十九世紀時，好幾個部落透過倫敦傳道會信靠上帝。如今，許多茨瓦納家族已經悖離，而百姓深陷縱慾與酗酒之苦；請為茨瓦納人的道德與屬靈更新禱告。

3 波札那的愛滋病人口比例位居全球次高。人口平均壽命已經下降二十八年，且有超過十萬孤兒極需照顧；請為病患能得到所需的藥物，以及政府施政明智禱告。目前愛滋病已經影響每一個教會；請為福音機構與教會能夠對病患與孤兒彰顯基督徒的愛心，並同心合作防堵病毒擴散禱告。

4 教會。西方宣教士建立許多新教會堂，但目前多數教會的會友已經流失，極需復興。五旬節派教會起初增長迅速，而且其中許多教會確實幫助許多人的生命得到改變。非洲本土教會（AIC）是波札那最大的宗教團體。多數非洲本土宗派會堂都強調上帝的醫治大能，但部分會堂把聖經教導和錯誤的傳統信仰混雜在一起。眾牧師極需接受紮實的聖經訓練；請為這些教會全都能善用其優點與未得之民分享耶穌的福音禱告，請為他們彼此的合一與搭配禱告！

5 許多百姓依舊未曾聽聞福音。

- **卡蘭卡人**深受強勢的茨瓦納文化的影響。非洲本土教會和五旬節派在他們中間服事，而且現在已經有卡蘭卡（其母語）的聖經譯本。

- **桑人**原屬於游牧民族，但現在居住在近郊貧民區。桑人中已經有數千基督徒。現代的開發破壞了他們的土地與生活型態；請為他們能夠適應新的生活形態，並且在基督裡找尋到他們真正的身分禱告。

布吉納法索（布基納法索）Burkina Faso　　　*非洲*

人數：1,630 萬　**首都**：瓦加杜古（190 萬人）
基督徒人數：340 萬　**福音派人數**：140 萬
最大宗教：伊斯蘭教
成長最快速宗教：伊斯蘭教、基督教
主要族群：超過 78 個不同的種族群體。谷爾語族（77%，45 族）、富拉尼語族（7.8%，4族）、曼得語族（5.7%）、馬林克－朱拉語族（4.6%）、馬林克語族（2.5%）、其他非洲語族（2.1%）
官方語言：法語（但僅少數人使用）

貿易語言：摩爾語、朱拉語（南方、西方）**全部語言**：70 種

經濟：世界最貧窮國家之一。90% 仰賴農業，因此整個國家在乾旱時期，倍感艱困。棉花是主要農作，但有可能開發出金礦以及其他礦產資源。教育程度低落（尤其是女性）。

政治：1960 年脫離法國獨立。自 1966 年以來發生過六次政變。1987 年最後一次政變的領袖，在稍後 4 次選舉中皆贏得大多數選票，而且目前已經建立多黨民主政治。

---

1 布吉納法索深陷貧困。情勢似乎不可能瞬間改變；請為援助、建設以及能夠幫助百姓脫貧的商業小額貸款計畫禱告，請為政府內部的貪腐，以及援助機構搶奪百姓極需之資源的行為都能得到制止禱告。

2 最近數十年來，基督教穩定的成長。福音派人數從 1960 年的一萬人成長到 2010 年的 144 萬人。現在教會面臨的是領袖危機，因為許多新信徒都需要門徒造就；請為聖經學校禱告，請為正努力找尋配偶的牧者與傳教士能夠找到敬虔的另一半禱告。現在以及未來的聖經譯者都需要禱告的支持，才能完成他們的艱鉅使命（目前正在進行的翻譯專案有二十八個，另有十二個籌備中）。

3 靈界的力量尚未破除。有些人認為這地百姓可說是「50% 的伊斯蘭教，20% 的基督教以及 100% 的泛靈信仰」！偶像、符咒以及祕密結社對布吉納法索的綑綁比多數西非國家更嚴重，邪教的能力甚至伸張到部分教會的內部，最強大的泛靈信仰團體盤據在西部和西南部；請為復活的基督展現祂的大能並讓眾人得釋放禱告。

4 超過二十五個未曾聽聞福音的民族，尚無宣教士進駐。在他們所屬區域服事的教會和差會，往往僅服事那些反應比較積極的族群，以及與他們自己相近的百姓。

- **穆斯林。**現在伊斯蘭教幾乎在每一個民族群體裡面成長茁壯。當為富爾貝（Fulbe）族在數個團體的見證下，已經開始對福音有所回應讚美上帝。70% 遠在海外工作的布基納人改信伊斯蘭教，儘管教會差派牧者與宣教士向他們傳福音，但還需要更多的工人。

- **鄉村地區。**傳統的鄉村生活已經無法供

各宗教信仰比例
（佔總人口 %）

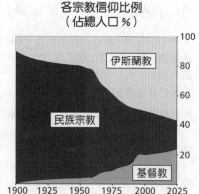

應家庭需求，也無法留住年輕人，因此許多人遷往城市。鄉村教會紛紛在首都建立分堂，以便跟他們的學子以及受過教育的會友保持接觸。這也能鞏固家鄉的教會。

5　宣教士以及基督教援助、賑災人員，在滿足這塊土地的物質與屬靈需要上，扮演著非常重要的角色。宣教士普遍受歡迎，但工作艱辛；請為他們能夠得到足夠的遮蔽與鼓勵禱告。本地教會並沒有強烈的宣教異象，唯一的例外就是布基納神召會（VIMAB）。這個卓然有成的本地差會總共差遣一百五十對夫婦在國內與海外從事宣教工作！

蒲隆地（布隆迪）Burundi　*非洲*

人數：850 萬　**首都**：布松布拉（48 萬人）
基督徒人數：770 萬　**福音派人數**：230 萬
最大宗教：基督教
成長最快速宗教：伊斯蘭教
主要族群：胡圖族（83.6%）、圖西族（13.6%）、剛果／林格拉族（1.5%）、特瓦－伴格米族（1%，遭其他族群忽視）、南亞族、歐洲人、阿拉伯人（0.2%）
官方語言：基隆迪語、法語（普遍使用英語）
全部語言：4 種

經濟：近年來經濟穩定，但債臺高築且倚賴外援。出口茶葉與咖啡，但礦產資源卻幾乎沒有被利用。世界最貧窮國家之一，70～80% 的人口生活貧窮。

政治：圖西族統治居多數的胡圖族四百年。1962 年脫離比利時獨立，接著就由圖西族掌控政權，實施軍事統治。圖西族的人權紀錄惡劣。2000 年達成和平協議，隨後在 2005 年和 2010 年舉行民主選舉，為胡圖族帶來安定，也能更充分表達民意。

1　當為局勢安定感謝上帝，所有參與動亂的族群終於簽署和平協議；請繼續為百姓繳出手中武器，並且追求平安而不製造動亂禱告。現在的民選政府包括兩大族群（胡圖族與圖西族）；請為這兩個族群能夠真正地互相尊重與合作，攜手建造蒲隆地的未來禱告。現任總統信靠基督，並在部分議題上尋求教會領袖的意見，貪腐似乎沒有改善，反而惡化；請為唯獨福音才能帶來的持久轉變而禱告。

2　請為福音派的成長感謝上帝。幾乎所有新教與聖公會的教會都普遍成

長，甚至在戰爭期間也一樣。1950 年代的復興帶來祝福與教會的大幅度成長，但在一個世代後，這片土地遭受物質、道德與屬靈災難的重創。多數蒲隆地人都知道教會是唯一能夠帶來真正的和好與平安的機構；請為敵對與報復的諸靈被基督的大能制伏禱告。聖經學校因為暴力而關閉；請為學校重新開放，並能提供滿足基督教領袖迫切需要的課程而禱告。

3　**百姓與族群**的重大屬靈需求：

- **1990 年代時，蒲隆地難民是非洲為數最眾多的難民。**1972 年大約有二十萬人逃往坦尚尼亞，其數量在 1994 年增加超過一倍。難民營的百姓必須面對疾病、凌虐以及仇恨。難民事工儘管艱辛但至關緊要。

- **超過四十五萬難民以及流亡百姓**已經返回家園。因為地狹人稠，許多人面臨嚴峻的困難，此外，他們甚至欠缺基本的醫療、教育與住所。

- **穆斯林人口急遽增長**；請為基督徒能對他們的穆斯林鄰舍與同胞有所負擔禱告。

4　**年輕人與孩童**因為暴力與貧窮極其嚴重而受苦。五歲以下的孩童有 45% 營養不足，而且有數千孩童感染瘧疾與愛滋病；請為那些照顧孩童的事工機構以及非政府組織禱告；請為希望之家（Homes of Hope）禱告，讓來自各個族群的孤兒能夠在基督教的環境中一起成長。

5　**蒲隆地需要海外的基督徒工人。**在 1970 年到 1985 年之間，幾乎所有宣教士都被驅逐出境。現在蒲隆地需要工人協助本土基督徒的門訓、神學教育、創傷諮商、讀寫能力與教育，以及全人發展；請特別為願意在偏遠地區生活與服事的工人禱告，也請為欠缺的數百萬冊基隆迪（Kirundi）語聖經譯本與基督教書籍禱告。

喀麥隆 Cameroon

非洲

人數：2,000 萬 **首都**：雅恩德（180 萬人）
基督徒人數：1,070 萬 **福音派人數**：180 萬
最大宗教：基督教
成長最快速宗教：伊斯蘭教

主要族群：種族與語言最複雜的非洲國家之一（超過 286 族，另有次民族與方言）。草原班圖族（26.5%）、西北班圖族（24.7%）、查德族（9.7%）、富拉尼族（9.4%）、其他比奴伊剛果族（8.7%）、喀麥隆克里奧族（5.8%）、非部落喀麥隆人（5.7%）、阿達馬瓦－烏班吉族（5.5%）、豪薩族（1.4%）

官方語言：法語、英語 **全部語言**：279 種

經濟：以農業和石油出口為基礎。雨量充沛而且礦產豐富，極具發展潛能。非洲教育程度最高國家之一，也是全世界貪腐情況最嚴重的國家之一。

政治：1884 年至 1919 年是德國殖民地，然後被英國與法國瓜分。1960 年脫離法國獨立，隨後在 1961 年與說英語的西喀麥隆結合為雙語的單一政黨共和國。1992 年開始舉行多黨選舉，但國際組織與反對團體聲稱，政府壓迫反對黨。兼為大英國協以及法語國家組織（*La Francophonie*）成員，英語區與法語區互相對立。

1　上帝賜給喀麥隆的恩典包括豐富的礦產資源、相對穩定的局勢以及多樣化的民族。現在有許多重要領袖（包括軍官、警察、學者、政治家）都是基督徒，為這個充斥貪腐的社會帶來改革的希望！請為那些竊盜公產的人被繩之以法，以及百姓不再遭受貪腐的荼毒禱告。

2　語言、信仰與政治的嚴重分裂導致緊張與暴力的情勢。喀麥隆劃分為英語區與法語區，在信仰上也劃分為基督徒、穆斯林與傳統信仰，而政治上則劃分為當權者與反對者；請為上帝能在這塊分裂的土地興起調停與和平的使者禱告。

3　喀麥隆因為基督教薄弱而遭遇嚴重困難。缺乏本土語言的聖經譯本就是當地教會靈命貧瘠的原因之一。把聖經翻譯為喀麥隆的 278 種語言是極其艱鉅的任務，而目前僅有十種語言有聖經的全譯本。宗族主義（Tribalism）、異教習俗、酗酒以及低落的道德標準全都侵入教會。大多數信徒不甚關心北部的未得之民；請為深切的悔改、釋放與真正的復興禱告，祈求上帝恢復基督徒的讀經生活、證道與聖潔。

4 **過去二十年間，福音派（尤其是五旬節派）迅速成長**，即使遭到較傳統的宗派的抵擋也一樣。許多新興團體都是由奈及利亞佈道家建立的。請為眾教會能夠成立福音派聯會禱告；此舉有助於造就未成熟的肢體以及初信者。請為福音派能夠參與政治、司法與教育，藉此引導國家步上正軌而禱告。

5 **未得之民。**這個複雜的國家迫切需要全國普查。喀麥隆需要翻譯聖經以及向穆斯林與北部泛靈信仰民族傳福音的宣教士；請為上帝呼召更多的工人投入翻譯、識字教育以及支援事工禱告。請特別為下列族群代禱：

- **穆斯林**，在五十九個族群中佔多數。豪薩族、卡努瑞族、科圖科族和法利族中僅有少數基督徒。游牧的舒瓦阿拉伯族中僅有一、兩個基督徒（有一個差會在努力植堂中）。富爾貝族在 1991 年有十個基督徒，現在人數有成長，但依舊相當稀少（有數個差會正努力向他們傳福音）。

- **曼達拉山脈上的諸多族群。**其中三成是穆斯林，但多數屬於泛靈信仰。部分在當地植堂的差會已看到突破的徵兆！

- **北部平原族群。**大多為泛靈信仰，但伊斯蘭教有相當成長。數個差會和教會在努力中。

- **巴卡／俾格米族**（東南部森林區）。在遭到長期忽視後，巴卡族和跨文化工人都開始在這裡服事。藉著禱告展開屬靈爭戰，是突破這個篤信泛靈信仰的民族的關鍵。

中非共和國 Central African Republic　　　*非洲*

人數：450 萬　**首都**：班基（71 萬 8 千人）
基督徒人數：340 萬　**福音派人數**：150 萬
最大宗教：基督教
成長最快速宗教：伊斯蘭教
主要族群：約 80 個種族群體。阿達馬瓦－烏班吉族（78.7%）、蘇丹語族（6.2%）、薩拉－巴吉爾米語族（4.9%）、富爾貝語族（3.6%）、班圖語族（3%）、阿拉伯語族（2.8%）、俾格米語族（0.3%）

官方語言：法語、桑戈語（貿易語言）
全部語言：82 種

經濟：自然與礦產資源豐富。鑽石占出口額 55%。建設因衝突而遲滯。富裕的都會區與貧窮的外圍區域經濟差異顯著。

政治：1960 年即獨立建國，卻未完全自由。長遠的民主發展過程中，不時出現軍事政權。持續不斷的叛亂與軍事政變導致進展緩慢。2013 年政變後陷入亂局，基督徒多數與伊斯蘭少數之間的衝突也越演越烈。

1 **中非共和國面對龐大的人道需要。**漫長的政變與反政變重創經濟與基礎建設，最近一次政變導致法律與社會秩序崩潰。叛亂分子處決反對人士又洗劫百姓，現在穆斯林與基督徒之間也爆發衝突，數十萬人逃離自己的家園；請為這場帶來混亂、凌虐與毀滅的人道危機能夠結束而禱告，請祈求上帝將和平散播在這國家各個角落。

2 **整個國家的教育、醫療保健以及其他重要措施幾乎停滯。**許多百姓已經陷在營養不良、缺乏乾淨水源、愛滋病與其他疾病以及極度窮困之中。宣教機構在醫療、教育和危機孩童安置，以及植堂和聖經翻譯上都扮演著重要的角色。在 2013 年危機期間多數工人都已經撤離當地。

3 **1960 年代和 1970 年代的廣泛佈道帶領了許多人信仰基督，**但僅有少數人能真正活出耶穌門徒的樣式。許多基督徒沒有加入教會，而且許多教會的會友並不瞭解聖經，也沒有按照聖經真理而活，僅有兩種本土語言有完整的聖經譯本，另有七種語言的譯本正在進行中。衝突期間明顯由基督徒犯下的可怕作為，透露出這個國家欠缺門徒訓練以及基督徒領袖的事實；請為基督徒，尤其是屬靈領袖能夠成為敬虔、信實與赦免的榜樣而禱告。

4 **教會將來可能在這個國家大幅成長。**近年來，國內的宣教士與差會不斷增加，也逐漸出現由本土信徒領導的新興事工。在被漠視數十年後，現在有少數團體裝備並差派婦女加入服事的行列。數個新成立的基督教廣播電台每星期向數百萬可能的聽眾傳播福音。班吉福音神學研究院（FATEB）是非洲的第一個法語福音派神學院，許多人都渴望進入這個學校或者其他學校就讀，但因為缺乏支持學生與教職員的經費導致發展緩慢；請為其對整個非洲帶來的屬靈影響禱告。

5 **中非共和國是世界上最福音化的國家之一，**但國內和鄰國查德與蘇丹的動亂意味部分地區的進展停滯；請為中非共和國的所有宗派都能差派學生接受宣教培訓禱告，請為那些已經完成培訓的信徒能夠拒絕擔任吸引人的城市牧師職位，並轉而服事未得之民禱告，請特別為北部區域的龍加族（90% 是穆斯林）、薩拉卡巴族（50% 是泛靈信仰）以及古拉族／卡拉族（65% 是穆

斯林）禱告。穆斯林的影響力急遽增加，尤其是在城市裡，僅有少數基督徒認為自己接受的裝備足以向他們傳福音。

查德（乍得）Chad　　　　　　　　　　　*非洲*

人數：1,150 萬　**首都**：恩加美納（82 萬 9 千人）
基督徒人數：440 萬　**福音派人數**：120 萬
最大宗教：伊斯蘭教
成長最快速宗教：伊斯蘭教
主要族群：超過 150 個族群混居此地。薩拉－巴吉爾米語族（23.8%，17 族）、查德語族（17.9%，51 族）、阿拉伯語族（14.5%，6 族，多數是游牧民族）、卡努里－撒哈拉語族（14.1%，8 族）、瓦達伊－富爾語族（12.7%，21 族）、阿馬達瓦－烏班吉語族（7.3%，21 族）、谷瑞納－納巴語族（4.4%，6 族）、富爾貝語族（2.9%）、其他南撒哈拉非洲語族（2.4%）
官方語言：法語、阿拉伯語　**全部語言**：133 種

經濟：屬於農業經濟體（80% 的農場或者畜牧業）。因為欠缺雨水、嚴重乾旱、內戰、遠離海洋以及基礎建設嚴重不足，而阻礙經濟發展。近年來，礦藏和油田的開發有助經濟發展，但可能因為貪腐而抵消。80% 人民的生活水準低於貧窮線。

政治：1960 年脫離法國獨立後的歷史充滿暴力、政變與叛亂。儘管政府是按照民主制度設立，目前卻由紮格哈瓦族（Zaghawa tribe）掌控政府。達佛（位於鄰國蘇丹）內部的戰爭迫使四十萬難民湧向查德東部，但也帶來外國經援。

1　查德需要一個穩定與公義的政府。 目前的政權深陷在暴力與貪腐之中。有些人認為查德是世界上最腐敗的國家。北部（穆斯林）與南部（基督徒）之間的部落對立與衝突導致局勢動蕩不安。來自查德內部和達佛地區的強盜和叛軍，擾亂經濟發展以及基督教事工；請為查德能組織一個能夠公正代表北部與南部、並且以誠實和忠心管理查德所有百姓的政府禱告。

2　我們一定要藉著禱告舉起教會。 部落間的仇恨不但阻礙基督徒的見證，也成為許多教會的重擔。多數新教與獨立團體都屬於福音派，但他們依舊難以合一。基督徒對部落成年禮的看法各持己見。由於社會大眾熱衷追尋非洲原始的屬靈根源，因此非洲傳統宗教的影響力大增，各種異端與祕密結社引導信徒落入錯誤教導。貧窮、動蕩、暴力和欠缺經費，讓牧者和傳道人無法接受裝備；請為聖靈動工讓每個教會都能脫離一切捆綁禱告。

3　許多穆斯林已經聽到好消息！由出身穆斯林的信徒組成的新興基督徒團體紛紛成立。聖經故事和查德阿拉伯語基督教廣播電台能夠順應不同文化協助福音的傳播。其他穆斯林在達佛地區掀起的暴力衝突，造成部分人士質疑伊斯蘭教，因此願意接受基督徒充滿慈愛的事工與見證。然而，伊斯蘭教在數量、財力與社會影響等方面依舊不斷滋長；請為基督徒願意學習如何向周遭穆斯林傳福音的心禱告。

4　查德未得之民的數量比其他非洲國家都多，而且鮮有穆斯林居多數的國家會對基督徒工人抱持這麼開放的態度。當地極需植堂、佈道、聖經教導、領袖培訓以及全人服事。基督徒工人必須以翻譯聖經為首要之務。只有十二種語言擁有整部聖經的譯本（不到十分之一），廣播事工能接觸許多人；請為各種用未得之民的母語製作的節目禱告。請特別為下列族群禱告：

- **撒哈拉各族**（遜尼派穆斯林），掌握政局的就是這群人。他們多半居住在北方以及較大的城鎮。他們被列為非洲地區對基督教接受度最低的群體，他們當中僅有極少數的基督徒。
- **瓦達伊－富爾族**（穆斯林），他們分布在鄰近蘇丹的東部省分。由於生活環境惡劣、暴力頻繁、語言障礙以及交通不便，因此福音罕至。
- **舒瓦阿拉伯族**，對查德深具影響力。他們的語言是溝通的主要語言。宣教士對他們鮮有接觸。
- **恩加美納**是全國唯一的大城市，許多民族群體都聚居此地，是教會傳福音的大好機會，但各教會往往只重視自己的種族群體；請為恩賈加美的數千個基督徒能成為有果效的見證人禱告。

葛摩聯邦（科摩羅）Comoros　　　　　　　　　　*非洲*

人數：69 萬 1 千　**首都**：莫洛尼（49,800 人）
基督徒人數：6,400　**福音派人數**：1,300
最大宗教：伊斯蘭教
成長最快速宗教：伊斯蘭教
主要族群：葛摩族（97%，源自阿拉伯人、非洲人與馬爾加什人的混合族群）、少數族群（2.4%，馬夸人、馬爾加什人、留尼旺人、法國人、阿拉伯人）
官方語言：阿拉伯語、法語、葛摩語（斯瓦希

里語和阿拉伯語的混合語）**全部語言**：7 種

經濟：非洲最貧窮國家之一。人口過剩。香水和香料是主要出口物資，仰賴食物援助、進口米糧以及海外葛摩人的匯款。

政治：在 1990 年之前由一黨專政，然後是多黨民主。1975 年獨立後曾經發生超過二十次成功與流產的政變。2001 年憲法授予 2 個企圖獨立的較小島嶼寬鬆的自治權，但動亂隨之而來。

---

1 幾乎所有葛摩人（99%）都信奉伊斯蘭教，基本教義派隨之興起。但多數百姓在私下繼續參與邪教的巫術、降咒與起乩。年輕人對社會感到不滿，因此企圖藉著藥物、性慾得著滿足，或者找尋機會離開本島；請為葛摩人能有機會聆聽那賜生命、並帶給世人盼望的福音禱告！

2 教會因遭迫害而成長緩慢。政府禁止佈道，而且大部分初信者都要承受來自社區與家族的迫害。從事醫療與獸醫工作的基督徒在當地和馬約特的默默見證不但贏得社會的讚賞，也打開向百姓分享耶穌的機會。初信者大部分是留尼旺人、馬爾加什人以及法國人，但沒有葛摩人；請為這些新團契的領袖及其培訓禱告，請為基督徒有更多作見證的機會並結出更豐盛的果實禱告。

剛果民主共和國 Congo-DRC　　*非洲*

簡稱民主剛果、剛果、剛果－金夏沙
人數：6,780 萬 **首都**：金夏沙（880 萬人）
基督徒人數：6,250 萬 **福音派人數**：1,270 萬
最大宗教：基督教
成長最快速宗教：伊斯蘭教

主要族群：將近 250 個種族語言群體以及無數次團體。班圖語族（80.2%）、蘇丹語族（9.8%）、阿達馬瓦－烏班吉語族（4.3%）、尼羅河語族（1.5%）、俾格米人（1.5%）
官方語言：法語 **貿易語言**：林加拉／班加拉（北部，西北部）、斯瓦希里語（西部、南部）、盧巴語（中部）、剛果語／圖巴語（西部）
全部語言：217 種

經濟：極具鑽石、礦產、農業與水力發電的潛能。整個國家的發展因為戰爭、殘破的基礎建設以及腐敗而停滯，於是淪為世界最貧窮國家之一。農地已經成為森林，交通系統幾乎癱瘓，多數百姓生活在沒有水電、教育以及醫療的狀況下。

政治：過去數百年來剛果一直先後遭受阿拉伯奴隸販子、西方利益集團以及其他非洲人的剝削。1960 年脫離比利時獨立，隨之而來的就是暴力、動亂以及腐敗的專制（1965～1997 年）以及獨裁統治（1997～2006 年）。接著就是烏干達和盧安達的入侵，因此需要外國勢力介入。時至 2003 年，多數外來勢力已經撤退。2006 年舉行自由選舉，但衝突依舊持續。

1 剛果必須藉著悔改與和好克服悲慘的歷史厄運。阿拉伯人在十九世紀入侵這個國家，擄掠人民為奴。令人髮指的殖民統治者比利時王利奧波德二世（Leopold II），在 1908 年之前的三十年間總共殺害了一千萬人。在比利時控制下，跨國礦業公司不僅剝削剛果的資源，更迫害其百姓。接著西方國家支持獨裁者莫布杜（Mobutu）的腐敗政權，而這就是造成當前混亂局勢的要因。1990 年代種族間的仇恨導致戰爭與殺戮，許多百姓四處逃命。各方勢力必須為這些過去的邪惡認罪、悔改與和好，才能開創新局。比利時的基督徒團體已經為他們國家以往所行的邪惡表達悔改之意，這是一個正面的開始。

2 剛果的衝突造成的死亡人數超過二次大戰以來任何一場戰爭。總共有七個國家的軍事力量捲入第二次剛果戰爭，並導致本土族群彼此間的衝突陡升。2006 年時，多數外國勢力已經撤退，但許多民兵依舊在運作。許多團體以性侵、暴力與酷刑為恫嚇的武器；請為軍閥與戰犯得到司法制裁禱告，也請為一百七十萬流離失所的百姓能夠平安返回家園禱告。住在難民營的百姓不但要面對民兵的攻擊、疾病和性虐待，而且物資極其匱乏，僅足以苟活；請為長久的和平與正義禱告，並祈求上帝恢復遭毀壞與摧殘的一切。

3 強大的邪靈深深影響著這片土地，比戰爭、殺戮、貪欲和腐敗更根深蒂固。惡人肆意犯下極度的暴行，食人肉、行巫術，成人與孩童都無法倖免。這些恐怖行為怎麼會遍布這一片九成人口都信奉基督教的土地？這深深激動我們的心，並呼召我們加入屬靈爭戰；請呼求上帝釋放這地，並綑綁以強大力量宰制這苦難百姓的諸靈。

4 剛果民主共和國面對各種屬世與屬靈的需要。以此為名的土地上僅有微弱的中央政府，各地區之間沒有連結，而且沒有能夠讓多元的百姓團結起來的統一語言或文化。超過五百萬人死於戰爭、暴力、飢餓與疾病。這地經常處於需要人道救援的狀態。如何才能重建這塊破碎的土地？請為能出現一個有效率又能以誠實、正義統治，並關心百姓的中央政府禱告，請為剛果的鄰國以及世上的國家能夠以符合正義又充滿憐憫的行為對待這國家禱告。

5 二十世紀時百姓踴躍歸向基督（基督徒人口在 1900 年是 1.4%，2010 年已超過 90%）！然而，許多人認為自己是基督徒，卻沒有活出他們的信仰。部分地區曾經在獨立前後時期出現復興，當為那些因為這場豐收而付出代價的忠實信徒感謝上帝。1964 年的森巴之亂（Simba Rebellion）導致數千個基

督徒以及數百個天主教與新教宣教士殉道。另一場爆發於 1991 年、直至今日都未平息的衝突，到目前為止已經造成許多基督徒死亡，其中有部分是殉道而死。他們的榜樣激勵著其他信徒，而他們的犧牲就是未來收成的種子。

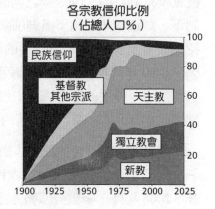

各宗教信仰比例
（佔總人口%）

6 **教會**是整個國家為百姓服務的社會機構中唯一的倖存者。就在無數的公共建築、教堂和事工機構被毀滅之際，教會伸出援手滿足這片破碎土地上其他機構無法顧及的各種需要。當為天主教和部分新教宗派推動的教育事工感謝神。若非他們，這一整個世代可能就無法接受教育。在莫布杜的獨裁統治以及隨之而來的衝突中，許多領袖紛紛離棄他們的道德操守；請祈求上帝興起靈命成熟以及性格正直的基督徒領袖服事教會與社會。

7 **民主剛果需要再次徹底接受福音**。在聖靈工作下，部分地區的信徒大發熱心地認識上帝的話語、推廣禱告運動、動員青年以及創作新的本土詩歌與讚美詩！其他地區卻沒有傳福音的見證，也沒有推動預工。過去二十年間，無以計數的難民不斷在民主剛果、盧安達、蒲隆地、烏干達、蘇丹和坦尚尼亞之間輾轉流離。剛果在經歷這一場破壞與摧殘後，需要進行普查才能瞭解教會的景況以及整個國家的需要；請為一個能夠在全國教會支持下肩負起此一重任的研究團隊禱告。

8 **對海外基督徒工人來說，在民主剛果建立事工的機會**遠超過其他非洲國家。除了植堂、門訓、發展、聖經教導、領袖培訓等需要外，媒體、翻譯與醫療等特殊領域也都有需要。多數剛果人從來未曾擁有過聖經。公路與鐵路的毀壞使得七個具備空運能力的基督教機構更顯重要。因為戰爭、動亂以及政府瓦解，宣教士參與的程度急遽減少；請為世界各地能夠興起一批新的工人，在民主剛果活出福音，並滿足百姓各種需要而禱告，即使數百個工人依舊不夠！聖經翻譯依舊尚待完成，有九十四種語言需要翻譯，而目前有二十九種語言的翻譯正在進行中。

剛果 Congo, Republic of　　　　　　　*非洲*

簡稱剛果共和、剛果、剛果－布拉薩

人數：380 萬　**首都**：布拉薩（130 萬人）

基督徒人數：340 萬　**福音派人數**：59 萬 8 千

最大宗教：基督教

成長最快速宗教：無信仰

主要族群：基圖巴人（18.8％）、剛果人（16.7％）、特克族（12.7％）、雍比族（11.5％）、阿達馬瓦－烏班吉（6.5％）、俾格米語族（1.3％）

官方語言：法語　**貿易語言**：林加拉語、莫努谷圖巴語（剛果混合語）　**全部語言**：66 種

經濟：極具潛力，卻因交通落後而受阻。石油與礦產儲量豐富，而且雨林與農業深具開發潛力。擺脫社會主義體制的過程，因為貪腐、社會動盪、戰爭以及其他問題而遲緩艱辛。大約五成的人民生活在貧窮線以下。

政治：1960 年脫離法國獨立，1992 年之前由共產主義政權統治，接著爆發國內衝突與戰爭直到 1999 年。現在已成立憲政共和國，但掌權的還是同一個領袖。

1　**儘管剛果曾經歷許多困難，但未來充滿希望**。經過二十多年的共產黨統治後，以往的獨裁者終於成為新興民主政治下的總統。但他在這段期間掀起一場內戰，重創整片土地，造成數千人民死亡，又讓超過三十萬人流離失所；請為政府統治的效能、經濟決策的明智、自然資源的管理以及社會公義的實現禱告。

2　**教會需要復興與重建**。儘管剛果已經基督教化，但一直沒有真正的轉化。大部分人口都是基督徒，但部分資料顯示高達五成的人口依舊信奉泛靈信仰；請為聖靈展開新的工作禱告，甚至超越五十多年前橫掃整個區域的復興。教會務必要滌除錯誤的信仰，被聖靈的大能充滿，並接受聖經真理的領導。

3　**基督教領袖的訓練**為當務之急。貧窮與動盪迫使許多基督教領袖前往他方。剛果需要更多聖經學院、神學延伸課程以及其他訓練課程。在馬克思主義盛行年間，政府曾阻撓青年事工，而目前仍然禁止人民在大學校園舉行宗教集會。結果，在這個有 41% 人口年齡低於十五歲的國家中，僅有少數教會成立兒童或者青少年事工；請為這個國家的青少年與兒童事工能夠更興旺禱告。

4　**宣教事工**一直都很興旺，但 1920 年代到 1960 年代的大收割並沒有涵蓋所有區域，在 1968 年，政府當局幾乎把所有宣教士都驅離出境。部分宣教士

在 1990 年代回到此地，但內戰使得他們的工作更複雜。宣教工人現在有機會協助教會重建荒廢的事工，救濟貧苦百姓，幫助推展保健與教育工作，並把福音傳遍整個國家。

科特迪瓦 Côte d'Ivoire　　　　　　　　　　　*非洲*

又稱象牙海岸

人數：2,160 萬　**首都**：雅穆索戈（88 萬 5 千人）
基督徒人數：730 萬　**福音派人數**：230 萬
最大宗教：伊斯蘭教
成長最快速宗教：伊斯蘭教
主要族群：幾內亞／阿肯語族（31.7%，21 個族群）、谷爾語族（24.6%，21 個族群）、馬林克語族（18.7%，11 個族群）、曼得語族（10%，11 個族群）、克魯語族（9.1%，28 個族群）、其他非洲語族群（4.9%）〔另有從鄰近國家移入，卻沒有註冊的大批移民〕
官方語言：法語　**全部語言**：93 種

經濟：全球可可、咖啡與棕櫚油的主要產地。70% 人口仰賴自給農業。現在石油與天然氣的收入已超過可可。後獨立時期的成長吸引大批移民前來找尋工作。政爭與一次政變導致經濟衰退。

政治：1960 年脫離法國獨立。1993 年以前屬於單一政黨總統制，接著遭遇軍方干預、叛亂以及不公平的選舉。內部衝突數度造成死亡，而緊張局勢持續。

1 感謝上帝，在 2000 年代暴動後，雖然各種困難還沒有完全化解，但情勢已經穩定。人民正在經受一場近似內戰的衝突所帶來的悲慘後果，因此對國家統一沒有太大期待。造成科特迪瓦目前分裂狀況的主因是族群與宗教，北部的穆斯林和南部的基督徒與泛靈信仰教徒都在爭奪政治權力；請為國家領袖能夠遠離貪腐，並致力於國家的統一與重建而禱告。

2 數百萬來自鄰國的移民不但是整個社會必須克服的難題，也是教會的良機。大約七成的外來人口都是穆斯林。科特迪瓦、馬利和布吉納法索都有大批人口移居阿必尚，但多數教會都忽視他們。基督徒每個月都成立新的教會，但這些教會是以現有的基督徒為目標，卻沒有接觸他們的穆斯林鄰舍。

3 信仰泛靈論的人數下降，當地的福音派教會數量已經超過神聖的「茅屋」（fetish groves，膜拜神明的神龕），但靈界的勢力依舊強大，而且許多基督徒

和穆斯林依舊使用符咒，並膜拜祖先；請為耶穌能釋放這些仍然被傳統信仰綑綁的人禱告，請為基督徒能得到足夠的力量抵擋重回舊路的引誘禱告。

4 請為科特迪瓦的教會禱告。天主教和基督教循理會的會眾人數最多，縱然其中部分教會不再按照他們的信仰而活，依舊擁有許多堅定委身的信徒，而且靈恩運動非常活躍。福音派教會在 1990 年代開始成長，即使在動亂期間（2002～2007 年）依舊如此。單單阿必尚現在可能就有超過三千個教會，多半都是最近才成立的獨立教會。幾乎每一個主流宗派都成立至少一所聖經培訓機構，神學教育因此蓬勃發展，但許多基督徒不知道或者不瞭解聖經，而教會只忙著追求教導成功神學，或者專心尋求神蹟與醫治而非基督。

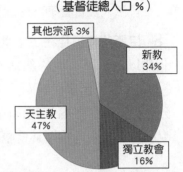

基督教各宗派比例
（基督徒總人口 %）

其他宗派 3%
新教 34%
天主教 47%
獨立教會 16%

5 福音派宣教差會來到此地開展事工的時間晚於其他西非國家，一些較早的團體在 1930 年代開始在這國家的中部和南部推展事工。神召會在 1950 年代來到此地，其教會如今已遍布全國各地。2002 年爆發動亂後，許多宣教士紛紛離開，而且後來僅有一部分回來，這使得當地教會要擔負更大的責任，但外國宣教士依舊參與佈道、植堂、翻譯聖經以及其他方面的服事。

6 數個非洲宣教差會現在是以科特迪瓦為差派工人的主要目標，同時也顧及西非和其他地區的未得之民。各各他事工（CAPRO）已在阿必尚成立非洲第一個法語宣教訓練機構；請為這個機構以及其他訓練機構能夠培養出優秀的科特迪瓦宣教士投入禾場而禱告！許多本土宣教士以微薄的收入靠信心而活；請為上帝供應他們一切所需、以及他們的教會能在各方面資助他們而禱告。許多非洲法語區的基督教資源都來自科特迪瓦，而且當地也已發展出媒體事工，在這裡製作的基督教音樂與電視節目能夠影響整個西非。

7 大部分的未得之民不是居住在北部，就是集中在各城市。部分人士看到南部的基督教景況以及許多宣教士，就認為科特迪瓦是「基督化」的國家，其實還有數百萬住在北部的人沒有聽過福音。 非洲人民自傳運動（MANI）和各各他事工為幫助教會的宣教與植堂而研究全國的族群。請特別為以下事項禱告：

• **西北部的曼得語和馬林克語族群。**這些大型族群裡面的福音派人數都沒

有超過 1%。

- **位在北部和東北部的谷爾語族。**他們多半信奉非洲傳統宗教，而洛比族、庫蘭戈／布納族、塞努福族、納凡拉族、基薩族和加納波拉族的福音派人數都僅有 1% 或更少。

8 **伊斯蘭教信徒在二十世紀迅速增長**，而且已有 42% 人口信奉這個宗教。北部以及全國各地的部落不斷皈依伊斯蘭教。阿必尚有超過兩百五十萬人（人口半數）信奉伊斯蘭教。伊斯蘭教／基督教的區分跟北部／南部的政治區分相對應，讓基督徒難以向穆斯林傳福音；請為基督徒能夠藉著謙卑與愛心克服這些障礙向穆斯林傳福音而禱告。

吉布地（吉布提）Djibouti   *非洲*

人數：87 萬 9 千 **首都：**吉布地市（57 萬 7 千人）
基督徒人數：1 萬 5 千 **福音派人數：**1,200
最大宗教：伊斯蘭教
成長最快速宗教：伊斯蘭教、無信仰

主要族群：索馬里族（61%，3 個主要宗族在南半部）、阿法爾／達納基爾族（28%，北半部）、阿拉伯人（8%）〔這些比例只是粗估，而且不包括衣索比亞和厄利垂亞難民，以及起伏不定的索馬利亞人，包括難民營人口在內〕
官方語言：法語、阿拉伯語 **全部語言：**10 種

經濟：水源、可耕地以及自然資源都缺乏。仰賴法國援助與軍事基地，最寶貴的資產就是其戰略地位以及深水港和鐵路（衣索比亞的貿易路線）。失業率高達 50～80%，而人民嗜好卡特葉（*qat*，具興奮作用），更使得勞工資源短缺。

政治：法國從 1884 年開始統治，但其範圍包括阿法爾和索馬里之間已經爭執數百年的衝突區域。1977 年脫離法國獨立，成為一個多黨共和國。1990 年代初爆發內戰，2002 年家庭法院取代伊斯蘭法律（*shari'a*）。

---

1 **吉布地得享平安，但要面對嚴重的社會與經濟問題。**西方軍事力量的出現有助於創造平穩又安全的環境；請為伊斯蘭分子企圖讓吉布地全盤接受其價值觀的聲浪不至於破壞當前的自由而禱告。目前全國遭遇的嚴重問題包括普遍的飢荒、極高的失業率、人口販賣、娼妓以及毒癮。

2 **政府當局僅承認有限的基督教宗派：**法國新教、羅馬天主教以及衣索比亞正教，不過依舊有少數其他宗派存在。炎熱乾旱的氣候以及極度的貧窮，

讓宣教士難以推展當地的事工，肉體與屬靈的迫害、族群關係之間的張力加上信徒稀少，讓工人感到相當沮喪，已有許多人離開禾場；請為上帝差派願意長期駐守的工人（尤其來自鄰近國家和族群）而禱告，請為教育、公共衛生、文字宣傳、聖經翻譯、讀寫、以及青少年等事工禱告，請為期待已久卻仍然毫無蹤影的屬靈突破禱告！

3 **為數極少的索馬里與阿法爾信徒**，經常要遭受來自親族的各種壓力，他們可能會因為離開伊斯蘭教而遭排擠、毒打甚至殺害。對部落的效忠以及彼此間的嫉妒造成信徒分裂，導致他們拒絕一起參加聚會；請為彼此合一的心禱告！最近，來自衣索比亞、馬達加斯加、民主剛果、菲律賓、厄利垂亞和其他地方的移民，已成立好幾個福音派團契，其中許多團體在靈裡都有強烈的負擔，要向索馬里人和阿法爾人傳福音；請為他們在基督裡的合一禱告，好讓他們在吉布地相互分裂又彼此敵視的族群前面，能成為美好的見證。

4 **請為吉布地眾多族群禱告：**

- **阿法爾族**多半住在衣索比亞和厄利垂亞，鮮有人向他們傳福音。就目前所知，吉布地的阿法爾人中尚沒有成立教會。
- **索馬里族**在吉布地的人數儘管較少，卻能夠成為跨越邊境向他們親族傳福音的關鍵。
- **本土阿拉伯人與葉門阿拉伯人**的屬靈需要必須用特別的方式才能滿足。目前在他們當中，尚未展開任何事工，不過基督徒在此地可以比在葉門更自由地與他們互動。

埃及 Egypt

非洲

人數：8,450 萬 **首都**：開羅（1,100 萬人）
基督徒人數：1,080 萬 **福音派人數**：330 萬
最大宗教：伊斯蘭教
成長最快速宗教：伊斯蘭教

主要族群：埃及語阿拉伯族（84.3%）、蘇丹語阿拉伯族（5.4%）、柏柏爾語族（2%，多數說阿拉伯語）、羅姆人（1.4%）、貝都因阿拉伯人（1.2%）、努比亞族（1.1%）。難民（2.4%，包括衣索比亞人、巴勒斯坦人、厄利垂亞人、索馬里人，其他族群以及蘇丹黑人，為數可能達

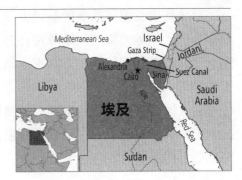

到 200 萬）

官方語言：阿拉伯語 **全部語言**：27 種

經濟：農產豐富，其他收入來源還有天然氣、一些石油、紡織、旅遊以及蘇伊士運河通行費。近來的經濟成長主因是部分商業／工業的民營化或私有化，許多埃及人的生活依舊貧苦。

政治：最廣大的阿拉伯國家，屬於共和政體。在總統穆巴拉克（Mubarak）長期執政下局勢穩定、經濟進步，但還是有衰退。他的統治因為群眾抗議而告終（2011 年），結果導致政治陷入亂局。2012 年民選的伊斯蘭主義總統遭到軍方罷黜後，成立過渡政府（2013 年）。

1　埃及政局持續動盪。2011 年的平民革命成功後，人民歡欣鼓舞，並盼望公義伸張、經濟成長以及貪腐消失。伊斯蘭兄弟會首領穆爾西（Morsi）在許多不希望其對手當選的自由派、非宗教人士，甚至基督徒選民的支持下，贏得 2012 年的選舉。但是他隨即擴張自己的權力範圍，然後著手把伊斯蘭教法律強加在所有公民之上，於是引發群眾大舉抗議。軍隊推翻穆爾西，而伊斯蘭兄弟會的支持者起而抗爭，軍方隨即以激烈的行動介入，並且禁止伊斯蘭兄弟會的運作。埃及人已在 2014 年為新憲法與新總統舉行選舉。原本已經嚴重的貧窮與失業率，歷經這幾年的動盪益形惡化；請為埃及能夠有公平的憲法、合理的法律、以及一個秉公治理所有埃及百姓的明智統治者禱告。

2　一千多年來，埃及一直是基督徒佔多數的國家，即使在主後 640 年被阿拉伯穆斯林佔領後也沒有改變。教會已經承受數百年的偏見與迫害，然而在靈裡依舊強壯並充滿活力。哥普特宗派（Coptic Church）是中東地區最大的基督徒宗派；請為教會的領袖，尤其是 2012 年新選出的哥普特教宗禱告，許多哥普特信徒並沒有積極活出他們的信仰，但在 1930 年代，哥普特教會逐漸展開以查考聖經和個人信仰為焦點的更新運動，許多哥普特信徒因此成為主耶和華的忠實見證人！

3　基督徒遭受迫害的情形在過去二十五年逐漸增加，雖然多半來自伊斯蘭極端分子，但地方警察和軍隊往往充耳不聞，有些信徒在獄中死亡或者遭受酷刑，其他信徒則移居西方國家；請為基督徒能在信仰上屹立不搖，並在迫害他們的人眼前活出敬虔的生命禱告。有時候，部分哥普特青少年的舉止有辱基督，而讓其他基督徒感到更加為難。近來的動亂，讓穆斯林和基督徒數次表現出美妙的合一，在動亂越演越烈的情況中，這兩個團體在敬拜與禱告時都能互相保護對方的安全。

4　新教宗派衍生自東正教，但一直都相當渺小，直到 1973 年的禱告與復興運動，才帶來合一、靈裡的奮興以及在埃及與各地傳福音的異象。部分五旬節派和福音派教會目前正迅速地成長。許多教會訂定廣泛的社會與醫療計畫，藉此幫助非常貧窮的百姓以及殘障人士。許多福音派教會沒有接受過訓練的牧師，請為神學訓練禱告。

5　出身伊斯蘭教的信徒繼續增加，而且其中有些人曾經是穆斯林中著名的宗教領袖，人數如此眾多，甚至因為安全的理由無法公布。改信並不違法，但有些穆斯林在改信後，遭到誣控而被捕下獄，另有些人則亡命他鄉。

6　未得之民。多數穆斯林從來沒有聽過基督徒親自與他們分享福音，請為下列事項禱告：

- **都市居民。**每天有上千人遷入開羅，這些農民往往流落在貧民區。沾染毒癮的人口約有五十萬。
- **上埃及的努比亞人，**數百年來他們一直都堅持信奉基督教，但終於在十七世紀改信伊斯蘭教。目前只有少數基督徒。
- **貝都因人，**驕傲的沙漠游牧民族。貧窮與失業威脅著他們傳統的部落生活方式，同時他們當中只有少數基督徒。
- **柏柏爾人與貝沙人。**他們是信奉伊斯蘭教的非阿拉伯人，但他們的信仰中混雜著民間巫術以及對地精（*djinn*，強大的惡靈）的恐懼。

7　數百萬蘇丹人和南蘇丹人逃到埃及躲避冗長的蘇丹內戰。其中許多人都是基督徒，而且多半生活在貧窮中。當局採用強暴的手段逼迫他們離開暫時的居所，有些人在過程中遭殺害。少數基督教機構伸出援手幫助這些難民；請為能有更多的工人禱告，也請為這些身陷苦難而無家可歸的基督徒能夠在靈裡健壯禱告。

8　埃及教會的古老根源醞釀出宣教的異象。哥普特信徒一直都維持著差派工人的悠久傳承。身為阿拉伯後裔的埃及基督徒工人，在目前的穆斯林世界中佔有許多優勢；請為埃及海內外數百萬的哥普特基督徒，都能懷抱著把福音傳遍阿拉伯世界的宣教異象禱告！策略性的媒體事工（電視、廣播、網站、分送聖經）感動千千萬萬在埃及以及在阿拉伯世界各地的百姓。

赤道幾內亞 Equatorial Guinea

非洲

人數：69 萬 3 千 **首都**：馬拉博（13 萬 1 千人）
基督徒人數：62 萬 4 千 **福音派人數**：3 萬
最大宗教：基督教
成長最快速宗教：伊斯蘭教

主要族群：大陸芳族（57.2%）、島嶼－布比語族（10.3%）、約魯巴語族（8.3%）、伊格博語族（4.2%）、西班牙語族（3%）、歐非混語族（2.5%）、豪薩語族（2.1%）
官方語言：西班牙語、法語 **全部語言**：14 種

經濟：1968 年獨立後逐漸繁榮，接著在 1979 年因為管理錯誤而導致經濟衰亡，1995 年因為發現離岸石油藏量而改變經濟情勢，成為全球人均收入最高的國家之一。財富由少數人掌控，大部分人民生活貧困，貪腐是一大問題。

政治：1968 年脫離西班牙獨立，隨即由無神論政府掌權，幾乎把整個國家轉變成一個奴工營，是整個非洲人權問題最嚴重的政府之一。1991 年建立多黨政治體系，但依舊需要給予在野黨更多自由的空間。

---

1 赤道幾內亞所面對的是不尋常的政治與經濟狀況。龐大的石油蘊藏量讓極少數人非常富裕。西方石油公司因為要增加利潤，而跟一個人權紀錄非常糟糕的政權合作。貪腐意味著大多數人民無法享受龐大財富帶來的益處；請為經濟正義以及管理階層的智慧禱告。石油業蓬勃發展引進外國人，包括基督徒和穆斯林；請為這些外來信徒能夠滿足這個國家各種心靈與物質的需要而禱告，請為外國企業的營運方式能夠讓當地百姓受惠禱告。

2 在歷經 1970 年代殘暴的迫害後，宗教自由已經鬆綁。赤道幾內亞的羅馬天主教人口比例是全非洲最高，但在表面下，大部分百姓從未離棄他們信奉的泛靈信仰及相關習俗；請為 85% 自稱基督徒的人口能夠聆聽並回應耶穌基督純正的福音禱告。幾個新近的五旬節派、靈恩派和福音派團體在穩健的成長；請為信徒即使在貧乏、敗壞與絕望的環境中，依舊能夠活出潔淨的生命並委身於佈道而禱告。政府當局現在已經確實瞭解教會與宣教機構在社會中扮演的積極角色！

厄利垂亞（厄利特里亞）Eritrea *非洲*

人數：520 萬 **首都**：阿斯馬拉（68 萬 3 千人）
基督徒人數：250 萬 **福音派人數**：11 萬 1 千
最大宗教：伊斯蘭教
成長最快速宗教：基督教

主要族群：閃語族（72.5%，提格利尼亞、提格雷、貝林）、阿法爾語族（9.2%）、其他非洲角族群（5.4%，貝沙、索馬里）、阿拉伯語族（7.8%，5 個族群）、尼羅河語族（5.1%）
官方語言：提格利尼亞語、提格雷語、阿拉伯語（英語也被廣泛使用）**全部語言**：18 種

經濟：傳統農業因為戰爭、旱災與土地荒廢而停滯，人民不得飽足，而超過半數人口的生活極度貧窮，接受過高等教育的專業人士多半移居海外。

政治：1890 年到 1941 年曾經是義大利殖民地，後來附屬於衣索比亞，經歷數十年的游擊戰後於 1993 年獨立。1993 年起主張馬克思主義的總統開始限制人民的自由，2002 年起展開密集的宗教迫害。

1 **厄利垂亞渴望和平與全國的穩定**。與鄰近國家之間的衝突持續不斷，尤其是沿著與衣索比亞接壤的邊境。戰爭與乾旱造成數百萬人民倚賴海外的糧食援助為生，許多處於極度匱乏境況的百姓得不著救濟。強迫兵役導致許多百姓遠走他鄉，致使勞動人口緊縮，而居住在海外的人民寄回家鄉的錢財，如今成為整個國家重要的收入來源。

2 **宗教自由始終是重大問題**。2002 年制定的一條法律僅僅正式承認四個宗教（遜尼伊斯蘭教、厄利垂亞正教、天主教以及信義宗），並且禁止其他宗派聚會或者舉行儀式。儘管此舉影響所有厄利垂亞百姓，但在未獲許可的宗派中，對基督徒的衝擊最大；請為政府能夠接受各宗教團體，並恢復所有厄利垂亞百姓的基本人權與宗教自由禱告。

3 **基督教會面臨可怕的迫害**。部分人士估計超過三千個領袖與教會會友在獄中受苦，另有其他人遭受軟禁，許多人在獄中遭受毒打與酷刑而成為殘障，也有些人因此死亡；請為基督徒在苦難中依舊對耶穌保持熱心禱告。戰爭、乾旱與政府迫害的重擔，驅使各宗派的基督徒聚集在一起團契，並更新他們委身的心志。厄利垂亞教會遭受的嚴酷苦難，在過去十年一直未曾對外披露；請為這場悲劇能為這個國家以及其他各地錘鍊出偉大的屬靈領袖禱告。

4 雖然遭受嚴酷的迫害，福音派依舊快速成長！教會成長最快速的群體就是居住海外的人士、住在衣索比亞和其他難民營的百姓，以及那些被囚禁在獄中的人。被禁止的福音派團體現在必須倚靠以家庭（至少二十個家庭，或者更多些）為基礎的地下網絡運作。許許多多的牧師、領袖與傳道人現在不是流亡國外就是被關在監獄裡，因此教會必須尋覓並訓練新領袖。那些在獄中信靠耶穌的年輕人與初信者，往往願意挺身而出，擔任領導的職責；請為他們在成長以及學習領導的過程中，能夠充滿上帝的智慧禱告。

5 請為信徒持續委身傳講基督，不計代價而且毫不退讓禱告。儘管遭遇當權者的迫害，基督徒依舊在四處見證福音。然而，許多村莊與城鎮依舊未曾聽過福音；請特別為較少接觸福音的提格雷族（多半是穆斯林）以及亞巴提族（提格利尼亞族裡面的穆斯林小團體）禱告。從 2002 年開始，政府當局強迫幾乎所有外國救助工作者（基督徒與非基督徒）離境；請為返回厄利垂亞的門戶能夠開啟禱告。阿法爾族以及血緣相近的薩霍族可說是逐水草而居的游牧民族，其中僅有少數基督徒，目前還沒有任何人向西北部的貝沙族與納拉族傳福音。

衣索比亞（埃塞俄比亞）Ethiopia　　　　*非洲*

人數：8,500 萬　**首都**：阿迪斯阿貝巴（290 萬人）
基督徒人數：5,160 萬　**福音派人數**：1,670 萬
最大宗教：基督徒
成長最快速宗教：無信仰

主要族群：閃語／衣索比亞語族（41.5%，18 個族群，包括阿姆哈拉族、提格利尼亞族）、庫希特語族（41.6%，包括奧羅莫族、索馬里族、阿法爾族）、奧莫迪族（14.7%，49 個族群分別散布在南部與西南部）、尼羅河語族（1%，19 個族群）

官方語言：阿姆哈拉語（大多數人使用）。廣泛傳授英語，以及重要的方言　**全部語言**：88 種

經濟：以農業為基礎，主要出口物資是咖啡（一般認為起源地就是衣索比亞）。戰爭和飢荒成為發展的阻礙，且有數百萬人民營養不良。因為倚賴外國經濟與糧食援助，而對當地農業與勞工造成負面衝擊。

政治：世界上已知最古老的國家之一，文字歷史悠久。1974 年的革命推翻海利色拉西國王（Emperor Haile Selassie）而由馬克思主義掌權，結果後者在 1991 年垮台，隨即展開民主體制。與厄利垂亞爆發邊境戰爭，又捲入鄰國索馬利亞的內部鬥爭而耗盡資源。

1 **整個國家歷經各種社會、政治與經濟危機。**1998 年至 2000 年間與厄利垂亞之間的戰爭，讓衣索比亞消耗鉅額的財富並犧牲許多性命，但收穫卻很小。主要的種族群體（阿姆哈拉、提格利尼亞、奧羅莫、索馬里、阿法爾）大致上是按照地理區域劃分彼此界線，這使得每個族群更加獨立，而犧牲整個國家的統一。貪腐隨著經濟發展日趨嚴重，而且目前在少數富人與多數窮人之間也開始出現鴻溝。衣索比亞每年都要仰賴數十萬噸外來的糧食援助，但每年依舊有數萬百姓因為營養不良而死亡；請為糧食收成、明智的經濟政策以及更能善用外援禱告。

2 **數百年來，衣索比亞正教**始終是「伊斯蘭教汪洋」中的一座基督教「孤島」。這種孤立醞釀出它獨特的文化、神學與傳統。四成人口都屬於正教，然而數百萬百姓並沒有按照他們的信仰過日常生活，而是將它與地方迷信摻雜在一起。有些人離開正教而加入後起的新教宗派。不過，另有些人繼續留在正教，並協助發展出紮實的佈道與靈恩網絡！請為聖靈能更強而有力地運行，以更新這個龐大的古老教會——包括它的聖經傳統以及屬靈典範——而禱告。

3 **當為福音派的巨幅成長感謝上帝，**尤其是新教與獨立教會。教會在義大利佔領期間（1936～1941 年）以及馬克思主義當權期間（1974～1990 年）曾遭受嚴酷迫害，那段期間裡西方宣教差會紛紛撤退。許多人在那段期間殉道，但也有數百萬人轉而跟隨基督，成長規模最大的期間就是過去二十年。衣索比亞基督徒的合一與宣教異象都是在苦難中成長的。教會懷抱著外展的異象，並不斷地傳福音，因此它會持續不停的成長！請為近來在衣索比亞推動的佈道策略禱告，其中項目有代禱、以未得之民為焦點以及各種引導本土教會參與宣教的計畫。跨文化的宣教士將被差派到衣索比亞各地，以及從非洲之角到南亞的地區植堂。

4 **請為衣索比亞教會面對的困難禱告：**
- **教會領袖**通常僅接受過一年或者更短期的訓練。誰能領導與訓練這麼多初信者呢？
- **年輕人**占衣索比亞人口的大多數（70% 人口年齡低於三十歲），而且非常缺乏專門為他們設計的事工。
- **神國工人**需要支持。教會一定要設身處地地服事窮苦人；請為服事窮苦

人的事工以及產生利潤資助工人的好方法禱告。

- **聖經翻譯**依舊是艱鉅的使命。幾乎所有會眾都使用本地語言。各差會目前正在進行三十五種語言聖經譯本的翻譯，另外十七種語言仍待翻譯，但沒有工人。

5 福音未傳之地。數百年來，儘管伊斯蘭教不斷增長，衣索比亞一直是基督教的堡壘。但穆斯林目前已經開始在這個國家爭取信徒。對抗福音派教會外展行動的暴戾行為，已經造成恐懼與宗教對立，但也讓部分穆斯林開始思考耶穌。十年前僅有數百個信徒出自穆斯林背景，但現在已有數萬穆斯林跟隨基督！請特別為下列事項禱告：

- **索馬里、哈勒爾和阿法爾區**（東部）。大部分是穆斯林。衣索比亞索馬里族有四百五十萬人，且是非洲接觸福音最少的族群之一。基督徒的數目在增長，但服事這些族群的事工需要面對極大的風險，並要付上高昂的個人代價。

- **奧羅莫的眾多支派**（尤其在東部與南部）。多數是穆斯林，且其中一部分對基督徒存有敵意。奧羅莫部落間的戰爭阻礙外展事工的推動，但讓基督徒有機會表現憐憫與關懷。

- **西南部的許多族群**（鄰近南蘇丹邊境）。他們多半是孤立生活的小群體。其中有部分過著游牧生活；請為各種族群體的教會健全發展禱告。

加彭（加篷）Gabon   *非洲*

人數：150 萬 **首都**：自由市（63 萬 3 千人）
基督徒人數：120 萬 **福音派人數**：19 萬 1 千
最大宗教：基督教
成長最快速宗教：伊斯蘭教、無信仰

主要族群：中央剛果班圖語族（51.5%）、西北班圖語族（41.8%）、其他非洲語族（5.2%，巴卡／俾格米人，土著以及來自鄰近國家和西非的移民）

官方語言：法語 **全部語言**：43 種

經濟：非洲較富裕國家之一，但多數百姓沒有享受到富裕的好處。自然資源豐富（石油、木材、礦藏），但是必須進口糧食。

政治：穩定的多黨民主制。加彭的總統在 2009 年過世，是世界上在位最長（40 年）的人物。

1 泛靈信仰與習俗依舊潛藏在天主教、其他基督教團體以及伊斯蘭教的表面下。許多加彭人依舊使用符咒、迷幻藥水、膜拜祖靈並尋求巫醫。某些政府、警界以及軍方領袖會在深夜參加使用巫術和魔法的儀式，而不參加這些活動的基督徒會失去升學與就業的機會。

2 穆斯林人數成長是因為移民以及加彭人改信伊斯蘭教之故。前任總統及其後繼者都已改信伊斯蘭教。從事商業活動的西非移民以及在石油業具有影響力的阿拉伯人都在改變這個國家。教會想要向穆斯林傳福音，但一直無法展開有效的行動。

3 傳統宗派的人數與影響力都在衰退。羅馬天主教在殖民時期非常強盛。多數加彭人都曾接受天主教施洗，但大部分人依舊遵循古老的拜物習俗。其他天主教徒紛紛跟隨伊斯蘭教、其他基督教團體或宗派。第一個來到加彭的新教主要宗派是法國宣教士引進的，這個宗派後來逐漸偏向自由派，同時其領袖階層致力於社會議題，而不顧傳福音，現在它已經不再成長；請為上帝的靈能復興這些古老的教會禱告，請為眾多基督徒能夠瞭解與接受純正的福音禱告！

4 福音派教會繼續在加彭成長。在宣道會（C&MA）、五旬節派以及新成立的非洲本土教會努力下，福音派人數已從 1960 年的 2.3% 成長到 2010 年的 12.7%。教會也漸趨成熟，並成立委身一整年的禱告鍊、通宵禱告會、週末禱告退休會等等。加彭福音派教會的異象就是，他們國家的福音派將在 2025 年達到 20%，而且要把福音傳給每一個加彭百姓。宣道會建立的教會在當地成立一個世界宣教中心以及為萬國禱告禮拜堂，同時他們現在和伯大尼教會共同差派工人前往其他國家。

5 最少接觸福音的族群。加彭的東部曾徹底拒絕福音派，而東北部曾是接觸福音最少以及開發最落後的地區。極少數重生得救的基督徒來自那些地區。感謝上帝，他們的大門已經開啟，能在當地植堂並向百姓傳福音！仍有許多事工有待進行。巴卡／巴賓加人（俗稱俾格米人）是加彭最古老的住民。他們住在未開發的森林裡，其他族群會剝削他們，且會利用他們獨特的文化和溫和的個性。宣道會和進深生命會（Deeper Life）向他們傳福音，巴卡人目前已成立十間教會，部分巴卡人則加入其他種族團體的教會。

甘比亞（岡比亞）Gambia

非洲

人數：180 萬 **首都**：班竹（45 萬 5 千人）

基督徒人數：7 萬 8 千 **福音派人數**：1 萬 3,400

最大宗教：伊斯蘭教

成長最快速宗教：基督教

主要族群：馬林克族（42.5%）、富拉尼／富拉族（17.3%）、沃洛夫族（12.6%）、索寧克／塞拉修族（9.9%）、大西洋族（5.9%）、喬拉族（4.7%）、其他南撒哈拉非洲族（10.1%）

官方語言：英語 **貿易語言**：曼丁卡語、沃洛夫語

全部語言：23 種

經濟：農業、旅遊、外國援助。地下可能蘊藏著石油與天然氣。

政治：1965 年脫離英國獨立。經過數次政變與軍事統治後，目前是民選政府。國家嚴格控制政治與媒體的活動。

---

1 感謝上帝，甘比亞的穆斯林與基督徒之間的關係相當友善。此地基督徒比其他伊斯蘭教擁有更多的宗教自由。但多數基督教事工一直都侷限在沿海的大班竹地區。僅有少數人向人口眾多的穆斯林傳福音——尤其是那些居住在上游較落後內陸的人。在內陸服事的牧師難以獲得經濟支援；請為能有長久的宗教自由與平安禱告，請為甘比亞人能夠得到福音遍傳自己國家的異象禱告，也請為教會能以創新的方式支援那些深入孤立地區的人禱告。

2 甘比亞的福音派教會規模較小，委身的會眾不多，而許多信徒並沒有活出自己的信仰；請為不成熟的基督徒能夠在信心裡成長茁壯禱告。積極熱心的基督徒無法滿足所有事工的需要，而且許多感到負擔過重的教會極需造就門徒與培訓領袖。

3 請為甘比亞的未得之民禱告。宣教士與傳道人在屬靈上對基督徒的關心，勝過對未曾聽聞福音的穆斯林大眾的關心。

- **曼丁卡人**（95% 是穆斯林）篤信伊斯蘭教以及傳統習俗。極少數人會離棄伊斯蘭教，因為社區與家族把離開的人視為叛徒。
- **富拉尼人**自詡為西非伊斯蘭教的守護者。甘比亞的富拉尼人比其他國家的游牧富拉尼人更早定居下來，但依舊未能聽聞福音。
- **喬拉人**非常敬畏靈界的力量。部分族人現在相信伊斯蘭教，少數人相信基督徒；請為能有更多喬拉人得到基督裡的自由禱告，也請為在他們區

域裡的醫療、翻譯與植堂事工禱告。

- **沃洛夫、塞拉修以及塞萊爾人。**甘比亞的十八萬塞拉修人中，基督徒人數還不到十個。醫療事工打開部分村落的大門，讓福音得以進入。

迦納（加納）Ghana　*非洲*

人數：2,430 萬　**首都**：阿克拉（230 萬人）
基督徒人數：1,540 萬　**福音派人數**：590 萬
最大宗教：基督教
成長最快速宗教：伊斯蘭教
主要族群：將近一百個族群。幾內亞／克瓦語族（69.2%，包括阿坎、阿肯、埃維、加一阿當梅、關）、谷爾語族（25.6%，29 族群）、約魯巴語族（1.6%）
官方語言：英語　**全部語言**：84 種

經濟：以可可、木材、黃金與旅遊業為基礎。正在開發新的水力發電計畫。儘管迦納的自然資源豐富，卻依舊在貧困中掙扎。不但森林遭到過度砍伐，連土壤也很貧瘠。北部的農家因為降雨稀少導致土地乾旱，而經常需要南遷。

政治：1957 年脫離英國獨立。首任政府帶來一場災難，緊接其後是五任軍事政府。不過，自 1992 年開始形成穩定的多黨民主政治。迦納在其鄰近區域以及整個非洲的外交與維護和平上扮演著積極的角色。

---

1 **迦納擁有眾多族群與信仰，但大致上能夠維持著一片祥和。讚美上帝！**教育系統和憲法把所有族群聯繫在一起，而對建立穩定的民主政治有極大幫助。接受過大學教育的迦納公民，幾乎半數都居住在海外，這使得國內的開發與繁榮趨於遲緩；請為政府在領導百姓時，能尋求上帝的引導，而不求助於世俗思想或者靈界力量禱告。

2 **迦納享有豐富的基督徒傳統！**許多新教會紛紛出現，而且許多傳統宗派也表現出活潑的屬靈生命！教會迅速成長的同時，教義反而逐漸混淆。蒙福的迦納有許多培訓機構；請為教會能有成熟的領袖禱告。63% 的迦納人自稱是基督徒，但只有大約 10% 固定參加教會。非洲的傳統習俗成為教會棘手的難題；請為所有符咒與邪教的綑綁都遭到破除禱告，也請為他們能在耶穌裡得著真自由禱告。

3 **請為這個國家能得到基督教的異象禱告。**本土教會肩負起向自己國家中

未得之民傳福音的使命，但迦納還有數千個村落根本沒有教會。迦納人和外來的工人一定要為收割而攜手合作。請特別為谷爾語族（多數住在北方）以及幾內亞／克瓦語族（多半住在北部以及沃爾他區）禱告。

4 伊斯蘭教已逐漸征服迦納，而並且穆斯林人口藉著生育、移民以及歸信（尤其是嫁給穆斯林男性的非穆斯林女性）正在增加。現在多數穆斯林已經住在傳統上屬於非穆斯林的南部。讚美上帝，有些穆斯林（甚至一些他們的宗教領袖）已經信靠基督；請為基督徒愛的見證禱告，請特別為豪薩族禱告，因為他們文化的影響力遍及整個西非，請為聖靈能贏得更多穆斯林來到基督面前禱告。

5 社會上基督化較低的部分：

- **城市**因為許多族群遷入其中而蓬勃發展。在南部城市的北部人（為數超過一百萬）很容易就歸向伊斯蘭教；請為跨文化工人能夠帶領更多南部城市裡的北語族群信主禱告。

- **托克西**（服事泛靈信仰巫師的女子）的人數將近兩萬人。基督教兒童宣教團（Every Child）和國際需求協會（International Needs）等事工機構，正在把基督裡的自由帶給他們。迦納在 1998 年明令禁止這個習俗，但巫師擁有強大的靈力，因此百姓需要勇氣和信心才能公開對抗他們。

- **流浪兒童**的人數超過三萬，部分事工機構的宗旨就是要滿足這些孤兒與棄兒的需要。

- **年輕人**是迦納復興的關鍵。全國超過 40% 的人口年齡低於十五歲，而且其中許多人都對屬靈事物抱持開放的態度。目前進行的外展事工無法滿足所需。伊斯蘭教和非洲傳統信仰對村落最具影響力。

幾內亞 Guinea　　　　　　　　　　　　*非洲*

人數：1,030 萬　首都：柯那克里（170 萬人）
基督徒人數：46 萬 1 千　福音派人數：7 萬 5 千
最大宗教：伊斯蘭教
成長最快速宗教：基督教
主要族群：西大西洋語族（45.8%）、曼得語族
（42.7%）、曼得－富語族（9.2%）
官方語言：法語　主要地方語言：富爾貝語、
馬林克語、蘇蘇語、基西語、格爾澤語、多美語
全部語言：38 種

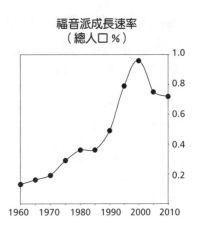

經濟：擁有豐富的礦藏、肥沃的土壤以及充沛的水源，但因為貪腐與管理不當而導致貧窮、暴亂與示威。

政治：1958 年脫離法國獨立。馬克思政權從 1984 年開始統治，然後由一人連任 24 年總統。最後在 2010 年舉行民主選舉而成立民選政府。

1　當為幾內亞從 1984 年踏上漫長的和平民主過程讚美上帝。它比鄰近的國家都更穩定，而且能夠服事那些逃離戰爭與暴力的難民。基督徒能在國內自由地見證與舉行宣教活動。穆斯林因為經歷過馬克思政權的鎮壓而對基督教的接受度很高，然而近來逐漸不見容於某些地區。

2　基督徒僅占人口少數。其中多數都住在柯那克里以及東南部的林區。教會從約十五年前開始衰退。佈道以及植堂遲緩，而且信心不堅的基督徒紛紛離棄信仰。儘管幾內亞有三所聖經學校和六所領袖訓練學校，依舊欠缺基督徒領袖。43% 的人口年齡低於十五歲；請為信徒能抱持著忍耐到底的心志禱告，那惡者企圖在年輕或者軟弱的基督徒成長前毀滅他們，請為惡者的詭計無法得逞禱告。

福音派成長速率
（總人口 %）

3　宣教異象。超過二十個福音派宣教差會同心合意地服事未得之民。一個小型、年輕的本土宣教運動也在服事整個國家。在超過四十個族群裡面，僅有極少數族群還沒有發展植堂事工！對穆斯林人口的服事漸增。幾內亞依舊需要開拓型的宣教士，因為這是片艱難的禾場；請為那些勇於回應上帝呼召

的人所需要的力量、健康與毅力禱告，請為能有更多（尤其是服事穆斯林團體）的宣教士禱告。

4 **大部分幾內亞人依舊未曾聽聞福音**，需要許多禱告才能有重大突破。

- **馬林克族**。國際事工差會協助馬林克人編寫與錄製他們自己的敬拜音樂。廣播事工需要復興。目前已成立幾間馬林克教會，且由馬林克人擔任領袖。

- **富爾貝族**（又稱夫塔查隆族）。這個族群乃西非洲伊斯蘭教的守護者，在幾個宣教差會的共同努力下，已有少數族人信主。初信者努力擺脫伊斯蘭教的社會與屬靈綑綁。

- **蘇蘇族**。三間蘇蘇族的小教會在柯那克里附近運作，而且南部靠近幾內亞比索邊境附近也有少數信徒。工人剛完成新約聖經的翻譯以及有聲聖經的錄製；請為眾人能夠取得並聆聽上帝的話語禱告！

- **森林區**。數千名來自利比亞和獅子山的難民聚集在這裡，因此需要特別禱告。這個地區裡面有些以前的叛亂分子在推廣激進的伊斯蘭教，此舉為當地的格貝列人（其中有許多基督徒）帶來相當大的困擾。

幾內亞比索（幾內亞比紹）Guinea-Bissau *非洲*

人數：160 萬 **首都**：比索（30 萬 9 千人）
基督徒人數：18 萬 **福音派人數**：2 萬 7 千
最大宗教：伊斯蘭教
成長最快速宗教：無信仰

主要族群：大西洋語族（53.5%，17 族群）、富爾貝語族（21.7%，2 族群）、馬林克語族（11.9%，5 族群）、克里奧語族（11.9%）
官方語言：葡萄牙語
通用語言：葡萄牙克里奧語，至少半數人使用
全部語言：25 種

經濟：世界最貧窮國家之一。仰賴腰果仁、魚產、硬木以及其他農產品，外債高築，同時是從南美運送古柯鹼到歐洲的中繼點。

政治：1974 年脫離葡萄牙獨立，接著就由一黨專政的革命政府掌權直到 1994 年，1998 年爆發動亂導致內戰直到 2000 年，隨後是一連串的選舉、政變。自從獨立後，沒有任何一位領袖完成任期。

1 **貧窮、政治動盪以及暴力衝突讓人民苦不堪言**，進步與發展的機會似乎遙不可及。運毒造成的影響導致警方、軍方與政治領袖的貪腐，並且讓已經窮困的百姓幾近絕望。幾內亞比索政治動盪的歷史顯示它需要安定與赦免；請為上帝替百姓興起正直的領袖禱告。

2 **當為幾內亞比索的宗教自由讚美上帝**。在內戰期間，福音派曾參與人道救援行動，並且與天主教和伊斯蘭教攜手推動政治和解，此舉為幾內亞比索的福音派教會爭取到尊敬與自由；請為教會能夠繼續以實際行動展現愛心與憐憫，並且為平安與和好努力而禱告。

3 **幾內亞比索的福音派教會**已經擁有成熟的本土領袖，但較貧窮的鄉村教會依舊被忽視，因為牧師不願意前往服事，於是在鄉村服事的牧者必須同時兼顧數間教會；請為受過訓練又有熱心的本土工人，願意前往偏僻又未曾聽聞福音的地區以及全國各地區服事而禱告。

4 **請為較少接觸福音的族群禱告**。來到這裡的宣教士多半來自南美州與亞洲，他們依舊前往幾內亞比索，但多半不會長久停留。他們有些人士在現有的教會附近成立新的宗派，而不是前往匱乏又未曾聽聞福音的地區服事；請為宣教士不但彼此合作、也能與當地教會配搭服事禱告，請為他們能把焦點更集中在向福音未傳之地禱告。穆斯林富拉／富爾貝族與曼丁卡族把伊斯蘭教帶進幾內亞比索；請為他們同樣能把耶穌的好消息帶到此地禱告！幾乎沒有任何人在服事貝阿法達、納盧、索寧克以及其他混合伊斯蘭教和泛靈信仰的族群。

肯亞（肯尼亞）Kenya　　　　　　　　　　*非洲*

人數：4,090 萬　**首都**：奈洛比（350 萬人）
基督徒人數：3,380 萬　**福音派人數**：2,000 萬
最大宗教：基督教
成長最快速宗教：伊斯蘭教
主要族群：班圖語族（66%）、尼羅語族（29.8%）、庫希特語族（2.7%）、斯瓦希里語族（0.6%）、南亞語族（0.3%）、阿拉伯語族（0.2%）、英國人（0.2%）、科伊桑語族（0.1%）
官方語言：英語、斯瓦希里語　**全部語言**：74 種

經濟：以農業、輕工業和旅遊業為基礎。1963 年至 1976 年成長良好，但隨後因為債務、蕭條與經營不善而衰退。肯亞普遍的貪腐舉世皆知。乾旱、洪水與飢荒影響廣大的區域，導致糧食價格上揚以及牲口暴斃。

政治：1963 年脫離英國獨立。多年來大致穩定的政府偏袒單一族群並打壓反對黨。現在屬於多黨制國家。暴力與種族衝突隨著 2007 年的選舉爆發，並造成聯合政府的誕生。肯亞已在 2010 年通過新憲法。

1　肯亞局勢目前尚屬穩定，但面臨許多威脅。北部的乾旱導致 80% 牲口死亡，也使得草原面積縮減。各種族間為搶奪有限資源而爆發激烈衝突。脆弱的環境、極需改革的土地、嚴重的貧富差距、稀少的水源以及都市裡迅速蔓延的貧民窟，導致肯亞社會充滿緊張。這種種原因造成 2007 年至 2008 年之間的種族與政治暴動；請為和平、明智的政府以及實際的解決方案禱告。

2　肯亞擁有眾多福音派。將近 50% 人口認為自己是屬於新教、獨立教會、聖公會或者天主教的福音派！五旬節派的成長尤其迅速。大致上，82% 的肯亞人自稱為「基督徒」。既然如此，肯亞為什麼那麼貧窮又貪腐？許多貪污分子、恐怖分子以及國際毒販都以肯亞為根據地；請為當地基督徒合一的心、抵擋罪犯以及推廣榮耀上帝的政策禱告，肯亞需要一個公正又誠實的政府，能夠扶助窮人和懲罰惡人。

3　讚美上帝，教會裡興起一波波成長與更新的浪潮！東非復興運動（1948～1960 年）深深地影響聖公會、長老會以及循道會，近來的靈恩復興更影響數百萬的天主教徒與聖公會教友。快速成長帶來不少問題，因此極需禱告，不到 10% 的基督徒固定參加聚會。獨立教會成長快速，但可能欠缺責任感。有些人會把基督教的教導和不合乎聖經的信仰與習俗混雜在一起。肯亞有超過八萬間教會，但需要受過訓練的領袖，雖然有七十個陪訓基督教同工的機構，但依舊無法滿足這麼龐大的需要；請為能有創新、適當又可行的解決之道禱告。

4　許多肯亞信徒在本地以及海外從事跨文化事工。「完成使命」（Finish the Task Movement）動員眾教會向全國的未得之民傳福音。肯亞已經差派出很多宣教士，但可以差派得更多，尤其是最需要宣教士的非洲之角區域；請為教會、宗派、聖經學校與神學院都能重視大使命禱告。奈洛比已儼然成為非洲及其他地區事工的戰略中樞，許多國際基督教機構都在這裡設立非洲總部。

5 需要成立特別事工的龐大族群：

- **年輕族群**。肯亞人口多半是孩童與青少年，教會必須以服事他們為優先。城市貧民窟裡的流浪兒童超過十萬人；請為服事這些年輕生命各層面的事工禱告。

- **愛滋病患**。雖然傳染率已經降低，每天依舊有大約五百人因為愛滋病而死亡。以往有些基督徒會避開愛滋病人，但最近聖公會已為過去的錯誤向愛滋病人致歉；請為基督徒能率先服事病人以及數十萬愛滋孤兒禱告。

- **穆斯林**。過去數百年來，他們是住在沿海與西北部的少數族群。隨著伊斯蘭教的成長與改變，基督徒與穆斯林之間的關係也越趨緊繃，暴力事件逐漸增加；請為兩個團體之間的和諧禱告。另有穆斯林團體住在東北部（跟奧羅莫相近的種族）、海岸山丘（在米吉肯達族中間）以及沿岸地帶（斯瓦希里人和阿拉伯人）；請為慕道友能找到救主禱告。

- **索馬里人**居住在東北部和都市。索馬利亞的動亂迫使上萬人逃到肯亞，他們在那裡接觸福音的機會勝過留在家鄉。有些基督徒藉著全人事工向他們傳福音，而且現在可能已經有數百人相信基督。

- **亞洲社群**包括穆斯林、印度教徒、耆拿教徒、祆教徒、錫克教徒以及基督徒。他們從事貿易以及私營工業，但都因為肯亞的經濟問題而感到不安。亞非關懷肯亞協會（Asian-Africa Concern Kenya）把亞洲、非洲和國際事工機構聚集在一起，努力向東非的亞洲社群傳福音；請為非洲教會也能肩負起向肯亞的亞洲社群傳福音的使命。

賴索托（萊索托）Lesotho　　　　　　　　　　　*非洲*

人數：210 萬　**首都**：馬賽魯（22 萬 8 千人）
基督徒人數：190 萬　**福音派人數**：25 萬 3 千
最大宗教：基督教
成長最快速宗教：無信仰
主要族群：巴索托族（81%）、祖魯（可能達 15%）
官方語言：塞索托語、英語　**全部語言**：6 種
經濟：世界最貧窮國家之一，非常倚賴與南非之間的貿易。

政治：君主立憲國。經過數十年不安與外國介入後，民主政治漸趨成熟。

1 賴索托面臨重大難題。愛滋病毒感染率（23.2%）高居世界最嚴重地區之一。家庭破碎、貧窮、失業率以及欠缺水資源讓日常生活苦不堪言，人民與政府都努力要擺脫這些重擔；請為睿智的領袖以及各種改善生活的創意措施禱告。飛行宣教團契運用飛行器把醫療物資和基督徒工人運送到這個道路稀少的山地國家。山區居民因為位置偏僻，而較少接觸福音。基督教電台能夠接觸到許多居住在低地的信徒，甚至非基督徒。讀經會透過學校團體與年輕人分享上帝的話語；請為這片貧瘠土地能結出豐碩的果子禱告。

2 古老教會中經常可見信主前遵奉的傳統習俗與信仰。初期的宣教士雖然把福音傳遍巴索托（Basotho），但多數人並沒有徹底歸信。例如祖先崇拜、咒詛與符咒、以及使用巫術的祕密結社等等習俗，全都違背上帝的聖潔以及福音的純正；請為聖靈潔淨這地並帶來新生命禱告。較新的佈道團隊繼續建立成長的教會！請為他們能夠得到新的成長以及靈裡的謙卑與合一禱告。

賴比瑞亞（利比里亞）Liberia　　　　　*非洲*

人數：410 萬　**首都**：蒙羅維亞（82 萬 7 千人）
基督徒人數：170 萬　**福音派人數**：60 萬 1 千
最大宗教：民族信仰
成長最快速宗教：伊斯蘭教

主要族群：曼得／馬林克語族（48.7%，9 個族群）、克魯語族（35.1%，19 個族群）、大西洋／幾內亞語族（10%）、美洲利比亞人（2.5%，返鄉的非裔美籍）、剛果語族（2.5%，從加勒比返鄉的自由奴）
官方語言：英語　**全部語言**：31 種

經濟：富藏自然資源（水、橡膠、鐵礦、鑽石等等）。航海船艦註冊是第二大收入來源。但因為多年貪腐而遭重創（直到 1980 年），接著爆發內戰陷入混亂（1989～2003 年）。目前得到外國救濟與投資展開重建，但許多人依舊陷於貧窮，而且失業率居高（達 75%）。

政治：黑人非洲的第一個獨立國家（1847 年），原本是美洲奴隸恢復自由後建立的殖民地。1980 年的政變結束賴比瑞亞裔美籍族群的統治。大規模的貪腐與鎮壓引發叛亂（1989 年），然後是一段混亂時期（兩次內戰），導致整個國家飄搖不定，直到 2005 年舉行選舉才穩定。賴比瑞亞選出非洲第一位女性元首：愛倫·希爾利夫（Ellen Johnson Sirleaf）。

1 當為近幾年的和平與安定感謝上帝。數十萬難民返回家鄉，新總統掌權後（前任元首已流亡海外），整個國家開始進行重建，基督教事工得以再次

蓬勃發展。賴比瑞亞散發出盼望與進步的氣氛，但顯然尚有難題需要克服。

2 賴比瑞亞最近的內戰重創整個國家，並讓百姓驚嚇不已。將近二十五萬人死亡，其中有五萬名孩童，數千人逃離家園。幾乎所有人口不是殘酷罪行的受害者就是加害者。因為種族仇恨、貪腐與敗壞以及權力慾而掀起戰爭；請為曾參與犯罪與屠殺的各個種族能夠和好禱告，目前有數個機構正在努力建立和平與和好。

3 教會失去見證，因此現在必須重振旗鼓。多數基督教團體都會容忍非洲的傳統信仰、部落的祕密結社、巫術與符咒以及共濟會（Freemasonry），而讓仇敵在教會內部坐大。基督徒失去他們的憐憫之心，而不願意照顧那些最弱勢的族群。許多教會建築、學校、聖經學院和醫院紛紛關閉或者需要修繕。受過訓練的領袖不是逃亡他鄉就是喪命本地。但上帝已經著手把教會轉變成醫治與復興的器皿。有些流亡難民在海外時曾經研讀神學，於是現在可以返鄉服事；請為聖靈能夠潔淨、更新與建造基督的肢體禱告。

4 家庭生活必須重建。戰爭讓整個世代的年輕人遭受重創。創傷輔導現在必須連同聖經教導，一起納入基督教領袖與牧師的訓練課程。請為下列事項呼求上帝：

- **以前的娃娃兵。**一萬五千個倖存者必須與記憶中他們所看過與所做過的一切共同生活。他們當中有超過 30% 的人曾經至少企圖自殺一次。戰爭爆發以來他們所面對的偏見與排擠，只會讓現在的他們更加傷痛。
- **數千個從未見過自己父親的孩子。**他們多數是因為性侵而出世的孩子，他們一直活在貧困與羞恥中。他們的父親不是叛亂分子就是士兵，或者是西非的維和部隊。
- **性侵受害者。**軍隊和叛黨在戰爭期間曾經擄掠數千名女子擔任奴僕、雜役，通常是性奴隸。即使在目前，一般女孩也要面對來自維和部隊、救援工作者、教師以及其他居高位者的虐待。

5 較少聽聞福音的族群：

- 賴比瑞亞的**穆斯林**在看到藉著社區醫療佈道和類似的全人事工所彰顯的福音後，就會對福音產生回應。海外的穆斯林團體目前正在捐款重建清真寺（戰爭也毀壞數千座清真寺），以及推廣伊斯蘭教義。

- **泛靈信仰（傳統的非洲信仰）**信徒居住在內陸的森林中。各部落都有少數基督徒，但巫術和符咒的力量很強大。教會必須先贏得屬靈爭戰與突破，接下來才能免於仇敵的轄制。

利比亞 Libya   *非洲*

人數：650 萬 **首都**：的黎波里（110 萬人）
基督徒人數：17 萬 3 千 **福音派人數**：1 萬 9,700
最大宗教：伊斯蘭教
成長最快速宗教：基督教

主要族群：人口資料始終是一大難題，因為沒有任何外籍移入人口以及最近移出人口的紀錄。阿拉伯人（76.4%）、貝都因人（13.7%）、柏柏爾人（5.8%）、其他族群（4.1%，包括來自旁遮普、義大利、塞爾維亞、吉普賽、克羅埃西亞和錫蘭等地的勞工）〔另外還有數千個撒哈拉以南地區要轉往歐洲的非洲人都未登記在冊〕
官方語言：阿拉伯語 **全部語言**：32 種

經濟：1959 年發現石油而扭轉經濟局勢。95% 出口收入來自石油，但財富並未普及大眾。聯合國在 2003 年撤銷對利比亞的制裁行動後，整個經濟開始蓬勃發展。

政治：1911 年至 1943 年由義大利統治，1951 年完全獨立為君主國家，1969 年的軍事政變形成由格達費（Muammar Qaddafi）領導的伊斯蘭革命共和政府，2011 年的動亂以暴力結束他 42 年的統治，2012 年舉行六十年來的首次自由選舉，組成全國代表大會，應許將轉移為民主制度與法治社會。因為許多軍事團體的蠢動而不安。

1 **格達費與禁運的時期已經過去。**外國投資與貿易極可能日益增加。後格達費政府應許建立一個開放民主的國家，平等對待所有公民，這一切尚未實現。數十個獨立的武裝民兵組織繼續對抗包括基督徒在內的許多族群；請為未來的和平、安定、宗教自由以及最重要的——與神和好的未來禱告。

2 **利比亞的屬靈氣氛在動亂前幾年已經急遽改變。**上帝已經在這片穆斯林土地上展開新的工作，或許就是對許多禱告的回應！許多人都感覺到靈裡的飢餓，但那些渴望聖經的人往往無法得到滿足。現成的材料使用的是標準阿拉伯語，而沒有利比亞阿拉伯文的聖經譯本，也幾乎沒有任何錄音或者影像資源。每年信靠基督的利比亞人都在增加，儘管他們依舊是少數群體；請為這些改變讚美上帝，也請為這些改變能更進一步延伸禱告，請為利比亞人有機會跟基督教世界更緊密地連結在一起禱告！

3 大批移民湧入利比亞。 多數來自撒哈拉以南的地區，但也有來自北非，甚至亞洲某些地區。少數人在利比亞找到工作，但更多人跨越危險的沙漠與海洋前往歐洲尋求新生活。利比亞目前的混亂情勢讓人蛇販子有機會剝削那些可憐的百姓；請為那些數以萬計、甚至數十萬的人能夠找到救恩，而不只是世上的財富禱告。部分移民是基督徒；請為他們能對利比亞人以及移民伙伴產生深遠的屬靈影響禱告。

4 利比亞的基督徒雖有成長，但速度緩慢。 多數基督徒是外籍人士，而且不是天主教徒就是東正教徒。新教與獨立宗派的團體對於活出他們的信仰比較積極。信徒要面對許多困難，政府、親友和伊斯蘭團體都會施壓要他們回到伊斯蘭教。過去，迫害多半來自政府密探，但如今則來自伊斯蘭團體；請為基督徒信心穩固、靈性成長並與其他信徒團契而得到鼓勵與力量禱告。

馬達加斯加 Madagascar　　　　　*非洲*

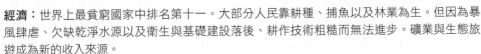

人數：2,010 萬　**首都**：安塔那那利弗（190 萬人）
基督徒人數：1,080 萬　**福音派人數**：230 萬
最大宗教：基督教
成長最快速宗教：伊斯蘭教
主要族群：馬爾加什人（97.5%，38 個混和著非洲人、印尼人與阿拉伯人的群體）、法國人（0.5%）、留尼旺人（0.4%）、古吉拉特人（0.3%）、華人（0.3%）
官方語言：馬爾加什語、法語（英語也通行）
全部語言：20 種

經濟：世界上最貧窮國家中排名第十一。大部分人民靠耕種、捕魚以及林業為生。但因為暴風肆虐、欠缺乾淨水源以及衛生與基礎建設落後、耕作技術粗糙而無法進步。礦業與生態旅遊成為新的收入來源。

政治：高地上的梅里納族在十九世紀時掌控全島（迄今依舊遭低地人怨恨）。1896 年成為法國屬地，然後在 1960 年獨立。政府在馬克思主義掌權、政變／軍事接管以及多黨選舉間擺盪。腐敗始終是嚴重問題。

---

1 這座富庶的島嶼不斷跟貧窮作戰。 有些人稱呼馬達加斯加是「第八大洲」。它豐富的環境裡面蘊藏各種特殊的植物與動物，而且各種族群混居在此。但多數人民每日生活費平均不到一美元。火耕法毀滅將近 80% 的雨林面積以及許多動植物種；請為能出現善於治理百姓的領袖，以及足以讓百姓擺

脫貧困的發展禱告。

2 教會在政治與環境危機中成長。聖靈多半在學生、年輕人與平信徒中運行。1895、1941、1948 以及 1980 年代，大型教會紛紛出現重要的復興運動。隨著復興而來的是主流教會開始出現平信徒「牧者」運動。他們著重以醫病與趕鬼領人信主，在部分地區建立新教會；請為這個運動能繼續成長，並在聖經裡紮根禱告。

3 舊信仰依舊在基督教裡面掌權。許多基督徒在面對祖靈崇拜與巫術時紛紛退讓；請為聖靈再次運行、喚醒衰退的教會禱告。教會之間因為互相對立而壁壘分明，新興的靈恩宗派要面對傳統宗派與政府的壓迫，眾教會因為領袖之間的仇恨而分裂；請為眾領袖與眾教會的合一禱告，請為基督徒能以謙卑和以國度為重的心態取代偏見與嫉妒而禱告。

4 較少聽聞福音的地區與族群。開荒工人必須委身在生活條件困難的地區長期駐守，才能展現出對當地百姓、語言與文化的愛。工人有機會參與救助、開發、職業訓練與教育。飛行宣教團契和瑞士直昇機差會為當地提供重要的服事，前往島上許多無路可通的區域；請為眾教會能對孤立的郊區居民提供更多的無線電與基督教廣播禱告。

- **島的北端與南端**是基督化最淺的馬爾加什族群的居住地。深受穆斯林影響的泛靈信仰掌控著北部與西北部，而且 80% 的南部百姓依舊不是基督徒。馬爾加什的佈道家要跋涉數天的旅程才能到達這些偏僻的村落；請為他們的健康、腳踏車、財務與信心禱告。

- **馬爾加什的種族信仰**掌控著西部的薩卡拉瓦族、北部的希米赫特族、南部的坦多瑞族與多諾西族，其他常見的還有薩滿巫醫、巫術與污鬼的迫害；請為這些族群能認識基督的愛與大能禱告。

- **穆斯林人數**在西岸的薩卡拉瓦族群、東岸的安提莫羅、以及北部的安坦卡拉納大幅增長。多數人都信奉通俗伊斯蘭教。一小群特殊的宣教團隊已在他們當中結出果子；請為能結出更多果子禱告，請為葛摩穆斯林、古吉拉特人和阿拉伯人禱告，因為他們當中的基督徒甚少。

馬拉威（馬拉維）Malawi

非洲

人數：1,570 萬　**首都**：里朗威（86 萬 5 千人）
基督徒人數：1,190 萬　**福音派人數**：310 萬
最大宗教：基督教
成長最快速宗教：伊斯蘭教
主要族群：切瓦－森納族（70.4%）、堯族（12.3%）、恩戈尼族（7.8%）、中央坦尚尼亞族（4.8%）、南亞人（0.7%）〔以及許多從中非與東非遷往南非的移民〕
官方語言：奇切瓦語、英語　**全部語言**：24 種

經濟：人口密集發展有限。仰賴自給農業，卻苦於乾旱與暴雨的循環。四處蔓延的愛滋病是一大問題。貧窮與失業率導致許多百姓前往他國謀生。

政治：1964 年脫離英國獨立，接著是三十年殘酷的獨裁統治。經濟穩定成長，卻失去政治自由。1994 年舉行多黨選舉。近年的選舉能維持和平與公正，且能夠針對議題投票，而擺脫種族或地域的偏見。

1　馬拉威依舊是這個深陷戰爭與暴力的區域中，一片穩定與和平的土地。 人民的本性祥和又純樸，民主制度健全，而總統也能厲聲斥責腐敗。當為讓基督教事工與國家發展得以持續進行的和平讚美上帝。這個國家依舊要面對許多複雜的困難，例如貧窮與高度的人口成長率、愛滋病、失業率以及眾多遷入馬拉威的移民與過境的人口。多數馬拉威的領袖都是基督徒；請為他們行事為人睿智、謙卑，又能按照聖經原則制定長遠的計畫禱告，請為教會能得到更充分的裝備，以實際的服事面對愛滋病禱告。

2　各式各樣的事工促成福音派穩定的成長！ 基督徒能夠自由推動外展事工、青年事工、家庭聚會、禱告會以及其他活動，福音幾乎影響社會每個區塊。難民以及鄉村地區的基督徒都需要也渴望得著聖經，但貧窮卻讓他們無法如願；請為聖經的翻譯與取得禱告。許多基督徒具備良好的閱讀能力，也渴望優秀的基督教作品，卻負擔不起。

3　教會一定要擔負起訓練牧師與工人的責任。 全國有十七所新教與四所羅馬天主教神學院與聖經學校提供正式教育。傳統的神學教育模式已經無法供應教會快速成長後極需的大量領袖；請為教會能構想出創新的培訓模式，讓貧窮的牧師以及無法離開家庭就學的傳道人得到造就禱告。

4　伊斯蘭教在馬拉威成長。 非洲穆斯林協會（The African Muslim Agency）

為基礎教育提供經費，並提供獎學金讓他們到穆斯林國家接受高等教育、資助清真寺的重建以及其他各種推廣伊斯蘭教的管道；請為基督徒持續向馬拉威各地的穆斯林見證主愛禱告。堯族（80% 是穆斯林）可說是在馬拉威傳福音最大的挑戰，宣教機構聯合推動外展，但來到基督面前的人並不多；請為微小的堯族教會能夠興旺禱告！

馬利（馬里）Mali　　　　　　　　　　　　　　　　　*非洲*

人數：1,330 萬　**首都**：巴馬科（170 萬人）
基督徒人數：35 萬 2 千　**福音派人數**：9 萬 3600
最大宗教：伊斯蘭教
成長最快速宗教：伊斯蘭教

主要族群：南撒哈拉非洲人（89.4%，55 個族群，包括馬林克－班巴拉族、谷爾人、索寧克人、馬林克人、富爾貝人、桑海人）、阿拉伯／柏柏爾人（10.5%，圖阿雷格人與阿拉伯人、包括摩爾人）

官方語言：法語　**貿易語言**：班巴拉語、富爾貝語、桑海語　**全部語言**：60 種

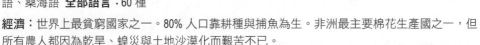

經濟：世界上最貧窮國家之一。80% 人口靠耕種與捕魚為生。非洲最主要棉花生產國之一，但所有農人都因為乾旱、蝗災與土地沙漠化而艱苦不已。

政治：偉大的馬利帝國（1230～1400 年）的現代繼承者。1960 年脫離法國獨立。軍事獨裁在 1991 年因為群眾抗議而告終，接著開始實施多黨民主政治。東北部的圖阿雷格人因為土地與文化問題而不安定，經常掀起暴動。摩爾人（北部）以及一些與蓋達組織相關的團體（*Al-Qaeda*-linked groups）更增添許多困難。這裡也是從南美運毒到歐洲的中繼點。

1 **馬利在 2012 年至 2013 年經歷大規模的變動。** 首先是南部企圖發動軍事政變而引發不安。接著，北部落入其他叛亂團體之手。這些由圖阿雷格分離分子與穆斯林極端分子組成的叛亂團體旨在實施嚴格的伊斯蘭法律。各種殘酷手段紛紛出籠，而且有些基督徒成為殺害的目標。逃往南部或者其他國家的百姓人數高達五十萬，其中包括當地大部分的基督徒。法國採取軍事行動介入，接著聯合國也加入制止叛亂分子的行列。2013 年舉行選舉組成新政府，帶來安定以及新的和平過程，但因為馬利南部與北部之間的鴻溝，似乎難以達成長期和平。

2 **馬利必須克服各種艱鉅的困難：** 過高的嬰兒死亡率、營養不良以及土地

沙漠化，將近 20% 的幼兒無法活過五歲，倖存的嬰孩中有三分之一營養不良。67% 的土地屬於沙漠或者半沙漠地，而且沙漠還在持續擴張中。請為馬利的領袖具備足夠的智慧，知道如何創造醫療、教育與就業機會禱告。這個國家需要長期的安定與外國投資。當地有許多開展基督教事工的機會。

3 馬利的屬靈門戶是敞開的，而且教會逐漸在部分馬利族群中生根。第二代基督徒已經出現，但基督教的成長速度依舊低於全國人口出生率。許多決志相信基督的人最後又回到他們以前的信仰。讚美上帝，目前當地已經建立將近七百間福音派教會。1980 年代曾有一波佈道浪潮席捲整個馬利，大多數現在的教會並沒有任何外展或者佈道活動；請為新一波的浪潮來臨禱告！

4 馬利大部分地區依舊未曾聽聞福音。三分之二人口未曾聽聞福音。六十個本土族群多半未曾接觸福音，而且其中只有五個族群的基督徒超過人口數 1%；請為許多較小又被忽視，且沒有已知基督徒的族群禱告。多數馬利人信奉西非獨有的較寬容的伊斯蘭教；請為能夠明確的突破所有族群禱告！

茅利塔尼亞（毛里塔尼亞）Mauritania　　　　　*非洲*

人數：340 萬　**首都**：諾克少（72 萬 9 千人）
基督徒人數：8,400　**福音派人數**：2,100
最大宗教：伊斯蘭教
成長最快速宗教：伊斯蘭教
主要族群：哈撒尼亞語阿拉伯人（70%，其中 40% 是摩爾黑人，30% 是掌權的摩爾白人）、南撒哈拉非洲人（28.8%）
官方語言：阿拉伯語（三分之二人口使用哈撒尼亞方言）。法語是公務與貿易語言
全部語言：8 種

經濟：世界最貧窮國家之一。以農作與放牧為基礎。1970 年代與 1980 年代的旱災重創整個國家。主要出口是漁產、鐵礦以及些許海上石油。貪腐影響經濟各個層面。

政治：伊斯蘭共和國。1960 年脫離法國獨立，接著爆發一連串軍事政變。1992 年實施多黨民主制，政變與民選政府交相出現。摩爾白人主導政局，以往的衝突以及搶奪非洲黑人的土地與牲口而造成的種族／部落緊張情勢依舊存在。

1 茅利塔尼亞必須克服嚴峻的經濟與社會問題。三分之一孩童缺乏足夠的食物，而且普遍的離婚率引發許多社會問題。全國土地只有 1% 適合耕作，

已經稀少的農地更因為沙漠化逐漸消失。近來發現的油田可以帶來財富,但也讓貪腐以及貧富差距更惡化。奴隸是非法行為,但數千人依舊過著奴隸般的生活;請為所有遭壓迫的人能夠得到自由與公義禱告!

2　**大致上所有茅利塔尼亞族群都未曾聽聞福音**,因為伊斯蘭教已經掌控茅利塔尼亞達千年。僅有少數人認識基督徒朋友或者接收基督教媒體;請為他們在屬靈上更開放並且渴望上帝禱告!請為相信耶穌的人在信仰上能夠剛強壯膽禱告!茅利塔尼亞的信徒要面對的困難有牢獄之災、毒打以及自己家族與部落的排斥。請特別為下列未曾聽聞福音的少數族群禱告:

- **哈拉廷人,也就是黑摩爾人。**他們曾經是摩爾社會裡的奴隸階層。
- **塞內加爾河谷的非洲族群。**其中一部分人曾遭受嚴重的迫害,但許多流亡外地的人現在已經返回家園,他們對福音的態度較開放。
- **沙漠裡的游牧民族。**他們是柏柏爾人與阿拉伯貝都因人的後裔。他們的游牧生活形態讓他們比其他族群更遠離福音。
- **在外地的茅利塔尼亞人。**例如法國、西班牙、美國以及其他西非國家。塞內加爾有些基督徒工人在他們當中服事。

3　**居住在茅利塔尼亞的外籍人士非常少。**他們多半是來自西非國家的移民,從事低薪的工作,但其中也有專業人士,其他人則從事外交事務、開發以及貿易。外籍人士若被懷疑向茅利塔尼亞人傳福音,就可能會遭到騷擾、坐監、驅逐出境,甚至被謀殺。近來伊斯蘭恐怖分子的極端行為(2009 年曾殺害一個外籍基督徒)逐漸增加,這使得許多外國基督徒紛紛離境。世界展望會、天主教明愛協會(Caritas)以及其他機構在當地從事開發、人權與公義以及環境保護方面的事工;請為這些基督徒的生活能清楚展現出耶穌的愛禱告,也請為主耶穌賜給他們智慧、保護,並讓他們成為祂的名強而有力的見證禱告!

摩洛哥 Morocco

非洲

人數：3,280 萬（估計有 40 萬在西撒哈拉）
首都：拉巴特（180 萬人在拉巴特／薩累）
基督徒人數：29 萬 9 千 **福音派人數**：4,800
最大宗教：伊斯蘭教
成長最快速宗教：伊斯蘭教
主要族群：阿拉伯人（57.7%）、柏柏爾人
（41.4%）
官方語言：阿拉伯語。許多人在家中説柏柏爾
語。法語被廣泛使用 **全部語言**：10 種

經濟：收入來自旅遊業、農業、紡織業以及磷酸礦。摩洛哥和西撒哈拉擁有世界 70% 的磷酸儲量。少數富人與大量窮人之間的差距甚大。許多人前往海外謀生。

政治：1956 年脱離法國與西班牙的統治而獨立。在君主制度下實施有限的民主政治。因為其他地方興起的阿拉伯之春（Arab Spring）運動，而導致民主與自由逐漸增加。摩洛哥從 1975 年就佔領西撒哈拉，但西撒哈拉獨立陣線（Polisario Front，代表撒哈拉人）為爭取獨立而戰。

1　**阿拉伯軍隊在第七世紀入侵**，引進伊斯蘭教，並且消滅相當堅強的北非柏柏爾教會。摩洛哥人對他們國家身為伊斯蘭文明與學術中心的傳承感到驕傲，並且抗拒基督教。只有少數人聽過福音。摩洛哥各穆斯林團體對於基本教義派與溫和派的看法壁壘分明，但多數公民不希望爆發宗教動亂；請為整個國家的和平禱告，也請為那些想要以武力解決爭端的人無法得逞禱告。

2　**摩洛哥人逐漸注意到本土教會**，這是因為媒體以負面和偏差的方式報導許多人改信基督教的消息。目前的摩洛哥基督徒大約有兩千人，並且有將近二十至三十個小型的家庭團契。初信者都會感受到來自家庭、警方與宗教威權的壓力；請為信徒能夠在嚴厲的迫害，如同初代教會一樣因著信心、見證、相互支持與鼓勵而成長茁壯！

3　**門徒造就**因為迫害、孤立與恐懼而異常困難；請為信徒能夠每日研讀上帝的話語禱告。阿拉伯語和柏柏爾語聖經非常難進口，但二者都可以在網路上找得到。衛星電視、基督教廣播電台以及網路可以把福音傳向大眾、提供領袖訓練的機會並且把分散的信徒互相連結在一起。基督徒在求職、求學與求偶上經常遭遇困難；請為那些願意為堅強的家庭教會提供據點的基督徒家庭禱告，請為每一個基督徒團體都能得到上帝所賜充滿聖靈恩賜的領袖禱告。

4 未曾聽聞福音的特定少數族群：

- **柏柏爾人**一直都是基督徒，直到伊斯蘭教進入此地。柏柏爾人信奉的是混和著民俗巫術（尤其在鄉村地區）的伊斯蘭教，但都是非常虔誠的信徒。三個主要的柏柏爾族群裡面都有些許基督徒。基督徒對 2004 年地震迅速又充滿愛心的回應，開啟了福音的大門！

- **馬格里布猶太人**。其數目曾經超過二十五萬。其中多數已在 1948 年移居以色列，僅有數千人留在摩洛哥，目前還沒有人向他們傳福音。

- **沙漠游牧民族**居住在南部與東部，鮮有接觸福音的機會。

- **鄉村地區的摩洛哥阿拉伯人**雖然屬於多數族群的一部分，但遠離福音，少有向他們傳福音的事工。

5 政府當局禁止宣教工作，而且最近曾毫無預警地驅逐一百多個基督教工人出境。然而，部分全人事工依舊開放外國基督徒參與，例如服事殘障者的南撒哈拉非洲人以及為前往歐洲而來到摩洛哥的亞洲人。他們遭到人口販子的凌虐，又受到政府的嚴厲對待，其中許多人都是基督徒，並組成他們自己的團契。其他人則經由摩洛哥的基督教事工信主；請為他們能有效地向穆斯林見證主禱告！

西撒哈拉 Western Sahara　　　　　　　　　　　　　　　　*非洲*

1 摩洛哥在 1975 年入侵西撒哈拉，並從那時起佔領整個地區。當地的西撒哈拉獨立陣線不斷地為撒哈拉人獨立而堅強奮戰；請為合乎公義的解決之道，以及撒哈拉難民能返回家園禱告。摩洛哥人和撒哈拉人裡面僅有少數基督徒，但上帝已經開始消弭他們之間因為政治立場不同而產生的敵意；請為教會能夠效法基督而互相和好禱告。服事難民的機會就是救助與開發；請為更多人願意在他們當中服事禱告！

莫三比克（莫桑比克）Mozambique　　　　*非洲*

人數：2,340 萬　**首都**：馬布多（170 萬人）
基督徒人數：1,090 萬　**福音派人數**：260 萬
最大宗教：基督教
成長最快速宗教：基督教、伊斯蘭教
主要族群：北班圖語族（63%）、南班圖語族
（19.1%）、中央班圖語族（15.5%）、葡萄牙裔
麥士蒂索族群（1.6%）
官方語言：葡萄牙語（不到 30% 人口懂得）
全部語言：53 種

經濟：世界上最貧窮國家之一。奉行馬克思主義經濟理論、三十年的游擊戰以及殖民政策的剝削導致經濟停滯。洪水與乾旱交相摧殘賴以為生的農耕（80% 的人民農場）。仰賴外國援助，又因外債而癱瘓。1995 年開始逐漸好轉。

政治：曾有 470 年淪為葡萄牙殖民地。經歷冗長的戰爭後，在 1975 年獨立。1988 年以前是馬克思列寧主義國家，緊接著是數年的激烈戰爭，最後在 1990 年代中期達成和平協議而告一段落。從 1990 年開始實行多黨民主政治與市場經濟。

1　**當為和平讚美上帝**，綿延三十年的戰爭終於在 1992 年結束。政府當局目前在推動民主政治，以及經濟與宗教自由。多年的苦難帶來靈裡的敏捷反應。經歷過馬克思主義政權的摧殘後，基督信仰迅速擴散。莫三比克曾經是福音的荒野，如今已有許多來自各種信仰與各個地區的百姓開始跟隨基督！

2　**莫三比克依舊殘破不堪**；請為各種有效率又實際可行的計畫能夠幫助那些生活在最貧瘠環境中的人禱告！愛滋病是一主要難題，16% 的成人感染愛滋病毒。瘧疾更為嚴重，每年新增病人的數目超過五百萬。腹瀉與肺結核等疾病讓情況更惡化。此外，暴力與極端貧窮造成的創傷導致許多人心生不滿或者心理崩潰；請把這些困難化為禱告。

3　**高達 80% 的牧師／教會領袖僅接受過簡單裝備，甚至毫無正式訓練**；請為能有更多敬虔又認識聖經的領袖禱告。多數百姓以口傳的方式學習；請為各種培養他們聖經知識的計畫禱告。2000 年代的天災促使基督徒發起救助，而難民營內部也成立起本土教會。目前，請為教會能夠成熟並在真理上茁壯，又能順應當地文化而禱告。

4　**莫三比克聚集著許多未曾聽聞福音的族群**，遠超過非洲南部其他地方。請為以下族群禱告：

- **馬胡瓦人**。多數人信奉的是混合著泛靈信仰與天主教的信仰（內陸），或者是伊斯蘭教（沿海），甚至這三者的混合。北部族群涵蓋將近四成的莫三比克人口。傳道、救助與奇蹟帶領許多人進入神國；請為初信者與眾教會的門徒訓練禱告！
- **堯族**居住在尼亞撒省馬拉威湖的岸邊，其中96%是穆斯林，只有2%可說是基督徒。
- **北部／沿海的穆斯林族群**。斯瓦希里商人在數百年前把這片地區伊斯蘭化，僅在姆瓦尼人中有幾個基督徒。近來虔誠的科提族有所突破，可能有大約二十間教會以及一千兩百位信徒！恩戈尼族在獨立後把所有神父驅逐出境，此後再也沒有接觸福音（少數信徒因為社會壓力而離開信仰）。馬奎族是居住在偏遠的最北部一個被遺忘的族群。

5 **莫三比克需要海外宣教士的幫助**，尤其是要在未得之民中間工作；請為那些要面對疾病、燠熱潮濕的氣候、艱困的旅程以及囂張惡靈的宣教士禱告！工人一定要跟當地人一樣吃苦耐勞。教會已經努力數十年。外國人一定要學習跟當地教會一起服事，並且真誠的互相搭配。工人可以在領袖訓練、救助／賑災、醫療計畫、商業經營、兒童事工以及其他方面服事。目前正在進行至少十七種語言的聖經翻譯計畫。

納米比亞 Namibia

非洲

人數：220萬 **首都**：溫荷克（35萬4千人）
基督徒人數：200萬 **福音派人數**：27萬
最大宗教：基督教
成長最快速宗教：民族信仰
主要族群：奧萬博語族（43%）、南非荷語黑人（9%，混合族群）、科伊桑語族（8.9%）、卡旺加利語族（7.9%）、赫雷羅語族（7.6%）、荷裔南非人（7.3%）
官方語言：英語（少數人使用，多數人説南非荷語）**全部語言**：37種

經濟：鑽石礦、鈾礦以及其他礦藏帶來龐大收入。牧場、漁業以及旅遊業也相當重要。許多人民的生活依舊極度貧窮。

政治：曾為日耳曼殖民地（1883～1915年），接著在1915年至1990年間由南非統治。在經歷漫長的戰爭後獨立，經濟與社會已遭受嚴重破壞。多黨民主制帶來些許安定。為大英國協成員之一。

1　**1990 年代獨立後局勢逐漸穩定，經濟逐漸好轉**，而且當時的基督徒藉著禱告而合一。但如果沒有良好的政府，社會也無法和諧，那麼整個國家的道德就會崩潰，經濟也會瓦解；請為國家的領袖有足夠的智慧與決心，努力化解貧富差距、土地所有權爭端以及愛滋病等問題禱告。百姓遷移到城市謀生，結果卻淪落在貧民窟。奧萬博（北部）的貧窮問題最嚴重。納米比亞因為獨立前的殖民歷史、種族隔離以及恐怖活動而傷痕累累；請為受害者與加害者都能在基督裡得到赦免與平安禱告！

2　**納米比亞經歷過幾次歸向基督的歷史性運動**。十九世紀時，信義宗和當時的聖公會宣教士創立一個龐大的宗派。摻雜著非洲泛靈思想的自由派神學與習俗，困惑許多基督徒，而讓他們信心軟弱。靈恩派團契帶來新的生命，對那些未曾聽聞福音的地區與族群來說尤其如此；請為合乎聖經的信心能夠重回納米比亞眾教會禱告，請為眾人重新聆聽福音，並回到基督面前禱告！

3　**較少聽聞福音的族群**。請為下列族群禱告；

- **桑人**（叢林部落）傳統的半游牧生活形態，因為圈牧與礦業而遭受巨變，隨著定居生活而來的惡習導致許多族人頹廢。部分教會努力推展桑人事工，但所得到的屬靈回應相當冷淡；請為專門針對他們的游牧生活形態與強烈的拜物信仰推動的外展事工禱告！
- **東北部卡萬戈區與卡普里維狹地的族群**。許多人信奉泛靈宗教，目前有數間教會與差會在他們當中服事。
- **欣巴族**（五千人）與**迪巴族**（Dhimba，一萬五千人）分別居住在東北部與安哥拉的西南部。多數人信奉泛靈宗教，不過還有少數幾個信義宗與改革宗的基督徒。翻譯迪巴語聖經的事工，以及用傳統迪巴風格創作的聖經歌曲都即將大功告成。

尼日（尼日爾）Niger

非洲

人數：1,590 萬　**首都**：尼阿美（100 萬人）
基督徒人數：5 萬 2 千　**福音派人數**：2 萬 2 千
最大宗教：伊斯蘭教
成長最快速宗教：伊斯蘭教
主要族群：豪薩語族（43.2%）、桑海語族
（29.3%）、富爾貝／富拉尼語族（10.4%）、圖
阿雷格／塔馬切克語族（9%）、卡努里－撒哈
拉人（4.8%）、其他南撒哈拉非洲人（1.7%），
阿拉伯人（1.4%）
官方語言：法語（普遍使用豪薩語）
全部語言：21 種

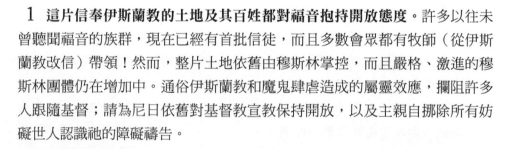

經濟：世界最貧窮國家之一，大部分人口依靠農作與畜牧勉強生活，乾旱與蝗害導致問題更惡化。鈾礦可能會帶來財富。仰賴外援與國際貨幣基金貸款。

政治：整個撒亥爾（Sahel）地區曾由圖阿雷格人統治數百年，然後淪為法國殖民地（1921～1960 年）。那時起經歷一連串軍事政變與民主政治時期，期間不時有圖阿雷格人起義。

1 **這片信奉伊斯蘭教的土地及其百姓都對福音抱持開放態度**。許多以往未曾聽聞福音的族群，現在已經有首批信徒，而且多數會眾都有牧師（從伊斯蘭教改信）帶領！然而，整片土地依舊由穆斯林掌控，而且嚴格、激進的穆斯林團體仍在增加中。通俗伊斯蘭教和魔鬼肆虐造成的屬靈效應，攔阻許多人跟隨基督；請為尼日依舊對基督教宣教保持開放，以及主親自挪除所有妨礙世人認識祂的障礙禱告。

2 **基督教在成長**，但百姓進入神國猶如涓滴之流；請為這涓滴之流能成為滾滾洪水禱告！留在伊斯蘭教、或者被迫重回伊斯蘭教的壓力阻止許多人跟隨基督，初信者感到孤立；請為那些需要與其他信徒相聚的信徒能夠形成或大或小的團契禱告！

3 **整個國家各個地區都需要宣教士**。尼日是世界上開發程度最低的國家之一，基督教宣教士以愛心服事這片土地（經由救援、開發、醫療與教育），而贏得百姓對福音的敬意；請為能有更多工人禱告。醫療事工和教會醫院提供重要的協助。各各他事工旨在向首都裡眾多的娼妓傳福音，但他們需要更多的工人與經費。政府無力負擔所有孩童的教育經費，許多孩童（尤其女孩）無法接受教育，各種機構紛紛設立學校提供教育與機會，藉此展現基督的愛；請為能有更多基督徒願意把握這些服事尼日的機會禱告！

4 最少聽聞福音的族群：

- **圖阿雷格／塔馬瓦克人**曾經掌握財富，但現在因為乾旱、飢荒與政治變遷陷入貧困。無私的全人事工已經帶領其中數群人成為基督徒！

- **哲爾馬**信奉伊斯蘭教，但也保留許多他們的傳統習俗。他們當中僅有數百人跟隨基督。

- **五個卡努里族群**信奉伊斯蘭教已經上千年。有些人認為他們會抗拒福音，但他們對福音反應熱烈；請為整個家庭與村落都能夠跟隨基督禱告！

- **桑海人**僅有極少數基督徒。目前有事工服事他們，但十分困難，因為他們是非常堅定的穆斯林，把所有改信的人都視為叛徒。

奈及利亞（尼日利亞）Nigeria　　　　　*非洲*

人數：1 億 5,830 萬　**首都**：阿布加（200 萬人）
基督徒人數：8,110 萬　**福音派人數**：4,880 萬
最大宗教：基督教
成長最快速宗教：基督教、伊斯蘭教
主要族群：超過 520 種族群體。約魯巴語族（22.8%）、比奴伊語族（17.8%）、豪薩語族（16%）、伊博語族（14.9%）、富拉尼語族（10.4%）、查德語族（4.5%）、卡努里語族（4%）、幾內亞語族（2.5%）、努佩語族（2%）、伊加語族（1.8%）、阿達馬瓦－烏班吉語族（1.2%）、其他南撒哈拉非洲語族（1.7%）

官方語言：英語（豪薩語、約魯巴語、伊博語分別在自己地區廣為使用）**全部語言**：521 種

經濟：自然資源充沛，尤其是石油和天然氣，大規模的貪腐導致一小群人非常富裕。多數人民生活在貧困中。

政治：1960 年脫離英國獨立成為聯邦國。經過多年軍事統治後，建立多黨民主制度。豪薩／富拉尼人、約魯巴人與伊格博人之間的角力主導著奈及利亞的政壇。穆斯林居多的北部和基督徒居多的南部歧見甚深，緊張與暴力讓整個國家瀕臨分裂。

　　奈及利亞因為昔日的殖民政策被切分為三個主要區域，英國人讓豪薩－富拉尼穆斯林統治北部，並容許他們把統治權延伸到中部區域的族群，南部則發展出近似西方世界的政治體系。1967 年至 1995 年國內的聯邦數從十二個增加到三十六個，以及一個聯邦首府特區。其中八州的人民多為穆斯林，十八州多為基督徒，而另外十州則各居半數。實際信奉非洲傳統宗教的人數可能高達總人口數的 10%，但這些習俗與信仰都摻雜著伊斯蘭教與基督教。

奈及利亞的難題

1　**奈及利亞能夠繼續維持著完整國家的樣式**，可說是個奇蹟。這個複雜的國家有許多不同層面。整個國家的政治一直處在瀕臨分裂的狀態。北部與南部存在著深遠的歧見，同時，三十七個州與特區彼此間也一樣。緊繃的態勢不僅造成三個主要族群（豪薩族、約魯巴族、伊格博族）互相對立，其餘數百個族群也一樣。自從奈及利亞獨立後，執政者大都是腐敗的軍事領袖。腐敗的選舉過程，成為文人政府的棘手問題；請為能出現睿智、正直又公平的領袖，幫助這個國家找尋出解決這些困難的途徑禱告，這個國家的未來就在他們的手中。

2　**奈及利亞是世界上舉世皆知最腐敗國家之一**。賄賂和欺騙製造出的問題幾乎遍及社會所有層面，而且還背負著電子郵件詐欺、跨國犯罪以及販毒的臭名，即使基督徒或者穆斯林居人口多數也無法消弭這一切。這一切出現在政壇、銀行界、軍方，甚至宗教團體也無法倖免！跨國企業跟腐敗的奈及利亞人狼狽為奸，把大批屬於奈及利亞的財富轉移到他們自己的銀行帳戶。這使得經濟發展受阻，社會受到重創，百姓生活困苦。許多人認為唯有極端或者激進的作為，才能改變這一切；請為奈及利亞能夠斬草除根的消滅腐敗禱告，請為上帝興起許多敬畏祂的人，又充滿勇氣對抗這一切邪惡禱告。

3　**基督徒和穆斯林因信仰不同而決裂**，於是造成嚴重的傷害。但在北部的穆斯林極端團體的增長又帶來更嚴重的危機。博科聖地（*Boko Haram*）和其他相近團體採取恐怖行動對付基督徒、聯邦政府，甚至連溫和派穆斯林也不放過。他們採用的手段包括汽車炸彈、自殺式炸彈攻擊以及暗殺。他們已經在北部好幾州實施伊斯蘭法律，他們的最終目標是要把伊斯蘭法律強加在所有人民身上。

4　**非洲穆斯林世界與基督教世界的分界線**橫跨奈及利亞的正中央（見右頁圖），這條線包括阿布加和高原州。喬斯（Jos）是這一州的主要城市，也是基督教推動宣教與事工的重要城市；請為那些企圖毀滅教會以及推翻民主政府的邪惡陰謀無法得逞禱告，請為政府知道如何擊潰這些計畫禱告。那惡者想方設法殺害、偷竊以及毀滅基督徒與穆斯林。

奈及利亞的教會

1 教會持續大幅成長。多數西非福音派都住在奈及利亞。天主教、聖公會、傳統新教宗派以及後起的五旬節派和靈恩派都在成長。許多新信徒來自穆斯林以及信奉部落宗教的人。這往往是種不引人注意的默默成長。為奈及利亞已有數百萬人認識上帝，獻上讚美！

2 非洲和奈及利亞面對的最大屬靈挑戰就是門徒訓練，而不是伊斯蘭教，不是貪腐，甚至也不是缺乏更多的事工。教會成長極其快速，因此許多初信者沒有機會接受造就。成功神學曲解福音，另有許多分歧與假教導也趁隙進入教會，經常可見摻雜著非洲部落宗教習俗的基督教。教會需要以持平又合乎聖經的方式進行屬靈爭戰、行使醫治與奇蹟以及接觸其他宗教。許多基督徒似乎不是按照聖經明確教導的價值觀生活；請為謙卑、單純與聖潔能夠成為奈及利亞教會的準繩禱告。

3 對基督徒的迫害越演越烈，尤其在北部。某些極端穆斯林團體已經殺害數千人，並且毀壞數百、甚至數千間教會。迫害使得基督徒合一並促使他們在禱告中來到上帝面前，但這也讓奈及利亞社會與國勢的核心深受威脅；請為那些失去所愛以及遭受性侵的人能夠得醫治與復原禱告，請為這地充滿赦免與釋放而非報復的靈禱告，請為這地的基督徒能以最符合基督的樣式回應禱告，最後，請為那些犯下這些恐怖惡行的基督仇敵能夠成為祂的門徒禱告！

4 許多基督教運動影響整個國家。奈及利亞的禱告運動是世界上最興盛的禱告運動之一。基督教歷史上部分最大型的禱告會是在奈及利亞舉行的（同時聚集在一起的信徒超過一百萬），許多人認為政治的正面發展與教會的成長都是專注於禱告的結果。讀經會、學生福音

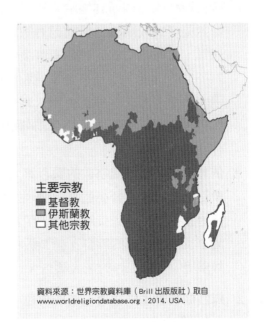

主要宗教
- ■ 基督教
- ▨ 伊斯蘭教
- □ 其他宗教

資料來源：世界宗教資料庫（Brill 出版版社）取自 www.worldreligiondatabase.org，2014. USA.

團契，以及奈及利亞福音派學生團契等學生運動，贏得許多人相信基督，學生與禱告事工對奈及利亞的未來具有影響深遠的重要性。

5 **奈及利亞的宣教運動是整個非洲最龐大也最活躍的宣教運動**。奈及利亞透過 115 個宗派與獨立差會共差遣超過五千名以上的宣教士。其中將近半數在外國服事，許多是在西非。「異象 50：15」所設定的目標是在未來十五年動員五萬名奈及利亞人投入宣教。奈及利亞持續加強宣教士的培訓，現在國內已有五十個這類的機構。在針對未聽聞福音之民的研究上，奈及利亞貢獻良多；請為更多教會願意支持奈及利亞的宣教士禱告。

奈及利亞的未竟之工

1 **請為奈及利亞眾多未聽聞福音的族群禱告**。眾教會已經認領 168 個較少聽聞福音的族群的代禱事工與推動外展，但基督徒還是無法接觸其中許多族群；請為向所有需要聽聞好消息的族群推動迫切又充滿愛心的外展禱告！

- **穆斯林**。伊斯蘭教在奈及利亞有許多支派（遜尼派、什葉派以及好戰派），而且外展行動需要觸及所有穆斯林。基督徒發現有些穆斯林因為穆斯林極端分子的暴力行為而對福音比較開放，目前已有數千人歸向耶穌。這些改信的人裡面有許多人都要面對死亡的威脅，以及來自家族和社區的歧視與排斥，因此往往需要別人幫忙找尋工作和庇護所。南部城鎮和都市郊區的穆斯林極需禱告和外展！

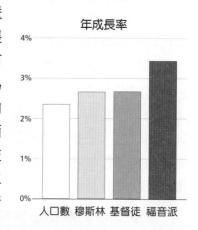

年成長率

人口數　穆斯林　基督徒　福音派

- **依舊信奉非洲傳統宗教的數百萬人民**。許多未曾聽聞福音的群體依舊信奉泛靈信仰。基督徒通常會發現這些族群願意接受福音，但穆斯林往往會搶在基督徒之先接觸他們。伊斯蘭教的激進團體以暴力阻止基督徒接觸奈及利亞北部的族群；請為教會能差派裝備齊全又能在充滿敵意的危險環境中有效工作的工人禱告。

2 **媒體擔負著比以往更重要的角色**，不論是在聖經的教導、敬拜的音樂與

風格以及其他方面都如此。奈及利亞是世界上第三個最需要聖經譯本的國家，也是世界上收聽廣播人口最多的國家之一。這種口傳與音樂的文化需要基督教電台與錄音。「奈來塢」（Nollywood）就是奈及利亞的電視與電影產業；請為從事這個產業的基督徒能夠幫助它更榮耀上帝禱告。

盧安達（盧旺達）Rwanda　　　　　　　　　　　　　*非洲*

人數：1,030 萬　**首都**：吉佳利（93 萬 9 千人）
基督徒人數：920 萬　**福音派人數**：280 萬
最大宗教：基督教
成長最快速宗教：伊斯蘭教
主要族群：班圖語族（97.7%，6 個族群包括以往被認為是胡圖族與圖西族的族群）、特瓦族（2.3%，屬俾格米語族）
官方語言：法語、英語、盧安達語
全部語言：5 種

經濟：主要收入來源是咖啡、茶葉和外援。多數百姓都是仰賴一小塊沃土營生的自耕農。失業率居高不下，而且城市裡犯罪率高漲。

政治：德國佔領期間（1899～1916 年）和比利時託管期間（1916～1962 年）皆由君主專制的圖西族掌權。圖西族和胡圖族之間歷史悠久的衝突，終於在 1994 年演變成種族屠殺。2000 年開始，執政當局努力消弭政治上與社會上的種族之分，讓國家更安穩，並得以重建。屬於大英國協成員國。

1　**自從 1994 年一連串悲劇結束後，盧安達有長足進步**；當時胡圖族極端分子取得政權，並開始屠殺少數的圖西族以及胡圖族裡的溫和派，一百天內有八十萬人慘遭殺害。超過一百萬人逃亡，隨後展開更殘酷的暴行。2000 年後政局穩定，讓盧安達得以重建。盧安達目前是非洲經濟成長最快速的國家之一。民選國會中婦女席位超過半數，乃世界上比例最高。政府禁止區分種族（胡圖族、圖西族以及其他族群），所有人民都被稱為盧安達人，而且只有盧安達人這個稱呼。百姓努力和好與恢復和平的決心應當得到世人肯定。讚美上帝，眾教會能在這個過程發揮表率的作用。

2　**從 1994 年的種族滅絕中恢復**的過程相當艱辛，但這也展現出百姓即使曾遭受極大的痛苦與損失，依舊願意原諒與繼續向前的決心；請為這地得醫治禱告。深刻的傷痕依舊存在，膚淺的話語和行動於事無補。正常的司法體系無法應付這麼多案件，因此政府設立「社區法庭」（*gacaca*）審判較輕微的犯

行，其中有部分運作成功，另有部分對案件處理的非常糟糕；請為上帝帶來公義，並醫治那些沒有得到公平對待的人禱告。成長在 1990 年代的孩童與青少年，現在已經是盧安達的中堅分子以及未來的領袖，他們的肩上扛著年輕人不應該背負的痛苦回憶與重擔。

3 **1990 年代發生的一連串事件，讓盧安達的宗教結構為之改觀。**全國 80% 人口自稱是基督徒，卻容忍並犯下如此深重的罪惡。他們可能已經「基督教化」，但顯然沒有歸信。許多公義的天主教徒，包括神父與修女曾為保護他人而犧牲自己的生命，但其他信徒卻袖手旁觀，甚至成為幫凶；請為天主教會能夠得到更新而轉變禱告。福音派在事件過後，藉著佈道、救濟、諮商輔導以及給所有百姓充滿盼望的信息而迅速成長，1930 年代的東非大復興就是從盧安達引燃的；請為另一次復興的來臨禱告！

4 **需要代禱的艱難事工。**數千個屬靈領袖不是死亡就是流亡在外，誰能取代他們呢？留下來的牧師都在精疲力竭地應付各種身體、社會、心理與靈裡的傷害；請為上帝在盧安達匱乏的時刻，興起敬虔的同工服事這地禱告！

- **許多婦女處於危機之中。**種族滅絕讓許多婦女成為寡婦，另有些婦女的先生則在獄中。性侵受害者的數目介於十萬至二十五萬之間，導致許多婦女心裡受到嚴重創傷，並遭到社會輕蔑，將近半數的受害人都感染愛滋病毒。女性同胞鮮有受教育與就業的機會，因此有些婦女被迫賣身，或淪為娼妓。

- **孤兒**的數目可能高達九十萬，主因是種族滅絕、戰爭與愛滋病。這數目是盧安達所有兒童數目的三分之一。他們感到深沉的痛苦，而教會必須知道如何以最有效的方式幫助他們。74% 的孤兒表示，他們沒有朋友，且有 40% 感到生命毫無意義；請為他們能在基督裡得到自由，並找到新的自我禱告。

- **俾格米特瓦族**住在簡陋的郊區。砍伐森林以及不公平的土地徵收，威脅著這個小族群傳統的森林生活方式。特瓦族裡面的基督徒比其他族群都還少；請為盧安達教會以及外國差會能夠以謙卑和慈愛照顧這個弱小的族群禱告。

塞內加爾 Senegal

非洲

人數：1,290 萬 **首都**：達卡（290 萬人）
基督徒人數：82 萬 6 千 **福音派人數**：2 萬 6 千
最大宗教：伊斯蘭教
成長最快速宗教：基督教

主要族群：超過 56 個族群。西大西洋語
族（57.5%，包括沃洛夫族、喬拉族、大西洋
族），富爾貝族（24.9%，又稱富拉尼族或普
拉爾族）、馬林克族（9.8%）、其他非洲語族
（4.6%）、阿拉伯柏柏爾語族（1.8%）

官方語言：法語。將近 40% 的人口以沃洛夫語為母語 **全部語言**：46 種

經濟：大致上倚靠農業自給自足，主要出口物資為花生與磷酸。貧窮與高失業率導致許多人企圖非法移民歐洲。海外匯款與外國援助提振經濟。

政治：1960 年脫離法國獨立，2000 年政權在多黨民主制度運作下，和平轉移到反對黨手中。分裂主義者在西南部的卡薩曼斯省引發衝突，造成緊張與失序的情況，直到 2004 年各方簽署和平協議。

1　**塞內加爾在屬靈上既開放又封閉**。這個國家享有宗教自由，並包容許多信仰，而且塞內加爾對此感到驕傲。但居多數的穆斯林僅有少數人相信基督。穆斯林蘇菲派兄弟會（Muslim Sufi brotherhood）不但組織嚴明、經濟富裕，並且擁有政治權力。超過 85% 的穆斯林都屬於他們旗下的支派。即使基督教在當地已經歷史悠久，並努力推動外展事工，這地依舊籠罩著一層屬靈厚雲；請為眾人期待的屬靈突破禱告！

2　**南部的卡薩曼斯地區**（Casamance）因為獨派團體而承受多年的動亂。就地理來說，卡薩曼斯與塞內加爾的大部分土地相隔離（甘比亞把整個國家一分為二），而且種族與宗教信仰也各不相同；請為長久的和平禱告，請為經常遭受偶發暴力干擾的基督教事工能夠持續進行禱告。

3　**人數眾多的基督徒團體**分布在色雷爾族、喬拉族、巴薩里族以及維德角族。他們多數來自非穆斯林的背景，屬於天主教會，而且沒有活出他們的信仰。天主教徒藉著他們在醫療與教育方面的善工，而擁有強大的影響力。穆斯林往往指稱基督徒是「那些貪杯之徒」，而不是「那些跟隨基督之徒」。當地鮮有福音派；請為教會能夠堅守他們在基督裡的身分，並能在整個國家面前明確展現出基督的樣式禱告，請為上帝賜下教會領袖與會眾極需的基督徒裝備課程禱告。

4 **塞內加爾 55% 人口的年齡低於二十歲。**年輕世代對制式宗教的委身程度較低，因此他們可能較願意接受福音；請為聖經所傳的上帝能成為這些極富潛力的年輕人盼望的源頭禱告，請特別為通常陷於貧困的塔力比（*Talibés*，「錫罐男孩」）能得到更多的服事禱告！他們的家人送他們到外地跟隨伊斯蘭教隱士（*marabouts*，也就是師父）學習可蘭經（他們會差遣這些男孩到街頭乞討金錢與食物）；也請為上帝興起更多工人服事首都達卡的三萬個街童，以及整個國家四十萬個被認為處於危機之中的孩童禱告。

5 **未得之民：**

- **沃洛夫族。**他們一直是虔誠的穆斯林。只有大約一百個基督徒以及為數極少的團契，但情勢已有所轉變。基督教資源（新約聖經、有聲聖經、沃洛夫敬拜音樂）讓他們遇見耶穌的機會勝過以往。

- **富爾貝族。**他們多半過著游牧生活，因此需要富創意的植堂工人。原本數目極少的信徒，因為各種團體的努力而在緩慢增加。

- **喬拉族。**在十三個方言和語種中，只有五種語言有聖經譯本。多數百姓都篤信符咒。目前有十五個以喬拉族為首的團契。

- **毛雷族。**全都信奉伊斯蘭教。大多數人住在拒絕福音的茅利塔尼亞，但在塞內加爾河谷可以接觸到許多毛雷人。

- **馬林克語族**（多半住在南部）。幾乎所有伊斯蘭教習俗都混雜著民間傳統信仰。

6 **每年有數千移民**企圖經由危險的海路非法前往加那利群島，在歐洲找尋工作與新生活。其中一部分人會被公權力遣返回國，而且有部分人會死在海上。那些偷渡成功的人要面對艱辛孤單的生活；請為西班牙的塞內加爾人能得到充滿憐憫的服事，以及在新環境中接受福音禱告。

獅子山（塞拉利昂）Sierra Leone

非洲

人數：580 萬 **首都**：自由城（90 萬 1 千人）
基督徒人數：76 萬 9 千 **福音派人數**：22 萬 9 千
最大宗教：伊斯蘭教
成長最快速宗教：伊斯蘭教

主要族群：大西洋語族（38.4%）、曼得語族
（32.1%）、克里奧語族（11.4%）、馬林克語
族（8.3%）、富爾貝語族（4.8%）、蘇蘇語族
（3.2%）
官方語言：英語（10% 人口的母語是克里奧
語，且有 90% 以此為第二語言）**全部語言**：26 種

經濟：富藏自然資源（鑽石、黃金、鈦、鐵礦、可可、咖啡、漁業以及其他）。因為衝突與政局混亂導致經濟崩潰，而使它可能就是全世界最無望的國家！2002 年秩序逐漸恢復，但必須倚賴外援才得以生存。如果能克服貪腐，並重建基礎建設就有可能步上繁榮之路。貧窮氾濫而且失業率居高（高達 80%）。

政治：由重獲自由之奴隸在 1787 年建立的國家。遭到鄰國賴比瑞亞 1990 年內戰暴力的波及，導致政府體系瓦解。隨後數年一連串的軍事政變以及為爭奪東南部鑽石礦藏而爆發的游擊戰，終於癱瘓整個國家。英國軍事介入擊退叛軍勢力。2002 年恢復民主制度，舉行成功和平的選舉。

1　**如今，整個國家開始往前進**，擺脫不久前悲慘的歷史。感謝上帝，那造成十萬人喪生、數千人瘸腿、並且讓大多數人民受到某種程度傷害的十一年亂局已經結束。真相與和解委員會幫助除役的戰士返回家園，重新展開人生。基督教機構努力重建這個國家，並服事那些身、心、靈都遭受重創的人。

2　**過去十年的大部分時間，獅子山都被列為世界上最貧窮國家**。它的嬰兒與母親死亡率是全世界最高，而且各種疾病蔓延各地（瘧疾、愛滋病毒以及其他）。平均壽命保持在四十七歲左右。多數百姓都渴望安全、穩定、糧食、工作以及領袖的誠實。剛獲得的和平備受貪腐的威脅；請為上帝能滿足這些渴望，而且不再發生任何暴力禱告。

3　**祕密結社以及他們潛藏的影響力**緊緊攫住整個國家。屬靈的邪惡不僅在最黑暗的時期曾帶來貪心與殘酷，而且繼續影響著當前的社會。許多基督徒因此捨棄屬靈的潔淨，而教會也失去其力量；請為上帝能綑綁這些黑暗勢力，並破除祕密結社的影響力禱告；請為基督徒能活出充滿信心的生命，並單單倚靠耶穌的供應、保護與力量禱告。

4 教會必須成為一個充滿憐憫、醫治與赦免的地方，接待照顧孤兒、以往的娃娃兵與奴隸、性侵與截肢的受害人、遭受心理創傷的人以及那些犯下這一切惡行的人。許多團契、機構與組織，尤其是人際關係都必須加以重建。西非第一座新教禮拜堂是在 1785 年由重獲自由的奴隸建立的。然而，在經過兩百年的努力後，全國僅有 13% 的人口自稱是基督徒。當地牧師除了教導聖經，還必須善於諮商、屬靈爭戰以及服事窮人與肢障人士。獅子山需要更多能夠投入全人事工，領袖訓練以及聖經翻譯的工人。

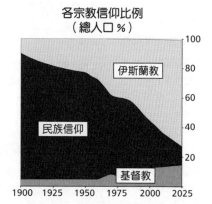

各宗教信仰比例
（總人口 %）

伊斯蘭教

民族信仰

基督教

1900　1925　1950　1975　2000　2025

5 請為最少接觸福音的族群禱告。 信奉泛靈信仰越虔誠的族群（蓬木族、庫朗科族、洛科族以及其他族群）接受基督的速度也越快，但其中一部分人也會回到伊斯蘭教。二十世紀時，伊斯蘭教人口從 10% 增長到 60%，部分原因在於聯合國維和部隊。南亞來的部隊在他們駐紮的各個地方都會建立清真寺；請為基督徒能夠向伊斯蘭族群（富拉賈隆族、克里奧富拉尼族、曼丁哥族、蘇蘇族以及其他）明確大膽，又靈敏與謙卑地見證基督禱告。多數基督教的外展行動都以泛靈信仰者為對象，但穆斯林也會接受好消息。

索馬利亞（索馬里）Somalia　　　　　　　*非洲*

人數：940 萬 **首都**：摩加迪休（150 萬人）
轄內分裂政權：索馬利蘭：哈爾格薩（32 萬 4 千人），邦特蘭：加羅韋〔數字乃推算，因為目前沒有可靠的人口資料〕
基督徒人數：3 萬 1 千 **福音派人數**：4,300
最大宗教：伊斯蘭教
成長最快速宗教：伊斯蘭教
主要族群：北索馬里語族（74.4%，四個主要家族）、南索馬里語族（20.4%，一個主要家族）
官方語言：索馬里語、阿拉伯語（不過說的人口不多）**全部語言**：15 種

經濟：三分之二的索馬里人都從事畜牧，但正面臨草場過度放牧以及土地沙漠化等問題。在南部與西北部有些農業。已經疲弱的經濟因為內戰帶來的破壞而受到重創。多數百姓的生存

都仰賴援助以及海外親友的匯款。

政治：1960 年脫離英國（北部）與義大利（南部）獨立後，結合成單一國家。與衣索比亞的戰爭以及軍閥間的衝突導致整個國家崩潰。1991 年至 2012 年之間沒有具體的政府可言。索馬利蘭（西北部）在 1991 年宣布獨立，但始終得不到承認。邦特蘭（東北部）在 1998 年成立自己的政府。2012 年設立國會並選舉總統。

1　**這個非洲最衰敗的國家**或許終於能夠得到些許安定。二十年來索馬利亞始終沒有一個有效的中央政府，現在已經成立國會，並且有一個眾人認可的全國領袖。伊斯蘭軍事團體青年黨（*Al-Shabab*，與蓋達組織相關）不再控制南部，而混亂的局勢目前似乎緩和下來；請為索馬利亞眾領袖能夠記取歷史的教訓，以人民的利益為施政前提，並尊重人權與宗教自由禱告。

2　**這個國家的經濟、社會與建設狀況**，在經歷多年的戰爭與忽視後已經千瘡百孔。將近五十萬人死於飢荒（1992 年與 2010～2012 年），且有幾乎同樣數目的百姓死於暴力。數十年的混亂成為走私、土匪、海盜與恐怖分子的掩護。危險的環境與嚴格執行的伊斯蘭法律讓大部分的援助工作無法進行；請為援助工作者的安全與效率禱告，其中許多人都是基督徒。多數索馬里婦女都慘遭女性閹割。許多婦女被性侵，然後被他們丈夫離婚與離棄。人口販子把孩童偷渡出索馬利亞，然後剝削或者離棄他們。索馬利亞是全世界健康醫療預算最低、而嬰兒死亡率最高的國家；請為上帝能向索馬利亞人民彰顯祂的憐憫禱告。

3　**索馬利蘭與邦特蘭。**這兩個較安全與穩定的區域有助於南部的復原。幾乎沒有基督徒居住在北部區域；請為北部的平安能夠往南移動，而且這平安能打開廣傳福音的大門禱告！

4　**請為索馬利亞的教會讚美上帝**，它們成長在大災難中。1897 年至 1974 年的宣教工作帶領數百人跟隨基督。索馬利亞教會從 1991 年開始地下化。許多信徒紛紛逃往其他國家。越來越多索馬利亞基督徒為殉道而死，但索馬利亞教會不願從此銷聲匿跡！索馬利亞基督徒覺得對自己國家有負擔，因此勇敢奮鬥。目前可能有四千個基督徒住在索馬利亞，另有大約八千人住在海外。有部分信徒祕密聚會，但其他人則獨自跟隨耶穌；請為他們的堅忍、安全、門徒訓練以及團契的機會禱告。多數基督徒都是男性；請祈求上帝興起索馬利亞基督徒的家庭。

5 請為下列困難禱告：

- **對基督教的負面看法。**索馬利亞人一想到基督教，就會想到西方的道德墮落、歐洲的殖民勢力或者衣索比亞的軍事行動；請為上帝能夠克服這些印象，並帶來更大的突破禱告！請為那些接受基督徒援助的難民與其他人能夠經歷基督的愛禱告。

- **游牧生活型態與索馬利亞的家族。**多數索馬利亞人都過著游牧生活，而且95%的人都跟索馬利亞家族的社會結構緊密相連。他們對西方形式的教會感到格格不入，因為它似乎強調個人勝於家族，而且似乎被一棟建築所羈絆；請為他們能夠瞭解，聖經裡的信徒是以多元化的方式跟隨與敬拜獨一真神而禱告。

- **索馬利亞語聖經。**它可以在美國與肯亞販售，卻不能在索馬利亞國內發行。基督教廣播電台是從境外接觸索馬利亞人的重要途徑。

6 大約有六百萬索馬利亞人散居各國。多半分布在衣索比亞、葉門、肯亞以及吉布地。索馬利亞國內有一百四十萬人流離失所。有數個宣教機構努力接觸各國的索馬利亞人，寄居國往往把他們排斥在主流之外；請為那些事工能夠有效地影響索馬利亞人，並且能建立索馬利亞教會禱告。

南非 South Africa 　　　　　　　　　　　　　　　　　　非洲

人數：5,050 萬 **首都**：開普敦（立法中心，340萬人），普里托利亞（行政中心，140 萬人），布隆泉（司法中心，44 萬 3 千人）

基督徒人數：3,800 萬 **福音派人數**：1,060 萬

最大宗教：基督教

成長最快速宗教：無信仰

主要族群：恩古尼人（46.4%）、索托－茨瓦納族（24.3%）、白種／高加索人（8.9%）、有色人種／混血族群（8.9%）、亞洲人（2.8%）

官方語言：11 種語言（所有主要種族語言，英語和南非語是高等教育階層的主要語言）**全部語言**：40 種

經濟：非洲最富裕以及工業化程度最高的國家。農業基礎深厚，而且黃金、白金與鉻藏量豐富。失業率高，貧富差距懸殊。貪腐與愛滋病的衝擊導致進步有限。許多白種專業人員與農人紛紛離境。

政治：南非聯邦成立於 1910 年。1961 年建立少數白人掌權的國會制共和國。在種族隔離制度下，非白種人的政治與經濟權利大受限制，並讓大多數人民陷在極大的痛苦與困難當中。政

府當局在 1991 年廢除最後一條種族隔離法律，接著在 1994 年舉行全國自由民主選舉。曼德拉政府努力建立一個自由、無種族歧視的政府，並開始漫長的復原過程，且有些許斬獲。繼曼德拉之後的政府與領袖讓許多人感到失望。

1　**禱告運動**從南非開始後，浪潮衝激到整個世界！全球禱告日在 2001 年始於開普敦，如今幾乎每個國家的基督徒都會在每年的五旬節主日參與這個活動。其他的禱告運動，例如「轉變非洲」（Transformation Africa）和「耶利哥城牆」（Jericho Walls）也都影響到許多國家。嚴守聖經的基督教在南非相當興旺。許多基督教機構都在服事社會中貧窮的階層。基督徒不僅以愛心照顧性侵與犯罪的受害人以及愛滋病人，也包括受刑人、貧民窟的居民和窮人。

2　**請為所有在政府與領導階層工作的人禱告**，希望他們能為所有百姓帶來公平、正義與經濟進步。更透明化、更成熟的民主政治以及新聞自由都有助於消滅貪腐與欺騙。整個國家面對著非常高的性侵率與犯罪率；請為暴力的靈、肢體暴力與兩性暴力的靈在基督的權柄下遭到綑綁禱告。

3　**種族隔離的效應依舊束縛整個國家**；請為各種族之間能夠和好禱告。許多人都稱呼南非是「彩虹國家」，而各種族（黑人、白人、有色人種、南亞人）現在一定要努力克服心裡的懷疑、創傷與恐懼。福音派並沒有積極反對種族隔離政策，因此使得許多宗派受到傷害；請為教會能夠把過去的衝突拋在腦後，並展現出耶穌裡合一的力量禱告。

4　**基督教面臨各種困難**。一個 75% 人口都是基督徒的國家怎麼會陷在貧窮、暴力、罪犯、愛滋病與種族分裂的泥淖之中？請為教會能在已經離棄各種道德標準的社會中發出先知的聲音禱告。有些人估計南非需要三萬間新教會才能有效地向數百萬未得之民傳福音並訓練他們，而且每個教會與宗派都正面臨領袖訓練的困難。

5　**南非差派許多宣教士前往各地**。各種族與宗派都差派並支持一些宣教士。將近兩千位南非人在海外宣教，而且有差不多數量的宣教士在南非國內服事；請為他們——尤其是來自有色人種、南亞人與非洲人社區的宣教士——能得到豐富的供應而禱告，也請為黑人教會能更投入宣教外展事工禱告。

6　**教會事工的困難**往往源自這個國家曲折的歷史、多樣的族群以及貧富間的鴻溝：

- **超過 60% 的南非人都住在都市**。種族隔離政策迫使貧窮的非洲人遷往鄉村。這種情形依舊存在於目前的陋巷、貧民窟、遊民營地與黑人區，生活條件從簡陋到惡劣都有。他們多數都處於失業狀態；請為教會、信徒以及他們的見證能成為基督的光，照耀這些困苦的地方禱告。

- **非法與合法的移民**湧向南非邊境，大約有五百萬移民從其他非洲國家湧入此地，目的就是要逃避荼毒自己家鄉的戰爭與貧窮。有些人估計的數目更高。當地人對移民的怨恨，有時候會引發動亂與暴力；請為這個國家能瞭解身為強盛的非洲國家，對於這些窮苦百姓應當承擔的責任禱告。

7 **下列種族與宗教群體**需要特別禱告：

- **穆斯林**僅佔南非人口數的 2%，並且僅有極少數穆斯林曾公開跟隨主耶穌。開普馬來人（二十六萬穆斯林）多半居住在開普敦附近說南非語的有色人種社區。目前有數個宣教機構共同組成一個團體，努力向他們傳福音與訓練他們。目前已結出一些果子，但新信徒要面對沉重的壓力。三十萬的亞裔穆斯林多數住在夸祖魯－納塔爾省的德本市。他們多屬於印度的古吉拉特、烏爾都或者其他族群。目前有少數幾個教會向他們傳福音。近年來，超過十萬個非洲黑人成為穆斯林。伊斯蘭教是南非成長最快速的宗教之一。

- **印度人**佔亞裔人口 50%。印度裔人口持續穩定地來到基督面前，現在已有 19% 亞裔人口是基督徒！交鬼是一個嚴重的問題，因此許多人需要從中得釋放。

- **東亞裔**族群中已經有部分基督教事工。華人裡面包括長期居民、1980 年代的台灣移民以及近年漸增的中國大陸移民，其中也有許多越南裔社群。中國大陸的華人對福音的反應最熱烈。

南蘇丹 South Sudan 　　　　　　　　　　　　　　　　*非洲*

人數：1,220 萬（聯合國 2012 年統計）
首都：朱巴（25 萬 4 千人）
基督徒人數：760 萬 **福音派人數**：360 萬
〔推估的數目，因為脫離蘇丹獨立後，尚無個別統計數字〕
最大宗教：基督教
主要族群：尼羅河語族（83.3%，39 個族群，包括丁卡族 42.3% 和努埃爾人 15.7%）、蘇丹語族（11.4%，19 個族群）、阿拉伯人（3.9%）、阿達馬瓦─烏班吉語族（1.3%，12 個族群）

官方語言：英語、阿拉伯語 **主要語言**：朱巴阿拉伯語、丁卡語以及其他語言 **全部語言**：68 種
經濟：石油蘊藏量豐富，但因為與蘇丹之間的衝突、政府內鬥以及缺乏經濟發展而受阻。
政治：在脫離蘇丹獨立（1956 年）之前，由英國與埃及共管。重創蘇丹的血腥內戰直到 2005 年才結束，和平協約帶來停火與獨立的機會。南蘇丹共和國在 2011 年 7 月 9 日宣告獨立，但內在與外在的緊張局勢依舊持續。

1　**南蘇丹是世界上最新的國家**。這個國家誕生在團結、幸福與盼望的精神中。感謝上帝，他們能脫離北蘇丹長期痛苦的統治而得到這份自由。蘇丹人口現在大部分是阿拉伯人與穆斯林，而南蘇丹人口大部分是黑人與基督徒；請為教會能夠對社會與領袖階層產生正面影響，從而讓所有百姓的生活更舒適禱告。

2　**北部與南部之間的內戰綿延二十一年**。被殺害的一百五十萬到兩百萬人多半是南部人，五十萬人逃往他國，另有四百萬人逃離家鄉。戰爭帶來的恐懼對南蘇丹每個家庭都造成深遠的影響。與北方（蘇丹）持續因為領土與石油問題而爆發爭端，因此暴力與苦毒也延續下去。

3　**戰火繼續延燒**，因為 2013 年爆發內戰。總統與副總統之間的政治對立，導致兩個主要族群（丁卡族與努埃爾族）之間的種族緊張情勢惡化。兩個種族之間以及軍隊派系間的廝殺奪走一千條人命，並導致二十萬百姓流離失所。2014 年開始和平談判，但唯有真正的悔改、饒恕與和好才能戰勝苦毒與報復的靈；請為上帝在領袖與百姓心中行奇事禱告，請為新的憲法與政府能夠成為和平、正義與公正的器皿禱告。

4　**南蘇丹是世界上最貧窮國家之一**。只有 27% 人口（其中僅有 8% 婦女）

具有識字與寫作能力。這個國家的面積比西班牙和葡萄牙合起來還遼闊，但鋪設的道路只有一百公里。不到 2% 的人口能夠得到乾淨水源，只有 6% 的人口能使用衛生設備，並有 33% 人口長期處於飢餓狀態。孕婦生產死亡率、嬰兒死亡率以及對抗疾病免疫力都是世界上最差的。

5　過去二十年間基督教成長迅速，儘管暴力、戰爭、迫害以及甚至種族屠殺蔓延各地，整個國家大都信奉天主教，但還是有其他宗派，如聖公會、長老會以及非洲本土教會（African Inland Church）。許多百姓成為基督徒，是因為排斥北蘇丹強迫他們信奉伊斯蘭教。多數新信徒以往曾信奉種族宗教並崇拜偶像，因此許多人需要更深入地認識福音、聖經以及基督徒生活與信心；請為優秀的聖經教導與領袖訓練禱告，請為教會能教導年輕基督徒在基督裡成熟茁壯禱告。

蘇丹 Sudan　　　　　　　　　　　　　　　　*非洲*

人數：3,570 萬（聯合國 2013 年統計）
首都：喀土穆（450 萬人）
基督徒人數：260 萬　**福音派人數**：190 萬
〔推估的數目，因為南蘇丹獨立後，尚無個別統計數字〕
最大宗教：伊斯蘭教

主要族群：超過 130 個種族群體與次群體的複雜混合。蘇丹阿拉伯語族（66.6%，31 個族群）、其他阿拉伯語族（6.9%，查德阿拉伯語族，6 個其他族群）、非洲之角－庫希特語族群（6.6%，9 個族群）、瓦達－富爾語族（5.7%，13 個族群）、努比亞語族（4.6%，22 個族群）、努巴山語族（3.9%，40 個族群，大部分人數稀少）、卡努里撒哈拉語族（2.9%，7 個族群）、其他南撒哈拉語族（2.9%，16 個尼羅河族群、5 個蘇丹族群、7 個其他族群）

官方語言：阿拉伯語、英語　**全部語言**：75 種

經濟：農業與礦藏資源豐富。多年的經營失調、內戰與飢荒阻礙進步。許多蘇丹人生活在貧窮中。

政治：獨立之前，從 1899 年至 1956 年由埃及和英國共同統治。北部伊斯蘭化的阿拉伯人以及南部非阿拉伯的非洲黑人不斷爆發衝突。2005 年的和平協議終止戰爭，接著南部在 2011 年舉行公民投票後宣布獨立，形成南蘇丹共和國。

1　2011 年 7 月南蘇丹獨立時，蘇丹失去 26% 的領土以及 25% 的人口；感謝上帝，當這個國家一分為二的時候並沒有爆發激戰，但請繼續為此地的和

平禱告，當地局勢依舊非常緊張，因為兩國間還有許多尚未解決的爭議。

2 1956年蘇丹獨立後戰爭就幾乎沒有停止過。 整個區域都不穩定，但蘇丹大部分的衝突都來自內部。政府當局和軍方跟國內各地的少數族群相互對抗，而且數十年來已經為它自己的百姓帶來極大的苦難。他們在南部（大部分地區屬於現在的南蘇丹）和西部（達佛）犯下許多惡行；請為備受威脅的百姓能得到和平、貧窮的百姓能得到救濟，而犯下這些惡行的人被繩之以法禱告。

3 儘管當地動盪多年，福音依舊廣傳。 雖然衝突造成可怕的災難，卻讓基督徒更趨成熟。因為戰爭而四散的基督徒難民遍布全國各地，即使經歷苦難，好消息依舊傳揚開來。教會在各個地方以及從前沒有基督徒的族群中紛紛建立！讚美上帝，許多宗派都出現這種成長；請為他們能在基督裡合一禱告。伊斯蘭政府轟炸南部的教會以及其他基督教建築，尤其以基督徒聚集的區域為攻擊目標，但許多信徒依舊堅守他們的信仰，甚至在這些艱辛的時期，把福音帶到其他種族群體！

4 請為蘇丹教會禱告。 信徒必須想辦法從戰爭與迫害造成的傷害中復原。這包括因為轟炸、砲火與貧窮而遭受的身體傷害，以及長期苦難而造成的精神上與情緒上的創傷。最長遠的需要應該就是訓練。屬靈領袖與牧師需要接受適合蘇丹處境的訓練。此外，數百萬從伊斯蘭教、泛靈信仰或者薄弱的基督教背景來到耶穌面前的信徒也需要接受造就。在所有114種語言中，僅有十種語言有聖經全譯本。基督教電台、有聲資源以及電視、錄影材料能幫助信徒閱讀與認識聖經，瞭解基督教的世界觀，並懂得如何把耶穌傳給他們的鄰舍（甚至他們的仇敵）。

5 事工的機會敞開， 但政府當局以及多數族群的控制與影響，讓那些最窘迫的百姓難以得到援助。喀土穆的人口超過七百萬。來自蘇丹各地數百萬的流民，棲身在匱乏的貧民窟與營地。蘇丹將近一半的人口年齡不到十八歲，因此教育與青年事工的需要非常龐大。由於戰火頻仍，許多孩童無法接受任何教育。多年的衝突使得紓困、救濟與開發的工作依舊非常重要。

6 多數蘇丹人是穆斯林。 其中許多人已經找到耶穌，但數百萬人依舊從未聽聞過好消息。非洲許多最少接觸福音的人都居住在蘇丹，例如達朱、富

爾、瑪撒利特、米多比、塔馬／董馬以及扎加瓦。在努巴山區和南部的部分
族群大都沒有聽過福音。紅海岸邊的貝沙族曾經信仰基督教，但他們現在信
奉的是民間伊斯蘭教，目前其中只有少數人跟隨基督。

史瓦濟蘭（斯威士蘭）Swaziland　　　　　非洲

人數：120 萬　**首都**：姆巴巴內（7 萬 5 千人）
基督徒人數：100 萬　**福音派人數**：30 萬 2 千
最大宗教：基督教
成長最快速宗教：無信仰
主要族群：恩古尼人（91.9%）、其他班圖語族
（4%）、南非白人（1.4%）
官方語言：史瓦濟語、英語　**全部語言**：8 種
經濟：屬於農業型經濟，但有些許礦產與製造
業，主要貿易夥伴是南非。乾旱與洪水交相影
響土地。愛滋病猖獗影響經濟。
政治：1899 年至 1968 年屬於英國保護地。目前依舊是君主政體，曾在 2005 年簽署一部備受爭
議的憲法，並據以組成民主政府。在貧窮國家裡，君主的大筆財富造成一大難題。

1　**愛滋病重創全國人民**，導致整個社會欠缺年輕人的勞動力。報告顯示，
26～40% 的成年人都呈現愛滋病毒陽性反應。其他報告則表示，平均壽命僅
有三十二歲。許多情形下，最年長的子女需要負責照顧全家的孤兒。如果無
法協助愛滋病患者，那麼在史瓦濟蘭就無法進行任何有效的事工與佈道；請
為病人的治療禱告。以實際又溫馨的方式表達基督徒真誠的愛心，就能夠為
主耶穌贏得許多靈魂。眾教會必須照顧愛滋病人與親友在生理上、情緒上與
精神上的各種需要。

2　**一百六十年來基督徒一直在散播福音的種子**，如今盛大的福音派陣營人
數已經高達總人口的 25%！史瓦濟蘭有一群信心堅強的信徒並且固定參加教
會聚會。但還有許多其他基督徒過著跟非基督徒一樣的生活。部分教會把福
音和巫術與祖先崇拜混淆在一起。多數信徒都是婦女——請為男性被吸引到
教會禱告。請為上帝的靈會帶來復興禱告。史瓦濟蘭的年輕人沒有什麼機會
享受年輕的生命，貧窮、失業以及愛滋病導致他們年輕的生命早夭；請為他
們能有敬虔的榜樣與良師禱告。

坦尚尼亞（坦桑尼亞）Tanzania　　　*非洲*

人數：4,500 萬　**首都**：杜篤馬（21 萬人——官方數字），三蘭港（330 萬人——實際數字）
基督徒人數：2,440 萬　**福音派人數**：800 萬
最大宗教：基督教
成長最快速宗教：基督教

主要族群：班圖語族（86.3%）、斯瓦希里語族（7.8%）、尼羅河語族（2.2%）、庫希特語族（1.7%）、科伊桑語族（0.3%）、其他語族（1.7%，許多南亞、阿拉伯、華人族群），以及許多非洲難民
官方語言：斯瓦希里語、英語　**全部語言**：127 種

經濟：世界最貧窮國家之一，主要仰賴自給農業。局勢穩定與專心致力的領袖吸引外國援助與投資。因為礦藏豐富以及龐大的觀光產業而具有經濟潛力。

政治：坦噶尼喀以及尚西巴（Zanzibar）分別在 1961 年和 1963 年脫離英國獨立，隨後在 1964 年組成坦尚尼亞聯合共和國。1992 年起，從單一政黨社會主義共和國變成多黨民主政體。眾多動盪國家中的一個穩定國家，然而尚西巴依舊令人擔憂。

1　**坦尚尼亞始終是一個「和平的孤島」**，夾雜在許多紛亂的國家中間。它庇護著超過一百萬個因為動亂而逃離自己家園的難民，並成為這個區域裡基督教事工的根據地。然而，坦尚尼亞的基督教、伊斯蘭教以及巫術混雜在一起。迷信神靈與祕教讓百姓付出高昂的代價，而且往往導致篤信這一切的人遭受性凌虐甚至死亡；請為政府當局勇敢地面對邪惡，並有智慧為人民帶來和諧與宗教自由禱告。

2　**福音派人口**從 1990 年的兩百四十萬成長到 2010 年的八百萬，主流宗派（信義宗、聖公會）與五旬節派都包括在內。從 1980 年代開始，新的植堂機構紛紛出現，而本土宣教士與外國宣教士也都攜手合作。讚美上帝，近年來委身於建立新教會以及向未聞福音的坦尚尼亞人宣教的事工，已經在泛靈信仰族群與穆斯林人口中結出豐碩果子！

3　**領袖培育以及神學訓練**必須成為眾教會的首要之務。許多牧師需要照顧十個甚至更多的教會，它們往往相距甚遠；請為領袖能得到聖經訓練以及個人發展的機會而禱告。96% 的教會崇拜都使用斯瓦希里語，但它並非多數人的母語。五十一種語言沒有任何聖經譯本，而且有三十二種以上的語言僅有節譯本；請為能有更多的翻譯團隊，以及翻譯計畫能夠迅速又順暢的完成禱

告，請為用坦尚尼亞各族群的母語撰寫新的詩歌與培訓材料禱告。

4 坦尚尼亞尚待完成之工。在 1990、2000 年代啟動的全國調查，對坦尚尼亞的種族群體有深入的研究。他們發現許多族群僅有極少數信徒。未竟之工差會（Remaining Task Mission）為全國教會設定的目標是每一千個都市居民建立一間教會，以及每五百個鄉村居民建立一個教會。請為下列事項禱告：

- **桑吉巴**以香料著名，但是數百年來也是阿拉伯人販售非洲奴隸的根據地。三個斯瓦希里的原始族群居住在兩個主要島嶼上，而且幾乎所有人都是穆斯林。極端伊斯蘭教造成族群分裂，並散布恐懼與暴力。基督徒人數已增加到六十群會眾，大多屬於五旬節派；請為他們的忍耐以及愛的見證禱告。

- **沿海的穆斯林族群**生活在歷史上奴隸販賣的咒詛下。他們是坦尚尼亞族群中最少聽聞福音的一群；請為他們當中來自其他族群的基督徒能被上帝使用，把福音的祝福帶給他們禱告。

- **南亞族群**使用是各種印度方言（多數是古吉拉特語，但也有印度語、旁遮普語）。大部分人信奉印度教或伊斯蘭教，極少數是基督徒。

5 普遍貧窮是危機也是轉機。這個國家需要中小學校、大學、醫院、道路、飲水與農業方面的幫助。全人事工能夠轉變坦尚尼亞百姓生活的所有層面。飛行宣教團契目前在坦尚尼亞進行一項最龐大的計畫（八架飛機、三個基地、七十七名工作人員），他們把基督徒工人運送到沒有平坦道路的地區，支援各種醫療計畫，並且向散居各地的馬扎爾族、伊拉庫族與巴拉拜格族傳福音。

多哥 Togo　　　　　　　　　　　　　　　　　　　　　*非洲*

人數：680 萬　**首都**：洛梅（170 萬人）
基督徒人數：310 萬　**福音派人數**：72 萬 3 千
最大宗教：基督教
成長最快速宗教：伊斯蘭教
主要族群：超過 57 個種族群體。幾內亞語族（47.4%，22 個族群，大部分在南部）、谷爾語族（45.5%，21 個族群，大部分在北部）、約魯巴語族（4.4%）、富拉尼語族（1.2%）
官方語言：法語　**全部語言**：43 種

經濟：以農業為主（咖啡與可可是主要作物）。基本糧食可自給自足。磷酸鹽和水泥出口可賺進外匯。過去多年濫用財富，導致人民生活水準從 1990 年代初期開始衰退。

政治：1884 年到 1914 年曾經是德國殖民地。1960 年脫離法國獨立。1967 年開始一黨統治，直到 1992 年制定民主憲法。2005 年總統過世，結束他 38 年的統治，但他的兒子在一場軍事政變後繼任總統，隨即爆發血腥抗議。經過數次選舉（2007、2010、2013）後，儘管反對黨不斷抗議，他的政黨依舊保持多數統治的地位。

1 **政治與經濟情況依舊不穩定。**軍事政變與選舉不公導致南部的幾內亞族與中北部掌控政治的谷爾族互相憎恨；請為上帝能拆毀二者之間的苦毒禱告。貧窮導致孤兒與遭父母嫌惡的兒童（超過三十萬）成為人口販子的目標，淪為娼妓的情況普遍；請為這些惡事能告一段落，以及主事者能找到有效克服貧窮的方法禱告。

2 **多哥教會在 1960 年至 1990 年之間並沒有太大的成長。**1990 年代外來的新興宗派開始在多哥植堂時，新興與傳統宗派雙雙開始成長！從奈及利亞、迦納、貝南和布吉納法索來的五旬節派團體抵達此地後，教會更加擴展。把福音傳給每個家庭以及在每個村莊建立一所教會的全國目標帶來相當程度的合一與成長，但分裂依舊是一個問題；請為較新近與較古老的宗派能為上帝的榮耀攜手同工禱告。

3 **極少數福音派宣教機構差派工人到此地。**這個態度開放、反應熱烈又貧瘠的國家有許多機會（在植堂、門訓、教育、救助／開發、聖經翻譯、兒童與青少事工等方面），也有許多未聞福音之民。但收成的工人在那裡呢？請為下列事項禱告：

- **強烈的黑暗權勢在多哥內部運行，**因此必須藉著代禱與福音的力量與之對抗。埃維族、豐族以及其他族群在抵擋福音，多數人口依舊參加泛靈信仰與巫毒教的儀式，而且許多基督徒也參加。多哥和貝南是非洲國家中，未得之民信奉傳統宗教比例最高的兩個國家。迦納和貝南的信徒中語言相同的族群，可能最適合成為宣教士與傳道人。

- **穆斯林掌控著商業與教育。**石油豐富的穆斯林國家送錢來建造清真寺、學校以及慈善計畫。發達的穆斯林企業徵召年輕基督徒為他們工作，最後改信伊斯蘭教。但在十三個穆斯林主要族群或者穆斯林人口集中的都會區，專注向穆斯林傳福音的基督教工人卻寥寥可數。

突尼西亞（突尼斯）Tunisia　*非洲*

人數：1,040 萬　**首都**：突尼斯（76 萬 7 千人）
基督徒人數：2 萬 3 千　**福音派人數**：1,200
最大宗教：伊斯蘭教
成長最快速宗教：伊斯蘭教

主要族群：阿拉伯人（97.8%）、柏柏爾人（1.9%）
官方語言：阿拉伯語（法語廣為使用）
全部語言：10 種

經濟：儘管自然資源不多依舊穩定與發展。觀光業、紡織業、橄欖油以及磷酸鹽是最繁榮的事業。突尼西亞是阿拉伯之春國家中最有機會穩定成長的國家。

政治：1956 年脫離法國獨立，接著成立以堅固的總統制政府為基礎的單一政黨共和國。在鎮壓穆斯林基要派運動的過程中，人權遭到侵犯。伊斯蘭運動與其他族群聯合贏得 2011 年的自由民主選舉，但動蕩依舊延續。

1　阿拉伯之春始於突尼西亞（2010 年 12 月）。這個國家擁有阿拉伯世界中最積極與開放的社會，但突尼西亞人對高失業率、貪腐、政治迫害以及惡劣的生活條件感到沮喪。抗議導致政府改變，並激起整個阿拉伯世界各地紛紛爆發相同的抗議。突尼西亞的新憲法確實相當進步，這是從阿拉伯之春的痛苦中結出的正面果實。然而，失業率和經濟衰退依舊是新政府要面對的重大考驗；請為沮喪的情緒能驅使人歸向基督禱告。

2　許多突尼西亞人更加篤信他們的伊斯蘭教。薩拉菲（Salafist）伊斯蘭團體在強行落實他們的思想時，變得更膽大妄為。政府抵擋伊斯蘭教擴張政治勢力，但基要派團體贏得更多跟隨者，尤其是躁動又不滿的年輕世代；請為教會能在突尼西亞年輕人思考這些沉重的議題時，向他們傳福音禱告。

3　突尼西亞教會在最初幾個世紀時曾跟隨基督遍布各地，但因為沒有在當地文化中紮根，又沒有當地語言的聖經譯本，於是在當地逐漸衰微，最後終被伊斯蘭教征服。現在突尼西亞的基督徒多半來自外國，但又出現將近五百個委身的本土信徒。一個大型的國際開發機構搬遷到突尼斯，而使得該國的外國基督徒（大多是非洲人）人數有所增加；請為他們能找到機會向他們的突尼西亞鄰舍傳福音禱告，請為教會將在這片土地上再次成長禱告！

4　百年的宣教事工結出的果子雖然寥寥無幾，但持續的代禱能夠突破福音長久以來的障礙！請為信徒能長久委身於耶穌禱告。因為屬靈、文化與家庭

的壓力，僅有少數突尼西亞信徒的信心能夠維持十年以上；請為突尼西亞信徒能夠克服他們心中的恐懼，而跟他人分享自己的信仰禱告。基督徒工人有許多機會服事突尼西亞，特別是教導、開發與醫療照顧方面；請為更多的基督徒，尤其是來自阿拉伯語系國家的工人禱告。

5 未曾聽聞福音的地區與族群。教會必須善用媒體接觸突尼西亞人，尤其是廣播節目、衛星電視和網路。

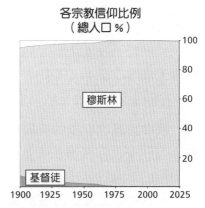

各宗教信仰比例
（總人口%）

穆斯林

基督徒

1900 1925 1950 1975 2000 2025

- **婦女**比其他穆斯林國家婦女享有更多的自由，但因為文化與傳統的限制，依舊難以向她們傳福音。
- **突尼西亞南部地區**是一片屬靈沙漠，斯法克斯、加柏斯和格佛沙（Sfax, Gabes, and Gafsa）等城市都需要福音的見證。
- **柏柏爾族群的祖先**雖然是基督徒，但目前卻沒有幾個基督徒。
- **有些人認為開羅安是伊斯蘭世界第四神聖的城市**。許多人前往那裡祈求祝福、醫治與幫助；請為他們的追尋能引導他們認識主耶穌禱告！

烏干達 Uganda

非洲

人數：3,380 萬　**首都**：康培拉（160 萬人）
基督徒人數：2,860 萬　**福音派人數**：1,250 萬
最大宗教：基督教
成長最快速宗教：伊斯蘭教
主要族群：班圖語族（65.6%）、尼羅河語族（24.1%）、蘇丹語族（6.8%）、其他族群（3.5%，非洲、南亞、西方族群）
官方語言：英語、斯瓦希里語　**全部語言**：45 種
經濟：以農業經濟為主（佔 80% 勞動力），擁

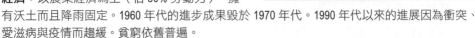

有沃土而且降雨固定。1960 年代的進步成果毀於 1970 年代。1990 年代以來的進展因為衝突、愛滋病與疫情而趨緩。貧窮依舊普遍。

政治：1962 年脫離英國獨立，殘酷的獨裁（1971～1978 年）加上種族衝突延續到 1986 年，此後漸趨和平與穩定，2005 年開始推動多黨民主政治。

1 復興與教會的成長從 1986 年開始延續到現在。烏干達的禱告運動遍及各

地，烏干達教會（聖公會）的福音派色彩非常濃厚，而且天主教也出現更新運動。部分人士認為它是世界上最純正的基督教國家之一。甚至在政府與司法建築裡也常舉行公開禱告，而且許多人都參加教會。五旬節派和靈恩派教會的成長最迅速，數千人的超級教會以及小型的家庭教會與店面教會共存。

2 烏干達正努力復原，擺脫多年來戰爭、暴力與高壓政府的陰影；請為動亂地區與整個國家的平安禱告。「耶和華的反抗軍」（LRA）已成為邪教控制的民兵團體，散播恐怖並在活躍地區犯下無數惡行。許多基督教非政府組織與事工機構紛紛伸出援手提供救濟、庇護、諮商、屬靈事奉以及教育等等工作；請為上帝的百姓能成為這個國家復原的核心力量禱告。

3 教會正經歷奇妙的突破以及重大障礙。多數烏干達人認為自己是基督徒，但許多人都沉溺在貪婪以及違背聖經的生活形態中。政府與教會積極努力地把愛滋病毒感染率從人口的 25%（1992 年）降低到 10% 以下（2001年），但數百萬人依舊被這個疾病所苦，而且感染率可能輕易就會再次攀高。成功神學以及其他謬誤教導已經帶領許多人誤入歧途，牧師和領袖需要能夠負擔得起又切合實際的聖經訓練。

4 青少年與兒童事工必須被列為首要之務。「耶和華反抗軍」引誘數千名孩童成為娃娃兵或者性奴隸；請為那些曾淪為娃娃兵的人能夠重新過著正常的家庭與社區生活禱告，請為康培拉街頭的流浪兒童以及兩百萬愛滋病孤兒禱告，請為教會的青少年事工能發出果效禱告，請為讀經會的中小學校園事工以及向大學生傳福音的工人禱告。

5 宣教異象。烏干達教會過去曾承受極大的苦難，然後成長壯大。周遭的國家依舊深陷極大的苦難，因此烏干達的宣教士大有可為！但僅有少數烏干達人投入境外或者跨文化宣教；請祈求上帝呼召更多的信徒，並請為教會能夠訓練與差派他們禱告。

6 其他宗教：
- **穆斯林**的人數與影響力迅速增長。阿拉伯國家把大量金錢注入教育與伊斯蘭組織。西北部的卡夸、阿林加以及馬迪族群和東南部的索加族群裡面都有許多穆斯林人口；請為宣教士能靈巧地向他們傳福音禱告。
- **部落的泛靈信仰習俗**似乎在增加中，而基督徒也把基督教信仰與禮儀和這些混合在一起。在某些教區，異教的神龕數量超過教會的數量。

尚比亞（贊比亞）Zambia　　　　　　　*非洲*

人數：1,330 萬　**首都**：路沙卡（150 萬人）
基督徒人數：1,150 萬　**福音派人數**：340 萬
最大宗教：基督教
成長最快速宗教：伊斯蘭教

主要族群：本巴語族（30%）、湯加語族
（11.8%）、尼揚扎語族（10.7%）、羅茲語族
（5.7%）、尼申加語族（3.4%）、尼易哈語族
（3.6%）、通布卡語族（2.5%）、卡翁德語族
（2.3%）、隆達語族（2.1%）、拉拉語族（2%）、
外來語族群（1.7%）、科伊桑語族（0.5%，叢
林部落）

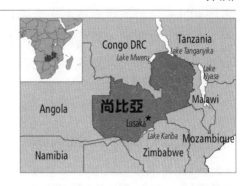

官方語言：英語　**貿易語言**：大部分人口使用本巴語和尼揚扎語　**全部語言**：72 種（包括方言）

經濟：銅礦的開採和煉製依舊是主要外匯來源。眾多人口從事農業。貪腐、愛滋病、缺乏港口以及債務導致經濟衰退。中國和印度的投資以及自然資源帶來些許機會。

政治：1964 年脫離英國獨立。1991 年結束一黨專政，從那時開始舉行多黨選舉，雖然竭力改變，但貪腐依舊。

1　尚比亞人普遍接受基督教，即使公家機關與媒體也一樣。福音派人口從 1960 年的 3.8% 成長到 2010 年的 25.7%。前總統齊盧巴（Chiluba）在 1991 年宣告尚比亞是基督教國家，而且尚比亞尊重所有宗教自由運作。儘管周遭國家深受戰爭與動亂的影響，但尚比亞一直以穩定與和平著稱。然而整個國家的轉變，還是需要按照聖經的方向努力。瞭解上帝的話語以及懂得如何活出基督徒生命的人並不多。迷信與祕教習俗，為仇敵敞開在百姓當中行惡的大門；請為基督徒能過著純淨而聖潔的生活、單單倚靠上帝所賜的屬靈力量與祝福禱告，請為尚比亞能成為真正榮耀上帝的國家禱告。

2　這個國家一定要徹底消滅貧窮及其根源。86% 人口的生活在貧窮線之下，而且半數兒童營養不良，每年有超過十萬人死於跟愛滋病相關的健康問題。所有主要宗派都採取各種策略對抗愛滋病的蔓延，並幫助那些遭感染者。讚美上帝，因為對於愛滋病患來說，迷信與錯誤資訊已經被同情與行動所取代。尚比亞有七十一萬孤兒，多數都是愛滋病造成的。超過九萬人流落街頭。75% 的尚比亞家庭要照顧一個因為愛滋病而淪為孤兒的親戚。許多機構透過開發、醫療照顧、教育、職業訓練、微額貸款等等提供援助。

3　福音派教會興起與成長。許多福音派住在西北部以及南部湯加族群當

中，東部尼揚加族群中的大教會也不斷成長；請為羅茲與西南部族群，以及本巴和北部族群能建立更多教會禱告。許多人自稱是基督徒，卻沒有活出他們的信仰。其他加入異端或者本土教會的信徒把聖經信仰和傳統宗教與習俗混為一談，而讓上帝蒙羞。尚比亞信徒需要以真正屬於非洲又符合聖經的方式敬拜上帝以及實踐他們的信仰。

辛巴威（津巴布韋）Zimbabwe　*非洲*

人數：1,260 萬　**首都**：哈拉雷（160 萬人）
基督徒人數：990 萬　**福音派人數**：390 萬
最大宗教：基督教
成長最快速宗教：無信仰

主要族群：邵納語族（68.2%）、恩古尼語族（14%）、切瓦－塞納語族（8.2%）、索托－茨瓦納語族（3.3%）、其他種族（1.6%，歐洲、東亞、南亞、有色人種）、其他非洲種族（0.6%）
官方語言：英語　**貿易語言**：普遍使用邵納語，西部使用恩得貝勒語　**全部語言**：22 種

經濟：雖然農業與礦業資源豐富，依舊遭遇經濟災難。貪腐、管理疏失、嚴重的疾病疫情以及在剛果的昂貴軍事行動，導致失業率以及通貨膨脹雙雙攀高。土地重新分配計畫（2002 年）讓整個國家一路往下墜落。

政治：前稱羅德西亞。少數白人在 1965 年宣告羅德西亞獨立（脫離英國）。此舉引發激烈的游擊戰，然後在 1980 年獨立為辛巴威。2008 年以前是由莫加比的辛巴威非洲民族聯盟愛國陣線（ZANU-PF）掌權的一黨專制獨裁國家。現在已舉行多黨選舉，但非洲愛國陣線依舊掌權。

1　辛巴威經常處於緊急狀態。這個國家曾經是糧食輸出國，現在卻無法餵飽自己的人民，甚至國際救援也無濟於事。2002 年政府推動的土地改革計畫從白人手中取走五千五百個農場，然後讓超過十萬個退役軍人定居在那片土地上。整個國家陷入混亂，數百萬人離開辛巴威，其中包括教育界、商界、醫界與農業的領袖，以及屬靈領袖。如今，良田沃土已經被遊民的營地盤據，數百萬留在國內的人生活在貧窮裡，失業率一度高達 90%。許多中小學與大學紛紛關閉，而部分醫院也無法營運。政府往往用暴力又違反人權的手段對付反對黨、媒體以及社會運動人士；請為辛巴威的國家領袖禱告，祈求上帝教導他謙卑，並賜給他一顆僕人的心，或者把願意服事人民以及帶領國家復興的領袖放在高位。

2 辛巴威面臨世界上最嚴重的愛滋病危機。將近一百萬個愛滋病孤兒需要照顧，每星期超過兩千人死於跟愛滋病相關的疾病，辛巴威的平均壽命已經降到四十歲。死亡奪走這個國家諸多專業人士與領袖，而讓勞動力受到重創。然而感謝上帝，近年來感染率已經逐漸趨緩；請為這個國家有足夠的智慧應付這麼大量損失的人命禱告，請為教會能夠經得起愛滋病造成的道德、精神與經濟的衝擊禱告。

3 讚美上帝，教會在試煉中依舊成長！教會必須成為這個國家的政治與經濟生命中先知的聲音。教會有責任餵飽飢餓的人、照顧孤兒、保護弱者並醫治病人。辛巴威的教會在南非教會以及其他資源的協助下投入這些方面服事。在目標兩千運動的推動下，辛巴威建立起一萬所新教會！接著就是目標2010 運動（Target 2010），其宗旨是要推動教會在社區事工、禱告、宣教、領袖養成以及教會健全成長等方面的發展；請為教會的合一禱告，在極需合一的時候，分裂與嫌隙會讓彼此的合作更加困難！

4 年輕族群眼睜睜地看著整個國家陷入混亂。他們代表佔據一大半的人口，但許多人都不期待更美好的未來。Christian Unions（FOCUS/IFES）、讀經會和 African Enterprise（又名狐狸火事工）專門針對學生和年輕人舉辦佈道、領袖訓練、生活技巧以及關懷事工。許多這個國家的基督徒領袖在年輕的時候就已經受到這種種事工的影響；請為這個傳統能夠延續下去並不斷成長禱告，請為那些蒙主呼召成為教會領袖的信徒能接受良好的教導與訓練禱告。

非洲島嶼

英屬印度洋區域、維德角群島（佛得角）、模里西斯（毛里求斯）、馬約特、留尼旺（留尼汪）、聖多美普林西比、塞席爾（塞舌爾）、聖赫勒拿〔葛摩聯邦、馬達加斯加另有專篇〕

非洲的島嶼國家表現出多樣的歷史、種族團體以及社會形態：
- 兩個是位於非洲西岸較貧窮的前葡萄牙殖民地。
- 三個是分布在印度洋到非洲東部較富裕的前法屬與英屬殖民地。
- 兩個是英國海外領地，其中之一是西岸外的孤島，另一個位在印度洋。
- 兩個是法國海外領地，都位在非洲東方的印度洋。

同時，他們有許多相同的屬靈困難需要我們的禱告：

1 這幾個國家的天主教人口幾乎都佔多數（例外的是模里西斯、馬約特、聖赫勒拿和英屬印度洋區域），然而許多人並沒有活出他們的信仰。許多人把基督教和印度教、迷信、非洲巫術或者祕教摻雜在一起。但上帝繼續更新天主教會，而且靈恩運動和家庭教會也能孕育出真誠的信心；請為眾多自稱是基督徒、卻還不認識基督在他們生命中釋放與拯救大能的島民禱告。

2 新興宗教成長快速。讚美上帝，因為這其中包括福音派團體！但也包括經常把基督教的教義和謬論摻雜在一起的祕教。從巴西、美國、法國和奈及利亞來的五旬節派都對這些島嶼的屬靈生命產生重大影響，拿撒勒人會也一樣；請為更多本土領袖與牧師能接受適當訓練，以帶領逐漸增長的教會禱告，也請為這些位置偏僻的信徒的成熟、教會的成長禱告，最後請為教會團體之間欠缺的合一禱告。

3 由於這些島嶼位置偏僻，使得門訓與領袖訓練更加困難。把基督教資源運送到那些遙遠地方的旅費昂貴，因此數量有限。模里西斯的聖經公會每年都會運送超過二十萬本節錄版聖經到各個印度洋島嶼。目前正在進行現代克里奧語的全本聖經（模里西斯）以及斯瓦希里語舊約聖經（塞席爾）的翻譯工作。福音廣播電台是重要的工具。對網路所及之處來說，它是基督教材料的寶貴生命線。模里西斯目前有數所聖經學校與神學延伸教育計畫，但其他國家還在努力找尋訓練新領袖的資源。

4 外島與少數族群經常被傳福音的行動遺忘，因此需要禱告：
- **模里西斯的羅德里格島**（三萬八千人）。這裡的居民大多說克里奧語，

他們生活貧窮並住在遙遠的孤島上。許多人把聖經教導和違背聖經的傳統信仰混合在一起。

- **聖多美普林西比**是較少聽聞福音的族群，其中包括遙遠的普林西比島民、安哥拉族（鄉村漁民）以及塞維凱人（*serviçais*，契約奴隸），每個族群都有自己獨特的克里奧方言。

- **穆斯林、印度人以及華人少數族群**遍布在許多島嶼上，基督徒需要用愛心接觸他們，體現出真正的福音。

- **查戈斯群島居民**在 1966 年至 1970 年間被迫從英屬印度洋領土撤到模里西斯。過去十年，他們努力爭取返回家鄉，但並未成功（查戈斯群島被英國佔領，然後被租賃給美國軍方）。查戈斯人的生活條件非常惡劣，極度貧窮而且失業率又高，幾乎所有居民都是天主教徒；請為他們能返回家園重新安居，以及繼續有機會接受福音禱告。一個以聖經為根基，名為 *Mo Pense Toi*（意思是：「我掛念與關心你」）的事工，致力於服事這八千位查戈斯人。

5　年輕人要面對艱鉅的挑戰，因為在他們置身的社會中，犯罪率和淫亂程度正節節高昇。在這些遙遠的社區中，年輕人往往沒有任何改善生活的盼望。模里西斯是世界上靜脈注射毒品氾濫程度次高的國家。但隨著傳統價值觀的崩潰，部分人民在靈裡反而更開放；請為基督教機構努力接觸年輕人的各種事工能結出豐碩的果子禱告。

6　移民社區：

- **維德角人**。將近五十萬人住在海外的移民社區，分布在美國（二十六萬六千人）、葡萄牙（八萬人）、安哥拉（四萬六千人）、塞內加爾和法國。他們匯回家鄉的錢財對維德角（非洲最貧窮的國家之一）來說極其重要；請為許多散居海外的人能夠成為耶穌的門徒禱告。

- **聖赫勒拿**。大多數人口來自英國（八千人），居住在大西洋上遙遠的聖赫勒拿及其兩個屬地（亞森欣島和特里斯坦群島），基督教傳承已經逐漸從這個島上消失；請為聖赫勒拿島上的浸信會與救世軍會眾禱告，多數福音派都是在此敬拜。

- **英屬印度洋區域**。請為數千個美國與英國的服役人員以及來自模里西斯與菲律賓的約聘人員能夠認識與敬拜基督禱告。

7 模里西斯有許多宗教團體與種族群體，成為傳福音的一大挑戰（48% 印度教徒，32% 基督徒，17% 穆斯林）；請為這些基督徒有智慧與辨識力禱告。因為印度教徒的種族與家族聯繫非常密切，而且深受政府與文化的影響，成為基督徒需要面對極大的困難。儘管如此，許多印度教徒依舊因著福音派、五旬節派教會的勇敢見證而相信耶穌，部分其他宗派與獨立家庭教會也能夠緩和地成長。福音派團體會遭遇一些來自偏袒印度教的政府的抵擋與敵意。

8 馬約特原住民（99.9% 穆斯林）。馬約特享有宗教自由，政府甚至允許戶外佈道（神召會的做法），但回應始終緩慢，而且多數改信基督教的人又轉回伊斯蘭教。魔術與神靈附身是馬約特地區伊斯蘭宗派的特色。因為得到法國和聯合國大筆的經濟援助，一般百姓欠缺積極態度與創業精神；請為屬靈突破禱告。馬約特的史毛利方言沒有舊約譯本，而其史布希語沒有任何聖經譯本；請為上帝呼召更多工人（尤其需要說法語的非洲人）到馬約特長期服事禱告。馬約特的意思就是「死地」；請為它將能成為在基督裡的一片屬靈生命之地禱告。

禱告格言

「我已經給你們權柄，使你們能踐踏蛇和蠍子，勝過仇敵的權勢，沒有什麼能傷害你們。」
(*路加福音十章 19 節，當代譯本*)

一場激烈的屬靈爭戰正在世界上進行著，
因此你的禱告就成為這場爭戰中對抗邪靈勢力的必要援手。

一旦你立志成為代禱者，
你就會從禱告中得到能力，
成為神的屬靈勇士，
為整個世界——你的家人、別的國家和教會——奮戰，
進而明白神的至終心意：
讓基督的國度完全降臨。

——狄克 · 伊士特曼（*Dick Eastman*）

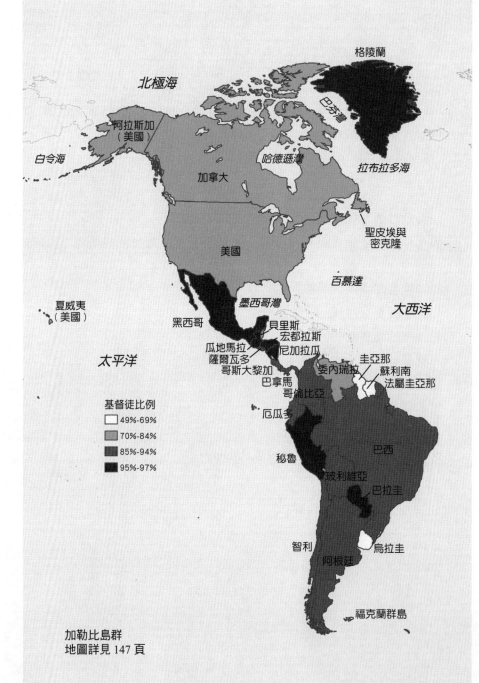

北極海

格陵蘭

巴芬灣

阿拉斯加
（美國）

白令海

哈德遜灣

加拿大

拉布拉多海

聖皮埃與
密克隆

美國

百慕達

夏威夷
（美國）

墨西哥灣

太平洋

黑西哥

大西洋

貝里斯

宏都拉斯

瓜地馬拉

尼加拉瓜

薩爾瓦多

哥斯大黎加

圭亞那

委內瑞拉

蘇利南

巴拿馬

法屬圭亞那

哥倫比亞

厄瓜多

基督徒比例

49%-69%

70%-84%

85%-94%

95%-97%

秘魯

巴西

玻利維亞

巴拉圭

智利

烏拉圭

阿根廷

福克蘭群島

加勒比島群
地圖詳見 147 頁

美洲

人數：9 億 4,030 萬

基督徒人數：8 億 960 萬 福音派人數：1 億 9,190 萬

最大宗教：基督教 成長最快速宗教：無信仰

北美：涵蓋全世界土地面積 16%。包括世界上十三個面積最大國家中的三個（加拿大、美國、格陵蘭）。49 座人口超過一百萬的城市，其中兩座城市人口超過一千萬。

全部語言：443 種 聖經譯本：（北美本土語言）9 種聖經譯本，31 種新約譯本，49 種舊約或者新約譯本，27 種語言譯本正進行中。

加勒比海：26 個主權國家、海外領地和屬地。4 座城市人口超過百萬。

全部語言：47 種 聖經譯本：（加勒比本土語言）2 種聖經全譯本，2 種新約譯本，7 種語言譯本正進行中。

拉丁美洲：22 個國家分布在中美洲、西班牙語系南美洲、以及巴西。涵蓋世界土地面積 15%。61 座城市的人口超過 100 萬。墨西哥市和聖保羅位居世界最大城市之列。

全部語言：503 種 聖經譯本：（南美與中美本土語言）32 種聖經全譯本，291 種新約譯本，130 種舊約與新約譯本，276 種語言譯本在進行中。

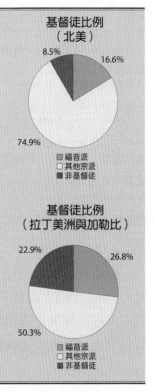

基督徒比例
（北美）
8.5%
16.6%
74.9%
□ 福音派
□ 其他宗派
■ 非基督徒

基督徒比例
（拉丁美洲與加勒比）
22.9%
26.8%
50.3%
□ 福音派
□ 其他宗派
■ 非基督徒

整個美洲涵蓋兩大洲和五十八個國家與領地。各個不同區域有許多相似處，但彼此間也存在巨大差異。

本土族群的分布從北極圈的因紐特愛斯基摩人一直到南美底端的火地島人。數百個相異的種族與語言就散居在這兩端之間。

歐洲國家在探險與墾荒時期在美洲成立殖民地，但那也是一段迫害的時期，甚至到達滅絕原住民的地步。這段歷史引發的許多議題依舊影響著整個美洲。從非洲帶來的奴隸，以及他們的後代在這些土地的歷史上扮演著重要的角色。

幾乎所有族群至少都會說四種殖民語言中的一種：英語、西班牙語、葡萄牙語或者法語。其他把這整個大洲聯繫起來的因素還有自由貿易區、猖獗的毒品交易以及廣泛的移民。

阿根廷 Argentina

美洲

人數：4,070 萬
首都：布宜諾斯艾利斯（1,310 萬人）
基督徒人數：3,630 萬 **福音派人數**：370 萬
最大宗教：基督教
成長最快速宗教：無信仰
主要族群：阿根廷白人（72.1%）、美洲印地安人（7.1%）、其他西班牙裔（7%）、義大利裔（4.7%）、中東人（3.3%）
官方語言：西班牙語 **全部語言**：40 種

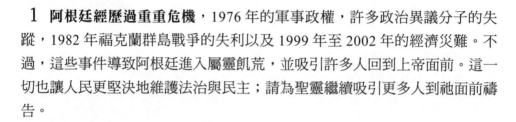

經濟：各種資源充沛並擁有龐大受過教育的勞動力。2001 年開始從嚴重衰退中強力反彈。貧富差距甚大。

政治：1816 年脫離西班牙獨立，經過數十年無能政府的統治後，1983 年開始重建穩定的民主制度。

---

1 阿根廷經歷過重重危機，1976 年的軍事政權，許多政治異議分子的失蹤，1982 年福克蘭群島戰爭的失利以及 1999 年至 2002 年的經濟災難。不過，這些事件導致阿根廷進入屬靈飢荒，並吸引許多人回到上帝面前。這一切也讓人民更堅決地維護法治與民主；請為聖靈繼續吸引更多人到祂面前禱告。

2 福音派從 1980 年的不到一百萬人成長到 2010 年的三百七十萬人。更新、佈道與禱告感動整個阿根廷。阿根廷籍的佈道家、教師與宣教士感動整個世界！未來所需要的是敬虔合一的領袖；請為數百個神學院、聖經學校和課程裡的神學生禱告。本土牧師議會以及全國福音派聯合會（ACIERA）現在會聚集在一起禱告，並互相搭配服事；請為領袖聆聽聖靈對教會所說的話，並倚靠信心共同行動禱告。

3 阿根廷雖然看似先進，但面對靈性的掙扎。偶像崇拜、摩門教、伊斯蘭教和通靈術爭相搶奪人的靈魂。軟弱的信心、及時行樂的生活方式都影響了基督徒。但藉著代禱，上帝賜下勝利，將許多人從屬靈爭戰中得回；請繼續為每一位歸信者禱告，能得著保護與健康的靈性。

4 大廈谷的美洲印地安人多年來一直被視為少數族群，並遭到惡待。這二十六個族群大多信奉天主教與泛靈信仰的混合體。教會宣教會（Church Mission Society）、門諾會以及其他機構紛紛把福音帶到這個區域，現在這些

族群裡面已經有信徒與教會；請為本土教會的成熟，以及數種語言聖經譯本的翻譯禱告。

5　**布宜諾斯艾利斯**是世界上最大的都會區之一，而且許多住在那地的人還沒有聽過福音。受過高等教育的上層階級難以接觸，猶太社群（世界最大猶太社群之一）裡面僅有少數信徒。部分教會開始在五十萬貧民、遊民和流浪兒童中間工作，但還有更多工作待開展。華人、韓國人、日本人以及越南人社群不斷成長，只有一個機構在向他們傳福音。

6　**阿根廷可能會成為差派宣教士的主要國家**；請為這個國家領受的宣教異象讚美上帝！讓我們祈求祂成就這個目標。基督徒領袖已經著手裝備、差遣與支持許多工人；請為牧師與教會能夠領受向世界上未得之民傳福音的異象禱告！

貝里斯（伯利茲）Belize　　　　　　　　　*美洲*

人數：31 萬 3 千　**首都**：貝爾墨邦（2 萬人）
基督徒人數：26 萬 3 千　**福音派人數**：5 萬 9 千
最大宗教：基督教
成長最快速宗教：無信仰

主要族群：麥士蒂索／拉美混血（46.7%，多數具有瓜地拉馬和宏都拉斯血統）、貝里斯克里奧族（25%）、美洲印地安人（10.6%）、加里夫拿人（6%，加勒比黑人）、歐洲人（4.9%）、東印度人（3%）、華人（2.7%）
官方語言：英語（大多數人說西班牙語）
全部語言：12 種

經濟：經濟成長穩健，但中美洲生活費甚高。普遍貧窮。

政治：穩定的議會民主體制。前為英屬宏都拉斯，1981 年獨立。

1　**多數貝里斯人都信奉基督教**，但只有 10% 固定參加教會聚會。百姓需要從他們文化所能接受與理解的方式認識真正的福音。西班牙語系移民有時候會把聖經真理與迷信混合在一起，同樣，馬雅人會把異教思想、加里夫拿人則會把魔術和真理混合在一起；請為在信仰上混淆的人能得到復興以及聖靈的指引禱告。

2 福音派人口比例從 1960 年 4.6% 成長到 2010 年的 19%，現在他們正努力克服各種當前難題。貝里斯的文化與宗派分歧在教會間造成許多障礙；請為西班牙族群、英語族群、德語族群和馬雅族群信徒之間的合一禱告。70% 牧師必須找尋第二份工作，他們瞭解自己需要接受培訓，卻因為距離與費用而無法參加任何課程。

3 許多宣教旅程都以這個小國家為目標，許多醫療與識字教育都很正面，但它們長久的出現往往導致當地基督徒仰賴外國信徒，而非本國教會；請為互相搭配服事的果效禱告，讓每個人都能對上帝的國度有所貢獻。

4 較少接觸的族群包括加里夫拿、馬雅、華人以及印地安人（幾乎全都是印度教徒或者穆斯林），每個群體都需要更明確且能顧及當地文化的事工。

玻利維亞 Bolivia
美洲

人數：1,000 萬　**首都**：拉巴斯（行政首都，170 萬人），蘇克瑞（憲法首都，28 萬 8 千人）
基督徒人數：910 萬　**福音派人數**：160 萬
最大宗教：基督教
成長最快速宗教：民族宗教
主要族群：麥士蒂索（43.7%，包括麥士蒂索人、白種人和非裔玻利維亞人）、高原美洲印地安族群（49.8%）、低地美洲印地安族群（3.8%）、德語族群（2%）
官方語言：西班牙語、艾馬拉語、蓋丘亞語
全部語言：41 種

經濟：曾經是非洲南部最富裕的區域，但現在成為最貧窮國家，天然氣儲量的發現帶來成長的盼望。

政治：經過漫長的戰爭後，在 1825 年脫離西班牙獨立，此後 160 年間，總共發生兩百次成功的政變與革命。民主體制從 1985 年開始趨於穩定，逐漸重視本土族群與窮人的權利。

1 新信徒的大收割終於來到，但是早期宣教士曾不斷努力對抗初期的迫害與惡劣環境。大部分宣教工作都是由安地斯福音會（現在的國際事工差會）率先開拓。艾馬拉和蓋丘亞族群的教會都曾經大幅度成長，低地部落大致上都已經接受基督教；當為過去五十年來，玻利維亞人口中許多階層中信徒的增長讚美上帝！請為眾領袖的成熟禱告，他們的行為要能夠榮耀上帝以及他們的歷史，以便把信仰傳給下一個世代。外國工人現在可以協助領袖訓練、

向年輕人傳福音並推動全人服事。

2 玻利維亞教會與政府都想要幫助窮人。70% 的玻利維亞人口生活貧困，其中半數生活在赤貧狀態。玻利維亞農夫從古柯葉賺取的利潤勝過其他作物，但部分古柯葉被運用在非法用途。東部的豐富天然氣儲量導致白人菁英、西部的高原族群以及東部的混血與印地安族群之間緊張的情勢；請為掌權者與貧苦的百姓能夠得到足夠的勇氣，抵擋試探並做出明智的抉擇禱告。

3 異教信仰猖獗數百年後，仇敵在靈裡的勢力依舊強大，並繼續掌握教會。基督徒現在已經瞭解，屬靈爭戰乃獲得勝利的必經之路；請為教會能夠挺身而起面對仇敵深遠的影響力、綑綁那強者禱告，直到上帝轉變玻利維亞。

4 福音派在數量與影響力上都有成長，但得面對一些難題。部分信徒因為沒有紮實的門徒訓練與聖經知識，因此落入錯誤的教導或者道德敗壞之中；請祈求上帝把數千個領袖分別出來為祂所用。福音派必須讓國度的價值觀成為他們話語與行為的指針，從而幫助玻利維亞對抗貧窮、司法不公以及邪惡。

5 玻利維亞的較少接觸之民包括掌權與富裕的上層階級，居住在偏遠地區的本土族群以及住在都市邊緣希望謀得一職的鄉村移民。失業、城市暴力以及輕易取得的毒品考驗著許多年輕人。超過 67% 的人口年齡低於三十歲。大多數孩童生活在貧窮中，而且營養不良，可能有十萬人住在街頭。幾乎所有男孩都曾嘗試過毒品，而且許多女童曾經歷性虐待；請為教會能瞭解青少年與兒童事工的重要性禱告，也請為上帝能夠藉著廣播事工在較少聽聞福音地區（識字率低、貧窮又孤立而別無他途聽聞福音）運行無阻禱告。

巴西 Brazil　　　　　　　　　　　*美洲*

人數：1 億 9,540 萬　**首都**：巴西利亞（390 萬人）
基督徒人數：1 億 7,860 萬　**福音派人數**：5,130 萬
最大宗教：基督教
成長最快速宗教：無信仰

主要族群：歐洲人（50.2%）、混合族群（38%）、非洲人（6.4%）、阿拉伯人（4%），美洲印地安人（0.4%，275 個部落族群，使用 185 種不同語言）
官方語言：葡萄牙語　**全部語言**：193 種

經濟：經濟在穩定中持續成長。現在儼然成為一經濟強權。

政治：聯邦共和政體。經數十年軍事統治，從 1985 年開始實行多黨民主制。

---

1 **巴西的福音派人數**從 1960 年的兩百萬增長到 2010 年已超過五千萬。他們是世界上數量最大的福音派會眾之一，而且禱告會與各種聚會都非常活躍。大型聚會、婦女網絡，例如全球禱告日和「為耶穌行進」（March for Jesus）等特會把信徒聚集在一起禱告與稱頌耶穌；當為巴西的禱告勇士讚美上帝！

2 **近幾十年來巴西社會有長足進步**，但正面臨巨大挑戰。政府當局的責任感與透明度已經開始扭轉以往隨處可見的貪腐，司法與經濟雙雙在進步中。但數千萬人陷在貧窮中，而且許多人依舊住在充滿犯罪的貧民區。犯罪組織特別喜歡剝削街童與原住民，而且可能有二十五萬人淪為債奴。巴西是世界上非法藥物氾濫程度第二高的國家，而且是槍枝武器殺人率第一高的國家。這個國家極需屬靈、社會與經濟等各方面的突破；請為教會在面對這一切時，能明智地經由巴西本地與外來工人共同的努力，結合植堂與開發而獲得豐碩的成果禱告。

3 **巴西在屬靈上態度開放**，但這也帶來正反兩面的效果，數百萬人同時相信交鬼與天主教！許多相信祕教的人深受非洲泛靈信仰與巫術的影響；請為聖靈揭發這些祕教以及交鬼的術士和靈媒的謊言禱告，請為這些靈裡被綑綁的人能夠藉著耶穌的大能與真理得釋放禱告。

4 **天主教會迫切需要更新**。許多人加入福音派教會、其他宗教或者成為無信仰者，僅有少數天主教徒依舊忠實固守他們的信仰。教會需要十萬個神父滿足他們的需要。當為將近一百萬個「聖經圈」（Bible circles，即查經小組）讚美上帝；請為這個以聖經為中心的活動能塑造天主教徒的生命禱告。靈恩運動（現在超過一千五百萬人）以及福音派天主教都在帶動新生命。

5 **福音派面對的難題**。太多團體只重視數目增加而不重視造就，導致教會不成熟、屬靈錯誤以及信徒遊走在各教會之間。成功神學讓問題越形嚴重。牧師過著名人般的生活，醜聞以及缺乏責任制度讓教會大受損傷；請為領袖能夠心存謙卑信實禱告。積極推廣的牧師訓練讓人感到欣慰，但超過二十萬間教會讓整個工作仍待努力；也請為更密切的合一與搭配禱告，教會的多樣化是種祝福，但有時候會造成對立與嫉妒。

6 **這個世代的巴西已成為差派宣教士的先鋒國家**，總共差派將近兩千名新教、獨立宗派與聖公會的宣教士。巴西人的信心、精力、適應力與才藝（運動、音樂、舞蹈）讓門戶大開！不幸的是，準備不足加上資助短缺，有時候成為他們努力的阻礙；請為更多教會領受到宣教異象禱告，請為莊稼的主差派並供應那些工人禱告，請為他們能堅忍到底並結出果子禱告。

7 **巴西許多地方依舊沒有福音派教會**。貧窮又落後的東北部是福音派人口比例最低的地方，尤其是皮烏衣和塞額拉（*Piauí and Ceará*）；請為五旬節派在那裡的外展事工能得到更大的回應禱告。各城市已經有許多教會，但還需要更多。里約熱內盧和聖保羅高達三分之一的人口都住在充滿不法之事的貧民區。富人和掌權的階層以及少數民族裡面僅有少數福音派信徒。幫派和警方之間的駁火，往往導致無辜人受害。巴西有八百萬孩童處於危機中，七百萬童工以及六十萬女孩賣淫。部分教會和福音機構透過孤兒院和職業訓練事工協助孩童，但這一切都還不夠；請為基督徒能夠服事社會上各個匱乏的層面禱告。

8 **本土族群**。亞馬遜盆地有三萬六千個聚落沒有建立教會。由於位置孤立與貧窮難以在當地植堂，多數聚落只能搭船前往，但目前已有數個機構差派宣教船隊前往各地；請為眾多機構所差派、遍布巴西各地的美洲印地安宣教團隊能富有同理心禱告。那些本土族群曾經歷過數百年的迫害、剝削以及更惡劣的對待，種種問題一直延續到今日。巴西人需要把這些族群視為國寶而不是眼中釘。另外，請祈求上帝賜福目前四十五種語言聖經譯本的翻譯工作，並差派工人協助十種目前尚無任何聖經譯本的語言能夠有合適的譯本。

9 **更遠大的異象：向巴西的外來移民傳福音**。日本國土以外最龐大的日本人社群就在巴西（約一百五十萬），其中許多人都自稱是天主教徒，但他們所信仰的是神道教與佛教的混合體。目前有超過二十萬華人居住在巴西，而且許多機構都計畫向他們傳福音。猶太人當中有些許基督徒，阿拉伯和土耳其穆斯林的情形也一樣；請為教會能想出有效的方法向這些族群傳福音禱告。

加拿大 Canada

美洲

人數：3,390 萬 **首都**：渥太華（120 萬人）
基督徒人數：2,440 萬 **福音派人數**：260 萬
最大宗教：基督教
成長最快速宗教：伊斯蘭教
主要族群：歐洲英國人（36%）、歐洲法國
人（15.8%，主要在魁北克省）、歐洲混合族群
（14.5%）、其他歐洲人（13.7%，包括許多德國
人、義大利人、烏克蘭人）、華人（3.2%）、南
亞人（3.1%）、本土住民（2.9%）
官方語言：英語、法語 **全部語言**：169 種

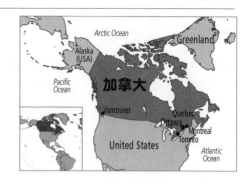

經濟：世界上主要工業國家之一，八大工業國家中政府債務最低的一個。富饒的自然資源帶
來光明的未來。服務業提供大部分的就業機會。

政治：施行多黨國會民主制的君主立憲國（大英國協成員）。法語魁北克省與其他英語省分之
間的差異，偶爾對國家團結帶來紛擾。大片土地已歸還加拿大原住民。

1 上世紀以來，基督徒對加拿大社會的影響力已降低。基督徒紛紛離開教
會之際，無信仰人口成長最多，但其他宗教也因為移民以及高出生率而迅速
增加。主流教會（尤其是聯合教會和聖公會）對上帝和聖經的信仰逐漸偏向
自由派，他們的人數也逐漸減少。

2 天主教是這國家最具影響力的宗教，移
民為天主教教會注入新生命。城市教會充滿
多元文化而且生氣蓬勃。靈恩更新事工（例
如天主教外展事工以及全國佈道團〔National
Evangelization Team〕等等）對全國各地教
會的成長貢獻良多；請為極需的復興禱告，
願教會首先復興，然後再度轉化社會。

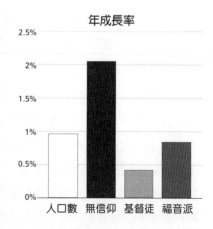

年成長率

3 福音派在 1900 年時，占人口 25%，但
目前僅占 8%。部分福音派與靈恩團體確實
有所成長，但整體來說，基督教人口已無法
有效的傳揚福音。一般人已經開始對於「福音派」和「重生」等字眼感到懷
疑，媒體對高舉聖經的基督教顯示出敵意；請為基督徒能用謙卑、忍耐、智
慧與愛心化解這些懷疑禱告。加拿大的福音派來自各種不同的種族、文化、

宗派與年齡層；請為這種多樣化能成為福音真理與大能的見證禱告。

4　魁北克的天主教傳統最穩固，超過 80% 的人口都認為自己是天主教徒，但魁北克教會的出席率是全加拿大最低的。世俗與現代觀念主導法語區多數人的文化思想，有些人把福音派教會視為祕教。魁北克為數不多的福音派多半是法國、英國和移民的新教教會以及天主教會。魁北克經常想要脫離加拿大獨立。請為福音派的合一、團契與搭配禱告，也請為這個省分能夠對加拿大的得救做出相當的貢獻禱告。

5　加拿大原住民在過去曾遭受屈辱的對待。政府與教會（多半來自歐洲）都曾惡待這些族群。要繼續前進，百姓就必須悔改與饒恕。請為 2010 年設立的真相與和解委員會禱告。加拿大原住民族群有六百個保留地，全都僅有少數居民，許多加拿大本土族群都被稱為基督徒，但許多人都沒有依循他們的信仰而活；請為代表加拿大原住民文化的領袖與教會，能夠在其他人心中培養出跟他們一樣的心志禱告。過去十年共完成六種語言的新約譯本，目前另有六種語言正在進行中，但還有二十七個本土語言沒有任何聖經譯本。許多差會在這個國家艱困的北部佈道與植堂。復興已經臨到北極地區的因紐特人；請為福音的大能有朝一日能轉變因紐特人而禱告！大批原住民都住在城市裡面（例如多倫多、溫尼伯、艾德蒙頓和雷吉納）。其中許多人的生活相當貧困，而且陷在毒癮之中。雖然有些事工是以他們為對象，但福音派教會通常會忽視這個就在他們門前的挑戰。

6　這個移民國家現在歡迎移民。加拿大是世界上移民最多的國家，同時還收容許多難民。他們多半居住在多倫多、蒙特婁以及溫哥華。請特別為以下族群禱告：

- **華人**（一百四十萬）。他們當中有將近四百間教會。他們正面對著第二代移民的各種挑戰，有些二代移民離開教會，並脫離廣義的基督徒團契。
- **南亞人**（超過一百萬）。加拿大最廣大的未得之民區塊。他們多半是印度教徒、錫克教徒和穆斯林。世界上第二大的錫克聚落就在溫哥華。
- **穆斯林**。多數來自阿拉伯世界，但現在有更多的阿富汗、庫德、索馬利亞、蘇丹、東非以及東南亞的穆斯林來到加拿大。僅有極少數事工機構或者教會向他們傳福音。他們當中僅有為數極少的基督徒，大多來自黎巴嫩或者巴勒斯坦。

請為城市教會能夠向這些上帝擺在他們教會和居所附近的未得之民傳福音禱告。加拿大曾經因為差派救援與維和部隊，以及許多宣教士前往世界各地感到自豪，但目前宣教士的數量已經減少；請為更多教會與個人參與向世界各地未得之民傳福音的行列禱告。

智利 Chile

美洲

人數：1,710 萬　**首都**：聖地牙哥（600 萬人）
基督徒人數：1,490 萬　**福音派人數**：320 萬
最大宗教：基督教
成長最快速宗教：無信仰
主要族群：西班牙裔（95.9%）、美洲印地安人（3.2%）
官方語言：西班牙語（但馬普度貢語逐漸普遍）
經濟：以礦業為基礎的經濟發展良好。貧窮依舊普遍。
政治：1810 年即成立共和國，經過數十年高壓政治後在 1989 年實行民主制度。

1　**目前智利依舊是民主政體**，經濟在穩定中成長，而且近來正實施教育與貧窮改革。皮諾契特（Pinochet）掌權那幾年（1973～1988 年），是一段司法不公與高壓的痛苦時期。當時政權殺害的百姓超過三千人，有數千人遭到凌虐。國家的傷口需要赦免與恩典才能痊癒。

2　**百姓得到的新自由**帶來正面與負面的改變。罪犯與毒癮繼續增加。幾乎 15% 出生嬰兒的母親年齡都低於十九歲。許多人都脫離他們的宗教團體（例如天主教和五旬節派）；請為智利人能遵守他們家庭傳統與社會傳統中正向的部分禱告，請為政府、教會與差會能夠消弭貧富之間的鴻溝禱告。

3　**羅馬天主教會**人數減少而影響力也隨之下滑，現在只有 12%～23% 的天主教徒固定參加彌撒。許多天主教徒都改信福音派或者五旬節派，也有許多人成為無信仰信仰者。除了其他問題外，教會在皮諾契特當政期間，也沒有付出足夠的努力幫助窮人和抵擋司法的不公；請為信徒能更深入地研讀聖經，讓許多人藉此能更新他們的信仰，並認識與他們同在的耶穌禱告！

4　**五旬節派的更新在 1909 年臨到循道會**，隨之興起一場充滿活力的本土運動。幾乎所有宗派都隨之不斷成長，也包括福音派在內！福音派如今得到各

種影響社會的良機。可惜的是，智利的五旬節派運動是世界上分裂最嚴重的一個。教會與宗派不斷分裂，形成好幾百個各自獨立的五旬節派團體；請為所有基督徒團體都能委身合一禱告。

5 智利教會欠缺宣教異象。 智利有能力差派與資助更多的宣教士。美洲宣教議會（COMIBAM）和其他差會建構宣教訓練課程，引發一些人的興趣。幾乎 90% 的福音派都屬於本土團體，他們能夠接觸許多人，但不論國內還是海外都沒有互相搭配的同工；請為他們能夠跟全球各地的教會一起搭配宣教與服事禱告，請為外國宣教士在智利的事工能夠激發出當地信徒的宣教異象禱告。

6 少數族群在智利難以生存，而且常遭歧視：

* **馬普切人**（馬普度貢語族）約有 70% 人口是天主教徒，但最具有影響力的依舊是古老的信仰與巫師。1997 年馬普度貢語的新約譯本已經大功告成。

* **拉帕努伊人**（來自玻利尼西亞的復活島民）現在大都居住在本土大陸。隨著觀光客、電影工業以及痛苦的酗酒和愛滋病在他們的社會中蔓延，他們的文化和語言已逐漸消失。目前有四個福音派教會以及一些宣教士在服事他們。

* **巴勒斯坦移民。**聖地牙哥現在有超過七萬名巴勒斯坦基督徒，這是巴勒斯坦以外最大的聚落。

哥倫比亞 Colombia　　　　　　　　*美洲*

人數：4,630 萬　**首都**：波哥大（850 萬人）
基督徒人數：4,370 萬　**福音派人數**：350 萬
最大宗教：基督教
成長最快速宗教：民族信仰
主要族群：麥士蒂索人（57.6%，歐洲印地安人）、西班牙裔白人（20%）、歐非混合族群（14%）、非洲哥倫比亞人（4%）、松波人（1.9%，非洲印地安人）、本土美洲印地安人（1.6%）
官方語言：西班牙語　**全部語言**：83 種

經濟：資源豐富。石油、煤礦和古柯鹼是主要出口產品。哥倫比亞供應美國 90% 的古柯鹼，因此貧窮的農夫都想種植古柯鹼。毒品交易往往是由游擊隊或者毒販的私人軍隊把持。貧富差距非常大。

政治：1819 年脫離西班牙，並在 1831 年成立個別國家。經歷 170 年的政治分裂、獨裁與內戰。部分人民支持暴力的馬克思主義游擊團體，也有部分人民站在毒販那一邊。2004 年開始的和平過程帶來穩定，而暴力也逐漸減少。

---

1 哥倫比亞的局勢更趨穩定。近來的謀殺、綁票和犯罪率已降低。在和談過程中，數千個游擊隊和民兵已經放下武器。各種問題依舊持續，但整個進展讓許多人感到欣慰；請為政府能夠堅定地對抗暴力，並在帶領整個國家朝向建立哥倫比亞福音聯邦（the Evangelical Confederation of Colombia，CEDECOL）前進時，秉持公義的精神正式宣告譴責暴力，與勾勒出邁向和平的進程禱告。此舉將會增強教會的角色並鼓勵合作，但也會讓福音派進一步成為攻擊的目標；請為一切紛亂能得到和平的解決禱告。

2 請祈求上帝破除撒但對哥倫比亞的轄制。以往的戰鬥團體紛紛轉變成靠古柯鹼與綁架獲利的幫派。古柯鹼的產量增加，現在甚至步步進逼國家公園與自然保留地。數千人死於跟毒品相關的暴力活動，留下許多孤兒與寡婦。波哥大街頭兒童的數量位居拉丁美洲之冠。哥倫比亞流民的數量位居世界第二高（三百萬），另有三百萬人已經離境。基督徒要面對恐嚇、財產毀損、謀殺和暗殺，每年都有數十個牧師和神父遭到殺害。所有這一切導致整個國家沉溺到低點；請為所有遭波及的人禱告，願主耶和華滿足他們各種需要。宣告基督的主權超過暴力、報復、目無法紀與敗壞，以及祕教的靈。

3 羅馬天主教會失去會友與影響力。憲法的修訂（1991 年）確保宗教自由，於是許多天主教徒紛紛加入福音派團體。一般來說，天主教徒謹守傳統價值，但只有將近 25% 按照他們的信仰而活。強盛的靈恩運動在積極的天主教徒間成長；請為天主教內部能產生足以喚醒教會的更新禱告。

4 教會繼續成長，儘管環境中充斥著犯罪、恐怖與謀殺，但有 7.5% 的人口屬於福音派，而靈恩派則將近 18%，本土教會成長最迅速。本土、城市以及遍及全國的外展行動產生出許多教會以及初信者。美德林的貝拉維斯塔監獄（Bellavista Prison in Medellin）曾被稱為「人間地獄」。基督徒為這座監獄禱告，並在那裡作見證，於是許多以往的罪犯相信基督。他們會禱告、禁食與傳福音，目前這座監獄裡面已經有一座基督教廣播電台和聖經學院！環視全國的哥倫比亞黎明（*Amanacer Colombia*）異象，想要在哥倫比亞建立超過一萬八千間教會；請為眾領袖禱告。

5 福音的屬世與屬靈的仇敵以宣教士為標靶。外國宣教士每天都要面對綁架、謀殺以及財產管制的威脅。哥倫比亞信徒的宣教異象逐漸增長。雖然部分哥倫比亞人在海外工作，多數人在國內從事跨文化工作。部分美洲印地安團體拒絕接觸外國人，但哥倫比亞宣教士繼續努力向每個部落傳福音；請為本土與外國宣教士的勇氣與信心禱告，請特別為基督徒向穆斯林聚落（三萬五千人，多半來自敘利亞、黎巴嫩和巴勒斯坦）傳福音的心志禱告。

6 美洲印地安人遭受迫害與歧視。哥倫比亞人往往忽視他們對文化與社會的貢獻。他們多半是貧民、教育程度低落，並且經常因為暴力衝突與土地濫墾而遭到傷害。九十四個聚落中，部分聚落擁有興旺又富裕的教會，能夠齊心合作並差派宣教士前往其他聚落。有三十七種美洲印地安語言還沒有新約譯本，而其中二十五種沒有任何聖經譯本。暴力集團曾綁架並殺害一些聖經翻譯人員。某些團體會迫害美洲印地安基督徒，並強迫他們重拾以往的宗教信仰。九十四個美洲印地安團體中有十五個依舊孤立，未曾聽聞福音；請為每一個寶貴的族群在消失前都能相信福音禱告。

哥斯大黎加（哥斯達黎加）Costa Rica　　　　*美洲*

人數：460 萬 **首都**：聖約瑟（150 萬人）
基督徒人數：440 萬 **福音派人數**：68 萬 9 千
最大宗教：基督教
成長最快速宗教：無信仰

主要族群：哥斯大黎加人（76.9%）、麥士蒂索人（9.4%）、其他中美洲人（7.6%）、牙買加／克里奧人（1.3%）、美洲印地安人（1.1%），以及五十萬至七十萬尼加拉瓜難民和移民工人
官方語言：西班牙語 **全部語言**：13 種

經濟：近來觀光業與科技業的發展有助於疲弱的經濟。20% 的人口生活在貧窮中。生態保護的領先國家。

政治：1821 年脫離西班牙獨立。穩定的多黨民主政體。

1 哥斯大黎加的福音派成長到人口的 15%，並建立起中美洲最興旺的宣教運動之一，但教會需要禱告。多數哥斯大黎加教會都善於贏得「信徒」，但無法造就他們。牧師僅靠微薄的薪水生活，而得不到太多幫助，因此難於提供穩定的教牧關懷。基督徒在遭遇困難時就會退縮，或者轉移到其他教會。

2 靈恩更新擴及羅馬天主教會。許多人在基督裡找到個人信仰，這讓天主教會茁壯。73% 的哥斯大黎加人口都是天主教徒，但多數人沒有恪遵他們的信仰；請為天主教裡的靈恩派能夠帶給天主教主流宗派進一步的更新禱告。

3 事工與宣教。哥斯大黎加福音聯盟把許多福音派宗派聚在一起從事外展與宣教；請為二十一世紀哥斯大黎加（Costa Rica Century XXI）這個推廣眾教會發展的新計畫禱告。哥斯大黎加的二十六所聖經學校與神學院及其密集神學延伸課程，可說是拉丁美洲基督徒訓練的上選之地。這個國家因為局勢穩定，足以成為許多區域與全球事工的理想根據地，而且隨著哥斯大黎加教會漸趨成熟，國內事工與宣教也逐漸增加。

4 請為下列族群中能夠出現高舉聖經的本土教會禱告：

- **美洲印地安部落**人數不多，但這五個部落各有獨特的文化，且在上帝的眼中具有特殊位置。目前卡維卡爾已經有一個活躍的本土教會在成長中。經過將近一百年的翻譯後，布里布里語族終於有了新約譯本！

- **米凱特爾優非洲加勒比族群**（住在加勒比海岸）僅少數人相信轉變生命的基督；請為這些新教教會能得到復興禱告。

- **華人社群**增長迅速，目前已經成立一些成長中的福音派團契；請為來自哥斯大黎加的工人和海外華人能夠到此地向他們傳福音禱告。

- **阿拉伯、伊朗和南亞的移民**已經逐漸出現在哥斯大黎加，他們多數是穆斯林或者印度教徒。

5 哥斯大黎加人口中有三分之二的年齡低於三十歲。酗酒、毒癮、暴力和淫亂重創這個世代。許多社會問題就發生在國立大學附近的「苦毒街」（Street of Bitterness）；請為基督教學生和青年事工（例如國際學生福音團契、學園傳道會等等）能夠持續推動外展禱告。

古巴 Cuba　　　　　　　　　　　　　　　　*美洲*

人數：1,120 萬　**首都**：哈瓦那（210 萬人）
基督徒人數：630 萬　**福音派人數**：98 萬 1 千
最大宗教：基督教
成長最快速宗教：基督教
主要族群：西班牙裔白人（62%）、西班牙裔慕拉特和麥士蒂索人（25%）、西班牙裔黑人（11%）、亞裔（1%，主要是華人）
官方語言：西班牙語　**全部語言**：4 種
經濟：欠缺基本資源影響許多層面，但健康與文藝水準很高，現在觀光業居重要位置。
政治：1898 年脫離西班牙獨立。卡斯楚在 1959 年帶領共產主義得權。

1　**古巴面臨艱辛的未來。**共產黨領袖在位掌權，但這種經濟模式無法永遠延續。加勒比海區域經濟最弱的國家之一，而且僅有少數年輕人留下來扶養上一代的人。極度貧困導致黑市猖獗，犯罪、毒品與娼妓氾濫。五十萬人因為政治因素被執政當局關在監獄，而且有超過一百萬人成為難民流落美國；請為古巴的流亡人士能夠認識基督，並影響他們的故鄉家園禱告；請為合理的改革、自由、赦免，以及所有建立在邪惡上的事業被良善制伏禱告。

2　**大多數古巴人都信奉天主教**，但他們的信仰往往跟通靈思想交織在一起。非洲加勒比信仰例如桑泰里亞（*Santeria*）以及其他類似海地巫毒教等祕教的信徒可能超過三百萬人；請為基督徒能彰顯出愛心、同理心以及屬靈的力量禱告，讓眾人能從撒但的綑綁中得釋放。不到 10% 的天主教徒參加彌撒，在經過慘澹的數十年後，僅有少數的真誠信徒有所成長；請為天主教會能夠帶領數百萬人認識耶穌禱告。

3　**為福音派教會的成長讚美上帝！**新教人數在 1995 年至 2010 年之間倍增，而且許多初信者都是年輕人。迫害讓教會更加精純，並藉著合一與禱告更加茁壯。儘管基督徒得不到太多外來資源，他們依舊鼓起勇氣以創新的方式服事上帝，在苦難中逐漸成熟又充滿信心；請為這些信徒能成為照耀這個國家的光禱告。

4　**選擇跟隨耶穌依舊需要犧牲**，儘管迫害已經比以往緩和。政府刻意刁難新教會的建造，而且有時候會囚禁教會領袖。十二所福音派與兩所天主教的

聖經學院與神學院面臨當局的攔阻，又缺乏資金與師資。眾教會迫切需要聖經以及用西班牙語編寫的教材；請為這些苦難中的信徒能充滿膽量與堅忍禱告；請為留在古巴並辛勤、長久地服事百姓的那些領袖禱告。

多明尼加共和國（多米尼加）Dominican Republic　　　*美洲*

人數：1,020 萬　**首都**：聖多明哥市（220 萬人）
基督徒人數：960 萬　**福音派人數**：93 萬 1 千
最大宗教：基督教
成長最快速宗教：無信仰
主要族群：多明尼加人（87.5%）、海地人（10.2%，多數是沒有戶籍的非法移民工）、西班牙人（0.8%）、美國公民（0.7%）
官方語言：西班牙語　**全部語言**：8 種
經濟：在二十年的衰退後，從 2004 年開始穩定成長。貧富差距極大。

政治：經過漫長的高壓獨裁後，從 1961 年開始成立民主政體。

1　**多明尼加共和國曾經歷五百年的動亂。**首先是一百萬的本土阿拉瓦克泰諾族因為外來疾病而死亡，然後遭受西班牙統治。甘蔗場主人接著引進非洲奴隸。歐洲殖民權勢以及歷任多明尼加政府都曾剝削土地與百姓；請為這個久經患難的國家能在經濟與政治上尋回公平正義禱告。

2　**天主教會**具有影響力，但將近半數天主教徒都沒有活出他們的信仰。按照教會的說法，高達 25% 的人口都表示他們沒有宗教信仰。許多人所信奉的是基督教和非洲通靈信仰（類似古巴的桑泰里亞或者海地巫毒教）的混合體；請為這地能夠藉著聖經以及聖靈大能的降臨得到靈裡的更新禱告；請為那些依舊忠心跟隨耶穌的天主教徒禱告。

3　**過去二十年來，福音派人數已經倍增！**只要在愛中以簡明的方式呈現福音，就會得到許多人的認同。但回應福音的人中，僅有少數會參加當地的教會。基督徒努力在充斥著貪腐、暴力犯罪與淫穢的社會中過著能夠溫飽的生活。福音派教會往往在貧乏中服事，這可能會導致他們倚賴外國機構。部分屬靈領袖因為渴想過更舒適的生活而移民到美國或者波多黎各；請為那些蒙召服事窮苦百姓的人日常所需的一切以及忠心禱告；請為宣教的異象，以及多明尼加能差派更多宣教士禱告。

4 較少聽聞福音的族群：

- **海地移民與後裔**。西班牙人（即使基督徒也一樣）通常會歧視他們。他們會把許多海地的問題隨著他們一起帶來，但他們對福音的反應非常積極；請為多明尼加教會能憑著信心、愛心與恩典對待海地人禱告。

- **不信主的大多數百姓**往往自稱是基督徒，但祕教非常興盛。多達四千個村落未曾聽聞福音的見證。中產階級與上層社會僅有少數福音派信徒，但宣道會和四方福音會都在服事他們；請為在三十七所大專院校服事的基督工人禱告，超過二十萬學生需要福音。國際學生福音團契和學園傳道會的各種團體裡面，僅有不到一千個學生。

- **華人**僅有兩個會堂，國際差傳會在他們中間服事。

厄瓜多（厄瓜多爾）Ecuador　　　　　*美洲*

人數：1,380 萬　**首都**：基多（180 萬人）
基督徒人數：1,300 萬　**福音派人數**：120 萬
最大宗教：基督教
成長最快速宗教：無信仰
主要族群：西班牙語族群（56.4%）、蓋丘亞族（40.5%，美洲印地安人）、英語族群（1.5%）、德語族群（0.7%）、其他美洲印地安族群（0.5%）
官方語言：西班牙語　**全部語言**：25 種

經濟：主要出口物資是香蕉、石油、花卉、蝦子。石油讓外國公司以及許多厄瓜多人獲益，但代價是美洲印地安人與環境。1999 年以來經濟稍有起色，但依舊貧窮。

政治：1830 年脫離西班牙獨立。厄瓜多缺乏穩定的政府，總統在位不長久而且經常變動。蓋丘亞族（Quichua）現在能在政治上發出些許聲音。厄瓜多需要憲法改革。

1 為下面這些蒙應允的禱告讚美上帝：

- **蓋丘亞深受福音影響**可說是現代奇蹟。1967 年時，三百萬人中僅有一百二十人相信基督。如今，部分蓋丘亞地區的福音派人口已超過半數！先鋒事工（Avant Ministries）已經在他們當中服事超過百年，超過二十四萬人參加經由先鋒建立的教會。

- **小型森林部落**。1956 年時，有五個年輕的外國宣教士遭瓦拉尼（歐卡）部落殺害，而使得厄瓜多舉世皆知。經過各種宣教團體的努力後，現在那些部落裡幾乎都有教會與聖經。

- **HCJB 電台** 1931 年成立於厄瓜多，它是第一個基督教宣教廣播電台。如今這個事工帶給厄瓜多與整個世界許多祝福。

2 **厄瓜多曾經是中美洲福音派人數比例最低的國家**，但過去五十年來它逐漸穩定的成長。成長最多的是城市以及蓋丘亞族群。宗派、文化與個人風格之間的紛爭攔阻福音的傳揚。許多教會獨立自主而不需要向其他教會負責；請特別為美洲印地安人和西班牙語教會能夠互相體諒對方的文化，並搭配合作禱告。大多數的福音派都是美洲印地安人，但西班牙語福音派擁有較大的權力；請為宗派之間的合一，以及信徒能夠大發熱心地把福音傳到這個國家未曾聽聞福音的地區禱告。

3 **天主教**的人數因為非主流宗派與福音派團體而流失；請為天主教徒的屬靈生命成長，以及天主教會內部靈恩運動的成長禱告。各種錯誤教導在吸引天主教以及福音派信徒；請為這些團體的錯誤教導被人揭發，以及信徒能憑著真理與愛心面對他們禱告。

4 **請為教會與差會之間能夠建立良好的關係禱告**。厄瓜多在 1996 年共差派十位跨文化宣教士，但 2005 年則超過一百位！現在會眾已經更瞭解這種委身與代價。外國團體和厄瓜多福音宣教聯盟（AMEE）雙方都支持他們宣教異象中的教會。外國宣教士也投入支援、植堂以及開荒等事工。HCJB、基督教聖經電台以及其他電台每星期用十二種語言，製作超過一千兩百小時的基督教節目。基督教電視節目在三個頻道上教導與鼓勵信徒。

5 **較少聽聞福音之民：**

- **基多和瓜亞基爾的貧民窟**。瓜亞基爾 60% 以上的人口非常貧窮，所居住的房屋就搭建在一片遭到污染的沼澤地上，僅有少數基督徒工人服事這些不幸的百姓。
- **非洲－厄瓜多人**僅有 0.03% 是福音派，許多都是天主教徒，但實際上信奉的是通靈信仰；請為這個團體能在屬靈上有所突破禱告！
- **加拉帕哥斯群島的居民**（兩萬八千人）。讚美上帝，國際宣教士前鋒會（Missionary Ventures International）在他們中間開創事工。許多拜訪當地的觀光客都反對高舉聖經的基督教。
- **洛哈省**依舊孤立在多數厄瓜多人的生活之外，而且僅有 0.1% 的福音派。由數個宣教機構攜手合作的希望計畫（*Operation Esperanza*），藉著

禱告、廣播、佈道與全人事工把福音傳向這些孤立的村落。

薩爾瓦多 El Salvador　　　　*美洲*

人數：620 萬　**首都**：聖薩爾瓦多市（160 萬人）
基督徒人數：590 萬　**福音派人數**：200 萬
最大宗教：基督教
成長最快速宗教：無信仰

主要族群：西班牙人（90.1%）、印地安混合族群（4.5%）、皮皮爾／阿茲特克（4.0%）、倫卡人（0.8%）

官方語言：西班牙語　**全部語言**：7 種

經濟：數十年來因為剝削與戰爭導致開發遲緩。1991 年至 2005 年的進步把貧窮人口減半。超過 30% 的薩爾瓦多人口因為經濟移民居住國外。

政治：先在 1821 年脫離西班牙，然後在 1838 年脫離中美洲聯邦。貪腐的獨裁政權導致 1980 年有組織的動亂，直到 1992 年達成和平協議。民主政府已逐漸穩定。

1　和平、穩定與民主已在 1992 年奠基，內戰的苦難終於告一段落。選舉現在已經取代暗殺。上帝回應了禱告！這個國家應該要把修復數百年迫害和十二年內戰的傷口列為首要之務。超過七萬五千人死於戰爭與「行刑隊」（death squads）。20% 的人口逃離家園；請為悔改、和好以及基於尊重人權的公平社會禱告。

2　福音派教會歷經內戰而成長。上帝在當地賜下一個現代奇蹟！基督徒在 1990 年代建立了九千間教會。這個國家依舊需要更多的福音派信徒，但整個工作已經趨緩。中美洲最大的幾間超級教會就位在薩爾瓦多境內。以琳教會和浸信聖經會幕教會（*Tabernáculo Bíblico Bautista*）的整體人數已超過十萬。超級教會藉著他們的豐富資源和社區地位能夠影響社會；請為所有教會在外展上能夠合一並抱持共同的異象，好為耶穌得到整個國家禱告。薩爾瓦多的西班牙文意思就是「救主」。

3　教會需要領袖。戰爭、貧窮與窘迫的人力，讓訓練的機會大為縮減；請為聖經學校、神學院與延伸課程禱告；請為上帝能在

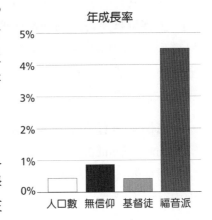

年成長率

（柱狀圖：人口數、無信仰、基督徒、福音派，縱軸 0% 至 5%；福音派約 4.5% 為最高）

這個經濟短絀的時候，供應所需的材料與人手禱告，這個事工需要更多宣教士的投入。

4 **這個國家從裡到外的社會變遷**都需要禱告與行動。

- **大量薩爾瓦多人居住在國外**（三百三十萬），其中許多人住在美國。許多人都在非法打工，因此有時候會遭人剝削。他們長期在外也會影響那些留在家鄉的親人。

- **許多年輕人**（高達 70%）加入馬拉斯（*maras*），也就是街頭幫派。他們當中許多人的父親都居住在國外。教會必須構想出新方法服事青少年、青年以及十一萬五千個大學生。僅在一世代之前薩爾瓦多人口多半住在鄉村，而現在有 60% 人口住在都市。

- **美洲印地安族群**在上世紀曾備受虐待；請為教會在他們當中以同理心著手植堂事工禱告。

福克蘭群島 Falkland Islands　　　　　*美洲*

人數：3,000 **首都**：史坦力（2,000 人）
基督徒人數：2,000 **福音派人數**：329
最大宗教：基督教
成長最快速宗教：無信仰
主要族群：英國人（95%）、其他（5%）
官方語言：英語
經濟：以漁業和牧羊為基礎。無失業人口。
政治：英屬海外自治領土。阿根廷宣稱擁有主權。

1 **主權爭議傷害這個遙遠的群島。**大英國協和阿根廷都宣稱擁有主權，於是導致 1982 年的戰爭，而且緊張氣氛不斷延續，2009 年的憲法反映出島民渴望自治的願望；請為最終能達成明智與公平的協議，以及三方能互相體諒禱告；請為努力促進和平的基督徒以及所有參與其中的人士禱告。

2 **這個國家有三個主要宗派**：聖公會、羅馬天主教和會幕聯合自由教會（Tabernacle United Free Church）。多數人對自己宗教信仰的認識都非常淺薄；請為信徒能向島上的鄰舍、漁夫、石油工人、軍人以及來自各國的觀光客見證福音禱告。

法屬圭亞那 French Guiana

美洲

人數：23 萬 1 千 **首都**：開雲（6 萬 4 千人）
基督徒人數：21 萬 1 千 **福音派人數**：1 萬
最大宗教：基督教
成長最快速宗教：伊斯蘭教

主要族群：非裔加勒比人（62%）、歐洲人（15.1%，多數是法裔）、華人（5%）、巴西人（5%）、印度人（4%）、非裔美洲馬隆人（3.2%）、美洲印地安人（2%）、寮國苗族（1.5%）、爪哇人（1%）

官方語言：法語（普遍使用圭亞那克里奧法語）**全部語言**：15 種

經濟：沿海地帶已開發而內陸森林尚未開發。圭亞那太空中心（歐洲太空總署的發射中心）是主要的收入與發展源頭。觀光業深具成長潛力。

政治：法國海外領土，以往的法國囚犯殖民地。法國／歐盟的高額津貼削弱多數當地人爭取獨立的動機。

1　**為克里奧與美洲印地安教會的成長讚美上帝**，尤其是加勒比人、安地列斯人、苗族、巴西人以及其他內陸部落（馬隆人）也對福音反應熱烈。福音派在過去二十年間穩定成長。來自許多宗派的工人現在能看到以往未曾聽聞福音的族群紛紛信主；請為福音派之間合作的精神禱告；也請為藉著蘇利南聖經公會達成的合一禱告。

2　**法屬圭亞那的新面貌**就是多元文化的已開發社會，而不是一個囚禁犯人的地方。這個改變也帶來法國的世俗思想以及各種道德問題。許多年輕人因為找不到工作而煩躁不安。經由法國衛星電視傳來的情色影像混亂道德規範。家庭結構因為高比率的非婚生子以及眾多的單親家庭而岌岌可危。環境破壞、非法移民以及為開採金礦而買賣人口都造成重重困難。

3　**最少聽聞福音的族群：**

- **法屬圭亞那克里奧青年**看得到法國社會的財富，卻無法享受。國際學生福音會／大學聖經團契聯合會（UBGU）在公立大學校園服事；請為新國際版聖經公會能完成圭亞那克里奧法語的福音書禱告。

- **美洲印地安人與馬隆部落**。瓦亞納（一千一百人）、瓦炎皮（七百人）以及艾莫里隆（五百人）需要福音，他們信奉萬靈教（物靈信仰）。馬隆部落住在這個國家的內陸地區，蘇利南的部落基督徒在他們中間服事。

- **移民社群**。華人當中只有一所已知會堂。在當地從事太空計畫的法國和
  歐洲社群中僅有少數基督徒。

格陵蘭 Greenland

美洲

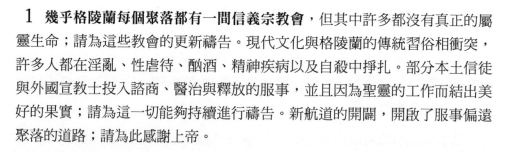

人數：5萬7千 **首都**：努克（1萬5千人）
基督徒人數：5萬5千 **福音派人數**：3,000
最大宗教：基督教
成長最快速宗教：無信仰

主要族群：格陵蘭因紐特人（88%）、丹麥人
（8%）

官方語言：格陵蘭因紐特語（3種方言）、丹
麥語 **全部語言**：2種

經濟：以漁業為基礎，並得到丹麥政府的資助。

政治：屬於丹麥海外自治行政區。2009年以後更自由。

1 幾乎格陵蘭每個聚落都有一間信義宗教會，但其中許多都沒有真正的屬
靈生命；請為這些教會的更新禱告。現代文化與格陵蘭的傳統習俗相衝突，
許多人都在淫亂、性虐待、酗酒、精神疾病以及自殺中掙扎。部分本土信徒
與外國宣教士投入諮商、醫治與釋放的服事，並且因為聖靈的工作而結出美
好的果實；請為這一切能夠持續進行禱告。新航道的開闢，開啟了服事偏遠
聚落的道路；請為此感謝上帝。

2 近來的福音派見證。格陵蘭在1984年出現約二十個重生的信徒，但現在
已經有一個橫跨數個宗派的福音派運動。格陵蘭教會已經學會用符合聖經並
適合本土文化的方式呈現它自己；請為獨特的本土因紐特百姓能夠倚靠基督
並達到完全的地步禱告；請為上帝能藉著格陵蘭聖經（在2001年完成）轉變
許多人的生命禱告。

瓜地馬拉（危地馬拉）Guatemala　　*美洲*

人數：1,440 萬　**首都**：瓜地馬拉市（110 萬人）
基督徒人數：1,380 萬　**福音派人數**：350 萬
最大宗教：基督教
成長最快速宗教：無信仰

主要族群：西班牙語拉丁裔（53%）、美洲印地安－馬雅人（36.3%）、美洲印地安－其他原住民（8.4%）
官方語言：西班牙語（23 種公認的美洲印地安語）**全部語言與方言**：42〜52 種

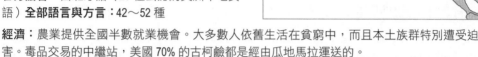

經濟：農業提供全國半數就業機會。大多數人依舊生活在貧窮中，而且本土族群特別遭受迫害。毒品交易的中繼站，美國 70% 的古柯鹼都是經由瓜地馬拉運送的。

政治：1821 年脫離西班牙，接著在 1838 年脫離中美洲聯邦。1960 年爆發毀滅性的游擊戰，直到 1996 年達成和平協議才結束。2007 年勝選的政府努力團結國家，並為馬雅族群創造契機。

1　執政當局現在相當重視福音派與委身的天主教徒，並共同合作解決流浪兒童、毒癮與文盲等社會問題。馬雅人已經遭遇數百年的迫害與剝削。目前政府與教會都在努力伸張正義，並彌補以往的錯誤。上帝已回應這些禱告！

2　1960 年爆發游擊戰的導因是貧民以及原住民族群（尤其是馬雅人）長年遭受惡待。死亡人數超過二十萬，多數被政府軍（美國提供武器）殺害。失蹤人數超過四萬（可能已遭殺害）。這場戰爭導致瓜地馬拉一百萬人流離失所，二十五萬人淪為國際難民。所有牽涉其中的人員都必須為過去的罪惡認罪與悔改，並且彌補損害；請特別為在馬雅與西班牙語兩個族群中為醫治這個國家而努力的福音派領袖禱告。

3　暴力延續迄今。瓜地馬拉的謀殺犯罪率是全拉丁美洲最高的國家。青年幫派（馬拉斯）、毒販和「行刑隊」造成嚴重問題。謀殺已司空見慣，人命一文不值。更糟糕的是孩童也身處危機之中，例如一萬五千個兒童流浪街頭，許許多多孤兒，而且六至十八歲的孩子大都生活在貧困中；請祈求上帝綑綁謀殺的靈，並讓基督的平安遍滿這地！

4　天主教會的人數與影響力雙雙下滑。龐大的靈恩運動在成長中，但教會設下限制，因此許多人紛紛離開天主教而加入福音派教會。其他人則重拾馬雅古老的信仰，或者把馬雅的神明和天主教的聖徒混為一談；請為新天主教會能夠充滿新生命禱告。

5 當為福音派的成長讚美上帝，福音派人數現在已占人口25%，擁有兩萬五千間教堂！1976年的地震、戰爭的痛苦以及信徒和宣教士的見證等等吸引許多人歸向耶穌。五旬節派的成長非常迅速，但未必全部信徒都具有紮實的信心。許多信徒把異教習俗和信仰跟聖經混淆在一起，或者跟隨誘人的成功神學。無法造就新信徒的教會可能在二十年後就會失去他們；請為牧師和領袖能夠表現出基督般的謙卑，勝過愚昧的結黨和貪心禱告。

6 近來收割的新信徒就是拓荒宣教士起初撒下的種子。1960年代時，長老會宣教士在此地開創神學延伸課程（TEE），目前已經遍及世界各地的基督徒。六所神學院和多所聖經學校服事普世教會。國際語言學院（SIL）監督數個美洲印地安族群新約聖經的翻譯。大部分的培訓與翻譯工作，已經由當地信徒負責。外展行動觸及每一個馬雅部落，而部分本土基督徒團體也因為協助新約聖經的翻譯而成長。某些部落有少數信徒。請為這些教會的成長，以及他們能對瓜地馬拉教會的外展行動有更大貢獻禱告；也請為能有更好的方法訓練較貧窮的鄉村教會領袖禱告。

7 放眼全球的瓜地馬拉普世宣教運動始於1982年。第一個差會（福音派宣教差會，*Agencia Misionera Evangélica*）成立於1984年。全國普世宣教委員會（CONEM）負責協調全國的普世宣教工作。瓜地馬拉已經有三個宣教士訓練中心；請為普世宣教運動的成長，以及協助牧師培養宣教異象的新聯會代禱。

蓋亞那（圭亞那）Guyana　　　　　　　　　　*美洲*

人數：76萬1千 **首都**：喬治城（13萬2千人）
基督徒人數：40萬1千 **福音派人數**：15萬1千
最大宗教：基督徒
成長最快速宗教：無信仰

主要族群：南亞人（42.5%，多數是從印度來的鄉村農戶）、非洲人（29.7%，多數在公務、政府部門服務，住在市區）、混合族群（16.5%）、美洲印地安人（8.9%，多數住在內陸）
官方語言：英語（百分之90%人口使用克里奧語）**全部語言**：19種

經濟：主要倚靠礦業與農業支持。雄厚的潛力被二十年的馬克思主義經濟實驗而受阻。從

1992 年開始緩慢發展。2005 年的嚴重洪水造成高達 4 億 1,500 萬美元的損失。

政治：1750 年至 1814 年由荷蘭統治，接著被英國統治，直到 1966 年獨立。殖民時期為糖業引進的奴隸導致現在種族多元與政治緊張的局面。

---

1 **蓋亞那面對各種難題。**委內瑞拉和蘇利南都宣稱擁有蓋亞那大片土地的主權。兩個主要政黨因為種族問題而相對立（印度蓋亞那裔對抗非洲蓋亞那裔）。經濟有時因為氣候而損失慘重，例如 2005 年的大洪水。許多人移民海外，包括許多才華洋溢的人；請為蓋亞那未來的希望，以及福音能改變整個社會禱告。

2 **為上帝在蓋亞那成就的大工讚美祂！**五旬節派、靈恩派（「鼓掌」）以及福音派都在成長，雖然總人口數量已逐漸減少，這趨勢也不變。儘管多數教會按種族分門別類，依舊有跨種族的教會存在，而成為整個國家少數幾座跨越種族鴻溝的橋梁。蓋亞那福音派團契（Guyanese Evangelical Fellowship）努力促成各宗派之間的合一；請為所有基督徒能夠藉著他們的合一、話語和聖潔的生活展現出福音的大能禱告。

3 **請為下列族群禱告：**

- **許多非洲蓋亞那人和混血蓋亞那人都是基督徒**，但信心軟弱。他們經常把基督教和其他宗教摻雜在一起。歐比亞通靈教與巫術、拉斯特法拉宗派（源自牙買加）、外來宗派、種族團體「伊斯蘭國度」（Nation of Islam）群起引誘百姓遠離耶穌；請為那真正的福音能夠影響這些族群禱告。

- **印度蓋亞那族群多半信奉印度教；**請為他們能夠聽信福音禱告。其中有部分是基督徒或者穆斯林。蓋亞那穆斯林依舊是這個國家最少聽聞福音的族群。

- **美洲印地安人大多是天主教徒，**但有些人已經在神召會、神的教會（Church of God）以及其他教會的努力下加入五旬節派。南部的教會相當重視宣教！請為本土基督徒領袖和成熟的教會既能夠保留自己文化的特色、又能因應現代社會的衝擊禱告。

4 **基督教宣教與事工為社會帶來正面影響。**差會能自由地在任何地區工作。基督徒醫療工作人員愛的見證為福音打開大門。蓋亞那的愛滋病感染率高居加勒比地區第二位。罹患瘧疾的人口眾多。多數宗派都投入年輕人的服

事。對年輕人來說，家庭生活、教育、就業以及未來的方向全都是難題。國際學生福音團契每星期透過兩百個分布在初等、中等與高等學校的團體，接觸一萬兩千個學生。

海地 Haiti　　　　　　　　　　　　　　　　　　　　*美洲*

人數：1,020 萬　**首都**：太子港（210 萬人）
基督徒人數：970 萬　**福音派人數**：160 萬
最大宗教：基督徒
成長最快速宗教：民族信仰
主要族群：非裔加勒比人（94.3%）、慕拉特人（歐非混血，5.4%）
官方語言：法語（許多使用海地克里奧語、英語或者西班牙語）
經濟：西半球最貧窮國家。主要經濟來源是境外海地人的匯款與救濟基金。
政治：全球第一個黑人共和國家，建立於 1804 年。開國以來充滿血腥、獨裁與軍事政變。

1　**2010 年的地震**造成可怕的毀滅，超過二十三萬人死亡，失去家園的人數超過一百萬，重建的努力將要耗時數年。海地百姓以禱告和悔改回應震災。總統呼籲進行三天的禱告與禁食，超過一百萬人響應他的召喚；請為這次歸向上帝的作為能改變海地的屬靈生命禱告！這麼嚴重的傷害需要時間、關懷與上帝的愛才能得醫治；請為富裕的國家與援助機構能夠慷慨解囊禱告；請為這場悲劇能孕育出希望的種子禱告。海地必須以智慧和公義重建更美的家園。

2　**海地的歷史**充滿暴君、殘酷與屬靈綑綁。西班牙人對阿拉瓦克土著的種族屠殺、西班牙人與法國人先後的奴隸販賣以及海地自己的殘酷領袖，使得這片土地在過去數百年一直被暴戾的靈所籠罩。巫毒教（通靈的信仰）製造出的恐怖瀰漫整個社會。許多天主教徒都會施做巫毒；請為聖靈的大能勝過惡靈的權勢禱告；請為聖靈潔淨教會禱告；請祈求上帝以耶穌的名綑綁隱藏在巫毒教後面各種強大的靈，好讓這個國家能夠完全獻給耶和華禱告。

3　**福音派與五旬節派教會**的人數，因為佈道、愛的行動以及公開對抗巫毒教而增長。外國與當地信徒的合作比以往更緊密，並結出更豐盛的果子！教

會對鄉村窮人與文盲的外展行動成效卓著。不過教會依舊有很多需要。宗派各存門戶之見而導致基督徒分裂。貧窮、語言（克里奧語）和教育程度低落，導致教會領袖僅能接受有限的訓練；請為二十所聖經學校與神學院，以及各種神學延伸課程能夠滿足當前需要禱告。新教聯盟以及福音派教會聯合會的成立，讓新教有機會齊聲與政府探討社會與宗教議題。海地異象（Vision Haiti）讓許多基督教宗派聚在一起為海地得釋放禱告；請為靈裡的純正以及基督的愛與大能得以藉著信徒照耀世人禱告。

4 整個國家的經濟情勢讓許多人感到失望。隨處可見貪腐，犯罪率又居高不下，數百萬人逃往美國或者其他加勒比國家，因此有一部分人民淪為非法難民。其他人雖然留下來，卻轉向毒品，以逃避眼前種種困難。這些困難導致基督教救濟機構（例如世界展望會、淚眼基金以及許多其他機構）紛紛伸出援手。他們必須非常體貼又明智地尊重與他們搭配服事的海地人，讓他們發揮創意以及獨立自主性。救助的範圍包括環境、農業、醫療、愛滋病、教育以及曝險孩童；請為基督教事工不但能對這個國家造成深遠的影響，且能吸引百姓歸向救主禱告；也請為更多工人蒙召服事漂流在外的海地人禱告。

5 海地的青年與孩童需要特別的禱告。青少年要面對貧窮、失業、文盲以及動亂等等困境。許多人轉向槍械與幫派。10% 的海地兒童（30〜40 萬）都是雷斯塔衛克（*restaveks*，克里奧語，意為「寄人籬下者」），一般人可以任意買賣這些從事勞動卻無法接受教育與醫療照顧的兒童；請祈求上帝讓這些孩子能得到同情與關愛。

宏都拉斯（洪都拉斯）Honduras　　　*美洲*

人數：760 萬 **首都**：德古西加巴（100 萬人）
基督徒人數：740 萬 **福音派人數**：180 萬
最大宗教：基督教
成長最快速宗教：無信仰
主要族群：西班牙文化族群（89%）、美洲印地安人（7.9%）、阿拉伯巴勒斯坦人（0.8%）、牙買加人（0.5%）
官方語言：西班牙語 **全部語言**：13 種
經濟：西半球最貧窮國家之一，且是生活在貧窮線以下人口數最多的國家。經濟活動主要來自農業、服務業、觀光業以及海外匯款。

政治：1821 年脫離西班牙獨立。到 1932 年為止，共發生過 134 次革命與暴動。二十世紀大部分時間由軍事將領統治。1984 年開始成立民主文人政府，但面對來自軍事強人以及美國干預的挑戰。貪腐程度、失業率與犯罪率居高不下。

1 福音派的成長始於 1963 年的深度佈道計畫。1960 年時，福音派人數僅有三萬兩千。現在已達到一百八十萬，請為福音團契禱告（*Confraternidad Evangelica*）！宏都拉斯 90% 的福音派都屬於這個團體，它也積極推廣團契與合作。宏都拉斯教會欠缺合一的心，不計其數的宗派製造出各種嫉妒與孤立的問題。1998 年的米契颶風摧毀許多城鎮、村落和教會。即使經過十年以上的時間，許多地方依舊尚待重建，世界救援會（World Relief）、淚眼基金以及其他機構紛紛伸出援手。

2 宏都拉斯最根本的問題就是極度貧窮。人口半數都是兒童，而且大多生活在貧窮中。許多人想投靠居住在美國的親人，結果卻被關在墨西哥或者瓜地馬拉的監獄裡。宏都拉斯垃圾場兒童的數目超過美洲其餘所有國家。暴力幫派逼迫軟弱的孩子加入組織或者賣淫。中美洲 60% 的愛滋病人都在宏都拉斯。組織犯罪和馬拉斯（幫派）跟販毒集團相互勾搭，在社會上耀武揚威。請為宏都拉斯人民有道德勇氣制止愛滋病的蔓延禱告；請為正義得到伸張禱告；也請為政府能明智地公平對待富人與窮人禱告。

3 天主教會的影響力不斷式微，僅有將近 20% 的天主教徒積極參與教會，許多人都轉而前往福音派教會，其他人則被異教信仰所吸引。欠缺本土的教會工人是當前難題之一。天主教和福音派對多數社會與社區問題的看法都一致；請為聖靈把復興賜給天主教會禱告！一場復興將能轉變宏都拉斯的社會。

4 目前有數個宣教機構在訓練並差派跨文化工人；請為整個宏都拉斯教會能得到更明顯的外展與宣教異象禱告。教會領袖需要接受訓練。許多神學院和聖經學校在招募教職員時遭遇困難，而外國宣教士能夠滿足這個需求。宗派之間的分裂為訓練製造出一些難處，但神學延伸課程和網絡能夠消除這類狀況。

5 許多美洲印地安人相信基督，而教會也在他們當中成長；請為浸信會、基督徒宣教團契、米斯基托差會（Miskito Missions）以及其他服事窮人的機構禱告。MOPAWI（*Mosquitia Pawisa*）以基督教原則為基礎，逐漸認識與維

護當地文化。讚美上帝，東部雨林的本土族群已經贏得保留他們瀕臨滅絕的土地與文化的權利；請為他們當中的教會能健全地發展禱告；也請為各種剝削他們的作為告一段落禱告。

牙買加 Jamaica　　　　　*美洲*

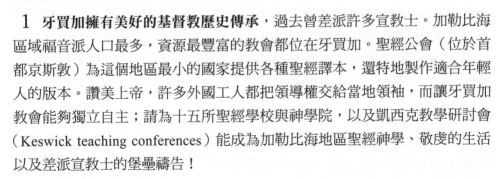

人數：270 萬　**首都**：京斯敦（58 萬 2 千人）
基督徒人數：230 萬　**福音派人數**：76 萬 5 千
最大宗教：基督教
成長最快速宗教：無信仰

主要族群：牙買加人（93.7%）、海地人（2.0%）、東印度人（1.7%）、華人（1.2%）、歐美混血（1%）
官方語言：英語（97% 人口使用牙買加克里奧語）**全部語言**：7 種

經濟：收入來自觀光業、海外匯款、礦業與農業。犯罪率攀升、失業率和鉅額公共債務都是難題。

政治：1962 年獨立後就成立國會民主制度。政治穩定，但要面對幫派火拼、非法藥物交易以及貪腐等問題。

1　**牙買加擁有美好的基督教歷史傳承**，過去曾差派許多宣教士。加勒比海區域福音派人口最多，資源最豐富的教會都位在牙買加。聖經公會（位於首都京斯敦）為這個地區最小的國家提供各種聖經譯本，還特地製作適合年輕人的版本。讚美上帝，許多外國工人都把領導權交給當地領袖，而讓牙買加教會能夠獨立自主；請為十五所聖經學校與神學院，以及凱西克教學研討會（Keswick teaching conferences）能成為加勒比海地區聖經神學、敬虔的生活以及差派宣教士的堡壘禱告！

2　**牙買加的基督徒需要更新**。僅有少數基督徒參加教會或者活出基督徒的樣式。這個國家的道德與社會風氣正處於崩潰的邊緣。龐大的販毒集團利用牙買加把毒品運送到美國，此舉帶來暴力以及其他犯罪行為，性侵與家庭暴力十分普遍；請為政府與教會領袖永不妥協的決心禱告。基督徒務必努力維持教會的合一與正直，同時也要因應與對抗各種政治與社會問題。社會上最窮苦的階層只能藉著收音機接觸福音；請為基督徒能有足夠的勇氣、道德與決心扭轉整個國家歸回上帝禱告。

墨西哥 Mexico

美洲

人數：1 億 1,060 萬　**首都**：墨西哥市（1,950 萬人）
基督徒人數：1 億 0,510 萬　**福音派人數**：920 萬
最大宗教：基督教
成長最快速宗教：無信仰

主要族群：麥士蒂索人（65.1%，由美洲墨西哥人與西班牙人結合而生的後裔）、歐裔美洲人（13.6%）、去部落化美洲印地安人（9.9%）、美洲印地安語本土族群（9.4%）
官方語言：西班牙語（全世界最大的西班牙語國家）**全部語言**：297 種

經濟：以石油、工業、製造業、觀光業與農業為基礎的經濟，因為自由市場與自由貿易而改善。收入與財富分配不均。組織與武裝販毒集團控制美墨邊境大部分區域。

政治：擁有高度文明的阿茲特克帝國在十六世紀被西班牙人和天花所滅。1821 年脫離西班牙獨立。十九世紀時，北部領土被美國占據。實行一黨專政聯邦民主制，直到墨西哥人在 2000 年選舉出反對黨為領袖。目前為民選領袖的聯邦共和國。南部有小型游擊運動主張美洲印地安人擁有領土與文化權利。

1　**墨西哥要面對多種社會與經濟問題。**政府瞭解傳統方式遭遇的困難，於是現在邀請基督徒和教會協助滿足人道需要。60% 的墨西哥人在貧窮中掙扎，包括城市裡的窮人與貧民窟的居民。美洲印地安原住民所面對的貧窮、教育與政治問題更嚴重。在他們中間服事的福音派獲得不少正面回應，但也遭遇抵擋；請為本土與墨西哥麥士蒂索人能夠在基督的愛與上帝的旨意中，發現自己的定位與人生意義禱告。

2　**龐大的非法藥品交易**帶給墨西哥鉅額財富。目前有超過五十萬人吸食廉價毒品並且成癮。控制毒品交易的集團不但財大氣粗而且非常兇狠。他們不但彼此相殘，還會殺害警察、軍人、記者以及無助的百姓。政府內部的貪腐導致數百萬公款遭盜用，而警界的敗壞也讓組織犯罪坐大；請為在位者能夠正直、勇敢與聰明地處理這些重大問題禱告。

3　**墨西哥與美國**往往互相敵視，但也依賴彼此，唯有互助與互信才能掃除在兩國邊境橫行的販毒集團與人蛇販子。美國每年消耗大筆經費防衛邊境。每年有超過一百萬人企圖越過邊境進入，且有數百人因此喪命。將近一千三百萬名墨西哥移民在美國工作，在墨西哥部分城鎮，僅剩下極少數具有勞動力的男性。墨西哥有數百萬人完全依賴美國親戚的匯款接濟，美國某

些州的經濟支柱就是由移民建立起的非正式經濟。某些墨西哥移民在遠離家鄉時認識耶穌，然後帶著福音派基督教一起回去；請為這兩個國家能夠以公平正義彼此對待禱告。

4 天主教會主導整個國家三百年，但目前已經相當分歧。多數墨西哥人已在文化上融入天主教，但僅有 10% 固定參加教會。天主教內部已出現以基督為導向的復興，「啟發課程」吸引天主教徒歸向基督。許多墨西哥人把美洲印地安通靈信仰的神祇摻雜在一起，形成民俗的天主教；請為聖靈能破除這些古老神明與靈界的勢力禱告；請為墨西哥天主教會能普遍更新禱告。

5 福音派在 1960 年的人數是八十萬，現在已超過九百萬，而且還在繼續增長！天主教會以前曾經管制各種服事，但政府現在已經放鬆對地方、州省以及中央層級的管制。跨國宗派與本土宗派都迅速成長。墨西哥福音派兄弟會（CONEMEX）齊心合作，並與政府建立良好關係。五旬節派團契也把數百萬五旬節派信徒團結在一起。各種大型活動（例如「為耶穌行進」、「為榮耀行進」等等）和禱告運動吸引許多信徒聚在一起。地理的距離以及破碎的關係造成許多家庭分裂，而且許多第一代信徒在委身與信心的成長上都需要旁人協助；請為敬虔的教會領袖禱告；也請為更多牧者願意服事城市裡或者貧民窟的窮人禱告。城市裡的工作和宏偉的教會吸引許多新牧師前往。

6 南部教會的信徒要忍受歧視、動亂、財產的損失，尤其是契亞帕斯、瓦哈卡和谷略洛（Guerrero）。如果他們拒絕參加地方上的宗教活動（往往把基督教和異教儀式混合在一起）就會遭到迫害；請為信徒在遭到惡待時，能展現出他們救主的溫和與慈愛禱告；請為地方和中央能夠有完全的宗教自由禱告。

7 差派與資助宣教士的墨西哥教會越來越多。墨西哥差傳協會（COMIMEX）把大部分的差傳機構和許多宗派連結在一起禱告、培訓並延請更多的教會加入。「國際穆斯林人民」（*Pueblos Musulmanes Internacional*）是數個在墨西哥創始的重要國際機構中的一個。少數教會同時資助牧師與宣教士，尤其是城市與郊區貧民窟中較貧困的教會；請為基督徒能為國度事工慷慨解囊禱告；也請為信徒能充分瞭解聖經的金錢觀禱告。

8 部分人口階層僅有少數委身的基督徒，許多墨西哥人都渴望超越以往空

洞的宗教傳統；請為福音派能在數量與靈性成熟上都繼續增長禱告。

- **「玫瑰帶」區域**（Rosary Belt）位在墨西哥中部，橫跨薩卡特卡斯、賈利斯科、阿瓜斯卡連特斯、瓜納華托、科利馬、米卻肯和克雷塔羅。西班牙殖民地和宗教影響力在那裡依舊持久不衰，那些省分的福音派人口都不到 2%，而克雷塔羅的福音派人口僅有 0.25%。

- **印地安族群**都被視為天主教，但他們有時候信奉的是民間信仰，只是為古老的神祇和神靈另取一個天主教名字而已。COMIMEX 發現在 298 個族群中，有十五個族群中沒有任何基督徒向他們見證福音。另有九十八個族群裡面有一個教會，但仍需要外援幫助他們向自己同胞傳福音。

- **將近三分之一墨西哥人的年齡都小於十五歲。**許多墨西哥年輕人都願意接受福音派信仰，但沒有足夠的教會用新穎又恰當的方法接觸他們。墨西哥可能有八十萬個流浪兒童，多半都在墨西哥城。他們每個人都需要愛與照顧。高達一千一百萬個童工要幫助家計，而且因此輟學。

9 **聖經翻譯事工的奇妙歷史**從 1936 年就開始了。這些年來，同工們共完成一百二十種新約譯本，並提供一百九十種語言的課程！十一種聖經譯本尚待翻譯，另有二十種語言需要聖經的節錄譯本；請為翻譯機構能夠與政府機構建立良好關係禱告；請為這些聖經能轉變個人、會眾與整個國家禱告。

尼加拉瓜 Nicaragua　　　　　　　　　　　*美洲*

人數：580 萬 **首都**：馬納瓜（94 萬 4 千人）
基督徒人數：570 萬 **福音派人數**：170 萬
最大宗教：基督教
成長最快速宗教：基督教
主要族群：拉丁麥士蒂索人（67.5%）、拉丁－拉丁白人（16.5%）、美洲印地安人（5.9%）、中東人（0.8%）
官方語言：西班牙語（英語族群散布東岸）
全部語言：7 種

經濟：因為兩百年的獨裁統治、內戰與自然災害，而成為美洲最貧窮國家之一。1980 年代經濟崩潰後，從 1991 年開始復甦。仰賴在海外工作國人的匯款。

政治：1838 年建立共和國。腐敗的獨裁政權在 1979 年經過激烈內戰後結束。因為冷戰時期的政治與美國干預而陷於困頓。政權在左翼與右翼之間交相輪替。目前左派與右派的合作可能是進步的象徵，也可能別有所圖。

1 上帝帶領許多百姓歸向祂自己，即使在苦難中也一樣。佈道大會、深度佈道運動以及地方教會外展行動使得信徒人數成長。火山爆發、地震與颶風肆虐導致許多人思想生命與永恆，戰爭、衝突和政治鬥爭讓許多人尋求基督徒的憐憫以及基督裡的盼望。福音派人數從 1960 年的 2% 成長到目前的 30%，而且仍在成長中。

2 1978 年至 1998 年的各種恐怖事件導致政治、社區、教會與家庭分裂，許多人失去所愛或者財產，並深陷苦難。猜疑使得族群處於分裂狀態，但天主教會和福音派超大教會能夠影響政治，而且現在有些信徒在政府工作；請為基督徒能夠委身立志成為尼加拉瓜正直公義的表率禱告，例如福音派紓困與開發委員會（CEPAD）以及神召會等單位紛紛資助各種計畫，幫助眾教會服事最貧困的族群以及生活極端困苦的會友。

3 教會事工所面對的困難：
- **那些在內戰中受到重創的人**。以前的桑地諾（Sandinistas，馬克思主義團體）和康塔斯（Contras，美國資助的反對派團體）依舊深陷痛苦中。曾經歷苦毒的戰爭，而在各方面遭受過極深苦楚的他們，如今需要信徒帶給他們愛與靈裡的醫治。
- **英語、克里奧語和米斯基托教會**位在靠加勒比海的東部省分。那些摩拉維亞、聖公會以及天主教會往往把福音和當地的民間信仰混淆在一起。桑地諾政府對米斯基托族群的迫害特別嚴重。
- **加里夫拿教會為數不多**。大部分的加里夫拿族群不是依舊信奉泛靈信仰就是被靈界所困。新約聖經的翻譯依舊在進行中。
- **華人移民**（超過一萬一千人）當中沒有任何教會。
- **年輕族群**（三十歲以下）占人口數 75%。少數家庭與教會能提供年輕人安定的環境；請為尼加拉瓜的年輕人能在未來把轉變與救贖帶給社會禱告。

4 宣教與外展。尼加拉瓜跨文化宣教運動（*Movimiento Misionero Transcultural Nicaraguense*）把宣教機構和教會聯繫在一起，攜手差派宣教士與協同事工。外國宣教士從事教導聖經與訓練領袖等事工，並與尼加拉瓜人共同推展開發計畫。這些計畫能讓尼加拉瓜人在經濟上與靈裡都受益。

巴拿馬 Panama

美洲

人數：350 萬 **首都**：巴拿馬市（140 萬人）
基督徒人數：320 萬 **福音派人數**：67 萬 7 千
最大宗教：基督教
成長最快速宗教：無信仰

主要族群：拉丁麥士蒂索人（56.8%）、巴拿馬白種人（8.8%）、美洲印地安人（10.9%）、加勒比人（9.4%）、歐裔美洲人（6.6%）、東印度人（4%）、華人（1.5%）

官方語言：西班牙語 **全部語言**：18 種

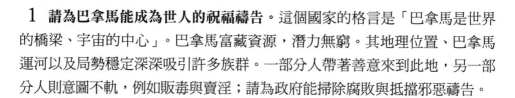

經濟：經濟以服務業為基礎，主要倚靠銀行業、貿易與觀光業。基礎建設完備，而且巴拿馬運河（全球貿易）前景看好。40% 人口生活在貧窮中。販毒集團具有相當影響力。

政治：民主立憲共和國。曾經隸屬哥倫比亞。政治安定。

1　**請為巴拿馬能成為世人的祝福禱告。**這個國家的格言是「巴拿馬是世界的橋梁、宇宙的中心」。巴拿馬富藏資源，潛力無窮。其地理位置、巴拿馬運河以及局勢穩定深深吸引許多族群。一部分人帶著善意來到此地，另一部分人則意圖不軌，例如販毒與賣淫；請為政府能掃除腐敗與抵擋邪惡禱告。

2　**巴拿馬擁有大量基督徒人口**，卻不能對社會產生足夠的影響。百姓對屬靈事物的興趣與回應，導致福音派人口比例從 1970 年不到 5% 成長到 2010 年的將近 20%。然而福音派教會的焦點往往放在他們自己的「成功」，而不是同心服事他們的社區與社會。天主教會已經失去以往強大的影響力。許多信徒都接受新世紀運動、占星術與通靈術等錯誤教導。社會上普遍可見離婚、家暴以及非婚生子等情形。基督徒往往無法展現出符合聖經的敬虔生活；請為聖靈的介入禱告。

3　**巴拿馬的宣教異象。**超過九十四位巴拿馬人在國內外從事跨文化工作。「巴拿馬走向世界」（Panamanians Reaching the World，PAAM）網絡聚集數十個事工機構與宗派投入這個事工。請為下列巴拿馬內部族群禱告：

- **美洲印地安人。**他們對福音的回應非常熱烈，而教會也在成長中。隨著本土教會的成熟，新部落差會計畫逐步撤出他們的事工；請為本土領袖和基督教的本土化禱告；請為每種語言都能有聖經譯本禱告。

- **華人。**多數人依舊使用客語（60%）與粵語。他們當中僅有十一間教會，以及少數基督工人。

- **南亞人**。多數人使用古吉拉特語。大多數都是穆斯林，另有些印度教徒還有錫克教徒。目前所知，沒有團體向他們傳福音。
- **猶太人**（九千人），他們多半是非常難接觸的正統猶太教徒。請為彌賽亞協會一個叫做「以色列餘民」（Messianic Association "Remnant of Israel"）的巴拿馬福音外展機構禱告。

巴拉圭 Paraguay   *美洲*

人數：650 萬 **首都**：亞松森（200 萬人）
基督徒人數：620 萬 **福音派人數**：39 萬 3 千
最大宗教：基督教
成長最快速宗教：無信仰
主要族群：西班牙語／瓜拉尼語族（90%）、美洲印地安人（1.9%）、德國人（3.1%）、西班牙人（1.9%）
官方語言：西班牙語、瓜拉尼語（90% 瞭解，但僅有 8% 人口完全用瓜拉尼語溝通）
全部語言：27 種

經濟：除了農業和豐富的水力發電資源，其他自然資源稀少。貪腐阻礙進步。1% 人口擁有 77% 的土地，這造成人口普遍貧窮並讓農民階層失去耕地。

政治：1811 年脫離西班牙獨立。經歷悲慘的戰爭（1864～1870 年、1932～1935 年）以及一個腐敗的獨裁政權（1954～1989 年）。近年來的民主與經濟改革，讓巴拉圭得以在政治與貿易網絡上緩慢進步。

---

1 巴拉圭經歷過兩百年的戰爭與腐敗政府。國家領導人不是腐敗、愚蠢就是兩者兼具。當為近年來的改變感謝上帝；請為巴拉圭目前的眾領袖禱告，願他們為人正直又充滿智慧，並樂意服事這個國家中苦難的百姓。

2 羅馬天主教會主導整個國家的屬靈與政治命脈。長久以來，它一直對抗整個國家裡的腐敗與墮落。可惜的是，它也對抗福音派的事工。巴拉圭的天主教不但在基督教裡面摻入對馬利亞的高度效忠，同時也緊握不放祕教的古老神祇與習俗。廣大的西班牙瓜拉尼族群裡面僅有少數人跟基督建立親密的關係；請為屬靈復興禱告。

3 許多巴拉圭信徒都是移民：德裔（門諾會與信義宗）、巴西裔（五旬節派）、烏克蘭裔（浸信會與五旬節派）、韓國裔（長老會）以及智利人。門諾

會信徒與本土族群在恰戈（Chaco）地區一起服事。韓國教會也投入外展事工；請為這些移民教會的宣教異象禱告，願他們把福音傳向不同的文化群體。

4 當為福音派教會的成長感謝上帝。從巴西、智利與阿根廷來的五旬節派、靈恩派教會成長特別迅速；請為基督徒的合一以及各種不同福音派彼此的合作配搭禱告。眾牧者以成立協會的方式，推動把福音傳遍整個國家的策略，並協助孤立的鄉村教會；請為地方教會能勇敢地把福音傳給巴拉圭以及其他地區未曾聽聞福音者以及窮人禱告。基督工人已在二十一個本土美洲印地安族群中多個族群中建立教會；請為福音能夠在這些以及其餘少數族群中生根並且茁壯禱告。

5 這個國家依舊需要宣教士服事巴拉圭教會以及培養全國領袖。在植堂、培養領袖、全人宣教以及特別是教育方面的服事機會非常多。許多學齡兒童沒有就學反而外出打工。學校、師資訓練與識字教育的提升，有助巴拉圭的轉變。基督徒宣教會、拉丁美洲差會（Latin American Mission）以及其他機構都投入這些重要領域服事。

秘魯 Peru　　　　　　　　　　　　　　　　　*美洲*

人數：2,950 萬　**首都**：利馬（890 萬人）
基督徒人數：2,820 萬　**福音派人數**：340 萬
最大宗教：基督教
成長最快速宗教：民族信仰
主要族群：美洲印地安高山族群（49.4%）、麥士蒂索人（32%）、秘魯白種人（13.5%）、華人（2.9%）、美洲印地安低地族群（1%）、非洲裔秘魯人（0.7%）、日本人（0.3%）
官方語言：西班牙語、蓋丘亞語
全部語言：93 種

經濟：收入來自漁業、礦業、農業（咖啡）和觀光業。從 2000 年開始大幅成長。亞馬遜盆地的古柯鹼種植與石油剝削依舊是嚴重的問題。

政治：1824 年脫離西班牙完全獨立。經歷長久的獨裁政權與軍事高壓統治。民主政府無法帶來進步，而兩個馬克思主義團體卻帶來 15 年暴戾的的游擊戰爭。未來的政府必須明智地處理貧窮、貪腐、生態等議題，並妥善面對鄰國的不穩定性。

1 秘魯的明顯進步應該歸功於藤森總統（President Fujimori）以強硬手段

對付毛派恐怖團體。接著,政府把濫權腐敗的政客(包括藤森在內)繩之以法。許多百姓依舊陷在恐怖團體與「行刑隊」造成的恐怖陰影中。這個國家在經過多年的腐敗、獨裁與動蕩不安後,極需穩定的政府以伸張正義。超過50%的人口生活在貧窮中,而且20%的人民處於極度貧窮。美洲印地安族群面對種族不公,而且都市化把許多窮人帶進市區;請為那些受傷與遭逼迫者能夠得到公平與正義的對待禱告。

2 外國的剝削。國際企業願意為石油與礦產犧牲環境,此舉使得那些居住在鄰近地區的弱勢族群的生存備受威脅。外國對古柯鹼的需求吸引貧窮的農夫為利益種植這種作物。毒品戰爭與交易造成難以解決的複雜情況;請祈求上帝拆毀罪惡的組織、揭發邪惡並且為各種複雜的問題提供良好的解方。

3 天主教會正面臨一場危機,許多教友離去,加入福音派教會。另外一些教友則信奉另類宗派、無神論或者古老的安地斯異教。只有5%天主教徒參加教會。神職人員大都來自他國。當為靈恩運動(基督徒生命運動)造成積極影響讚美上帝;請為眾人能夠找尋到聖經裡福音的真理與自由禱告。

4 福音派在動亂的時期依舊成長茁壯,儘管軍方和游擊戰士曾殺害七百五十個福音派領袖,而且誣陷多人進入牢獄。第一座福音派教會是在一百多年前建立的。1960年時福音派人數是七萬八千,但2010年已達到三百四十萬!秘魯信徒參與社會與政治議題,而政府認為他們是一股能夠帶來正面改變的力量。承平時期到來後,成長趨緩,隨著成功而來的是驕傲,部分宗派的內部與彼此間產生尖銳的分裂;請為能有一個全國性組織把分裂的基督徒團體凝聚在一起禱告。教會必須把注意力放在門徒訓練、使命感以及紮實的教導;請為聖靈能有新的作為,讓教會再次火熱禱告。

5 當為高地與低地的美洲印地安教會成長讚美上帝。

- **蓋丘亞與艾馬拉(高地)族**是印加人的後裔。迷信與異教依舊綑綁著數百萬人,但蓋丘亞教會現在已經十分活躍,許多村落都集體相信基督!當基督教音樂、聖經、敬拜的形式,甚至教堂的形式都本土化後,蓋丘亞教會就興旺起來;請為市區與郊區美洲印地安團體的事工能夠持續不斷禱告;請為秘魯的所有基督徒族群能夠合一禱告。

- **低地美洲印地安人**對南美差會(South American Mission)、瑞士差會(Swiss Mission)以及其他差會的服事有所回應。現在,當地宣教士也開

始接觸他們自己以及相關的部落。眾領袖已經為十七個族群的美洲印地安教會架構出一個網絡（FAIENAP）；請為在這些族群中服事的傳道人禱告，他們背負的重擔就是整個被剝削的亞馬遜區域。

波多黎各 Puerto Rico　　　　　　*美洲*

人數：400 萬　**首都**：聖胡安（270 萬人）
基督徒人數：380 萬　**福音派人數**：100 萬
最大宗教：基督教
成長最快速宗教：無信仰
主要族群：98.7% 人口在習性、語言和文化上屬於拉丁文化。西班牙裔波多黎各人（70.4%）、非裔波多黎各人（15.5%）、波多黎各混合族群（10.3%）
官方語言：西班牙語、英語　**全部語言**：13 種

經濟：自由市場經濟，以製造、貿易觀光為主。加勒比海區域平均收入與生活消費最高的國家。

政治：曾經是西班牙殖民地。1898 年起隸屬美國。雖然美國總統是國家元首，但行政權掌握在民選總督手中。

1　**教會對整個國家的社會需要貢獻渺小。**在這個人口中 97% 是基督徒以及 25% 是福音派的國家中，福音要面對的是普遍的毒癮、貪腐、犯罪與貧窮！超過 45% 人口生活在貧窮線以下，62% 沒有完成中等教育。毒癮、酗酒以及愛滋病的比例是美國各州與各領地中最高的一個。波多黎各人為謀職而移往城市和美國本土，目前住在境外的人口跟住在境內的人口一樣多。高層的腐敗導致地方政府一蹶不振。

2　**福音派人口從 1900 年的 0.1%，成長到 2010 年的 25.2%！**波多黎各人傳統上信仰天主教。天主教會內部興起一波巨大的靈恩運動，但新近的成長多半發生在獨立團體。波多黎各人的宣教異象也有成長；請為新的宣教計畫能得到足夠的訓練與資助禱告。媒體事工運用電視、當地廣播電台和網路為生活與信仰問題提供實際解答。國際學生福音團契和本地各種學生團契向校園裡大多數學生傳福音；請為這些事工能夠繼續培養未來的領袖，以及改變信徒生命的門徒造就運動能發揮影響力禱告。

蘇利南（蘇里南）Suriname

美洲

人數：52 萬 4 千　**首都**：巴拉馬利波（26 萬 3 千人）

基督徒人數：26 萬　**福音派人數**：7 萬 2 千

最大宗教：基督教

成長最快速宗教：無信仰

主要族群：東印度人（29%，大半來自比哈爾）、蘇利南克里奧人（19%）、馬隆人（16%）、印尼人（15%，多數是爪哇人）、混合族群（11.3%）、美洲印地安人（4%）、華人（2.7%）

官方語言：荷語　**貿易語言**：蘇利南湯加語（一種荷蘭克里奧語）**全部語言**：20 種

經濟：近年來經濟開始成長。收入來源是鋁土、石油、木材、水產、農產以及生態觀光。邊境治安欠佳導致非法採金與運毒猖獗。

政治：1975 年脫離荷蘭獨立。先是社會主義軍事獨裁（1980～1987 年），接著是一連串不穩定的政變與失敗的選舉，直到各方在 1994 年達成民主政府與和平協議，前任獨裁者在 2010 年當選總統。

1　當為上帝在馬隆族群和美洲印地安部落成就的一切獻上感恩。現在幾乎 60% 的馬隆族群都跟隨耶穌。他們住在蘇利南的內陸地區。多年來，世界宣教使團（World Team）、當地教會以及其他機構一直在散播福音的種子，如今結出豐碩的果子！恪遵大使命的南部美洲印地安教會，現在也差派宣教士前往法屬圭亞那、巴西和蘇利南其他地區的部落和鄉村。

2　蘇利南在獨立後多年一直處在迷惑中。許多人喪失他們的道德與倫理價值。種族與宗教依舊在分化族群，導致整個國家的政治與社會無法進步。強大的犯罪集團猖狂地販毒與走私黃金，而且似乎無法阻止他們；請為這個新興國家能得著敬虔的領袖禱告。

3　蘇利南教會需要來自各種文化背景的優秀領袖。眾領袖需要堅信聖經，並對蘇利南各種族群保持開放的心胸。幾乎半數人口都自稱是基督徒，但許多人都不瞭解自己的信仰。天主教和摩拉維亞宗派都有成長，但相當緩慢，新興的五旬節派和靈恩派教會成長快速。部分基督徒把他們的基督教信仰和對靈界的崇拜混合在一起。請為基督教領袖能夠在基督的身體裡合一禱告；請為眾領袖以及他們的會眾能有渴望上帝話語的心禱告。各種全國運動（婦女、男性、青年）把信徒招聚在一起為他們的國家禱告與行動。

4 請為基督徒能夠合作向蘇利南每個族群傳福音禱告:

- **美洲印地安族群**。多數族群中已經有基督徒。「歸向基督運動」（Movements to Christ）在瓦亞納、亞庫里奧和特里奧族群進展迅速。其他教會在跟重拾以往的惡習或者物質享樂的強烈慾望對抗。最需要外展的依舊是沿海的加勒比族和阿拉瓦卡族。

- **爪哇人**。多半是穆斯林，但信仰並不堅定。年輕的爪哇基督徒會向自己的族人傳福音。蘇利南爪哇新約譯本在2000年問世，舊約譯本即將完成。

- **印度社群**現在已經有少數信徒。世界宣教使團和一個印度斯坦組織想要建立足夠的教會，讓每一個印度斯坦人都能走路上教會；請為這個異象禱告。當地教會往往不會接觸印度社區。沒有團體向印度社區的穆斯林見證福音；請為上帝挪走偏見與誤解造成的攔阻禱告。

- **華人教會**現在已經和當地教會與差會聯手接觸蘇利南的華人。蘇利南的華人多半來自中國南部沿海省分。

美國 United States of America　　　　　　　　　　　　　美洲

人數：3億1,760萬　**首都**：華盛頓特區（450萬人）
基督徒人數：2億4,660萬　**福音派人數**：9,180萬
最大宗教：基督教
成長最快速宗教：無信仰

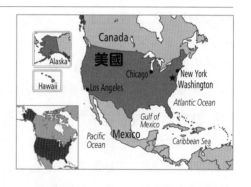

主要族群：美國白種人（58.1%，多種族的熔爐）、拉丁加勒比裔（14.7%）、非裔（12.2%）、歐亞裔（6.6%）、猶太裔（1.8%）、東亞裔（1.6%）、阿拉伯裔（1.4%）、馬來裔（1.1%）、南亞裔（0.7%）、東南亞裔（0.7%）、北美原住民（0.6%）

官方語言：英語。使用西班牙語的拉丁裔占人口11.2%（340萬）
全部語言：176種（13%人口在家中使用英語之外的語言）

經濟：世界最龐大也最多樣化的經濟體，主要動力有科技業、工業、自然資源、農業與服務業。貧富差距現在非常巨大。世界生產總值的25%以及將近50%的軍費都是出自美國。2008年至2009年的美國經濟衰退牽連全球許多經濟體。

政治：1776年脫離不列顛國協建立聯邦共和國。世界的領袖，具有堅定的民主傳統，強調個人權利與公民自由。政治體制的制衡作用避免濫權，但也限制某些政治上的進步。在本土與海外遭遇的恐怖主義威脅，被認為是美國把軍力延伸到海外的外交策略，引發世界部分地區的反感所造成的後果。

1　高舉聖經的基督教對美國的影響遠勝過其他國家。所有主要族群以及社會階層都有福音派（28.9% 的人口）。美國眾清教徒開國元老所渴望的是一片能夠自由實踐他們基督教信仰的土地。這個基本理念就是歷史上規模最大的基督教運動之一得以成長茁壯的根據。世界上 17.6% 的新教徒和 16.8% 的福音派都在美國，而且全球的宣教士有一大部分都來自此地。美國和加拿大有超過兩千所經過認可的教育機構提供神學學位。每年培養出三萬至五萬個渴望為基督贏得世界的畢業生。美國的基督教價值觀塑造出現代的民主、人權與經濟發展。慈善事業、佈道事工以及遠大的異象都有助於福音的傳揚；請為這一切能夠永續發展禱告！

2　美國的屬靈傳承正受到無神論、新世紀運動以及其他團體的攻擊，他們利用媒體的力量辱蔑基督徒，並且要把基督教逐出美國的公眾生活；請為美國基督徒能夠憑愛心說真理，並維護他們國家的基督教傳承以及言論自由禱告；請為基督徒在與這些團體溝通與交流時，能彰顯基督的樣式與行為禱告。

3　美國具有強大的文化與社會影響力。世界上為善最力以及為惡最力的國家都是美國。美國藉著救助與開發、科技與媒體創新、普及教育、資訊、維護人權以及對抗暴政等作為，讓世界變得更美好。美國也因為強勢的文化侵略、自私的個人主義、集體貪婪以及散佈色情、隨機的暴力行動、極端的物質主義、戀慕財富又不顧貧困而傷害整個世界。美國渴望非法藥物與石油而在海外發動戰爭，放縱腐敗的政權繼續掌權，又傷害其他地區的原住民；請為上帝能夠把這個國家塑造成一個為善的大國，並除滅讓世界許多地區蒙塵的各種罪行禱告。

4　美國的教會與基督徒現在因為更新與復興，以及基於共同的價值與神學所建立的網絡，而比以往更緊密地連結在一起。他們較少透過宗派連結。多數宗派都在努力維持自己的人數。這些新興運動正開始活躍。數百萬的信徒不是加入超大教會（透過他們的網絡與衛星教會），就是加入家庭教會運動。靈恩派和五旬節派運動繼續在各種基督教組織與宗派興起。1970 年時，靈恩派／五旬節派僅占人口 10%，但時至 2010 年已到達 20%。

5　新型態的基督教與福音派在近年來不斷出現。這些團體表現出對屬靈追求與全人事工的熱忱，並在日常生活中以敬拜和參與所屬的團體活出他們的信仰。他們對造成上一代分裂的政治與宗派比較沒有興趣。活潑又積極的少

數族群教會成長茁壯而趨於成熟。非裔、西班牙裔與亞裔教會會接觸他們自己的族群、社區，並有助於美國基督教的塑造。亞裔美國人差派許多宣教士，而拉丁裔和非裔教會現在也比以往差派更多的宣教士。

6 **美國教會需要復興**。現在的敬拜與證道似乎像場表演而非真正的團契，而牧師的職責往往近似企業的執行長而不是牧羊人。美國人把聖經的基督教與強烈的個人主義、貪財、雙重道德標準以及國家驕傲混合在一起。這種混合體形成一種把自私、不道德與驕傲加以合理化的基督教。就婚姻與離婚、性道德以及財富觀來說，基督徒往往跟非基督徒沒有兩樣；請為基督徒能夠分別為聖，為自私自利的生活型態悔改，並改變他們的思想與生命禱告。世人常因為看到美國教會的情形而轉離耶穌。失望的基督徒會離開原來教會而加入家庭教會，或者獨自過著基督徒生活；請為基督徒能回歸符合聖經教導的聖潔禱告。

7 **歧見與宗派分裂**傷害基督徒的合一。宗派間爭論的議題包括同性戀、性別角色、屬靈恩賜、末世觀、成功神學和創造與進化。但他們卻忽視普世宣教和服事弱小等議題。美國教會過去在實踐聖經真理上有一段非常豐富的歷史，但近來的歷史中，醜陋的「文化戰爭」卻掩蓋過重要的議題；請為上帝興起傳道人與教會在道德議題上高舉聖經真理，用上帝的熱情向弱者與失喪的人彰顯愛心禱告。

8 **少數民族**。他們多半住在城市裡面，但有 10% 的美國州郡現在居多數的反而是少數種族；請為這些族群的需要，以及他們中間的教會禱告。

- **非裔美人**（三千八百萬）從當初的奴隸制度就深陷苦難之中，然後又備受種族歧視。各種民權運動和首位民選黑人總統大幅扭轉社會風氣，但許多人依舊面對失業、貧窮、家庭破碎與犯罪的循環。非裔美人中的基督徒往往比其他族群更多。美國許多最大型也最活躍的教會都是他們建立的；請為教會能服事最貧窮的社群禱告。年輕人最容易落入貧窮、毒癮與暴力的網羅。許多成長在市中心（譯註：大多為貧民區）的年輕男性黑人被關在牢裡或者加入幫派。
- **西班牙裔**是美國人數最多的少數族群。大都是從墨西哥移民來的，但並非全都合法入境。其中一部分人陷於貧窮。美國的西班牙裔福音派有 40% 是從天主教改信的，因為福音派教會的服事注重他們的語言、文化

和個人需要。幾乎半數的西班牙裔天主教徒都認同靈恩運動。數百萬的美國西班牙裔積極活出他們的信仰！請為美國五千萬西班牙裔信徒能得到適當的造就禱告！他們許多人可能會返回家鄉，發揮宣教士的作用。

- **美國原住民**（亦稱美國印地安人）在與白種人接觸的過程中吃盡數百年的苦頭。歐洲人來到此地前，他們人數至少有兩千萬。時至 1890 年，只剩下二十五萬。大部分人都死於歐洲人帶來的疾病。過去多年來，白種人破壞許多協議與應許，而原住民幾乎失去他們所有的土地、身分、歷史傳承、文化與尊嚴。他們被重新安置於偏僻貧瘠的土地上，因此被迫仰賴政府維生。這些原住民目前陷於失業、貧窮、疾病、酗酒與無望之中，一部分人選擇輕生。只有 5% 美國原住民跟隨耶穌，不過目前有更多人找尋本土的敬拜方式，進而兼顧基督徒與美國原住民的身分；請為原住民與移民族群間能夠完全和好禱告，也請為醫治與釋放的事工禱告；請為能出現一個本土福音運動、帶領所有五百五十個公認部落完全歸主禱告。上帝已經興起一些美國原住民傳道人和一個禱告網絡向他們自己的同胞傳福音。阿拉斯加的原住民部落還沒有明顯的歸主運動。

- **亞裔少數族群教會**綻放在美國各城市。目前韓國教會有四千間、華人教會有一千間，而且都正快速成長！菲律賓人是僅次墨西哥人的美國第二大移民族群，教會同樣在這些社群中快速成長。某些地區有阿拉伯、南亞、越南和伊朗教會。韓裔美人差派到美國其他族群的宣教士最多。但是亞裔美人依舊是美國較大的少數族群中，基督徒人數最少的族群。

請為信徒的合一能夠超越種族與民族的界線禱告；請為上帝的靈能在這些教會中興起新的運動禱告。

9 **較少接觸福音的族群**。世界上許多較少聽聞福音的族群都在美國。即使在一個基督教媒體已經能夠接觸到大多數人口的國家，依舊有些族群需要特別的關注與福音的見證：

- **現代的移民族群**。美國是一個由移民建立的國家，其內部多元化的種族遠超過歷史上任何國家。美國有三十一個種族的人數超過一百萬。在所有工業化國家中，唯有美國的人口大幅成長，而且來源多半是移民。墨西哥、中國、菲律賓、印度、哥倫比亞、海地、古巴和越南是移民到美國人數最多的幾個國家。其中有數百萬人是來自因為限制宣教士入境而

未曾聽聞福音的國家；請為眾教會能把握這個機會，與他們當中較少聽聞福音的族群分享基督的愛與大能禱告。

- **國際學生**。幾乎來自世界各個國家，將近七十萬個學生來到美國。超過半數來自亞洲，十萬三千人來自印度，另有九萬九千人來自中國。許多人都是第一次聽聞福音。基督徒國際人士事奉協會（Association of Christians Ministering Among Internationals，ACMI）連結了國際學生會、學園傳道會、學生福音團契、導航會以及其他機構的力量，一同服事他們；請為各種國際學生歸主，以及造就這些學生在學成歸國後能夠見證福音的門徒訓練事工禱告。

- **猶太人**（五百二十萬）。以色列境外猶太人最密集的地區就是美國。邁阿密與紐約有 9～10% 的人口是猶太人。新約時代以來，在美國相信基督的猶太人比其他任何地方都多。二十五萬猶太信徒在基督教禮拜堂或者保留猶太習俗與文化的彌賽亞會堂參加敬拜。

- **阿拉伯人**（四百四十萬）許多都是穆斯林，但有三分之二是基督徒。

- **穆斯林**人數因為移民以及非裔美人從基督教改信伊斯蘭教而增加。三分之二的美國穆斯林都在海外出生。總數估計介於一百三十萬至七百萬之間，同時有一千兩百間清真寺。美國穆斯林融入主流生活的人數多過歐洲穆斯林，但極端派系資助並控制部分清真寺，藉此散佈他們的理念。美國的伊朗人 5%～10% 是基督徒，其中許多人從伊斯蘭教改信基督教，美國現在有四十個伊朗基督徒團契。現在監獄裡的受刑人有 20% 都信奉伊斯蘭教，尤其是非裔受刑人。索馬利亞人、阿富汗人、波斯尼亞人以及其他主要穆斯林族群都各擁有龐大的難民社區。

- **南亞裔**（五百五十萬）。教育程度高又富裕的移民來到美國，在商界、科技業、醫藥業或者教育界工作。他們幾乎全都是穆斯林、印度教徒，或者錫克教徒，而且多數人從來沒有聽過福音。

- **異教**。其中部分宗派自認為是基督徒，但相信一些錯誤以及聖經之外的教導。摩門教和耶和華見證人的信徒非常多。山達基雖然沒有自稱屬於基督教的一派，但對美國知名公眾人物有極大的影響力。異教和超自然力量深深吸引著美國年輕人的文化。基督徒一定要充分瞭解與刻意接觸這些團體，以便高舉耶穌——那道路、真理與生命。

美國基督徒大規模地差派與支持宣教超過一百年，美國宣教士與差會的數目、種類與使命感影響世界上每個國家；請為基督徒能有智慧與毅力成為散佈美國社會各個角落的鹽與光。

烏拉圭 Uruguay   *美洲*

人數：340 萬　**首都**：蒙特維多市（160 萬人）
基督徒人數：220 萬　**福音派人數**：21 萬
最大宗教：基督教
成長最快速宗教：民族宗教（非洲巴西通靈）
主要族群：烏拉圭白種人（86.9%）、義大利人（2.6%）、非裔烏拉圭人（1.8%）、加西里亞人（1.2%）、阿根廷白人（0.9%）、西班牙人（0.9%）、德國人（0.9%）。沙魯瓦美洲印地安人（原住民）在西班牙人到達此地後被消滅
官方語言：西班牙語　**全部語言**：12 種

經濟：拉丁美洲生活水準最高的國家，擁有昂貴周密的福利制度。工業規模小，但水源豐沛而且富藏自然資源。深受周遭大型經濟體的影響。

政治：1828 年脫離西班牙獨立，此後多半時間實行自由民主政治。

1　**烏拉圭是南美最世俗的社會**。雖然在某些領域（例如政治透明、經濟發展）有長足進步，但其他趨勢（例如墮胎、同性婚姻與大麻合法化）也隨之而來。烏拉圭的憂鬱症、自殺、墮胎與離婚的比率為美洲最高。多數烏拉圭人在信仰上因為受到新世紀運動的影響，而信奉「自創」的宗教。全國人口55% 都是天主教徒（拉丁美洲西班牙語國家中比例最低），但僅有 2% 參加彌撒。非洲巴西通靈教吸引許多信眾；請為聖靈能揭穿各種宗教詭計，並勝過這一切後面的惡魔勢力禱告。

2　**烏拉圭曾長久抗拒福音**，但過去二十年有所改變。許多沒有宗教信仰的人重新發現生命的屬靈層面，而教會也有所成長。福音聯盟擬定方案，希望能在 1998 年至 2005 年之間讓會友人數增加一倍。結果他們達到這個目標，也看到會友人數倍增；請為收成能繼續進行，而敬虔的牧師與領袖也能挺身而出造就初信者與眾教會禱告。全國二十多所神學院與聖經學院必定有助於這些需求。

3　**差往與差出烏拉圭的宣教士**。為著來自其他拉丁美洲國家的教會植堂者

感謝神！國際事工差會、神召會以及其他組織也差派工人來到此地；請為外國工人在服事新興的烏拉圭教會時，能夠尊重烏拉圭的文化與百姓禱告。現在烏拉圭有兩個差派工人到海外的宣教機構（*Avance* 與 *Desafio Mundial*），也有信徒參與國際機構在國內外的事工；請為烏拉圭能夠踴躍差派宣教士禱告。

4　請為較少聽聞福音的族群禱告。猶太、華人、日本與巴勒斯坦的社群裡僅有少數信徒，而且他們當中也少有外展行動。窮人的數目依舊在增加，市區也開始出現貧民窟；請為許多新興的教會願意接觸窮人禱告。最大的福音派群體應該就是蒙特維多海岸區的上層中產階級，然而他們的財富正致使他們遠離福音；請為主能夠使用祂的教會轉變烏拉圭社會而讓祂得榮耀禱告。

委內瑞拉 Venezuela　　　　　　　美洲

人數：2,900 萬　**首都**：卡拉卡斯（310 萬人）
基督徒人數：2,460 萬　**福音派人數**：310 萬
最大宗教：基督教
成長最快速宗教：無信仰
主要族群：西班牙語族（96.5%）、其他族群（2.7%，歐洲、中東與亞洲人），美洲印地安人（1.8%）
官方語言：西班牙語　**全部語言**：47 種
經濟：世界第四大石油生產國。這個國家依舊苦於能源短缺。通貨膨脹率與失業率皆高。鉅額投資社會結構應該能讓窮人及時受益。
政治：1821 年脫離西班牙獨立（大哥倫比亞的一部分）。1830 年成為個別國家。1958 年以前革命與獨裁交相出現。1958 年開始建立穩定的民主政治，直到 1998 年查維斯發動政變。在反西方領袖支持下，實行社會主義專制迄今。

1　委內瑞拉福音派的突破較晚於其他拉丁美洲國家（1980 年代），但依舊不斷成長。某些本土教會每年成長 10%！基督徒在 2002 年設定的目標是在 2015 年建立兩萬五千間教會，許多人認為這個目標是可以達到的。黎明事工（*Amanece*）推動的研究讓教會注意到各個區域的需要。教會也開始推動新的社會與宣教事工。福音派現在能夠影響社會與政治。

2　委內瑞拉不穩定而且極其分裂。近來的總統（起先是查維斯，現在是馬杜羅）以及他們政策的支持者與反對者在數量上幾乎無分軒輊。石油輸出讓

經濟突飛猛進，但貧窮依舊普遍。60%的城市居民都住在貧民區。委內瑞拉的貪腐程度在拉丁美洲國家中被列為第二（僅次於海地）。大量毒品與人口販賣都以委內瑞拉為中介點。政府投資各種計畫幫助貧民，但還沒有任何重大起色；請為政府能制定明智的政策讓國家健全，以及努力維持國內治安與海外和平禱告；請為最貧困的人能得到照顧禱告。

3 屬靈勢力在委內瑞拉爭戰。百姓不論貧富都會到數千家招魂與異教店鋪尋求巫師的幫助。一個叫做馬利亞里隆查（*Maria Lionza*）的通靈教擁有五十萬信眾。數百萬天主教徒不是歸向福音派就是徹底放棄信仰，僅有10%的天主教徒參加彌撒。委內瑞拉上教會的百姓比其他任何拉丁美洲國家都更少。新世紀運動吸引許多知識分子與富人，撒但教徒在盡力毀滅教會，拉丁美洲最大的清真寺就座落在卡拉卡斯；請為聖靈綑綁所有攔阻委內瑞拉百姓認識真理的勢力，並向所有百姓啟示基督禱告。

4 信徒必須委身於門徒造就，並做出明智的抉擇以因應貧窮、政治鬥爭與屬靈爭戰；請為眾教會比以往更團結讚美上帝。教會需要合一才能面對抵擋的勢力。屬靈錯誤和誤入歧途的領袖用成功神學和其他違背聖經的做法混淆許多教會。目前有兩所主要的神學院服事新教與五旬節派教會，另有其他組織營運的聖經訓練中心與學院。函授課程與訓練方案讓許多無法全時間學習的牧師受益良

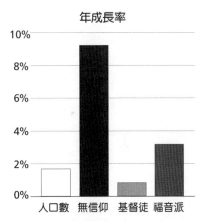

年成長率

多；請為上帝賜福教會的宣教異象，尤其是對此有興趣的年輕人禱告。

5 福音派服事超過三十個美洲印地安部落，遭到人類學家、政客、政府與一些天主教神父的反對。政府在2005年制止新部落差會和飛行宣教團契的工作；請為所有美洲印地安人都能聽到福音，以及眾教會能夠接觸到那些尚未聽聞福音的部落禱告；請為委內瑞拉人能接續外國宣教士未完成的使命禱告。

6 也請為其他社會群體的外展行動禱告：
- **城市。**首都卡拉卡斯是最少接觸福音的地區之一。超過一百萬人住在貧民區。卡拉卡斯的居民有三百一十萬人，僅有不到三百間教會。幫派與毒販控制整個城市各區域。

- **受刑人**的居住環境擁擠又惡劣。他們得忍受酷刑與暴力。VOCEP 和其他團體在這些危險的地方分享基督，而且有許多人信主！請為獄中初信者的安全以及屬靈成長禱告。
- **阿拉伯社區**（超過十三萬人）以經商知名。多數人當初都是來自黎巴嫩與敘利亞。其中許多人屬於東正教或者馬若恩派天主教（Maronite），但大部分是什葉派或者遜尼派穆斯林。部分機構（環球福音會）懷有接觸他們的異象，但一直沒有開始動工。
- **西方移民團體**例如義大利人、葡萄牙人和西班牙人裡面幾乎沒有任何福音派，他們當中也沒有任何外展事工。其中有一群彌賽亞猶太會眾。

加勒比島群

美洲

安圭拉、安地卡（安提瓜）與巴布達、阿魯巴、巴哈馬、巴貝多（巴巴多斯）、百慕達（百慕大）、英屬維京群島、開曼群島、庫拉考、多米尼克、格瑞那達（格林納達）、瓜地洛普（瓜德羅普）、馬丁尼克（馬提尼克）、蒙哲臘（蒙特塞拉特）、聖巴瑟米、聖基茨與尼維斯、聖露西亞（聖盧西亞）、聖馬丁、法屬聖馬丁、聖文森（聖文森特）、千里達與托巴哥（特立尼達和多巴哥）、特克斯與凱科斯群島、美屬維京群島〔古巴、多明尼加共和國、海地、牙買加和波多黎另有專篇〕

　　加勒比島群充滿各式各樣的文化與景觀，但它們具有同樣的特徵，那就是它們都位於同樣的地理位置，並位在同一個熱帶區域。這深深地影響島上的生活。這些島群甚至也有相同的殖民歷史，英國、法國、荷蘭和西班牙曾經在這些島嶼上互相對抗並為自己的帝國作戰，爭奪這些島嶼。這些戰爭塑造了加勒比的人口、經濟、文化、宗教以及其他種種。我們應當為下面列出的需要禱告。它們適用於這些小島，也適用於各有專篇的較大島嶼。

1　許多島嶼非常脆弱。熱帶風暴和其他自然災害會帶來重創，使得島民生活困苦並造成財產損失，也會為仰賴觀光與農業的疲弱經濟體帶來財務災難。任何人口、文化與價值、氣候與天氣、政府與經濟的變遷都會對這些小島造成重大影響。

2　加勒比社會面臨社會議題的挑戰。多數人口都是歐洲強國從非洲帶來的奴隸的後代。以往對待奴隸的方式塑造出現代的價值觀與生活形態。孩童往往不認識或者不曾看過自己的父親，而由母親獨自養育他們。放蕩造成家庭破碎，而破碎的家庭又導致更嚴重的放蕩。許許多多人都參與暴力犯罪、加入幫派、私藏槍械、酗酒以及染上毒癮。許多國家的社會與司法體系都欠缺有效應付這些困難的力量。

3　經濟不平等為加勒比帶來許多問題。少數富人（多半是白種人）與多數窮人間的鴻溝差距甚大，而引發怨恨與嫉妒。這與殖民時期的情形非常相似。部分島嶼以避稅天堂自居而經營境外金融，吸引許多迫切需要的資金，但有時候罪犯和其他陰謀詭詐之士也會利用這些銀行。這些島嶼往往靠觀光維生，但觀光客會帶來其他問題。富人把這些熱帶島嶼當做遊樂場。這能製造出許多優渥的工作機會，但也讓人認為人生的價值就在於物質財富與追求享樂。

4 **這些島嶼上的多數居民都自稱是基督徒**，但究竟多少人有真正的信仰，是個疑問。儘管基督教是大眾，但真正跟隨耶穌的人卻是小眾。加勒比的基督徒缺乏屬靈渴慕而需要復興。公共生活與家庭生活需要接受基督教價值觀進一步的陶冶。福音派與靈恩派的基督徒團體在許多地方都穩定地成長，但主流宗派並沒有成長；當為這些島嶼上明顯的基督教傳承，以及仍舊活潑的基督教見證讚美上帝；請為聖靈能在這時候展開新的工作禱告！

5 **加勒比需要服事。**眾教會最需要的莫過於合一。各種宗派和不同的教會無法緊密合作，但已經有少數地方展開合作。基督徒在靈裡成長的速度與深度不盡理想。限制加勒比基督徒成長的兩大瓶頸是：信徒需要接受進一步的造就，而教會領袖則需要接受進一步的裝備。許多擔任牧師的人依舊必須從事全職工作。上帝用許多基督教電台賜福加勒比的島嶼。廣播節目可以用來分享福音、教導聖經與基督徒生活，以及鼓勵信徒和那些面對生活困境的人。

6 **社會平衡影響加勒比人的生活。**年輕世代不瞭解他們的基督教背景。許多人稱自己是基督徒，但不瞭解其意義。部分最有才華的加勒比領袖和工人，因為要尋求更好的工作與生活方式而遷居北美或者歐洲，他們的家鄉因此蒙受極大的損失。就部分加勒比島嶼來說，現在住在國外的人民比住在這些島上的人民還多。多種族的國家往往會出現緊張的態勢，新近來到的少數族群最脆弱。海地的移民要遭受歧視，因此需要用耶穌的愛接觸他們。住在加勒比人當中的亞洲和中東移民也一樣，他們也同時面對歧視的壓力。

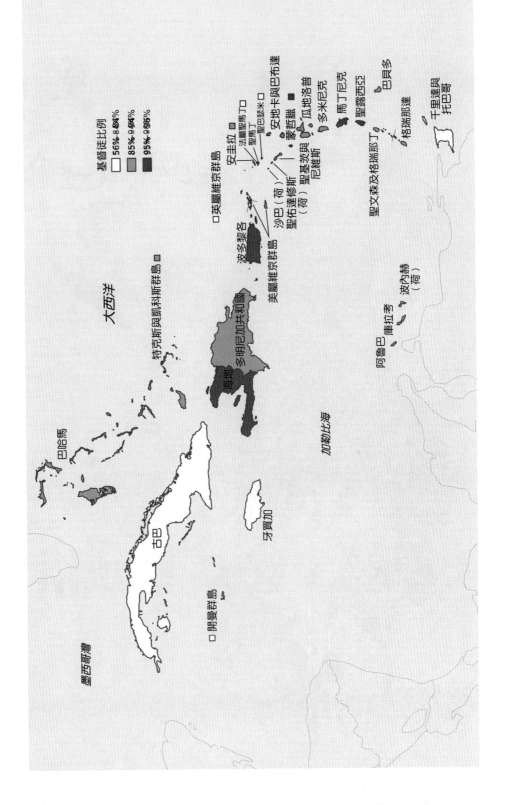

墨西哥灣

大西洋

特克斯與凱科斯群島

巴哈馬

古巴

牙買加

開曼群島 □

海地

多明尼加共和國

波多黎各

美屬維京群島

英屬維京群島 □

安圭拉

聖馬丁 □
聖巴瑟米

法屬聖馬丁
沙巴（荷）

聖佑達修斯
（荷）

聖基茨與
尼維斯

蒙哲臘

安地卡與巴布達

瓜地洛普

多米尼克

馬丁尼克

聖露西亞

聖文森及格瑞那丁

格瑞那達

阿魯巴

庫拉考

波內赫
（荷）

巴貝多

千里達與
托巴哥

加勒比海

基督徒比例

□ 56%–84%

▨ 85%–94%

▦ 95%–96%

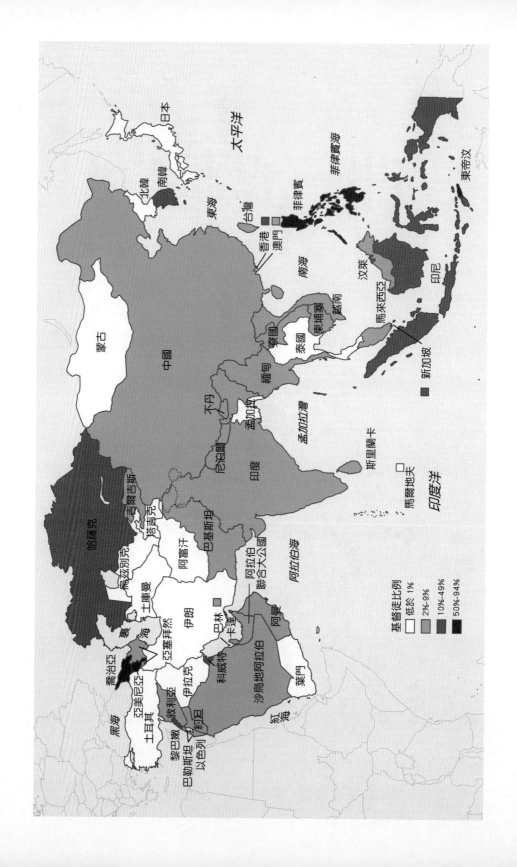

太平洋

日本

菲律賓海

東帝汶

北韓
南韓
東海
台灣
香港 澳門
菲律賓
南海
印尼
馬來西亞
汶萊
越南
寮國
蒙古
中國
泰國
柬埔寨
緬甸
新加坡
不丹
孟加拉
孟加拉灣
尼泊爾
印度
斯里蘭卡
哈薩克
吉爾吉斯
塔吉克
烏茲別克
馬爾地夫
印度洋
巴基斯坦
阿富汗
土庫曼
阿拉伯
聯合大公國
阿拉伯海
伊朗
巴林
卡達
裏海
亞塞拜然
阿曼
亞美尼亞
喬治亞
土耳其
伊拉克
科威特
沙烏地阿拉伯
葉門
黑海
敘利亞
約旦
黎巴嫩
以色列
巴勒斯坦
紅海

基督徒比例

低於 1%
2%-9%
10%-49%
50%-94%

亞洲

人數：42 億
基督徒：3 億 6,810 萬 **福音派人數**：1 億 4,690 萬
最大宗教：伊斯蘭教
成長最快速宗教：基督教

基督徒比例

3.5%
5.3%
91.2%
☐ 福音派
☐ 其餘宗派
■ 非基督徒

〔本書中，亞洲不包括俄羅斯任何領土，但包括中東／西亞以及亞美尼亞、亞塞拜然和喬治亞等高加索國家。〕亞洲擁有將近地球 24% 的表面積，卻擁有地球 60% 的人口。亞洲有 250 個以上的都市人口數超過百萬，其中 11 個人口數超過千萬。全球最大的都市東京－橫濱（將近 3,700 萬居民）就位在亞洲。

全部語言：大約有 2,322 種不同語言（世界語言的 33.6%）。
聖經譯本：161 種全譯本，270 種新約譯本，220 種舊約或者新約節譯本。正在進行中的譯本有 418 種，至少有 879 種語言依舊需要翻譯。

　　亞洲充滿各種極端地理現象。世界山岳的最高峰以及海洋的最深處都在這裡。這裡不但有許多世界首富，也有數百萬世界上最窮苦的貧民。其中包括最進步的社會，也包括開發程度最低的區域。世界最大的都市在這裡，但世界數量最龐大的鄉村人口也在這裡。這裡有世界上人口最多的國家（中國與印度），也有像是新加坡和汶萊這些非常小的國家。

　　這個區域涵蓋幾乎每一種政體，從各種形式的民主政體到集權政體，從君主專制到神權統治（由宗教領袖擔任元首）。亞洲註定要成為全球政治與經濟的中樞，但它也是近年來各大洲中軍事衝突最嚴重的一洲。中國經濟勢力的崛起（印度也一樣），將對亞洲其餘地方產生重大影響。全球對石油與天然氣的需求顯示，阿拉伯半島、伊拉克、伊朗和中亞等地區將繼續在經濟上扮演重要角色。

　　亞洲是世界所有主要宗教的發源地與核心。這表示此地宗教信仰的多樣化，而社會與政府處理宗教信仰與宗教自由的方式也各不相同。亞洲的宗教迫害與宗教打壓非常嚴重。從伊朗到中國，以及從蒙古到印尼，亞洲也是基督徒人口成長最快速也最奇妙的一洲。

阿富汗 Afghanistan

亞洲

人數：2,910 萬　**首都**：喀布爾（370 萬人）
基督徒人數：少於 1 萬 5 千（多數是外國人。不包括軍人）
最大宗教：伊斯蘭教
成長最快速宗教：伊斯蘭教

主要族群：普什圖／帕坦人（42.7%）、塔吉克人（26.2%）、哈札拉人（12.9%）、烏茲別克人（6.4%）、阿伊馬夸人（5%）、土庫曼人（2.1%）、南亞人（2.1%，28 個族群）、俾路支人（1.2%）〔這些數字並未包括這個國家為數眾多的軍事人員和在非政府組織的外國工作人員〕
官方語言：普什圖語（50% 人口使用）、達里語（阿富汗波斯語，70% 人口使用）
全部語言：41 種

經濟：因為數十年的戰爭而崩潰。重新開發的焦點在重建基礎建設和公共建築。未來具有出口天然氣和礦藏的潛力，但整個國家目前非常倚賴外援。武裝反對派（尤其是塔利班）挑起衝突阻礙復原與經濟成長。

政治：互相敵對的外來帝國為奪取這塊戰略要地，爭戰將近三千年。君主專制政體在 1973 年被推翻。共和政體在 1978 年因為馬克思主義政變而結束，接著蘇俄（1979～1989 年）、伊斯蘭教聖戰組織（1992～1996 年）和塔利班（1996～2001 年）先後為這個國家帶來暴力與毀滅。由美國為首的聯軍入侵阿富汗建立新的民主政府與憲法（2002～2004 年）。儘管聯合國維和部隊進駐，塔利班仍然繼續運作。阿富汗深受貪腐所苦。

1　過去三十五年的動亂使得這個國家成為一片廢墟。戰爭導致超過一百萬人死亡，並且留下四百萬孤兒。許多人生活在貧窮中，就業機會稀少。60% 的阿富汗人民年齡低於二十歲，而且一直過著戰火下的生活。比較安定的地區經濟似乎稍有進步，然而整個國家依舊陷在某種程度的衝突中；請為阿富汗人民能夠得到真正的自由與更美好的生活禱告。

2　健康危機與人類發展。讚美上帝，當地的保健服務已經逐漸改善，而且現在就學的兒童人數比以往更多。

- **兒童死於可預防的疾病**（腹瀉、霍亂、痢疾、肺炎）。因為缺乏醫療照顧與乾淨的飲水，許多兒童死亡。

- **殘障人口眾多**。他們僅能得到些許的照顧或者復健；請為那些因為戰爭失去肢體的人能得到幫助禱告。全國鄉野依舊散布著超過百萬枚危險的地雷與爆炸裝置。

- **全世界 90% 用來生產鴉片的罌粟都是在阿富汗種植的**，而且全國吸食海洛因或者鴉片成癮的人高達百萬。儘管伊斯蘭教禁止此事，窮苦的農人依舊種植這類作物；請為農業能夠成功轉型禱告。

3　**婦女的地位**特別值得禱告。塔利班大致上禁止她們參與公眾生活。婦女的平均壽命僅有四十四歲。許多阿富汗婦女因為不能接受男性醫生的照顧，而死於分娩。婦女識字率低於 20%，而且三分之一婦女生活在暴力中。寡婦的處境更加艱辛，因此經常可見輕生。特別製作的廣播節目跟婦女分享聖經裡上帝為她們預備的愛與價值；請為正義與脫離迫害禱告，也請特別為婦女能夠認識基督禱告。

4　**現在可能已有數千阿富汗人跟隨基督！**基督徒人數很難計算，但在二十年前可能低於五十人。有些人會收聽基督教廣播，或者在夢境、異象中看到耶穌。另有人從返鄉難民的口中聽到福音。阿富汗的教會幾乎全都是地下教會，外國信徒在分享自己的信仰與見證時務必要謹慎；請為基督的肢體即使遭遇迫害依舊能成熟與成長禱告。當為達里語（Dari）聖經譯本在經過數十年努力後終於完成讚美上帝！普什圖語有新約譯本，但所有少數族群語言都沒有聖經的全譯本。

5　**許多基督教救濟與開發機構**在服事盲人、瘸子、病人、文盲與困苦的人。以實際行動彰顯基督徒的愛心能夠拆毀偏見，並預備人心接受福音。近年來，有部分工人殉道，並且整個組織都必須離境；請為這些工人得到足夠的勇氣面對暴力的脅迫與患難，並有智慧充分彰顯基督的愛而禱告。

6　**阿富汗是世界上最少聽聞福音的國家之一。**各種形式（數位錄音、手機記憶體、收音機、錄像、文學、網路）的基督教媒體都有助於佈道與門徒造就。請為這片土地上七十個未曾聽聞福音的族群禱告，包括：

- **普什圖人**，主導政壇的一群。部分人士認為，居住在阿富汗與巴基斯坦邊境兩側的普什圖群體是世界上最龐大的穆斯林部落社群（大約四千六百萬人）。
- **塔吉克人**（位在東北部）。這個群體依舊有 99% 人口是穆斯林。
- **哈札拉人**（源自蒙古後代的什葉派穆斯林）。數百年來，他們一直遭受遜尼派穆斯林的嚴厲迫害，被塔利班屠殺。他們對福音表現出非常開放的態度。

- **烏茲別克人與土庫曼人**（位在北部）僅有一小部分人跟隨基督。
- **阿伊馬夸部落**（六個，位在西部），以及位在南部的巴羅契和布拉揮人（Baloch 與 Brahui），這些孤立的部落中幾乎沒有任何信徒。

亞美尼亞 Armenia　　　　　　　　　　　　　　　亞洲

人數：310 萬　**首都**：葉里溫（110 萬人）
基督徒人數：290 萬　**福音派人數**：26 萬 8 千
最大宗教：基督教
成長最快速宗教：無信仰

主要族群：亞美尼亞人（97.8%，高加索族群）、其他種族（2.2%，亞塞拜然、庫德、俄羅斯、烏克蘭）
官方語言：亞美尼亞語　**全部語言**：12 種

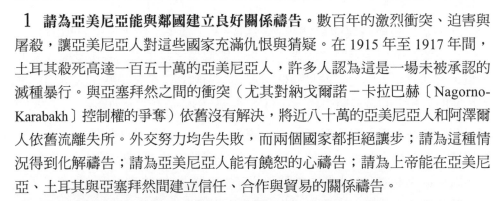

經濟：因為 1988 年毀滅性地震、蘇維埃時代的基礎設施以及亞塞拜然與土耳其的禁運而衰退。以農業、冶金與觀光為基礎。因為海外亞美尼亞人的匯款而得到幫助。普遍未充分就業與收入偏低。

政治：亞美尼亞在其 2,500 年的歷史中，鮮有獨立的時候。近年來的政治生活重點在與亞塞拜然的衝突以及與土耳其之間的緊張局勢。大致上穩定的民主政府，且與蘇俄外交關係密切。

1　請為亞美尼亞能與鄰國建立良好關係禱告。數百年的激烈衝突、迫害與屠殺，讓亞美尼亞人對這些國家充滿仇恨與猜疑。在 1915 年至 1917 年間，土耳其殺死高達一百五十萬的亞美尼亞人，許多人認為這是一場未被承認的滅種暴行。與亞塞拜然之間的衝突（尤其對納戈爾諾－卡拉巴赫〔Nagorno-Karabakh〕控制權的爭奪）依舊沒有解決，將近八十萬的亞美尼亞人和阿澤爾人依舊流離失所。外交努力均告失敗，而兩個國家都拒絕讓步；請為這種情況得到化解禱告；請為亞美尼亞人能有饒恕的心禱告；請為上帝能在亞美尼亞、土耳其與亞塞拜然間建立信任、合作與貿易的關係禱告。

2　亞美尼亞是世界上第一個基督教國家，其基督教傳承超過一千七百年。當為亞美尼亞教會雖然屢遭迫害，依舊能夠歷經數百年而不動搖讚美上帝；請為亞美尼亞基督徒能夠成為整個區域的光與祝福禱告。福音派在旅居海外的亞美尼亞人（高達八百萬人）中間非常興旺，並在中東、北美以及其他地方有許多會眾。亞美尼亞基督徒現在才剛開始瞭解他們的基督教傳承裡面蘊藏的祝福，以及隨之而來的宣教使命。

3 亞美尼亞使徒教會（Armenian Apostolic Church）**是遭受迫害時的文化避難所**，但其傳統、保守的特質有時會阻礙百姓認識又真又活的耶穌。幾乎可以肯定的是，這個宗派依舊會是亞美尼亞的主要宗教勢力；請為他們能在靈裡得到更新禱告，也請為敬虔的領袖禱告；請為兩個主要團體（東、西部，各使用不同方言）能夠團結禱告；也為教會能與人數較少的非正統宗派一起團契禱告。

4 獨立後福音派人數迅速增長。這次的增長大部分是亞美尼亞教會愛心兄弟會（Armenian Church-Loving Brotherhood，使徒教會內部的團體）努力的成果。他們注重讀經小組、出版福音派書刊、向別人作見證、分送聖經以及服事窮人，動員一、兩百人投入這次的佈道運動，另有數千人間接參與，尤其是年輕人。其他新興的五旬節派／靈恩派團體也有成長。浸信會與亞美尼亞福音派教會也有所成長，但沒有那麼迅速；請為這些團體都能成長與成熟禱告；也請為他們的合一禱告。

亞塞拜然（阿塞拜疆）Azerbaijan　　　　*亞洲*

人數：890 萬　**首都**：巴庫（200 萬人）
基督徒人數：24 萬 5 千　**福音派人數**：1 萬 9 千
最大宗教：伊斯蘭教
成長最快速宗教：伊斯蘭教
主要族群：突厥人（86.8%，阿澤爾人占 86%）、伊朗米底亞人（5%）、歐亞混血（4.4%，俄國人、亞美尼亞人、烏克蘭人，幾乎所有亞美尼亞人都住在納戈爾諾－卡拉巴赫）、高加索族群（3.7%）。超過 1,500 萬阿澤爾人居住在海外，多數在伊朗
官方語言：亞塞拜然語（有 20 種方言）**全部語言**：34 種

經濟：以石油生產為主。巴庫是世界上最早的「石油發跡」城市（一百多年前）。僅有少數人因為石油致富。將近 40% 人口生活在貧窮中，不過近年來正逐漸遞減。

政治：長期被阿拉伯人、蒙古人、波斯人、土耳其人和俄羅斯人等外國勢力統治。1991 年脫離蘇維埃共和國獨立，接著就是一連串的內部政變以及與亞美尼亞的衝突。政治領袖疏離俄國，而親近土耳其與西方勢力。

---

1 亞塞拜然依舊是個政治與經濟不安定的國家。1990 年因為納戈爾諾－卡拉巴赫宣告獨立而與亞美尼亞爆發衝突，沒有任何一方願意尋求解決之道。

石油導致經濟崛起，但可能在 2025 年之前枯竭。這個國家需要把它的財富投資在長期的基礎設施，以及其他財源的開發上；請為政局的穩定，以及在亞塞拜然國內與鄰近地區建立和平的誠心禱告。

2　上帝興起阿澤爾教會，甚至在患難中！1991 年時，這個國家僅有四十個已知的阿澤爾信徒。現在估計有三千至六千個信徒，大多數在巴庫。伊朗甚至有更多阿澤爾族人跟隨基督。有些阿澤爾信徒會創作他們自己的音樂、文學、詩歌以及其他本土敬拜形式。即便如此，亞塞拜然的基督徒大多數都是外族人（亞美尼亞人、俄國人、喬治亞人以及其他種族）；請為所有信徒之間都能有美好的團契禱告。

3　教會要面對抵擋。許多教會都遭受政府當局的威脅、監視以及不公的對待。嚴格的登錄法律（2010 年）讓基督徒團體難以生存，不過穆斯林與其他宗教團體也一樣。然而，信徒還是有些許自由能夠謹慎地分享福音。多數阿澤爾人都把基督教跟蘇俄帝國主義、亞美尼亞的仇敵以及西方政治勢力聯想在一起；請為基督徒能謙卑、明智與充滿愛心地向佔人口多數的穆斯林傳福音禱告。

4　地下家庭教會網絡繼續擴展，而且他們有異象接觸國內每一個村莊聚落！阿澤爾教會歡迎外國信徒與他們一起投入這事工。請特別為以下事項禱告：

- **亞塞拜然的城鎮與村落**。多數從未聽過福音。
- **窮人**。許多都缺乏清潔的水源，而且謀職困難。目前有許多機會可以向那些在 1990 年代衝突中流離失所的數千人顯示基督徒的同情心。
- **高加索族群**。多數都是穆斯林以及非基督徒；請為雷茲及、阿瓦爾、塔薩克胡爾、庫茲與布杜克族群禱告。
- **納戈爾諾－卡拉巴赫**。請為基督徒在這個有些許傳福音自由的地區宣告好消息禱告。東正教跟亞美尼亞的淵源極深；請為更新禱告。

巴林 Bahrain　　　　　　　　　　　亞洲

人數：80 萬 7 千　**首都**：麥納瑪（16 萬 7 千人）
基督徒人數：7 萬 9 千　**福音派人數**：2 萬 4 千
最大宗教：伊斯蘭教
成長最快速宗教：印度教

主要族群：阿拉伯人（50%，40% 是巴林阿拉伯人）、伊朗人（15%，法爾西、庫德與其他）、南亞人（15%，印度人、巴基斯坦人）、巴林法爾西人（10%）、東亞人（7%，菲律賓人、韓國人、華人）、歐洲人（1.5%）
官方語言：阿拉伯語　**全部語言**：12 種

經濟：波斯灣第一個產油國，也將是第一個油源耗竭的國家。努力朝向金融商貿、智慧產業、醫療與教育等面向發展。中東地區經濟最自由的國家。失業率和貧窮階層隨著石油與水源遞減而增加。將近一半的勞動力來自國外。

政治：1971 年之前一直是英國保護國。1975 年至 2001 年之間由酋長專制。目前實施兩議院（下議院民選）的君主立憲制。統治整個國家的是遜尼派家族，但三分之二的本土人口都屬於什葉派。緊張情勢繼續升高，抗議人士與政府勢力偶爾爆發激烈衝突。

1　**巴林享有的自由程度**幾乎超過所有波斯灣國家，因此具有屬靈上的戰略價值。當為本土信徒讚美上帝！部分信徒在各種教會崇拜，另有信徒在非正式的網絡聚會；請特別為這些團體間的合一與合作，成為他們阿拉伯同胞眼前的見證禱告。許多沙烏地阿拉拍人和科威特人到此地旅遊，享受休閒的環境；請為他們能遇見基督徒，進而聽聞福音禱告。

2　**巴林的基督教事**工有著深厚的基礎。美國宣教醫院（American Mission Hospital）在經過百年的忠心服事後廣受推崇，高速網路讓所有基督教資源唾手可得。聊天室尤其受歡迎，因為使用者可以私下詢問關於耶穌的一切；請為這一切能夠延續下去，而且信徒的細心見證能結出果子禱告！

3　**龐大的外國社區**（多數來自南亞、東亞、中東、非洲與西方）有許多基督徒舉行正式與非正式的聚會；請為外國信徒能有勇氣與智慧，跟其他文化團體分享自己的信仰禱告。在教育領域有非常多傳福音的機會，因為當地人非常重視教育，而且許多學校使用英語教學。

4　**勞動力**有 59% 都來自超過五十國家的外勞。其中多數都是短期契約工，而且往往必須忍受惡劣的待遇、低薪以及家鄉親友不切實際的期待；請為這

些外國群體中的信徒能為基督贏得靈魂禱告。這些社區中最少聽聞福音的是伊朗人、斯里蘭卡人，以及從印度和巴基斯坦來的印度教徒與穆斯林。

孟加拉 Bangladesh　　　　亞洲

人數：1 億 6,440 萬　**首都**：達卡（1,460 萬人）
基督徒人數：110 萬　**福音派人數**：63 萬 3 千
最大宗教：伊斯蘭教
成長最快速宗教：伊斯蘭教

主要族群：〔全部族群／文化／階級：399 個。穆斯林和印度教徒各有其獨特的文化與方言〕孟加拉人（94.3%，136 族群；錫克族占 85.6%）、其他南亞人（2.6%，180 族群）、烏爾都穆斯林（2%，35 族群）、其他族群（1.1%，包括 46 個西藏／喜馬拉雅族群、其他亞洲人與西方人）

官方語言：孟加拉語（也使用英語）**全部語言**：46 種。

經濟：世界上最貧窮國家之一。苦於人口過多與自然災害（洪水與颶風）。收入來自農作、紡織、成衣、黃麻與海外國人的匯款。

政治：曾被併入巴基斯坦 24 年。歷經慘烈內戰後，在 1971 年贏得獨立，接下來的 18 次軍事政變導致政局動盪。軍事獨裁在 1991 年告終。目前是伊斯蘭世界裡唯一的民主政權，但陷於政局不安以及兩大政黨領袖間的個人對峙。經常被列為世界最貪腐國家的行列。

1　**貧窮的循環**會持續下去，除非從根本上改革。孟加拉自然資源稀少，而且將近半數人口每日生活費低於一美元。這個國家座落在遼闊的恆河與雅魯藏布江之間的平坦地上，洪水和雨季定期重創這個國家。政府當局似乎對富有家族間紛爭的重視勝於改善百姓的生活，因此不會帶來太大希望；請為這片苦難土地的長期改變禱告！

2　**超過兩萬個非政府組織**努力滿足各種社會需要。自從獨立後，基督教非政府組織就一直提供救助與開發，而基督徒建立與經營的企業以另一種方式服事窮困的百姓。微型貸款策略（借錢給百姓創立小型企業）已經改善許多百姓的情況，尤其是婦女。極端貧困與高度貪腐使得數百萬童工與性工作者陷在被迫為奴的險境，而且毫無翻身的機會。

3　**當為正式與非正式教會信徒人數增長讚美上帝！**多數孟加拉基督徒都有印度教背景，而且通常出身較低的種姓。八個部落族群的教會都有大幅

成長，而另十八個族群也有明顯成長。同時，數萬出自穆斯林背景的人現在都呼喊耶穌是主！其中一部分人經由高度本土化的「耶穌清真寺」（Jesus mosques）認識耶穌，其他人則是經由親友，甚至異象與異夢；請為這些運動的成長與成熟禱告。

4 請為教會的領袖禱告。 稍早的福音運動帶領數千人進入教會。但因為缺乏訓練，敬虔的領袖最後只能任由許多信徒的信心停留在軟弱與膚淺的階段。貧窮限制全職傳道人與神學生的數量，但教會也欠缺靈命成熟的平信徒領袖。

5 孟加拉族群（全球有兩億四千萬人）依舊是全世界未曾聽聞福音的最龐大族群。雖然現在距離威廉克里（William Carey）當初進入孟加拉傳福音已經兩百年，當地百姓依舊懷念他，但福音的突破尚未降臨。

* **請為孟加拉穆斯林禱告。** 許多百姓信奉「民間」伊斯蘭教（蘇菲派伊斯蘭教、本土文化與印度教的混合體），多數人從未聽聞純正的福音；請為少數幾個孟加拉信徒能在貧窮中倚靠上帝，在面對迫害時能夠堅強以及找尋到不同背景的基督徒禱告。
* **請為孟加拉印度教徒禱告**（228 個印度族群，其中 204 個未曾經聽聞福音），他們因為身為少數宗教團體而要面對暴力與迫害。

6 基督徒與其他少數族群（甚至其他更小的穆斯林團體）要面對迫害，儘管憲法保障宗教自由也於事無補。當為許多教會在冷淡多年後，現在已開始向外傳福音而讚美上帝！請特別為下列事項禱告：

* **部落族群。** 孟加拉人口成長快速，因此侵入傳統部落的領域。這對現有的部落族群造成威脅。其中部分族群有許多基督徒，但其他族群依舊未曾聽聞福音；請為土地問題能得到公正的解決禱告。
* **比哈里穆斯林**（Bihari，烏爾都語族）。多數人住在以前的難民營中，因為巴基斯坦人不願收留他們，而孟加拉人又認為他們是叛徒；請為他們能與孟加拉人和好，並對福音抱持開放的態度禱告。
* **洛興亞穆斯林。** 多達二十五萬人逃離緬甸的佛教政府遠走他鄉。他們住在難民營裡面，許多人都生活在飢餓中。他們從未聽聞福音。

不丹 Bhutan　　　　　　　　　　　　　　亞洲

人數：70 萬 8 千　**首都**：辛布（9 萬 3 千人）
基督徒人數：1 萬 5 千　**福音派人數**：1 萬 3 千
最大宗教：佛教
成長最快速宗教：基督教
主要族群：不丹人（50%）、南亞人（27.5%）、
南喜馬拉雅人（15.7%）、西藏人（6.5%）
官方語言：宗喀語（也普遍使用尼泊爾語）
全部語言：35 種

經濟：大致以簡易的農業為基礎，但觀光業與
水力發電也有所貢獻。嚴格控制觀光客數量。將近 23% 人口生活在貧窮中，但被評選為全世界最幸福國家之一。

政治：佛教君主議會制。印度在外交事務上扮演著重要角色。過去一百年來，湧入大量尼泊爾移民，而他們對民主的渴望，導致政府當局從 1985 年開始用嚴厲手腕對付非不丹族群。高達 15 萬尼泊爾族群已經遭到驅逐，而且他們的文化和語言在不丹遭到壓制。

1　請為這片「龍地」（Land of the Dragon）能得到真正的屬靈自由禱告。佛教君主制（讓不丹保持孤立的政策）以及對佛教祕宗的堅持，使得不丹成為世界上最少聽聞福音的國家之一。苯教（本土宗教）已被佛教取代，但依舊是具有強大影響力的異教；請為旺秋國王（King Wangchuk）及其救恩禱告。五個西藏／喜馬拉雅族群（宗喀、倉洛、雷布查、肯〔Kheng〕、古隆）中，只有雷布查有相當數量的基督徒；請為每一個不丹族群中都能有一群基督徒見證福音禱告！宗喀語（官方語言）已經有新約譯本，但多數語言沒有任何聖經譯本。

2　不丹幾乎完全禁止基督徒傳福音，直到 1965 年。此後二十五年間，部分印度和其他外國非政府組織工作人員才能有些許自由傳講基督，1990 年開始再度嚴格管制。政府允許宣教機構提供醫療、農業與教育協助，但僅有少數小型援助計畫繼續進行；請為上帝再次打開基督徒服事的機會，能靈巧地把基督的愛帶入不丹禱告！印度、尼泊爾以及其他族群的信徒把福音文宣散發給不丹人，許多不丹基督徒經由這種方式來到主前；請為在印度工作的不丹人以及全球的不丹學生能夠聽聞並接受福音禱告。

3　不丹不容許基督徒擁有信仰自由，並以各種方式迫害他們。僅有少數會眾能夠建造教堂，因此多數信徒都在私人家中聚會。傳福音被視為非法行

為。不丹人一旦成為基督徒，就可能喪失公民權（義務教育、醫療照顧與就業機會，甚至用電與用水）。部分人遭受虐待甚至毒打。讚美上帝，即使在這種情形下，依舊有許多信徒聚在一起並且遍布全國，請為教會能在這片土地上成長禱告！

汶萊（文萊）Brunei

亞洲

人數：40 萬 7 千 **首都**：斯里百加灣（2 萬 3 千人）

基督徒人數：4 萬 6 千 **福音派人數**：2 萬 5 千

最大宗教：伊斯蘭教

成長最快速宗教：無信仰

主要族群：馬來人（69.6%，掌控制政府與公務）、華人（15.6%）、菲律賓人（7.9%）、印尼人（2.3%）、英國人（1.7%）、印度巴基斯坦人（1.2%）

官方語言：馬來語、英語 **全部語言**：17 種

經濟：亞洲最富裕國家之一。免費的教育與醫療，多數人不需賦稅，有房屋、燃料與基本食物津貼。石油與天然氣占出口 90%，但外匯存款可能即將耗盡，正努力把經濟重點轉移到環境旅遊以及自足稻作。

政治：1963 年拒絕加入馬來西亞聯邦（Malaysian Federation）。直到 1983 年完全獨立前都是不列顛保護國。蘇丹（Sultan）擔任絕對君主，並維持從十五世紀流傳迄今的穆斯林君主制傳統。

1 伊斯蘭教主導汶萊的日常生活。當地信奉保守派伊斯蘭教，卻不激進。在壓力下，少數部落與華人族群緩慢改信伊斯蘭教。憲法保障信仰自由，但傳福音以及穆斯林改信其他任何宗教都屬非法。公務員經常在其他宗教團體中臥底監視他們的活動。蘇丹被認為是世界上第二富有的皇族，他曾建立一個世界級的大學，而且現在正平緩地把統治權轉移給王儲；請為龐大的皇族能信仰基督禱告；請為這個國家的屬靈開放與宗教自由禱告。

2 教會的處境非常艱苦。傳福音在汶萊屬於非法行為，政府也不允許外國基督徒工作者傳福音；請為儘管在重重限制下，教會依舊能成長禱告。多數基督徒都來自當地部落與華人族群；請為所有族群以及社會各階層都能有新信徒禱告！

- **屬於多數族群的馬來人多是穆斯林。**為數甚少的馬來基督徒會隱藏他們的信仰；請為聖靈在馬來人的心中動工禱告。外來的菲律賓信徒與汶萊

華人基督徒商人（土生與外來皆然）可以接觸他們。

- **華人**依舊信奉中國的傳統宗教，或者根本沒有任何信仰，不到 20% 的華人跟隨基督。

- **部落族群**不是信奉伊斯蘭教，就是繼續留在孤立的叢林聚落。教會已經在許多聚落見證福音；請為能夠結出果子禱告。

- **外勞**可能會成長。較大的群體有孟加拉和印尼穆斯林、印度與尼泊爾印度教徒、泰國佛教徒以及菲律賓天主教徒。

柬埔寨 Cambodia　　　　　　　　　　　　亞洲

人數：1,510 萬　**首都**：金邊（200 萬人）
基督徒人數：47 萬 1 千　**福音派人數**：24 萬
最大宗教：佛教
成長最快速宗教：基督教
主要族群：高棉人（86.9%）、越南人（4.2%）、華人（4.1%）
官方語言：高棉語　**全部語言**：25 種

經濟：世界最貧窮國家之一，仰賴外援。經濟發展有長足進步，但對鄉村窮人沒有幫助。農業、製衣與觀光是主要收入來源。盜伐與性交易讓一小批人非常富裕，但讓許多人陷於困苦。

政治：正式的君主專制。第一到十四世紀由強盛的邦國統治，接著是五百年的地區性與全面性衝突。在赤色高棉政權（極端馬克思主義，從 1975 年開始）統治下出現二十世紀最恐怖的大屠殺。1993 年開始實施民主政治。

1　**屬靈黑暗依舊盤據柬埔寨**，許許多多的神龕、龐大的佛教勢力以及普遍的道德淪喪就是明證。唯有禱告能掃除這一切。靈魂的仇敵讓百姓生活在可怕的凌虐與極度匱乏的陰影下。販毒與性交易綑綁、轄制著許多人。罪犯任意剝削數量眾多的無助兒童與青年；請為福音真光能夠照亮每個柬埔寨人的生命與社會各階層禱告。基督徒能夠在司法、復健中心、孤兒院、醫療與開發等領域有所貢獻。柬埔寨的農業、漁業、水資源管理與教育等方面，也需要外來援助。

2　**柬埔寨百姓需要從過去的罪惡、仇恨、苦難與凌虐中得自由與釋放**。這一切的成就要藉著耶穌的寶血。殘暴的赤色高棉政權（1975～1979 年）殺害數百萬自己的百姓；請祈求上帝藉著聖靈與安慰的事工醫治這些心靈的創

傷。許多曾經在赤色高棉時期參與種族屠滅行動的人現在都已跟隨耶穌；請為他們的生命能反映出上帝完全的赦罪大能禱告。基督徒能帶來平安與和好，教會能教導孩童與青年如何過著健全的家庭生活。

3　柬埔寨教會歷經大患難依舊成長！宣教士努力四十七年後終於有所突破，然後就開始種族屠滅，而且大部分教會都遭到毀壞。90% 的基督徒不是被殺害，就是逃亡到泰國難民營。上帝在那些營地贏得一場大豐收，但柬埔寨境內僅有數千信徒倖存。然而，教會在 1990 年代擴散到全部十九個省分，而且現在有四十七萬基督徒在那裡敬拜上帝！眾教會需要成熟與裝備充分的領袖。多數知識分子都在赤色高棉時期被屠殺；請為眾牧師的智慧、聖潔與聖靈的大能禱告。

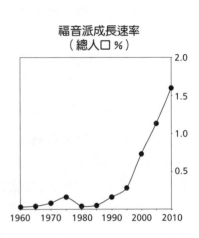

福音派成長速率
（總人口 %）

4　柬埔寨使命 2021。眾教會共同的異象就是 2021 年時，柬埔寨每一個村落與族群都有一間教會。現在有一萬一千個村落需要教會；請為較少聽聞福音的佛教徒、十八個未曾聽聞福音的部落、占族穆斯林和六個華語族群禱告，柬埔寨教會與來自海外的基督徒能夠互相配搭跟這些族群分享耶穌；也請為海外華人信徒能夠來到此地成為差往柬埔寨華人族群的使徒禱告。

中國香港 Hong Kong　　　　亞洲

人數：710 萬　**首都：**無
基督徒人數：87 萬 7 千　**福音派人數：**43 萬 4 千
最大宗教：中國傳統信仰
成長最快速宗教：無信仰

主要族群：廣東人（88.7%）、其他華人族群（6.5%，包括客家人、潮州人、福建人以及其他）、菲律賓人（2.1%）、印尼人（1.4%）
官方語言：中文、英語。廣東話是當地的正式方言，但普通話（官話）已經更普遍並居於優勢

經濟：世界最富裕城市與最大經濟體之一。目前被列為世界最自由經濟體。香港的資金支持中國快速的經濟發展。香港因為國際貿易、金融與工業致富。貧富差距甚大。

政治：英國在 1842 年從中國手中奪得香港控制權。1997 年控制權重回中國，但既有法律、政治與經濟結構必須延續到 2047 年。中國必須擔負起防衛與外交的責任。亞洲最開放與自由的社會之一，也享有宗教自由。

1　**香港合法返還中國**，連同大部分的自由權，而宗教自由也依舊不變。當為此以及基督徒有機會向整個中國見證他們的信心讚美上帝！部分人士對這些自由權的未來去向感到不確定。特首以及其他領袖必須在他們應當對北京領袖履行的職責以及對他們香港百姓當盡的責任之間取得平衡；請為他們有智慧與勇氣做出正確決定禱告。

2　**香港的過去是由金錢堆砌起來的**。香港曾是英國最富裕的殖民地，而其繁忙的港口帶來各國的財富。可悲的是，這一切所打造出的是個以財富為中心的文化。對物質無止盡的渴望導致屬靈生命枯竭，而眾教會也隨之受苦。同時，基督徒能有足夠資源幫助香港的窮苦百姓，以及鄰近區域和世界各地深陷苦難的人；請為香港的財富能夠找到它在耶穌跟前的定位禱告。

3　**大多數香港人都信奉佛教、道教、儒教或者中國民間宗教**，當地有超過七百間寺廟與寺院，以及獻給各種神明的數不清神龕，許多居民至今仍沒有任何信仰。雖然當地還有其他宗教，但多數信徒都是移民族群。雖然基督徒僅占人口 10%，但大多數的學校與社會機構以及 25% 的醫院都是由教會經營；請為基督徒能放膽傳講耶穌，甚至面對那些抵擋基督權柄的靈界勢力也不退縮禱告。

4　**教會成長**從 1960 年代開始趨緩，但眾教會更加合一。實行細胞小組的大型教會和超大教會成長最快速。在擁擠的香港，高昂的地價成為教會成長的阻力。許多會眾化整為零地在任何他們能夠找得到的場地聚會。教會過去曾因為苦毒的分裂而面對許多問題，但上帝藉著饒恕與禱告為一些保守與靈恩教會帶來和好。

5　**香港雖小，但對上帝的國度貢獻卓著！**香港教會差派出許多宣教士，並資助外展、門徒訓練、媒體與文字事工，服事整個華語世界。將近 60% 的教會都參與或者資助宣教活動！世界華人福音事工聯絡中心（CCCOWE）的總部就設在香港，連結四千萬海外華人基督徒一起團契並向較少聽聞福音的華人社群傳福音；請為當地基督徒有智慧服事中國各地成長中的教會禱告。

6 請為香港社會中極需屬靈滋潤的族群禱告：

- **勞工與窮人**。許多人的生活空間非常擁擠，而且沒有改變的希望。不少傳道人在服事那些最絕望的人。

- **每日進入香港的中國移民**人數超過一百五十人。他們要面對別人的偏見，而且生活環境惡劣，然而他們對福音的回應可能比其他任何族群都積極！每日將近有一萬個中國大陸人來港工作或者觀光；請為他們在港期間能夠聽聞福音禱告！

- **東南亞族群**（多半是菲律賓籍與印尼籍外勞）許多都已跟隨基督，但被孤單以及雇主的惡待所苦。

- **穆斯林**。多半是回族、巴基斯坦人、馬來人、印尼人與中東人。

中國澳門 Macau

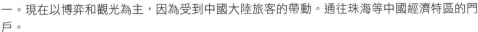

人數：54 萬 8 千　**首都**：無
基督徒人數：2 萬 9 千　**福音派人數**：8,500
最大宗教：中國傳統信仰
成長最快速宗教：佛教

主要族群：華人（93.6%，超過半數在外地出生）、澳門人（歐亞混血，2.4%）
官方語言：中文、葡萄牙語。大多數人使用粵語，但也普遍使用官話

經濟：十六至十七世紀之間世界最富裕國家之一。現在以博弈和觀光為主，因為受到中國大陸旅客的帶動。通往珠海等中國經濟特區的門戶。

政治：歐洲在亞洲的第一個也是最後一個殖民地。1557 年租借給葡萄牙，然後在 1887 年成為葡萄牙殖民地。從 1974 年起被認為是由葡萄牙管理的中國領土，在 1999 年歸還中國而成為特別行政區。享有相當寬鬆的經濟與政治自治權。

1 **澳門是亞洲各地中從基督教地區轉變為非基督教地區的首例**。1600 年時，95% 人口是天主教徒，但時至 2010 年僅有 5% 人口認為自己是基督徒。新教差往中國的宣教士以澳門為跳板。西方宣教士在這裡為第一個中國信徒施洗、翻譯出第一本中文聖經，並且埋葬第一個差往中國的宣教士，但許多人現在都信奉佛教、道教或者中國傳統信仰。博弈業畏懼當地的神祇「媽祖」，而且教會的領袖變換快速，所有這一切都有礙福音的傳播；請為當地信徒能夠為救主奪回這個地方禱告。

2 **許多人現在都稱呼澳門「罪惡之城」**（City of Sin）。此地博弈業的盈餘已超過美國賭城拉斯維加斯。毒癮和絕望毀掉許多生命，但僅有少數教會服事染上賭癮的人。喇合事工（Rahab Ministries）專門服事從中國大陸被賣到此地為娼的華人；請為這個事工團體，以及其他服事從中國以及東南亞被帶到此地的弱勢族群的團體禱告。高薪誘使年輕人乃至基督徒到賭場工作，然而這些工作往往導致他們忽視學業與教會活動；請為其他工作機會的出現禱告。

3 **眾教會的人數與合一都在成長。**澳門與香港的不同之處，在於沒有堅強的教會，也不似中國大陸的教會快速成長，但華語教會以及其他語言的教會都有成長；請為澳門教會的生存與成長，並成為中國與整個世界的祝福禱告。

4 **較少聽聞福音的群體：**
* **來自中國大陸的遊客。**當地的宗教自由讓基督徒能以各種形式傳講福音。
* **印尼人與越南人**在當地從事家務，而且經常遭到欺負與虐待。他們特別需要關懷。
* **澳門人**（葡萄牙人與廣東人混血），他們多半是天主教徒，但僅有少數活出信仰。他們當中有一間福音派教會，但鮮有外展行動。

台灣 Taiwan   亞洲

人數：2,360 萬　**首都**：台北（260 萬人）
基督徒人數：140 萬　**福音派人數**：64 萬 9 千
最大宗教：中國傳統信仰
成長最快速宗教：佛教
主要族群：台灣人（66.2%，三百多年前定居台灣）、客家人（15%，兩百多年前定居台灣）、大陸人（15%，1945～1950 年從中國大陸逃難至此）、南島高山原住民（1.7%，16 個公認部落以及 9 個未公認部落）
官方語言：中文（普遍使用閩南語和客家話）
全部語言：28 種

經濟：世界上最活躍的出口經濟體之一，在經濟上與中國大陸（主要出口市場）緊密相連。

政治：1895 年至 1945 年由日本統治，然後歸還中國的國民政府。台灣在中國大陸落入共產黨之手（1949 年）後成為國民政府（國民黨）的避難所。這導致外交孤立與內部分裂，現在實施多黨民主政治。儘管中國與台灣的關係依舊緊張，但經濟與文化緊密相連。

1　**台灣政治上的爭議**在中國內部及國際上引發出種種問題。台灣在運作上是一個獨立國家，但對中國而言，是法律上的一省。若是台灣宣布獨立，就可能導致中國的武裝反應；請為雙方領導人的智慧，以及長期友好關係禱告。

2　**台灣依舊是佛教與台灣民間信仰的重鎮**。超過 90% 的台灣人信奉佛教、儒教、道教與傳統信仰的混合體。佛教目前在知識專業階層穩定成長。多數傳統民間信仰膜拜許多神明，而且百姓會獻祭給鬼魂，也會尋求靈界指點未來。台灣依舊是全世界漢族華人主要聚集地中，唯一沒有重大屬靈突破的地區。從中國大陸來的旅客往往認為當地處於屬靈黑暗之中。

3　**讚美上帝，經過數十年努力後已進入基督徒成長的新時期！**這次的成長涵蓋超大教會與家庭教會、靈恩派與保守派，並且橫跨民族、語言與經濟障礙。許多教會現在更注重禱告、佈道以及社區工作。台灣的教會以及機構擁有將福音傳入中國大陸以及亞洲其他地區的異象。

4　**請為當地教會能夠克服目前各種難題禱告**。許多台灣人非常重視事業、財富與兒女的教育，他們沒有多餘時間關心屬靈事物或者事工。賭博與性產業常見於台灣社會，且引誘初信者離開信仰；請祈求上帝澆灌下祂的聖靈，讓人心能夠真正渴望祂。信徒需要造就，但僅有極少數牧師與全職傳道人能滿足需要。鄉村教會最以此為苦。

5　**較少聽聞福音的群體**。大多數基督徒都住在大都市，並說國語。在鄉村以及台語與客語族群中的教會非常少。請為下列事項禱告：

- **台灣勞工階層**（大多說閩南語／台語）。這個群體占人口 60%，但僅有 0.5% 是基督徒。
- **客家群體**。他們當中僅有 0.35% 是福音派，並且想要保留他們的語言、文化與宗教。
- **穆斯林社群**。部分教會接觸印尼穆斯林，但沒有人接觸回族（最大的穆斯林社群）。
- **澎湖島民**，他們是漁民，而且非常迷信。他們當中的教會多半已經關閉。
- **外籍新娘**（人數高達三十二萬，多數來自中國大陸與越南）。僅有少數人認識耶穌。關顧在台外籍人士委員會與各地教會合作一起服事她們。

6　**本土南島台灣族群**（二十五個部落）住在東部山地以及部分城市。長老

會在他們當中長期耕耘後，有 80% 人口是基督徒，但許多人都欠缺聖經譯本以及聖經訓練。他們在面對社會變遷（例如家庭破碎、酗酒和遷居都市）時，雖然努力卻難以保存自己的傳統生活方式。

中國 People's Republic of China　　　　　　　　　亞洲

香港與澳門都屬於中國一部分，不過這裡的統計數字並不包括它們。台灣的地位依舊在爭議中。因此，各以專篇處理。（香港見 161 頁，澳門見 163 頁，台灣見 164 頁）。

人數：13 億　**首都**：北京／北平（1,240 萬人）

基督徒人數：1 億 500 萬　**福音派人數**：7,500 萬

最大宗教：無信仰

成長最快速宗教：基督教

主要族群：中國擁有將近五百個獨特的本土種族群體，但僅 55 個官方承認的「民族」。東亞人（93.1%，41 個族群，包括華人、華人回民、滿州人、蒙古人、朝鮮人、日本人、台灣人）、東南亞人（3.3%，167 個散布在南部省分的族群，有壯族、苗族、傣族、瑤族、布依族以及其他族群）、西藏／喜馬拉雅人（2.5%，238 個散布在西部與西南部省分的族群，有諾蘇族、西藏人、華西／彝族以及其他族群）、突厥人（1%，26 個散布在西北部的族群，多數是維吾爾人）、其他種族（0.1%，包括西方人、伊朗米底亞人、馬來族群、非洲人、阿拉伯人、猶太人）

官方語言：普通話（官話）。五個自治區各有自己的方言。部分人士估計有 600 種漢語方言，但只有一種通行的書寫文字　**全部語言**：296 種

經濟：1948 年開始施行的毛派／馬克思經濟遭遇失敗。1978 年發展出比較實際的「中國式社會主義」，實行寬鬆的農業、工業與商業政策。過去 30 年的改變與成長大幅提升中國的生活水準，尤其是沿海地區以及少數幾個較大的內地城市。現在中國是全世界第二大經濟體。中國未來要面臨各種危機（環境、醫療、財產權、都市化、對各種資源無盡的需求等等）。貪腐、非法活動（販毒與人口販賣）、不公平的商業行為、違反人權以及嚴重的社會問題都將成為未來的難題。但中國治理將近 14 億人口，以及帶領數億人口脫離貧困的能力，會是偉大的成就。

政治：中國淪入共產黨之手（1949 年）後，黨中央就按照馬克思路線重建整個國家。毛澤東時代的文化大革命（1966～1976 年）造成極深的苦難（高達兩千萬中國人死亡）。毛死後，各種改革帶來經濟、政治與文化的進步，但政治、種族與宗教不滿人士爆發強烈反彈（甚至暴力活動）。1990 年代開始普遍推動改革，雖然放鬆若干限制，但政府依舊控制著日常生活與社會的大部分層面。中國面臨的難題包括國內的種族緊張、與鄰國緊繃的關係以及許多社會問題。

中國是世界上領土面積第三大的國家。氣候與地理環境極端多樣化，從南方的熱帶到北方的亞北極，從高度工業化與現代化的東部沿海地帶到人煙

稀少的西部沙漠與高山地區。這個文明古國在經歷將近兩百年的滄桑後，在世界上重新崛起成為大國。中國已經成為世界強權，其經濟與外交政策將會影響二十一世紀的世界。

1 有些人認為現在這個世紀是「中國人的世紀」，因為中國重新站上世界舞台。它的人口超過所有其他國家，而且深深影響世界經濟與政治。中國在非洲、亞洲與拉丁美洲投資數十億美元發展貿易，同時也取得影響力。但它在政治上依舊採取高壓手段並陷於貪腐。共產黨政權壓迫少數族群並鎮壓不滿人士。1989 年曾動用軍隊鎮壓在北京天安門抗議的學生。它的人權紀錄非常糟糕，而且強力實施嚴苛的法律與刑罰；請為上帝能在中國政府裡面動工，並藉著它成就大事禱告。

2 當為過去十五年來，政府與社會的積極改變讚美上帝。越來越多聲浪討伐充斥商界與政府的貪腐，以及瀰漫學術界和其他領域的欺騙與作弊。中國的公民社會正在成長中，社會意識逐漸強烈，而且對家庭與社區的照顧來自人民而非政府。基督徒現在積極參與中國社會大多數層面。執政當局現在瞭解以信仰為基礎的組織有利於社會問題的解決。這是教會的大好機會！

3 化解中國社會各種張力需要迫切的關注與智慧；請為一切問題能夠和平解決，讓中國在實際上與屬靈上都能獲益禱告。請為下列事項禱告：

- **政治與經濟改革。**政府要推行資本主義，但拒絕進行自由經濟必備的政治改革。
- **資訊自由。**政府鼓勵人民使用網路，卻又積極管制與審查網路。
- **中國的無神論共產黨。**中國的基督徒人數超過共產黨員人數（七千萬）。學校傳授無神論，但基督徒人數依舊成長（甚至共產黨內部也一樣）！
- **種族動盪。**少數民族努力爭取保留他們的家園與文化，同時間漢人（多數民族）大規模地遷入他們的領域，導致他們的民族地位逐漸消失。西藏與新疆不斷爆發衝突。

4 歷史上人類最大規模的遷移就發生在目前的中國。僅僅兩個世代的時間，數千萬的鄉村居民就遷移到中國各個都會中心。數百萬百姓無法靠農業餵養他們的家人。遷居到城市的後果就是得不到基本社會福利與教育機會，這導致人口爆炸以及失業率攀高。沒有適當住處的民工不但脆弱且會引發出許多問題。

5 **中國以「一胎化」政策控制人口數量。**每一對夫妻只能有一個孩子，某些情況下可以有兩個。許多家庭渴望得到一個健康的男孩，因此女嬰和有缺陷的嬰兒就可能會遭到墮胎、棄養，或者被賣掉。中國每年進行的墮胎手術超過一千三百萬次，而且許多人以此為節育的方式。這將在未來成為中國社會的沉重負擔。請為明智的長期政策禱告：

- **性別不平衡。**部分研究預測 2020 年將有兩千萬到三千萬單身男性。性侵、誘拐、女奴、亂倫、娼妓、危險的同性戀行為以及愛滋病的蔓延都會增加。
- **勞動力。**未來將會嚴重欠缺年輕男性，以投入工業與軍隊裡某些需由男性擔任的職務。
- **長者照顧。**僅有少數年輕人能夠提供服務。部分窘迫的家庭必須如同棄養幼兒般棄養長者。

6 **中國龐大的社會與醫療需要讓政府與社會難以承擔。**部分宗教團體建立非政府組織，或者在各地社區從事非正式的服務。福音帶給他們耶穌裡的力量，進而面對人生各種挑戰，並效法基督服事世人。

- **疾病與脆弱的醫療體系。**數百萬人罹患肺結核，另有數十萬人是愛滋病毒帶原者。吸毒者一直在增加（超過一百萬人）。
- **殘障人士。**全世界五分之一的殘障人士住在中國。每年誕生的殘障嬰兒超過一千兩百萬人。四千萬人口罹患精神疾病，卻無法得到適當的醫療照顧。中國社會歷來就排斥殘障人士，這些人大都被認為是累贅，得不到愛、照護或者尊嚴。
- **弱勢群體。**婦女、孤兒、難民（尤其是來自北韓）以及極其貧苦的人都生活在危險邊緣；請為那些努力替他們伸張正義的人禱告；請為那些身處險境的人能被拯救禱告。
- **遭壓迫的人。**中國的自殺率居全世界首位，而且大都是農村婦女。社會變遷的時候，家庭與社區壓力也隨之上升；請為能有眾多基督徒參與戒毒、婚姻諮商以及自殺防制禱告。
- **遭忽視的群體，**包括無人照護的長者、天災的受害者、大城市貧民區的民工、少數族群以及身處惡劣監獄系統裡的人；耶穌知道也記念他們所有的人，請為教會也能效法耶穌禱告！

7　中國面臨環境災難。農業與工業的大規模發展,導致土地、空氣以及水都遭到嚴重污染。結果,許多人因此死亡、生病,也出現先天殘疾。沙漠的擴展(北方)已經影響數百萬人;請為執政者能夠為人民與環境的永續經營制定勇敢果決的政策禱告。

中國的教會

1　中國教會的生存與成長是我們這個世代驚天動地的事件!無神論政府嚴格控制宗教團體,並且在文化大革命期間禁止所有宗教活動。基督徒在那時開始建立地下家庭教會,藉此在迫害下生存。在廣播事工、基督徒工人以及獻身外展的信徒的齊心努力下,教會不但得以存活,而且還成長!政府當局在 1978 年重新容許註冊教會活動,企圖再次控制基督教,但未註冊教會繼續成長。事實上,這是教會歷史上前所未見的成長故事:福音派人數在短短三十五年內,從 1975 年的兩百七十萬人成長到七千五百萬人!

2　當為中國信徒的信心與委身讚美上帝。他們所承受的應該是人類歷史上對基督徒最廣泛的迫害,但上帝賜力量給這些信徒,並增添他們的人數,而且聖靈激勵他們熱切禱告並勇敢地佈道。現在的迫害與壓力比以往稍減,而且有些人認為這是邁向真正宗教自由的一步。然而,今日執政者依舊認為未註冊的教會屬於非法,而且基督徒會因此遭到逮捕與罰款,教會被迫關閉而建築物則被拆毀。

3　請為下列中國教會禱告:
- **三自愛國教會與中國基督教協會**(TPSM 與 CCC)組成唯一得到政府承認的新教教會,可以合法印行與銷售聖經,並且能夠登記與建造教會。但政府會限制其教導、外展行動以及門徒訓練。自從 1978 年恢復運作後,一直在成長中。過去一段時間,無神論政權會強迫三自與協會接受特定的教條與禮儀,限制它對社會造成的衝擊;請為復興與更新,以及未來的成長禱告。
- **傳統的家庭教會**在過去數十年間,一直都是中國教會的核心。傳道人在中國各地長途跋涉。密集的迫害使得他們與普世教會隔離,並驅使他們採取因地制宜的本土策略。他們全神貫注在禱告、復興、儉樸的生活以

及基督！多數家庭教會基督徒都熱愛他們的國家，但他們最優先效忠的對象是上帝。他們不願意向政府註冊。他們因為屬於非法團體而招致迫害。鄉村人口大規模向城市遷移迫使這些組織和教會不得不改弦更張，部分鄉村教會因此失去領袖，同時部分在城市的民工找不到教會團體；請為中國信徒能堅定地委身於上帝的話語、聖靈的大能並且勇敢地傳播福音禱告，能繼續為這股成長、變遷的潮流注入動力！

- **其他鬆散的小型家庭教會網絡**依舊是中國教會重要的一環。許多是透過廣播以及相關事工建立的教會，往往位在少數族群當中。近來，新的網絡出現在工作場所，例如基督徒擁有或者管理的工廠或者辦公室。

- **都市專業人員教會**是近來的重要發展。許多專業人士和學術界人士逐漸轉向上帝，時機往往是他們在海外求學或者任教的時候，他們回到中國後渴望把他們的信仰帶入都市社會！這些受過高等教育的信徒能夠影響政府、商界、媒體、司法體系、學術界以及公民社會。他們能以異於三自教會和家庭教會的方式更有效地與政府溝通。他們當中許多人都對促進社會福利有強烈的使命感。

- **天主教會**在中國政府成立中國天主教愛國會時（1957年），就已經脫離梵蒂岡而獨立。大多數天主教徒都「地下化」，並且繼續忠於教宗。他們遭受嚴厲的迫害。這些團體曾經互相鬥爭，因此教宗現在鼓勵他們彼此和好。許多天主教徒都屬於熱情的靈恩派。

4 中國各宗派間彼此的關係在過去幾十年一直都處於緊張狀態，但最近逐漸穩定下來。三自教會和家庭教會網絡在2008年（南部汶川）和2010年（西北部玉樹）大地震後攜手服事陷入困境的社區，數千人相信基督。這是一個轉捩點嗎？請為雙方能在十字架前真正和好禱告。

5 許多基督徒對聖經的認識不足以解答生命中的難題；請特別為配偶間與親子間關係的轉變禱告。社會把婚外性行為視為平常，離婚率攀高，許多家庭隨之瓦解。隨著財富增加也帶來新的壓力。貪腐變成常態。中國教會有許多成熟、睿智的基督徒領袖與長老，但數量不夠；請為他們能得到上帝的話語以及聖靈的帶領禱告。

6 教會領袖培訓陷入危機。許多信徒都是第一代基督徒。部分三自教會報告顯示，每七千信徒裡面只有一個受過訓練的領袖，而且部分地區的比例甚

至高達四萬信徒！中國十八個正式神學院每年畢業的學生不到一千人。對整個中國教會來說，聖經訓練與門徒訓練極其重要；請為聖經能夠普及各地，以及能夠有讓數十萬平信徒領袖得到造就的課程禱告。家庭與社會的壓力迫使年輕人在謀職時，選擇收入優渥的工作而非全職事奉。婦女擔負著許多領袖的職分，因為幾乎 75% 的基督徒都是婦女；請為她們有力量與智慧承擔她們的責任禱告；請為弟兄與姊妹能夠在教會中一起服事禱告。

7 **東方閃電等激進的異教散布各種錯誤教導。**部分異教的教導類似高舉聖經的基督教，另一些異教則充滿謊言。他們會混淆百姓，並讓人對基督教產生錯誤的認識。這些異教在許多省分迅速蔓延，尤其在河南和吉林兩省。他們往往從教會中吸收新成員（有時甚至使用綁架與洗腦等手段）。東方閃電已經控制內蒙古部分地區大部分的家庭教會。異教在缺乏聖經知識以及訓練有素的領袖的基督徒團體中最有斬獲；請為基督徒能夠認識真理並且識透謊言禱告；請為廣播與文字事工能夠幫助信徒在上帝的真理上站立得穩禱告。

8 **中國基督徒與世界各地福音派的接觸逐漸密切。**在數十年的孤立後，這是非常大的祝福！中國的基督徒領袖能夠更進一步與其他國家的基督徒一起團契與禱告，但緊密的接觸也會帶來攔阻以及被利用的危險。外來的金錢與資源會帶來祝福與負面效果；請為他們能有足夠的智慧與愛心維繫與外國基督徒之間的關係禱告。

9 **宣教異象強烈，**中國教會差遣工人前往國內未曾接觸福音的少數民族，以及海外福音未遍傳的國家。有些家庭教會網絡長期支持前往其他省分與少數民族的宣教事工。「傳回耶路撒冷運動」的目標就是要從中國差遣十萬個宣教士前往世界上福音未傳遍的地區。有些人認為中國可能成為二十一世紀差遣海外宣教士最多的國家！請為基督徒與教會在這個跨文化事工上得到精良的裝備禱告；請為基督徒，尤其是居優勢的漢人能夠靈巧、細心又謙卑地服事禱告。

福音較少觸及之民

中國現在是全世界基督徒人口最多的國家！但僅有大約 8% 的中國百姓是基督徒，而且信徒並不是均勻地散布在這個龐大的國家。許多中國人都相

信無神論，而且超過五億中國人信奉基督教以外的宗教。其中包括古老的信仰，例如道教、佛教與儒教，較晚近的法輪功也吸引不少信眾。至少有兩千萬人是穆斯林。這個部分著重的是較少聽聞福音的中國族群，請為他們全都能歸向真理禱告。

1 「**失落的世代**」。文革是毛澤東推動的最後一個政策，此舉造成重大傷亡。那段期間有數百萬人喪生，而教育也為之癱瘓；請為那段期間「失落的世代」能夠在基督裡得到盼望與平安禱告。

2 **將近三億的兒童與青少年**（十五歲以下）。他們要面對各種壓力，與前一個世代的艱辛截然不同。不論是都市還是鄉村，年輕人的犯罪率與性氾濫都急遽升高。中國最迫切的需要之一就是成年人對兒童與青少年施加適當的管教；請為忙碌的基督徒父母能夠挪出時間與家人相處禱告。無神論依舊是中國教育的重要科目；因此請為兒童與青少年能接受正確的聖經教導禱告。居住在城市的父母現在都希望把孩子送進私校；請為基督徒能夠建立吸引中國家庭的優秀學校禱告。

3 **伊斯蘭教是中國官方認可的宗教**，但因為它與部分少數族群之間的衝突而成為棘手的議題。幾乎所有穆斯林都來自維吾爾、哈薩克、烏茲別克、塔吉克、塔塔爾、薩拉（Salar）、東鄉和回族。僅有極少數的中國基督徒在穆斯林社群中生活與工作；請祈求上帝呼召更多的工人服事這些經常被孤立、而且不時遭到迫害的少數族群。

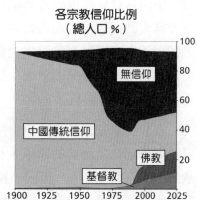

各宗教信仰比例
（總人口 %）

無信仰

中國傳統信仰

佛教

基督教

1900　1925　1950　1975　2000　2025

4 **將近 10% 不屬於漢族的中國本土族群**，他們共有 474 個不同的族群，總共一億三千五百萬人，其中多數人依舊未曾聽聞福音。其中有 217 個族群裡面沒有已知的基督徒；請祈求上帝興起為他們代禱與外展的事工；請特別為能有他們母語的聖經譯本禱告。

5 **分散在各國的海外華人**（四千萬）。波斯灣國家雇用無數中國勞工。中國在非洲與拉丁美洲推動的新經濟活動，把許多中國人引入那些區域。許多中國人遷居到俄國的西伯利亞，許多國家紛紛成立龐大的中國基督徒社群，但其他國家的中國人依舊未曾聽聞福音。

6 中國需要來自世界各地裝備精良的基督徒工人。政府當局不歡迎具有宣教士身分的外國基督徒。但他們可以經由各種方式服事中國；請為在中國的外國基督徒能謙卑服事、學習當地語言與文化，並且能在遭遇困難時屹立不搖禱告：

- **外國專業人士**。最近中國廣徵十五萬名橫跨各領域（例如生物、能源、農業、資訊科技等等，財務尤為急迫）的外國專家，各級學校希望外國人來講授英語、日語和其他語言以及各種大學課程。中國也需要開發工作，尤其是在少數民族與民工中間；請為眾多基督徒能回應這些需要，並能在各自的領域專心服事禱告。
- **學生**。目前有來自 175 個以上的國家、超過七萬五千名學生在中國求學；請祈求上帝使用這些外國基督徒學生，能積極傳揚福音。
- **回國探親尋根的中國人**。數百萬人以旅客的身分回到中國，信徒有時候會發現在中國的親友對屬靈事物非常感興趣。

請為在中國的外來基督徒禱告，願他們在服事中滿有謙卑，並能良好地學習語言和文化，在充滿挑戰的時代中堅持不懈。

7 請為凡渴望上帝話語的人都能得到聖經禱告。教會在每個族群的成長都倚靠它。請為下列事項禱告：

- **聖經的流傳**。現在大多數城市裡的基督徒都有一本聖經，然而數百萬信徒依舊缺少聖經。某些鄉村的家庭教會必須十個人甚至一百個人共用一本聖經！南京愛德印刷公司已經得到允許，每年印製一千萬本聖經，而且有將近八百萬本留在中國。「偷渡聖經」的時代大致上已經過去，但中國依舊需要聖經。
- **聖經翻譯**。中國有超過兩百種少數民族語言依舊沒有聖經譯本！許多語言都沒有文字。大多數中國南部與西南部族群的聖經譯本甚至還沒有開始動工。
- **影音資料**。基督教電台支持整個中國的佈道與教導。當為那些多年來不計較收穫、一直忠心向中國播音的人讚美上帝，如今我們可以看到收成了！今日，許多方言擁有數百小時的基督教節目。部分基督教電台和錄影資料是用少數沒有聖經譯本的語言製作的，但數量仍舊不足。電視、數位媒體與網路能夠觸及數億身邊少有基督徒的大眾。

中國各地區

中國有三十三個行政區域：二十二個省、四個直轄市、五個自治區、兩個特別行政區（香港與澳門）。其中十一個區域龐大到足以列入全世界人口最多的二十五個國家名單！

中國的基督徒人口難以估計，三自教會和政府當局傾向公布較低的數據，部分基督教機構傾向較高的數據。2010 年官方公布的基督徒數量跟基督教研究機構發表的數字非常接近。我們相信後面列舉的數字應該是真實情況的反映。

東北地區

黑龍江、吉林、遼寧

人口總數超過一億兩千萬，其中將近 8% 是基督徒。

1 這個區域（接近北韓和俄國）曾經是滿族（滿州人）的家鄉，他們在 1644 年至 1911 年之間征服並統治整個中國。黑龍江省擁有肥沃的農地。吉林省跟北韓接壤。遼寧省的工業、農業與港口（大連港）吸引許多經濟移民前來。這裡的教會成長快速，當地信徒與外國（韓國）信徒都積極參與事工和植堂。

2 當為中國東北的兩百四十萬韓國人幾乎有三分之一都是基督徒讚美上帝！ 每年將近有三萬北韓人逃亡到中國，而且基督徒會幫助他們。這對所有人來說都非常危險，因為那些被抓到的人會遭到嚴懲。許多難民都是婦女，結果淪為幫傭或者性奴隸；請為所有逃離北韓的人能夠在中國得到自由、安全與福音真光禱告。

3 請特別為下面族群禱告：

- **滿族，中國第二大少數族群**。多半住在東北部。當為最近有眾多人接受福音讚美上帝。滿族教會與漢族教會都有新的信徒。
- **當地的蒙古族與阿爾泰族**。多半遵守民間信仰並且信奉薩滿教。許多人都憎恨漢族「霸佔」他們的家鄉。
- **長春市與吉林市**（最大的城市）的基督徒人口比例非常低。

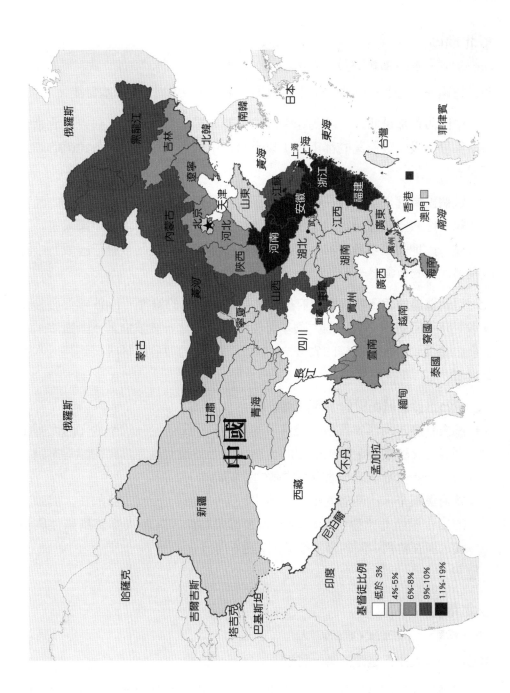

基督徒比例

- 低於 3%
- 4%-5%
- 6%-8%
- 9%-10%
- 11%-19%

華北地區

河北、山西、陝西、兩個直轄市（北京、天津）

超過超過一億七千三百萬人居住在華北中部，其中大約 8% 是基督徒。

1　中國的首都是北京；請為國家眾領袖能夠尋求百姓的福祉禱告。北京的財富與權勢吸引數百萬的都市民工以及來自中國各地和全世界各角落的商人和學者。

2　這個區域就是基督教在中國的發源地！景教在主後 635 年在陝西的西安建立第一座教堂，但隨後的恐怖迫害毀滅了這個見證。河北是中國天主教的中心點，此地的天主教徒非常眾多。過去二十年，這裡的教會已經成為中國成長最快速的教會之一！

3　這個地區的教會要忍受政府嚴格的控制與嚴厲的迫害。1900 年爆發義和團拳亂時，山西省有數千個中國基督徒殉道，而且一波波迫害不斷衝擊。它是全中國受到最嚴密監控的省分之一，然而這裡的教會已經成長到將近六百萬人！

4　請為這個區域面對的下列困境禱告：
- **屬靈營壘。**山西省五台山是佛教的聖山，恆山是道教的聖地，而大寨鎮則成為文革期間毛澤東信徒的聖所，陝西省是共產黨奪權的關鍵重鎮；請為全能上帝在這些地方彰顯祂的權柄禱告。
- **貧窮與艱辛。**山西省的重工業帶來污染、疾病，而且工廠的工人與礦工的工作環境非常惡劣。陝西省人民普遍貧窮。許多人都感到無望與沮喪，但在他們中間的事工卻結出美好的果子。

西北地區

甘肅、青海、一個自治區（寧夏回族）

超過四千萬人住在這個區域，將近 5% 是基督徒。

1　基督徒在這個區域的熱心服事帶領許多人來到基督面前。教會在貧窮的甘肅省成長緩慢，但因為基督徒熱心照顧殘疾與窮苦人，越來越多人來到基督面前。基督徒在黃河沿岸（寧夏省北部）推動的濟貧事工帶領眾多農人與

工人歸信耶穌。

2 **青海省**是西藏、漢族、蒙古、回族與突厥世界交會在一起的獨特區域。青海是中國各省中少數民族人口最多的一省。1940 年代時,此地的基督徒僅有數百人。基督徒人數成長大部分集中在漢族。這個省分的勞工營和監獄裡面有數千個犯人過著非常艱苦的生活;請為在獄中受苦的信徒禱告,願他們對上帝的信心能夠成長,並成為周遭人的祝福。

3 **較少接觸福音的族群:**

- **東鄉族和保安族**(多半在甘肅)屬於混血的蒙古族,且是堅定的穆斯林。目前還沒有任何人向這些孤立的族群傳福音。
- **回族穆斯林**(1,320 萬)散居中國每個省分,不過寧夏是他們正式的家鄉。他們是波斯人與阿拉伯穆斯林商人、蒙古人與華人混血的後代。信徒人數不到一千人,但現在已經有少數團契與會眾,短短幾年前那裡連一個也沒有。多數成為基督徒的回民參加華人教會,而失去他們的回族身分。
- **藏族**多半信奉喇嘛教。他們受到西藏宗教屬靈權勢的嚴格轄制。甘肅省有一間藏族教會,而且部分藏族團體有非常少數的基督徒。

華東地區

安徽、福建、江蘇、江西、山東、浙江、一個直轄市(上海)

居住在這個地區的人口超過四億,其中 10% 以上是基督徒。

1 **數十年來華東地區基督徒人口的成長一直非常驚人!**除了江西,其他省分的教會都有巨幅成長,甚至江西部分地區的教會也一樣。三自教會、天主教,尤其是家庭教會全都非常興盛。福建是新教宣教士(十九世紀)來華後,第一個接受福音的省分。中國兩個最龐大的家庭教會組織的發源地都是安徽,儘管當地教會遭受極大迫害依舊成長。浙江人口有 20% 都是基督徒,是所有省分中比例最高的一個(此地重生得救的基督徒人數可能超過任何歐洲國家!),南京(江蘇省)是基督教在中國的重鎮。公辦的三自教會神學院以及愛德出版社(最大的聖經印刷廠)都在此地。這些地區的基督徒(尤其是浙江),都努力地把福音傳向中國其他地區。

2 **請為沿海那些面對台灣、南韓與日本的富裕省分禱告：**

- **山東與江蘇**。山東是孔子的誕生地與家鄉，他的哲學思想與著作深深影響中國文化；請祈求上帝化解泰山（中國道家與儒家傳統中最重要的聖山）這個屬靈營寨的勢力。

- **浙江省**。90% 的事業都屬於私營企業，而且其財富分配比其他省分都更平均。它是中國最安定的省分之一。

- **福建省**跟台灣緊密相連（80% 台灣人的祖先來自福建）。東南亞乃至全球的許多海外華人起初都來自福建省（福州人、潮州人、客家人等等）。許多台灣人紛紛返鄉，在他們祖先的土地上修復、建造佛教的廟宇或者道教的寺院。

- **上海市**是中國最大的城市，它擁有全國最大的海港，也是全球的金融與貿易中心。中國最大的外國人集中地就是上海。它也擁有為數龐大的都市民工（500～600 萬），以及超過三百萬個年齡六十歲以上的居民。

3 **內陸的江西和安徽兩省**比這些沿海省分都更貧窮。洪水、食物短缺以及公家機關的無能，讓百姓感到絕望。江西省的共產黨傳承非常強烈。軟弱而且有時貪腐的領袖所制定的政策往往導致自耕農與佃農舉行大規模抗議。

華中地區

河南、湖北、湖南、一個直轄市（重慶）

請為華中地區兩億五千萬人禱告，將近 10% 是基督徒。

1 **河南是中國教會成長的發動機！**有些人稱呼方城縣是「耶穌窩」。1960 年代時，政府宣布河南是「無神論地區」。復興始於文革期間，當時有眾多人信主、出現神蹟奇事以及福音傳遍中國的異象。河南現在的三自教會與家庭教會人數都高居全國首位。河南的外展行動是基督教擴展過程中，最偉大的事蹟之一！從河南出發的先是植堂團隊（往往由婦女組成），隨後是聖經教師。當為這個轉變整個國家的大規模成長讚美上帝！

2 **湖南省**是毛澤東出生地，而且依舊孤立並敵視外國人；請為這個省分的屬靈困境能有所突破禱告！這裡教會的人數始終不多，但從上個世代開始已經快速成長，不過異教和儒教也在年輕人中快速成長。在西部偏僻山區的百

姓依舊難以接觸福音。

3 請為這個地區的各種需要禱告：

- **河南省經歷許多苦難。**黃河經常氾濫並造成嚴重災情。

- **三百萬土家族**（湖南與湖北）是世界上沒有書寫文字的最龐大族群之一。他們沒有聖經譯本。僅有少數基督徒，但大多數人都崇拜鬼神，尤其崇拜白虎。

- **湖北省註冊的教會在 1949 年以前曾經成長**，但以後就沒有什麼成長。當局嚴密監控，尤其是各個城市；請為上帝能破除綑綁百姓的政治與屬靈的枷鎖禱告。基督徒曾經服事洪水災民的地區的部分家庭教會有所成長。

- **長沙**（湖南省會）是毛澤東接受共產黨的地方。早期從英國差派到中國的宣教士戴德生就埋葬在此地。它對外國勢力保持封閉，而且超過六百萬人口中，僅有五萬個基督徒。

- **重慶市**（位在揚子江岸）是中國西部與西南部的工業與貿易中心，2000年到 2010 年間，它是世界上成長最快速的城市。因為要建築三峽大壩，當局強迫一百四十萬居民遷往新居，結果大部分人都在重慶落腳；請為這裡的百姓因為這次劇烈的改變而開放心胸接受福音禱告。

華南與西南地區

廣東、貴州、海南、四川、雲南、一個自治區（廣西壯族）

超過三億五千萬人住在這裡，僅有大約 4.5% 是基督徒。

1 這區域被許多社會上的惡事所困。貪腐、犯罪、淫亂、販毒以及人口販賣都十分常見。相較於中國其他地方，這裡的基督徒非常少。四川人口中的基督徒比率是所有漢族為主的省分中最低的一省。天主教在 1696 年傳入四川，而新教則在 1800 年代把福音傳到廣東和四川。但英國佔領香港、並以武力強迫中國販賣鴉片的過往阻止福音的傳播。快速的開發雖然為廣東、海南（吸引內陸富裕觀光客的海島）以及成都（現在成為整個華西的關鍵城市）帶來財富以及許多民工，但也導致道德淪喪。

2 當為教會的成長讚美上帝：

- **貴州。**教會在兩個苗族和數個彝族（多半位在西北部）間逐漸成長。許

多從前沒有任何信徒的族群，現在都有一間人數雖少但在成長的教會。

- **海南島**。儘管三自教會、家庭教會以及基督徒領袖中紛擾不斷，基督教依舊成長；請為基督徒的合一禱告。
- **成都**（四川）的三自教會和家庭教會網絡雙雙成長；請為華南族群的基督徒成為未聽聞福音族群的宣教士禱告。

3 **華南與西南地區未聽聞福音族群**的人口有數千萬之多，分布在數百個不同團體裡面，各個都有不同的文化和語言。地理偏僻加上交通不便使得許多村落孤立在福音之外。上個世紀時，聖靈在雲南某些部落群體（傈僳族、苗族、佤族、景頗族和怒族）大有能力地運行。其他族群有許多基督徒，但起初也只有少數基督徒。

- **廣西**屬於中國開發程度非常低又極遙遠的省分之一，可能有 90% 人口未曾聽聞福音。壯族是中國少數民族中人口最多的一個民族；請為基督徒能夠把福音傳到這塊區域最偏僻的角落禱告。
- **雲南的少數民族**總共有一千六百萬人，至少有 208 個族群。高山峻嶺、不同的語言、以往的舊恨以及屬靈的綑綁……這一切都成為福音的攔阻。雲南的九十五個族群裡面沒有任何已知的基督徒。
- **蘇諾族**（四川）曾經掌控他們的領域並且奴役漢人，直到 1953 年共產黨政府奪得這裡的控制權。
- **黎族**（海南）過去一直都在反抗中國的統治。黎族的七個主要語言都沒有聖經譯本。
- **西藏族群**（四川）都未曾聽聞福音。這些族群大部分都有血緣關係，但他們並不懂得彼此的語言。康巴族和西藏安多地區都可取得聖經，但其他族群還無法取得。
- **數百個其他少數民族**，例如苗族（多半在貴州）、瑤民（主要在廣西）需要聽到福音；請為他們當中的小型教會能成為強壯有效的見證禱告。

外圍的自治區

內蒙古、西藏、新疆維吾爾

人口超過四千八百萬，僅有 6.6% 是基督徒。

1 政府措施以及漢族移民對這些本土族群（蒙古、維吾爾、西藏）的文化構成威脅，這些群體的回應往往就是敵對、暴力或者強烈地表達他們的傳統宗教。

2 蒙古人居住在內蒙古的數量（四百萬）比蒙古當地還多。他們的宗教混雜著佛教、祖先崇拜、巫術且受到薩滿教影響；請祈求上帝綁綁那些矇蔽蒙古人、讓他們無法認識真理的靈界勢力。蒙古人欠缺聽聞福音的機會，但對福音保持開放。基督教在內蒙古快速成長，但大都是在漢人區域。

3 維吾爾穆斯林曾有過強大的教會。基督教在六世紀就已傳入當地，在十三世紀達到最強盛的時期，接著甚至延續到 1930 年代。基督徒在暴戾的迫害下，不是遭到殺害就是流亡各地。目前新疆省可能有兩、三百個維吾爾信徒；請為當地弱小的維吾爾教會能夠成長茁壯禱告。

4 多數新疆本土族群都是穆斯林，而且未曾聽聞福音。某些哈薩克人、回人、吉爾吉斯人與其他族群開始找到耶穌裡的生命，但需要韌性、智慧以及堅定的信心，才能因應當地的宗教與政治情勢。外國人以及漢族基督徒要在此地推動事工，依舊非常困難；請為普世教會能挺身響應新疆迫切的屬靈需要禱告。

5 西藏曾短暫地建立佛教國家直到 1950 年中國入侵西藏。許多西藏人反抗中國的佔領。政府當局毀壞的僧院超過六千所，百姓死亡的數目可能超過一百萬，另有十萬西藏人目前流亡在尼泊爾、印度以及西方世界。西藏佛教緊緊地掌握著當地百姓。西藏高原的最高處都是著名的屬靈重鎮，對福音非常排斥。古老的苯教依舊具有邪靈與異教的影響力，儘管遭到共產黨迫害，目前依舊有一千八百所寺院和四萬六千名佛教僧侶。經過數世紀的努力依舊失敗，僅結出稀少的果子，在世界上五百萬的藏族口中，基督徒可能不到三千人。

喬治亞（格魯吉亞）Georgia

人數：420 萬 **首都**：提比里斯（110 萬人）
基督徒人數：330 萬 **福音派人數**：6 萬 5 千
主要宗教：基督教
成長最快速宗教：無信仰（成長率 0%，其他較大的宗教團體亦負成長）

主要族群：高加索語族（81.7%，喬治亞人、明格列爾人、阿布哈茲人）、土耳其語族（6.4%）、亞美尼亞人（5.4%）、旁狄希臘人（2.5%）、斯拉夫人（1.9%，多為俄羅斯人）、伊朗米底亞人（1.2%，多數為奧塞梯人）
官方語言：喬治亞語 **全部語言**：25 種

經濟：喬治亞擁有肥沃的土壤與溫和的氣候，適合生產水果、茶葉、棉花、酒，適合發展觀光，工業與服務業亦相當蓬勃。因稅制改革、反貪腐和民營化等努力而提升國際地位。近舊絲路的戰略位置有利於貨物、油品、汽油等產品往歐亞轉運。

政治：經過數百年各個鄰近國家的統治之後，喬治亞於 1991 年獨立建國。「玫瑰革命」（Rose Revolution，2003 年）之後，於 2004 年舉行選舉，自此之後民主已大幅進步。境內有兩大地區（阿布哈茲和南奧塞梯）脫離喬治亞，並獲得俄羅斯的支持與承認，此次的政治變化將劇烈影響喬治亞未來的國家命運。

1 1991 年以來社會、經濟與政治變化風起雲湧。 貪腐的改善與蓬勃的民主改革，帶領喬治亞邁向和平的未來。近日開始對於屬靈事物保持更加開放的態度，尤其是基督教！上一代有將近二十五萬人民因內部種族衝突流離失所，2008 年「八月戰爭」（August War）時，俄羅斯軍隊短暫佔領了喬治亞大片國土，使經濟發展略微倒退；請為喬治亞的和平以及未來的發展禱告。

2 喬治亞與東正教教會的歷史 可追溯至西元 150 年！在共產黨的反對之下，教會裡有人因此殉道，有人則與共產黨妥協。獨立之後，許多喬治亞的人民回到祖先的教會，亦有少數族群信主。但這對多數的喬治亞人而言是愛國的展現，而非屬靈信仰的告白；請為上帝的話臨到禱告，願能帶領許多人因此找到真理。

3 勢力較小的新教教會 亦與共產黨展開對抗。自國家獨立以來，福音派就不斷遭到東正教教會的反對，因此很難找到安全的集會空間，或取得集會許可。2005 年時歷經法律上的變革之後，才擁有較大的自由；請為東正教教會與其他宗派之間的互相尊重禱告，希望各宗派將自己的想法暫時擱置一旁，

同心協力為國家努力。

4 請為少數民族的屬靈需要禱告：

- **阿布哈茲人**（東北部）雖然表面上多數居民信仰東正教，少數信仰伊斯蘭教，但生活言行基本上卻與未信者無異。我們需要藉助文化的洞察與靈性的突破來向他們傳福音。

- **猶太人**長久以來在當地和平生活，但現在卻遭受日益嚴重的歧視。目前無人向他們傳福音。

- **基什人**大多屬於遜尼派伊斯蘭教，與車臣人民關係密切，多數生活窮困，住在潘基斯亞谷裡或鄰近地區。

- **明格列爾人**（四十萬）大多沒有信仰任何宗教，《耶穌傳》（JESUS）則是首部以當地語言上映的宗教電影。

- **斯瓦涅季人**（Svaneti）是住在西部偏遠山區的部族，目前已知只有一對宣教士夫婦於當地向未信者傳福音。

印度 India　　　　　　　　　　　　　　　　　　　　　　亞洲

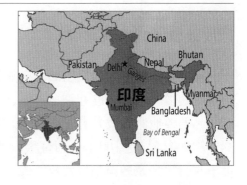

人數：12 億　**首都**：新德里（2,220 萬人）
基督徒人數：7,100 萬　**福音派人數**：2,630 萬
主要宗教：印度教
成長最快速宗教：基督教
主要族群：〔印度是世界上種族最多元的國家，擁有超過 2,500 個不同種族〕印度人（37%，297 個族群）、孟加拉人（14.3%，162 個族群）、泰盧固人（5.4%，135 個族群）、馬拉地一孔卡尼人（5.3%，110 個族群）、拉賈斯坦人（5.3%，110 個族群）、泰米爾人（4.6%，89 個族群）、古吉拉特人（4.1%，127 個族群）、卡納達人（3.1%，162 個族群）、馬拉亞利人（3.1%，97 個族群）、烏爾都穆斯林（3.1%，142 個族群）、賈特人（2.8%，104 個族群）、蒙達一桑塔爾人（1.4%，11 個族群）、旁遮普人（1.4%，120 個族群）、奧里雅人（1.4%，284 個族群）、龔德人（1.4%，6 個族群）、比爾人（1.3%，4 個族群）、圖博／喜馬拉雅人（1.1%，252 個族群）與伊朗米底亞人（0.9%）
官方語言：憲法承認 22 種語言，官方語言為印度語（超過 40% 人口使用），英語為第二語言
全部語言：456 種（其中 18 種語言的使用人數超過 1,000 萬人），「民族語」（SIL Ethnologue）機構列出 438 種仍在使用的語言，聖經已翻譯成 70 種語言，新約翻成 120 種語言，單單翻成新約或舊約的有 89 種，目前正在翻譯的語言則有 136 種。

種姓制度：約有 4,700 個種姓，25,000 個次種姓，這些階級決定了社會秩序。種姓由出身決

定，亦受到家人職業影響。種姓制度分為「上層階級」（Forward Castes）、「其他低下階級」（Other Backward Castes）、「達利／社會大眾／賤民階級」（Dalit/Bahujan/Scheduled Castes）與「表列部落階級」（Scheduled Tribes）。雖然憲法規定種姓制度的歧視違法，並安排警察保護受制度壓迫的族群，但種姓制度的歧視仍未從印度國土消失。

經濟：屬傳統農業經濟，1990 年代初期以來經濟快速轉型，形成多元經濟，工業與服務業尤其蓬勃發展。印度擁有核能與太空工業，亦是全世界資訊業的龍頭。經濟快速的成長雖然使許多人致富，擴大了中產階級，但農業的貧窮與都市貧民窟人口仍高達數億人，其中 40% 的人口生活條件遠低於貧窮線的標準。基礎設備不全（例如交通運輸、電力和衛生條件），加上貪腐與社會成見，都阻礙了國家進步。

政治：1947 年脫離英國獨立之後，印度激進的民族運動不斷擴張勢力與影響力，印度人民黨（Bharatiya Janata Party，BJP）於 1990 年代掌權，之後由印度國民大會黨（INC）主導的聯合政府贏得兩屆選舉。他們重視經濟成長，以及種姓制度、宗教自由等社會進步的議題。2014 年選舉之後，印度人民黨重新掌權，坐享前任政府留下的經濟成長與社會發展成果。印度與巴基斯坦之間的關係依舊緊張，特別是喀什米爾議題而起的爭議。

印度超過十億的人口分別住在二十八個邦與七個聯邦屬地中，四十五個城市的居民超過一百萬人，都市人口僅佔逾 30%，大多數人仍住在鄉下。印度的歷史悠久、複雜，且容易遭到誤解，如此之外，多元的語言、種族和宗教都與種姓制度交織成為一體，使人口組成的分析工作困難重重。

印度社會、經濟與政府

1　印度是全球最大的民主國家。無論政治、經濟與社會挑戰，都形成政府沉重的負擔，雖然印度在許多方面都有長足的進步，我們仍須持續為領導者禱告，希望他們能致力處理貪污、欠缺效率與社會成見等問題（2010 年時，543 名國會議員當中就有一百位議員曾因犯罪遭到起訴）。現在已有較多的印度人享有更多宗教自由以及經濟成長，同時有越來越多的民間組織與政府單位希望探討種姓制度內的不公義；請為政府禱告，希望他們能以近數十年來的進步為基礎，特別致力於保護並捍衛人類的尊嚴、權利與自由。

2　印度近十年來的努力展現出經濟成果，並大大影響了未來的全球經濟。多數人傳統從事農業工作，但工業與服務業（尤其是電腦資訊業）持續擴張。今天印度國內的百萬富翁比例已排名全球第四，並有龐大的中產階級。年輕一代的教育程度較高，態度較為開放，但也較重視物質享受。印度亦是全球貧窮人數與貧富差距最高、最大的國家。數百萬人對於經濟成長無感，

基礎設備不全（例如交通運輸、電力和衛生條件）仍是一大問題，貪污影響了社會各個層面，40% 人口生活條件遠低於貧窮線之下，並有 40% 的兒童糧食不足。

3　種姓制度仍是主要議題。「達利／社會大眾／賤民階級」與「表列部落階級」約佔總人口的四分之一，數千年以來受到其他階級以種姓制度（以及印度教）為由的壓迫。聯合國、印度政府與國際民間組織都曾透過一系列的措施來處理這個問題。教會亦盡力建立人權觀念，改善教育、健康醫療與就業條件，為達利人的得救努力。教會在過程中有機會闡明，基督對世人的愛是不分種姓、種族、語言、性別或經濟階級的。透過「達利人自由聯盟」（Dalit Freedom Network）的教導與協助，基督徒對於達利人的權利與自由相關議題有較為深入的瞭解。

4　與其他國家相較，印度的人民有較多的基本需求尚未滿足。我們必須以智慧的行動與持續的禱告，來回應印度人民所受的苦難！

- **數以百萬計的人民深受貧窮問題的影響**。在印度，有許多人不僅貧窮，更是一無所有。大都市裡充斥著相當多貧民窟，但大多數窮人仍住在鄉下，這些人多來自達利／社會大眾／賤民階級與表列部落階級，且往往成為貪污地主的「債奴」。他們的債務與奴隸身分是世襲的，這情況若不改變，他們的悲慘命運就永遠不會消失；請為受苦的人禱告，願他們能看到神公義與愛的臨到。

- **社會大眾的健康問題**。適當衛生條件與乾淨水源的缺乏使疾病大肆猖獗，影響對象以兒童與窮人居多。每年約有九十萬人因不乾淨的飲用水或空氣污染而死亡。印度對愛滋病毒呈陽性反應的人數為世界第三多，罹患肺結核的人數佔全球三分之一。痲瘋病源自於印度，因此設有一千多處隔離區。失明人數達一千五百萬人，其中多數是醫師與驗光師不足所致。

5　婦女與兒童是最大的受害者。全世界只有印度的匱乏最難彌補；請為立意解決急迫需要的國家計畫與基督教的愛心事工禱告，願神能改變社會大眾的態度與行為，彰顯祂對婦女與兒童的愛。

- **危難中的兒童**。四億名兒童當中，就有三千五百萬名兒童可能是孤兒，一千一百萬名遭到棄養（女孩佔了 90%）。三百萬名兒童流落街頭，有

些家庭為償還家庭債務，出賣孩子為奴。有三分之二的兒童遭到虐待，半數遭到性騷擾或性侵犯，超過一百萬名兒童淪為童妓（大多是尼泊爾與孟加拉的兒童）。

- **婦女與少女**。社會大眾偏愛男孩，因此有些家庭若懷女嬰，會選擇墮胎、棄養或加以殺害。今天的女性人口較男性少了三千五百萬，女性識字率與教育程度較低，家庭暴力是普遍的問題，有些女孩則年紀輕輕就被送入廟裡當廟妓。

6 國內外的不穩定局勢與動盪造成社會不安。印度主導南亞與整個印度洋地區，長久以來與巴基斯坦之間存在著緊張的關係，有時甚至發生暴力事件。北方邊界常與中國發生衝突，印度中部與東部的武裝共產黨激進組織日益壯大，甚至威脅到國家安全。東北部有一小群獨立派人士以暴力宣揚各項主張，這群印度教激進組織相信「印度只歸印度教徒所有」，對穆斯林、基督徒和其他弱勢族群使用威嚇與暴力手段。

印度教與印度的宗教

1 印度教是世界第三大宗教體系，但實際上比較像是融合了各種宗教信仰與實踐方法的複雜系統。有些宗派重視哲學思想，有些強調儀式和傳統，有些崇拜偶像，有些則將上述元素結合部落或村莊的神靈敬拜（或神祕學）。印度教允許所有的信仰與教導，因此許多人將之視為包容與和平的宗教，其中有些觀念甚至成為現代全球文化的一部分（瑜珈、大師、因果報應、輪迴與超覺靜坐），但印度教卻無法成為我們與創造主上帝交通的途徑。

2 印度憲法保障完全的宗教自由。印度的基督徒擁有宣揚福音的自由，我們為此感謝神。儘管如此，仍有部分邦政府歧視基督徒、穆斯林和其他少數宗教團體，他們透過法律嚴禁人民改信其他宗教，有時甚至拒絕發放國家津貼給信主的達利人；請為印度的領導者禱告，希望他們能保障人民的宗教自由與弱勢的宗教團體。他們遭受的迫害，大多來自希望為印度除去所有「外來」信仰的印度教激進團體。政府必須以堅定的態度來處理達利人以及部落社區面對的暴力問題，並保障不同宗教的達利人，使他們擁有平等的權利。

3 印度的穆斯林人口排名全世界第三（逾一億六千萬人，超過總人口的 14%），穆斯林統治印度大多數地區逾六百年，今天卻淪為受壓迫的弱勢團體。北方邦、西孟加拉邦與比哈爾邦有許多穆斯林，他們是世界上最少聽聞福音的幾個族群，實在非常可惜，因為印度的穆斯林往往比其他國家的穆斯林更容易接受福音！但近年來已有越來越多的印度以及國際組織，在他們當中努力地傳福音。請為下列族群禱告：

- **謝克人**（七千七百萬人）。他們住在安得拉邦、泰米爾納德邦、賈坎德邦與比哈爾邦。
- **安薩里人**（一千萬人）。他們住在德里，因神的緣故而有突破性的進展！
- **馬庇拉族**（九百萬人）。他們住在喀拉拉邦。
- **喀什米爾穆斯林**（七百萬人），是目前伊斯蘭教裡面比較好戰的一群。
- **薩伊德人**（七百萬人）。他們住在泰米爾納德邦與西孟加拉邦。

4 印度基督教史最為著名的事蹟，是威廉克里（William Carey）於十九世紀初留給後人的寶貴資產。威廉克里在印度人眼中有其正面的社會貢獻。儘管從最近開始，除了天主教宣教事工之外，福音派的教育與健康全人關懷事工也逐漸帶動基督教的發展，多數印度人仍舊認為基督教是外來的西方宗教；請為印度人與外國基督徒禱告，希望他們能展現基督帶來的真實屬靈力量與轉化。

5 印度擁有世界人數最多的錫克教、拜火教、耆那教、巴哈伊教信徒；請為以下族群禱告：

- **錫克教團體**（逾兩千兩百萬人）。雖然大多數的基督徒對於錫克教都很陌生，但（公開或秘密）追隨基督的錫克教信徒不斷與日俱增。
- **藏傳佛教徒**（大約十萬人，主要是圖博的難民）當中，只有數十人追隨基督。喜馬偕爾邦的達蘭薩拉現在已成為達賴喇嘛的根據地。
- **耆那教信徒**（六百萬人）與**拜火教徒**（七萬人）對於社會與工商業有重要的影響力，耆那教是古老的宗教，重視道德純潔，強調非暴力，而拜火教信奉的是波斯古老的瑣羅亞斯德教。

印度的教會

1　**印度的教會具有高度多樣性**且歷史悠
久。基督教在印度大部分的發展，源自於
過去三百年來因當地復興所發起的人民運
動。今天有些基督徒團體明顯增長，有些
則人數削減。

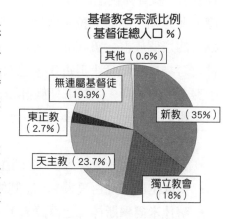

基督教各宗派比例
（基督徒總人口％）

其他（0.6%）

無連屬基督徒
（19.9%）

東正教
（2.7%）

新教（35%）

天主教（23.7%）

獨立教會
（18%）

- **東正教教會**的歷史傳統可追溯自使徒
  多馬，傳說第一世紀時他曾於此地牧
  會。喀拉拉邦與印度西南部的東正教
  信徒最多（逾兩百二十萬人）。

- **天主教教會**（近兩千萬人）是印度最主要的基督教團體，人民對於他們
  的慈善工作抱以深切的敬意，尤其敬重德蕾莎修女對於貧困底層人民的
  關懷。天主教擁有超過五千間衛生保健機構。天主教會的靈恩運動始於
  1972 年，幾乎感染了每一間教會，帶來新生命，強化觸角的延伸。

- **各個福音派與聚會人數的倍增**。上帝利用許多網絡與聯盟，透過禱告、
  牧者的退修會與特會，幫助信徒的成熟與促進動員。他們也舉辦訓練、
  製作文宣、宣教活動與社團推廣。例如印度福音派團契（Evangelical
  Fellowship of India）串連 224 個宗派，印度五旬節團契（Pentecostal
  Fellowship of India）則聯合主要的五旬節團體等等。

- **新的五旬節與靈恩派團契**如雨後春筍般蓬勃發展，尤其在過去十五年之
  間擴及全印度。

- **耶穌聖所會**（Yesu Darbar）約有數千名北印度信徒，他們按照聖經，以
  印度人的方式敬拜上帝、參與團契。

- **耶穌門徒會**（Yesu Bhaktas）有數以百萬計的信徒，有些是地下信徒，有
  些是宗派外未受洗的基督徒；請為他們人數增長的同時，也能接受完整
  的門徒訓練禱告。

2　**相信聖經的教會與團體人數持續成長**，甚至包括以前拒絕福音的地方
（包括北方邦以及其他北部、中部的邦）！低種姓階級的印度人與部落族人當
中的成長特別明顯。基督教策略性地使用文宣、廣播、電視節目及基督教影

片、電影與錄音帶等方式傳福音，數百萬名印度人也已經越來越能接受這些方式。這都是數百場（多由婦女與兒童發起的）新興大型禱告運動為國家的福音化禱告的成果，感謝神回應禱告！

3 **國教教會需要改變**。許多宗派的基督徒無論在敬拜方式、生活方式或教會組織方面，都按照西方的模式，但這卻成為某些團體接觸非基督徒時候的阻礙，造成許多教會的初信者寥寥可數。過去多次爭奪權力與財產，導致教會彼此的敵意與內部分裂；請為教會禱告，願聖靈為基督教的傳統帶來新的生命。

4 **基督徒所受的迫害**（尤其在奧里薩邦、卡納塔克邦與古吉拉特邦）使信徒更加團結，也幫助教會反省目前福音與事工的處理方式；請為基督徒禱告，願他們面對粗暴的迫害時（每年平均發生上千件的迫害事件，且大多發生於印度人民黨執政的邦）能團結並剛強壯膽。有時會有激進的印度人，企圖以武力強迫基督徒「重新皈依」原本的宗教；請為信徒禱告，願他們能不惜任何代價，以愛與饒恕在基督裡站立得穩，同時為迫害者禱告，希望他們能悔改並認識基督。

5 **訓練基督徒同工是當務之急。**

- **教會的存在與興旺倚靠的是牧者、教師、傳道人與宣教士**。許多人透過大型聚會、醫治特會或神蹟奇事接觸到福音，並相信上帝，但卻缺乏基督徒門徒訓練的機會，多數領袖與牧者亦少有機會接受事工預備的訓練。

- **請為正規訓練機構禱告**。印度目前已有一百多間提供學位的神學院！其中有許多屬於福音派神學院。聖經學校有一千多間，內容多集中於實用的技巧（例如教會的設立）及神學思想的教導。多間本土同工訓練中心（目的在於訓練設立教會的牧者）現在也扮演相當重要的角色，但教會需要的不只這些；請為這些機構禱告，希望他們能提供有創意、有效益的方式，將聖經的教導傳授給印度的牧者與領袖。

- **每位基督徒都需要接受訓練，在社會中成為基督的使者**。印度教會必須學習如何在職場上與文化生活中發揮更大的影響力。目前大多數的印度人都會將基督教與社會中窮困及低下階層聯想在一起（印度的基督徒當中，有80%是達利或部落社區的人），至目前為止，福音仍未明顯影響到商業界、政治界、藝術界或文化層面。

6 印度的基督教宣教、教會的設立與研究計畫逐漸發展成熟,這是 1960 年代以來,由外來機構主導的事工的成果。

- **印度有超過一千間宣教機構**,並差派十萬名植堂者、傳道人與社工,並因此設立成千上萬間新會堂!真正的印度教會,會追隨基督,並活出福音的真諦。超過五百位印度人成為國外宣教士。

- **印度宣教協會**(Indian Missions Association,IMA)等網絡組織促進合作與團契。目前已有許多機構收集印度各邦以及各種語言與族群的資料,教會以前從未如此完整地掌握福音未竟之工的實際情形;請為領袖的成熟、成員的完善照顧以及福音事工的合作禱告。

- **目前於印度服事的旅居宣教士僅一千名之多。**在簽證不易取得的情況下,工作簽證與醫療簽證往往成為實際服事於這些領域的同工一個絕佳的機會。

- **全印度基督教協會**(All India Christian Council,AICC)服事對象不分宗派,包含逾五千個關注人權、社會公義、宗教自由與保護少數族群的單位、民間組織、宗派與機構。從前雖經歷分裂,現在已成為一體。

印度最少觸及之民

1 印度最少接觸福音的人數是全球之冠。印度南部與東北部的基督徒比例較人口較多的北部與西部高;請為各地的教會禱告,希望教會能擔當起這份使命。請為下列事項禱告:

- **印度北部的恆河平原**,或恆河流經的邦(喜馬偕爾邦、北阿坎德邦、北方邦、比哈爾邦與西孟加拉邦),共住有兩億八千三百萬人,這地區的每一個邦,基督徒的比例皆不超過 1%。但教會與以前相比,已經成長許多,甚至已出現一些超大型教會以及家庭教會網絡。有一群基督徒的異象是在 2020 年前,於印度北部設立一百萬間教會。

- **在大城市裡**,富人與窮人的生活僅一線之隔,每一年都有多人從鄉下來到都市,最後卻淪落貧民窟。孟買與海得拉巴的基督徒比例很高,加爾各答、德里、瓦拉納西、勒克瑙的基督徒人數較為零星。

- **中產階級**(多達二億五千萬人)。跨文化宣教士當中,有半數進入部落服事,其他大多數則進入最有需要的群體當中。今天只有少數宣教士進

入都市的中高種姓階級服事。雖然大多數同工都理解到改變與調整的需要，卻覺得自己尚未有能力接受挑戰。

2 印度為未接觸福音族群密度最高的國家。 印度有 159 個族群超過一百萬人，其中有 133 個族群未曾聽聞福音，每一個邦都有人未曾聽見福音。下述族群雖然看似陌生奇特，但其實每一個族群都包含了數百萬人，且大多數人未曾有接觸福音的機會（沒有聖經、教會、基督教廣播或電視節目，也沒有宣教士）。每一個家庭、每一個人在上帝眼中都是寶貴的。請特別為以下族群禱告：

- **婆羅門**（五千萬人）。他們屬於祭司階級，也是印度教社會中的最高種姓階級，其中大約只有一萬八千人追隨耶穌。

- **上層階級。** 他們不喜愛基督教，認為基督徒捨棄印度文化，昧從西方的殖民思想。求神打破他們心中的藩籬，使他們相信基督。請為拉吉普特人（四千三百萬人）、馬拉特人（兩千九百萬人）與印度賈特人（一千六百萬人）禱告。請為馬希西亞人（一千萬人）、卡亞斯塔人（八百萬人）、奈爾人（八百萬人）、阿加瓦爾／巴尼亞人（五百萬人）、艾若拉人（四百萬人）、布米哈爾人（三百萬人）、維拉蘭人（兩百五十萬人）與印度卡特里人（兩百一十萬人）禱告。

- **其他低下階層。** 感謝神，班加拉人（兩千萬人，屬吉普賽族的一支）的信徒已有五萬五千名，林加亞特人（一千萬人，已有數百個團契）亦有所突破。請為亞達夫人（五千九百萬人）、庫爾米人（一千八百萬人）、特里人（一千八百萬人）、肯比人（一千六百萬人）、卡普人（一千六百萬人）、奈人（一千兩百萬人）、普什圖人（一千兩百萬人）與馬庇拉人（一千萬人）、加利爾人（八百萬人）、索納人（七百萬人）、古吉拉人（七百萬人）與沃克利加人（六百萬人）禱告。

- **賤民階級／達利人。** 他們比較容易接受福音，甚至有時是集體歸主！請為以下這些基督徒比例低於 0.1% 的族群禱告：多比人（一千兩百萬人）、默哈爾人（九百萬人）、帕西人（八百萬人）、那瑪蘇德拉人（五百萬人）、拉吉班西人（五百萬人）、巴格底人（三百五十萬人）與帕德人（三百萬人）。

- **表列部落。** 有許多未信者，有些從未聽見福音，有些福音尚未深耕。經過數年的福音事工的努力，比爾人（一千四百萬人）與龔德人（一千四百

萬人）當中有許多教會，但基督徒比例僅佔 1%。科里基督徒雖有一千兩百萬人，但比例僅佔 0.3%。

3　聖經公會自 1811 年起展開印度福音事工，每年與其他組織共同協助印製逾三千萬份經文或聖經。聖經翻譯仍是最大的挑戰，因為印度有 456 種語言，目前僅翻譯七十種語言，新約僅翻譯出一百二十種語言。按照目前的進度看來，要到二十一世紀末才能完成所有語言的翻譯；請禱告祈求能有更多同工加入翻譯的事工。另一方面，印度有一半以上的人民閱讀能力不足，所以十分需要有聲產品（例如聖經有聲書）。印度是全世界電腦資訊的龍頭，使用網路人數超過一億人；請為能建立更多印度語言的福音網站以及門徒訓練禱告。

印度各地區

　　印度幾乎每一個邦的面積，都比世界上大多數國家要大！印度中部與北部人口較多，但南部與東北部的基督徒人數較多。雖然每一個邦都獨立存在，但大多數都擁有相似的挑戰，神回應的禱告亦相似。每個邦的社會與宗派面臨的許多議題，就與前面所述無異。

　　值得注意的是，2009 年時普查資料的宗教數字其實遠比各邦人民提供的要低。因此，以下所顯示的基督徒比例取自於「世界基督教資料庫」（2010年）。

南印度

安得拉邦、果阿邦、卡納塔克邦、喀拉拉邦、泰米爾納德邦、三個聯邦屬地（安達曼與尼科巴群島、拉克沙群島、本地治里）

總人口逾兩億人，為當中約有 12% 的基督徒，感謝神。

　1　**許多印度宣教機構在安得拉邦服事**，使許多人認識了基督！雖然現在每一區都已設有教會，但仍有十六個族群尚未聽聞福音，也未接觸福音。每年有數百萬人湧至安得拉邦的蒂魯伯蒂參加崇拜。海得拉巴（首府）是基督教事工的重要基地，有兩百間基督教組織在當地設立總部。海得拉巴有 40% 居民是穆斯林，因此也是南印度重要的伊斯蘭教中心，但穆斯林在當地卻極少進行宣教事工。

　2　**美麗的果阿邦有來自世界各地與全印度的觀光客**，雖然促進果阿邦的觀光，卻也帶來更多的販毒與童妓等罪惡；請為參與其中的人禱告，願他們得救重生。果阿邦以前是葡萄牙的殖民地（1510～1961 年），因此有許多天主教徒，當地有許多人結合印度教信仰與基督教的教導。感謝神，經過長達十八年的翻譯之後，終於完成（最多基督徒及其他族群使用的）孔卡尼語聖經；請為孔卡尼語聖經的使用效益禱告。

　3　**卡納塔克邦是南印度屬靈需要最迫切的邦**。班加羅爾（首府）是印度成長最迅速的城市，也是電腦資訊與軟體產業重鎮，有超過八百間基督教福音機構總部！班加羅爾的基督徒以前主要來自中產與上層階級，但今天已有許多低下種姓階級和貧民窟居民信主，尤其透過靈恩宗派居多。傳統的基督教

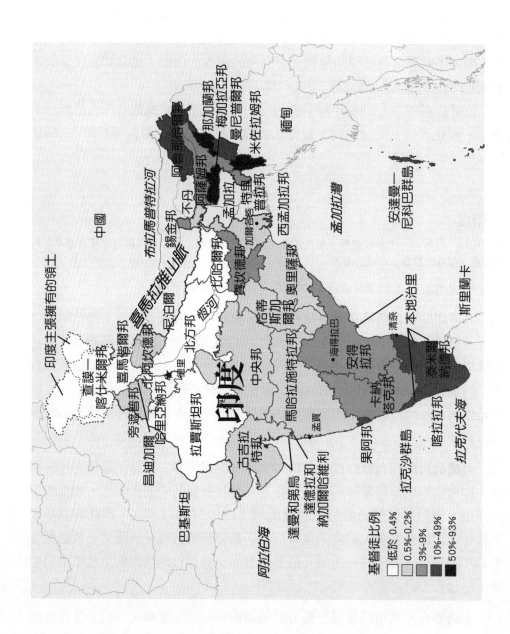

基督徒比例
低於 0.4%
0.5%-0.2%
3%-9%
10%-49%
50%-93%

界容易與社會隔絕。卡納塔克邦目前仍有七十九個族群仍未聽見福音，也未曾接觸福音。

4　喀拉拉邦的基督教歷史悠久，是全印度基督徒人數最多的邦，主要是敘利亞東正教教會的基督徒；請祈求神能為這些古老的教會注入新的生命與熱情。前幾代基督徒對於教育體系的出資與贊助，使今天的喀拉拉邦成為全印度教育程度最高、且對婦女最有善的邦。傳統的宗派（東正教、天主教、新教）與發展快速的新興獨立宗派（通常是靈恩宗派）之間，存在著某程度的緊張關係；請為合一禱告。

5　泰米爾納德邦的教會與宣教受到政治的影響。印度教的偏激分子以「反改教法」（anti-conversion laws）威脅教會；請為印度能繼續保有宗教自由禱告。儘管存在著社會壓力，教會依然持續增長，尤其是在達利人與部落族人中間。穆斯林以及上層種姓階級的印度人較少接觸福音，泰米爾人在全印度境內創立許多基督教組織；請為泰米爾納德教會禱告，願他們能持續竭力追求宣教的異象與福音廣傳。

6　請為聯邦屬地禱告：

- **安達曼與尼科巴群島**（孟加拉灣的三十八個島嶼）已有超過 20% 的人成為基督徒，目前仍有四個與世隔絕的族群尚未聽見福音。他們人口稀少，政府禁止當中所有的宣教活動。印度教信徒與穆斯林（約有三百個族群）也需要聽見福音。

- **拉克沙群島**（位於阿拉伯海的十二個珊瑚礁島嶼及三十六個島嶼）。逾 98% 的居民是虔誠的穆斯林，他們當中從未有任何牧者獲得長期的進駐許可權，亦沒有牧者嘗試進駐。

東北印度
阿魯那恰爾邦、阿薩姆邦、曼尼普爾邦、梅加拉亞邦、那加蘭邦、米佐拉姆邦、特里拉普邦

總人口逾四千萬人，感謝神，其中約有 20% 為基督徒。

1　印度東北種族叛亂活動頻繁，造成社會不安。每個運動都有其目的，且彼此之間往往鬥爭不斷。他們有時會攻擊基督徒或原住民以外的居民。當地人對外來移民（說孟加拉語的孟加拉人，或是說印度語的其他印度人）懷恨

在心，不幸的是，「基督徒」部落之間的衝突，使穆斯林與印度人無法接觸到福音；請為許多為了各種理由大動干戈的人禱告，願他們能在基督裡找到平安與合一。

2　印度東北部的許多部落在二十世紀信主！即使許多人改信基督教之後遭受迫害，基督教的復興仍帶來了許多重生的新生命。87% 的米佐拉姆邦人已成為基督徒，是全世界基督徒比例最高的地方！米佐拉姆邦人、那加蘭邦人、曼尼普爾邦人差派數千名宣教士至印度全地及世界各地，但年輕人卻開始離開教會。普遍存在的問題包括道德敗壞、追求物質享受、嗑藥或酗酒，其他還有錯誤的教導、邪教、甚至是惡靈崇拜。

3　請為較少接觸福音的群體禱告：

- **阿魯那恰爾邦的佛教徒族群**（靠近不丹）較少有聽見福音的機會，離開藏傳佛教的人往往會面臨社會的排擠與迫害。

- **阿薩姆邦仍是北印度最大的屬靈戰區。**即使經過兩百年的宣教，基督徒仍佔少數，大多數的部落族人仍未聽見福音。向九百七十萬穆斯林（大部分說的是孟加拉語）或印度主流族群（使用阿薩姆語）見證神的基督徒並不多。茶園的工人是其他邦的移民或部落少數民族，雖然他們大多樂意聽人分享福音，但能傳福音的基督徒仍屬少數。

- **梅泰人**（曼尼普爾邦人）信仰印度教已有三百年之久，最近經歷傳統宗教薩那馬希教（Sanamahism）的復興。大部分的梅泰人以基督教是部落宗教為由，拒絕基督教，因此他們當中只有少數的基督徒。

中印度

恰蒂斯加爾邦、古吉拉特邦、賈坎德邦、中央邦、馬哈拉施特拉邦、奧里薩邦、錫金邦、西孟加拉邦、兩個聯邦屬地（達德拉和納加爾哈維利、達曼和第烏）

從孟買到加爾各答的中印度地區，共住有四億人，其中只有 2% 是基督徒。

1　加爾各答是西孟加拉邦的首府，亦曾是印度的首都，為紀念毀滅之神濕婆而以它的名字命名。加爾各答人口擁擠、污染嚴重，許多人住在貧民窟裡，街友多達一百萬人。西孟加拉邦有六十七個族群未曾聽見福音，也未接觸過福音。雖然部落族人有時並不受到同工的重視，但他們對於福音都頗能接受。

2 孟加拉人是世界上最大一群未曾聽見福音的族群（兩億五千萬人）。西孟加拉邦總人口有六千七百萬人，基督徒比例低於 1%；求神除去每一道阻擋福音的高牆（傲慢的文化、魔鬼的力量、崇尚獨立的精神及欠缺有效闡明福音的方式）。為剛翻譯完成、簡明易讀的孟加拉語聖經向神獻上感謝。

3 奧里薩邦的基督徒遭受全印度最嚴重的迫害。在許多地區中，基督徒若不重新改信印度教，就得離開村莊或遭到處死；請為教會禱告，願他們能在合一中成長，並有能力抵擋迫害。儘管面臨無盡的苦難，教會仍迅速倍增，尤其是在部落與達利人中間。根據人口調查統計，奧里薩邦 799 個族群當中，有 709 個族群沒有基督徒。人民識字率不高；因此請為聖經有聲書、基督教廣播與電視節目等方式的有效利用禱告。

4 恰蒂斯加爾邦與賈坎德邦境內都有礦產、森林與良田，但人民卻非常窮困，且未受良好教育。反叛政府的團體活躍於森林與叢林地區，暴力衝突（有時包括基督徒的迫害）問題重重。雖然基督教會仍勢力薄弱，但家庭教會的範圍卻逐步擴展。恰蒂斯加爾邦被稱為「部族祖地」（Home of the Tribals）；請為福音真光能照耀在恰蒂斯加爾邦與賈坎德邦的每個民族禱告。

5 中央邦是最後開放宣教事工的邦之一，這裡具有濃厚的印度傳統思想，且嚴格禁止人民歸信基督教。中央邦有許多部落，也是世界上種族最多元的地方。大多數民族信奉的是一種受到印度教影響的泛靈論，許多民族則相信巫術、性力派（Shaktism，崇拜女性能量）與濕婆教（Saivism）。基督徒於二十年內設立數以千計的新教會。為在某些部族中間發生的家庭教會運動感謝神。中央邦需要前線的開拓宣教事工，求主鋪平傳福音的道路！

6 馬哈拉施特拉邦的邦名意指「面積廣袤之邦」，領土面積廣大，人口眾多，影響力無遠弗屆。

- **孟買**（首府）擁有印度股票交易與印度電影工業（寶萊塢），也有印度最大的貧民窟達拉維（Dharavi，逾一百萬人）。事實上，孟買有一半以上的人住在貧民窟裡！孟買有二十萬人從事色情行業，十萬名流浪兒童，三百萬個愛滋病例。另一方面，孟買是全印度基督徒人數排名第二的超級大城；請為孟買市的基督徒禱告，願他們能成為光和鹽。
- **小城市與鄉下地區**尚未經歷大規模的集體歸主運動，至少還有七十三個族群從未聽過福音，也從未接觸福音，四萬個部落仍未曾聽見福音；請

為超過 175 個印度的機構與教會禱告，希望他們能將福音傳入這些部落。

7 **古吉拉特邦仍充斥著緊張的宗教關係與迫害。**印度激進團體長期以來威脅著達利人部落族群的穆斯林和基督徒，並且獲得邦政府與警察的支持；請為這地禱告，吉古拉特邦正是領袖甘地的出生地，盼望終有一天能夠實現他所倡議的和平與包容！有時宗教的壓迫會阻礙基督徒傳福音，並在信徒之間造成分裂，但迫害有時也會帶來新生命與復興；請為有更多基督工人禱告，能向尚未聽到福音的族群傳福音，特別是：

- **耆那教徒。**索拉什特拉（深入阿拉伯海的半島）擁有一百萬名耆那教徒，亞美達巴德（Ahmedabad）擁有一百多間寺廟，是耆那教的重要據點，少有基督教事工。
- **穆斯林。**請同時求神差派同工進入七十六個不同的族群傳講福音。穆斯林是古吉拉特邦最大的一群，也是最少聽到福音的一群。

北印度

比哈爾邦、哈里亞納邦、喜馬偕爾邦、查謨與喀什米爾邦、旁遮普邦、拉賈斯坦邦、北方邦、北阿坎德邦、兩個聯邦屬地（德里、昌迪加爾）

總人口逾四億人，基督徒比例僅佔大約 0.5%。

1 **查謨與喀什米爾邦歷經了悲慘的苦難與衝突。**

- **巴基斯坦與印度都主張喀什米爾歸他們所有**（自從 1947 年印巴分治之後）。伊斯蘭激進分子為了加入巴基斯坦或成立獨立的國家而打仗，到目前為止已有四萬人死亡，八十萬人在戰爭中失去他們的家園。
- **基督徒一直以來都維持少數，**但有些地方已整個村落同時信主！已有許多人對仇恨與暴力感到厭煩，並在基督裡找到盼望與平安。基督徒的成長往往因為家人與社區的迫害而停滯；請為初信者與基督徒同工禱告，求神保護他們的平安。
- **查謨與喀什米爾邦幾乎所有的族群都未曾聽過福音。**喀什米爾谷地地區有 97% 人口為穆斯林，查謨地區有 66% 人口為印度教徒，拉達克地區有 46% 人口為佛教徒；請特別為在異常偏遠的佛教徒宣教事工能有所突破禱告。

2 **旁遮普邦是錫克教的所在地，**也是唯一錫克教徒佔多數的邦，他們的黃

金寺廟就建在阿姆利則（首府）。基督徒過去不太重視錫克教徒，但有一些機構與教會向他們傳福音，因此現在有幾位錫克教界的領袖在旁遮普邦與國外公開承認並宣揚福音！旁遮普邦其他大多數的基督徒都來自於十九世紀時集體歸主的人民，今天有許多的教會與宣教中心，都以在旁遮普邦所有的村莊與城市植堂為異象。目前仍有十四個族群從未聽過福音，也未有福音宣教活動。

3 拉賈斯坦邦是印度最有名的觀光勝地，聞名於許多印度人與外國人之間。這裡的基督徒仍屬少數，但教會在過去十年內增長迅速，感謝神！印度激進武裝分子迫害基督徒的嚴重程度，甚至激起某些世俗團體與溫和的印度人的抗議；請祈求上帝將這些殺害神子民的意圖，轉化成教會更大的增長。即使遭遇迫害，拉賈斯坦邦的福音事工仍舊不斷壯大。齋浦爾（首府）擁有三百二十萬人口，以及大約兩萬兩千名基督徒。上層階級幾乎對福音毫無興趣，大多數是印度人，有些是耆那教徒與穆斯林。目前尚無任何聖經書卷翻譯成拉賈斯坦邦的語言。

4 德里是印度的首都，是國家權力與金融中心，因此在德里發生的基督教大復興與增長，都會影響整個印度。德里人口大幅成長，造成嚴重的社會問題，犯罪率相當高。大多數人來到德里之後，必須住在違法的住宅區裡，使這些區域亦逐漸變成貧民窟（目前已超過三千個）。大部分的地方都沒水、沒電、無下水道，許多人也沒有合法身分地位。許多全國性的基督教組織都將總部設在德里，這裡也有超過三千間的教會；請為基督徒禱告，願他們能有到貧民窟分享並見證福音的感動。

5 哈里亞納邦是印度最少接觸福音的其中一邦，在總數兩千兩百萬人當中，僅三萬兩千人認為自己是基督徒，六千個村莊沒有任何傳福音的基督徒。哈里亞納邦有十五個基督教訓練中心；請為能裝備更多傳福音的新同工禱告，哈里亞納邦已有一大群的錫克教徒進入了上帝國；請為人數越加增長、並影響其他地方的錫克教徒禱告。目前已知在一百七十萬名婆羅門或七十五萬名謝克人當中，有極少數的基督徒存在。

6 喜馬偕爾邦被稱為「眾神的國度」，吸引許多印度教徒來朝聖；請為神斬斷綑綁他們的鎖鍊、使他們在耶穌裡找到自由禱告。

- **這裡以前一直都是印度最少接觸福音的一邦**，但現在情況已經不同。印

度宣教機構已差派許多同工傳講福音，幫助建立了六百多間的教會與家庭小組，一同聚會、敬拜。

- **115 個族群當中，只有 15 個族群有人信主。**達賴喇嘛（藏傳佛教領袖）目前住在喜馬偕爾邦；請為神讓福音廣傳，使印度的十萬名圖博難民認識救主禱告。

7 北阿坎德邦人主張自己是印度眾神國度的守護者，所以他們抵擋福音。

- **印度聖地以及錫克神壇位於此地**，每年都吸引了數百萬名信徒朝聖。全世界最大的印度教慶典會（大壺節）每十二年舉辦一次，吸引想要從受苦輪迴中解脫的人們；請為他們能在耶穌裡找到平安禱告。

- **人口組成以上層階級居多。**基督教同工的印度話必須夠流利，才能以更聰明的方式，將福音傳給上層階級的人民。

- **德拉敦（首府）是基督教活動的重鎮**，雖然基督徒人數不多。此邦設有數間神學或聖經訓練機構；請為他們訓練基督教同工、在北印度廣傳福音的異象禱告。

8 北方邦是印度教的發源地，與佛教和耆那教亦有深遠的淵源，可惜從不是福音容身之處。

- **瓦拉納西是印度教位於恆河之上的聖城**，吸引了數百萬的印度教信徒前來朝聖，但得到耶穌賜下的活水的人，卻是少之又少；北方邦需要迫切的禱告以及數千多名的基督教同工。

- **大量的人道需要與苦難。**飲用水不潔引起疾病肆虐，全世界的小兒麻痺症案例多發生於北方邦，大多數兒童營養不良，基督徒除了傳揚基督的福音外，也必須將憐憫付諸行動。

- **北方邦仍有許多未完成的使命，催促我們迫切為此禱告。**如果北方邦是一個國家的話，就會是世界上第三大福音未廣傳的國家。有 191 個族群從未聽過福音，也未曾接觸福音，這個邦代表的可能是全世界宣教士最巨大的挑戰。現在已有更多教會、宣教機構與禱告網絡（包括國內人民與僑民）開始關心北方邦的某些事工，為此向神獻上讚美。

9 為印度最窮困的比哈爾邦禱告。比哈爾邦曾是孔雀王朝與笈多王朝的所在地，在印度爭取現代獨立過程中扮演重要的角色。佛教與耆那教皆發源於此。但近代的政治卻以無能、貪污、分裂與社區衝突著稱。許多人因為各種

傳福音的阻礙（極度窮困、欠缺聖經、屬靈世界的強烈抵擋、印度主流社會的迫害等等）的緣故，將比哈爾邦稱為「宣教的墳墓」（the graveyard of missions）。瘧疾除了威脅到基督教同工的生命之外，亦是所有比哈爾邦人致命的敵人；呼求主透過福音事工，讓比哈爾邦人明白神大有能力的愛。

10 目前在比哈爾邦服事的印度宣教士共超過四千名，優異的研究與分析已使更多人意識到此地的需要。基督徒比以前更加重視禱告、植堂與全人福音關懷。印度上層種姓階級（1,650 萬人）比以前更有機會聽到福音，但相信的人卻很少。穆斯林（1,650 萬人）是世界上最窮困也最少接觸福音的一群人。

11 錫金邦是位於喜馬拉雅山脈中一個面積較小的邦。此地的教會增長迅速，有些人以前是和尚或宗教領袖，但現在都已經找到基督。基督徒大多是雷布查人，他們是當地的原住民，傳統信仰是佛教；請為這些信徒禱告，求神帶領他們與其他喜馬拉雅山脈各個信仰佛教的民族分享福音。要突破此地的靈界重圍難如登天，求神賜下大能，成就大事。

印尼 Indonesia　　　　　亞洲

人數：2 億 3,250 萬　**首都**：雅加達（920 萬人）
基督徒人數：3,690 萬　**福音派人數**：1,300 萬
主要宗教：伊斯蘭教
成長最快速宗教：基督教

主要族群：族群多元，逾 750 個種族。印尼馬來人（94.3%，包括爪哇人、巽他人、印尼人、馬都拉人、巴塔克人、米南佳保人）、華人（3.9%）、太平洋群島人（0.6%，包含 258 個民族）、其他（1.2%，包括阿拉伯人、印度人、歐洲人、美國公民與混血）
官方語言：印尼國語（印尼語，國語的使用凝聚了國家向心力）
全部語言：722 種，其中 18 種語言使用人數超過一百萬人，247 種語言僅限巴布亞省地區使用

經濟：主要倚賴天然氣、森林產品、農業與紡織業，以及大量的礦產資源，服務業是最大產業。自 1980 年代以來，經濟發展穩定，並極具潛力。政治與宗教不穩定，貪污問題嚴重，經濟也需要改革。雖然都市地區富裕，但一半以上的人民窮困不堪，每日所得低於兩美元。加里曼丹、蘇門答臘和其他地方的環境都（因森林砍伐導致）被嚴重破壞。

政治：十六世紀至二十世紀這四百多年來，曾被葡萄牙、荷蘭、英國、日本殖民，於 1945 年獨立後，先後由蘇卡諾將軍和蘇哈托將軍統治，1997 年之後才逐漸轉變成為民選政府（世界第三大民主國家）。軍隊與伊斯蘭教團體活躍於整個國家的政治界，對於和平的進程具有威脅，宗教之間的緊張關係與（因人口過剩而進行的）大規模遷移計畫亦可能導致暴力衝突。

印尼佔地遼闊，種族多元，擁有 17,500 座島嶼，橫跨一千萬平方公里的海洋。人民使用的語言共 722 種，分別住在六千座島嶼上，擁有世界第二大的雨林及廣大的珊瑚礁。如何使族群多元的國家向心團結，是政府的一大挑戰，政府必須在國家統一與每個地區的獨特性之間保持平衡。翻開印尼的歷史，四處可見歧視、不公義、違反人權與暴力衝突；請為政府禱告，希望印尼政府能施行公義，尊重它代表的每一個民族和社群。

1　為許多事情的正向改變讚美神，包括過去五十多年來教會持續的增長，尤其是一些大型人民歸主運動！感謝神，因為民主的緣故，使基督徒可以在社會中發聲；感謝神，即使遭遇嚴重的逼迫，基督教也未曾停止成長，反而更加合一；感謝神，印尼有許多溫和的穆斯林，並同樣厭惡國內激進派伊斯蘭分子的暴力行為；為印尼語的普及使福音更容易遍傳感謝神。

2　數百萬名印尼人需要新的家；請為基督徒禱告，願他們能向流離失所的人見證耶穌的愛：

- **「國內移民計畫」**（Transmigration Scheme）。因為爪哇與峇里人口極度擁擠，所以政府進行了一項計畫，將人民遷移到空間較大的蘇門答臘、加里曼丹、蘇拉維西與西巴布亞。
- **天然災害**。2001 年以來的地震、海嘯與洪水，導致人民無家可歸、流離失所，更造成二十萬人死亡。
- **公共暴力與宗教迫害**。馬魯古與蘇拉維西中部超過五十萬名基督徒遭遇個人損失、嚴重創傷等命運，祖先遺留下來的家園甚至遭穆斯林奪走。
- **移工**。四十萬名合法移工（及更多的非法移工）出國尋找工作機會，其中 80% 為女性，大多在別人家工作。因為身處異鄉內心寂寞，反而更願意向關心他們的基督徒敞開心房。

3　為印尼而打的屬靈爭戰。古老神祕學的力量阻擋著福音，同時偏激的穆斯林團體也積極想從社會中消滅基督徒；求神綑綁這些力量。印尼有許多種伊斯蘭教，有些穆斯林信仰虔誠，有些雖然自稱穆斯林，卻將伊斯蘭教的信仰與傳統民間宗教，甚至是印度教結合，其他穆斯林無論在想法上或生活上，都比較接近世俗。政府規定所有的公民至少必須信仰其中一種宗教（伊斯蘭教、印度教、佛教、儒教、天主教或新教），這確實使許多信仰泛靈論的人開始考慮相信福音！

4 伊斯蘭分子勢力漸大，破壞宗教自由。他們迫害基督徒和其他弱勢宗教團體，甚至包括其他溫和的穆斯林團體。無論是世俗政府或穆斯林領袖，都需要對抗伊斯蘭分子的勇氣；請為他們禱告，求神幫助他們阻止伊斯蘭分子的暴力行為。有些城鎮和地區已完全失去了基督徒的蹤影，許多人失去了生命和財產。有些基督徒以仇恨與報復的態度和行動回應這些迫害；請為那些破壞見證的基督徒能真誠悔改禱告，求神使基督徒能以德報怨，在各方面都展現基督的樣式。

5 為教會能在激烈的敵對環境與迫害中增長禱告，包括：

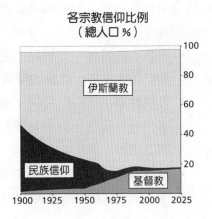

各宗教信仰比例
（總人口％）

- **復興**。雖然有些地區數百年來都信仰基督教（蘇拉維西北部、蘇門答臘北部、西帝汶、馬魯古），但許多宗派都靈命薄弱，在道德上敗壞、分裂、甚至信奉原住民的神祕宗教。

- **更成熟、更屬靈的領袖**。新五旬宗與靈恩宗派的迅速增長，產生了平信徒領袖、牧者的門徒訓練與培訓的需要。

- **原為穆斯林的初信者**往往面臨原生團體的排擠與迫害，他們很難融入基督教文化與教會；請為他們全家歸主、並且可以在自己的文化處境中跟隨基督禱告。

6 福音遍傳的異象使教會合一。自 1996 年起，全國性與地區性的會議開始關注福音尚未遍傳的族群。「印尼族群網絡」（Indonesian Peoples' Network）研究成果斐然，許多印尼福音機構已差派同工到福音未及之地；請為印尼教會禱告，願神幫助他們帶領國外同工參與服事。請為以下事項禱告：

- **願每個族群中都設有教會，成為福音的見證**。印尼近一億人都未曾聽見福音。

- **願每個村莊都設立教會**。七萬六千個村莊當中有超過四萬五千個村莊仍未設有教會。

- **印尼聯合禱告運動**。每一個鄰里都應該有禱告小組。1990 年創立的全國性禱告網已擴展至四百五十個以上的城市。

- **宣教異象**。目前約有三千名長期於印尼服事的宣教士；請為教會向數百個仍未聽見福音的國內外族群傳福音禱告。
- **聖經翻譯**。目前正進行一百五十項翻譯計畫，同時另有 414 個語言絕對或可能需要翻譯。

7　**願上帝持續堅固在印尼的外國宣教士的工作**，無論遭遇什麼困難都能努力不懈！請為上帝呼召來印尼服事的人開一扇門。蘇門答臘、蘇拉維西、小巽他群島都需要更多的宣教士，尤其是具亞洲背景的宣教士。我們也需要為教會與宣教機構之間的關係禱告，尤其是西加里曼丹、巴布亞、馬魯古。請特別為以下事項禱告：

- **宣教士的飛航**。島與島之間的飛行是加里曼丹、巴布亞、馬魯古之間有些宣教工作不可或缺的要素。
- **發展性事工**（社區發展、健康醫療、教育、災難救助）。他們透過這些事工分享福音。目前有數百萬名印尼兒童處在危難之中，請特別為這項事工禱告。
- **基督教廣播**。濃密的雨林造成社區的偏遠孤立，服事的牧者亦少之又少，因此廣播就成了傳福音與門徒訓練的重要工具。

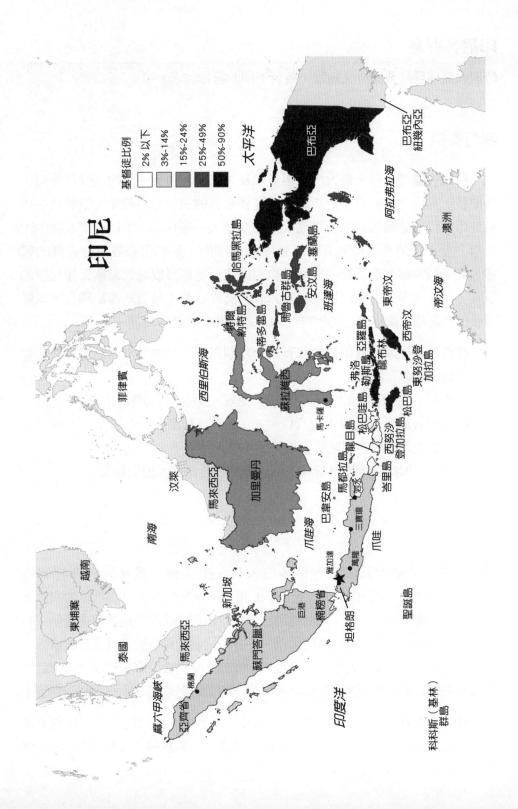

印尼

基督徒比例
- 2% 以下
- 3%-14%
- 15%-24%
- 25%-49%
- 50%-90%

太平洋

巴布亞

巴布亞/
紐幾內亞

阿拉弗拉海

哈馬黑拉島

墨蘭島

塞蘭島

安汶島

班達海

東帝汶

西帝汶

帝汶海

澳洲

特爾
納特島

蒂多雷島

馬魯古群島

西里伯斯海

菲律賓

蘇拉維西

龍布林

亞羅島

弗洛
勒斯島

東努沙
登加拉省
松巴島

馬卡薩

加里曼丹

汶萊

馬來西亞

巴韋安島

爪哇海

巴里都拉島

馬都拉島

龍目島

峇里島

泗水

西努沙
登加拉省 松巴哇島

三寶壟

爪哇

南海

越南

柬埔寨

泰國

馬來西亞

新加坡

香港

蘇門答臘

巴東

楠榜省

雅加達

萬隆

坦格朗

爪哇海

印度洋

聖誕島

麻六甲海峽

亞齊省

棉蘭

科科斯（基林）
群島

印尼各群島

每個大島或群島都獨特又複雜，各有不同的禱告需求。

蘇門答臘

1 **蘇門答臘是世界上最大一座福音未及之島**。大多數主要的族群都堅信伊斯蘭教，其他則信仰民俗伊斯蘭教。許多靈界的堡壘必須破除，基督教在以前曾信仰泛靈論的族群（巴塔克人、尼亞斯人、明打威人）以及華人當中十分有力量。巴塔克人成就非凡，遍布整個印尼。他們自豪並堅持古老的習俗，加上經常與蘇門答臘的穆斯林發生衝突，這都形成他們為福音作見證的阻礙。華人大多住在城市裡，持有六成的商界資源；請為基督徒禱告，求神帶領他們將福音傳出自己的族群，向身邊的非基督徒作見證。

2 **蘇門答臘從未聽見福音的共有四十九個族群**，其中二十九個沒有當地教會，八個沒有福音同工。

- **亞齊人**（三百五十萬人）都堅信伊斯蘭教，並將其信仰傳給印尼其他民族。
- **西蘇門答臘米南佳保人**（八百萬人），教育程度高，經常旅行，成就非凡。他們是虔誠的穆斯林，基督徒人數不到一千。
- **北蘇門答臘的曼特寧穆斯林**以他們當中沒有任何人信主為榮。

爪哇

1 **雖然不是最大島，卻有最多的人口**。讚美神，爪哇的教會持續增長，將近 50% 的華裔印尼人以及 5% 的爪哇人是基督徒。以前爪哇的宗教多彼此包容，現在卻非如此，反而透過法律進行迫害。法律阻礙基督徒發展，有時甚至造成教會與基督教財產的破壞。許多不同傳統背景的基督徒聚集禱告、敬拜並互相支持。儘管迫害當前，他們中間的互愛仍吸引許多穆斯林前來就近基督。基督徒為社會窮困與脆弱之人所付出的愛影響卓著，收割的時候到了！

2 **雅加達與其他都市中心**（泗水、萬隆、三寶瓏）是印尼福音遍傳的重要都市。印尼幾乎每個族群都有人住在雅加達，而雅加達有 13% 以上是基督

徒。雅加達大量的財富與強大的勢力左右著經濟，這裡的屬靈運動也撼動著整個國家。

3 爪哇主要的族群並未福音遍傳，是因為他們基於傳統，對福音多有抵擋；請為教會禱告，願他們能進入小城鎮或鄉下村莊，將福音傳給較少聽見福音的人。

- **爪哇有五個堅信伊斯蘭教的次族群**（以及一小部分的基督徒），與其他三個擁有數百萬名爪哇基督徒的爪哇亞族群形成對比。
- **巽他人**（西爪哇人）是全世界從最大的福音未及族群之一。
- **馬都拉人**來自東爪哇，但現在已遷移別處。他們堅信伊斯蘭教，卻深深受到法術的影響，憤怒與暴力眾所周知；請求神幫助基督徒克服恐懼，向他們展現基督的愛。

小巽他群島

1 峇里島獨特的文化與美景吸引了數百萬名遊客，結果造成峇里島的生活離神越來越遠，更加追求私利，因觀光的興盛而帶來福音的機會微乎其微。峇里島居民信仰某種印度教，因此島上有四萬九千間印度教的寺廟，神祕學、法術、招魂術都影響著每一個人。峇里島的基督徒鳳毛麟角，信主之後的人會改變他們的生活方式，因此往往遭受逼迫。峇里島需要透過福音的力量得釋放。峇里島有一百萬人住在蘇門答臘、蘇拉維西和龍目島，這些地方的人民對於福音較為開放。

2 龍目島和松巴哇島是西小巽他群島的前兩大島。即使經過二十年的宣教努力，這三大族群當中仍有許多人未聽過福音，基督徒人數不到三百，許多年輕人甚至為了結婚而皈依伊斯蘭教。

3 弗洛勒斯島、松巴島與西帝汶是東小巽他群島的前三大島。六十五種語言當中，只有少數語言有新約譯本，是傳福音的一大阻礙。

- **弗洛勒斯島**有 80% 的居民信仰天主教，但有許多人混合天主教與外邦儀式，有些甚至與蛇的崇拜有關。尚未有弗洛勒斯語譯本。
- **松巴島於 1980 年代末因聖靈感動**，所以新教徒人數增長兩倍之多。
- **聖靈帶領的西帝汶大復興**（1960 年代）帶來教會更新，使數千人歸主。

加里曼丹

1　**加里曼丹島的原住民各族使用的語言有八十種**，還有許多種方言。基督徒在許多族群當中屬於多數，在某些族群中也有相當數量。基督徒領袖需要接受培訓，卻面臨了位置偏僻、敵對的靈與欠缺當地語言聖經的阻撓。

2　**數十個族群仍有大部分人未曾聽見福音：**

- **班加爾族**（Banjar）是印尼最少聽到福音的族群，基督徒只能隱身於堅信伊斯蘭教的穆斯林當中，成為地下的耶穌門徒。
- **移居者**人數逾百萬，當中很少有基督徒。他們住在殖民地及富產石油的城鎮裡；請為當地的信徒禱告，求神幫助他們不再感到憤恨不平，反而用愛傳講福音。
- **信泛靈論者**的村莊地處偏遠，外人較難適應他們的生活；請為能有更多進入部落的開拓同工禱告，特別是醫療、教育以及孤兒事工的同工。

蘇拉維西

1　**蘇拉維西有超過一百一十個族群**。靠海居住的大多是穆斯林，東北部與中央高地大多是基督徒。穆斯林與基督徒之間常有暴力衝突（1990 年代與 2000 年代），造成超過一千人死亡；基督徒受到不公平的對待與嚴厲的處罰，因此請祈求神幫助他們能以學像基督的方式來面對。聖經翻譯尚未完成，至今仍是一大工程；請為較少聽見福音的族群禱告，包括布吉族的穆斯林、馬卡薩人及哥倫迪盧人。馬卡薩人是少數堅信伊斯蘭教、卻對於福音較有興趣的穆斯林族群。

馬魯古

1　**1999 年至 2000 年間發生的恐怖暴力與種族清洗**，永遠改變了馬魯古群島。許多教會與清真寺被暴民摧毀，超過兩萬名基督徒死亡。基督徒與穆斯林現在大多住在不同的村莊裡，雖有助於和平，但對傳福音無益；請為眾人遭受的創傷能得醫治禱告，求神幫助基督徒愛穆斯林鄰舍。馬魯古的新教教

會設立於 1605 年，是亞洲最古老的新教宗派。

西巴布亞（伊里安查亞）

1 **為西巴布亞過去一百年的人民歸主運動讚美神**，逾 90% 的原住民族是基督徒！他們面臨部落衝突、政治緊張、基督教與泛靈論儀式的混雜，以及其他人的反對。同工已找出一百個較少聽見福音的少數族群，並與他們接觸。當地有極大的福音佈道與植堂需求，因此需要頻繁的飛航與陸地交通。將聖經翻譯成許多少數民族所使用的語言，仍是一大工程。

2 **環境與人口議題造成西巴布亞社會的不安。**請為以下事項禱告：

- **移居團體。**爪哇人口過剩，因此政府將爪哇穆斯林遷至西巴布亞。爪哇人輕視美拉尼西亞基督徒，並壓迫他們；請為西巴布亞各民族的不幸遭遇能更廣為人知禱告，使其他政府與國際團體能終止這種不義；求神呼召基督徒傳福音給奪取巴布亞原住民土地、並犧牲原住民權益換來自身特權的移居團體。

- **各種墮落的力量的結合，剝削了這塊土地**（伐木與採礦）。他們獨佔利益，但巴布亞省與原住民卻幾乎無利可圖。唯有永續思維，才能讓居住此地數百年的居民永續獲利，請禱告。

伊朗 Iran ⟪亞洲⟫

人數：7,510 萬 **首都：**德黑蘭（720 萬人）

基督徒人數：38 萬 5 千 **福音派人數：**11 萬 8 千

主要宗教：伊斯蘭教

成長最快速宗教：伊斯蘭教

主要族群：〔大約 100 個族群〕波斯人（52.4%）、亞塞拜然人（22.2%）、盧爾－巴爾提爾利人（6.6%）、庫德人（5.9%）、卡什凱人（2.3%）、阿拉伯人（2.3%）、馬多里人／吉普賽人（2%）、俾路支人（1.5%）

官方語言：波斯語（法爾斯語、達里語、塔吉克語是主要方言）**全部語言：**79 種

經濟：因蘊含豐富的石油與天然氣而致富，20% 的經濟為私人所有，貪污與政教結合使有潛力的外國投資客卻步。快速都市化與人口迅速增長，導致數百萬名都市青年失業的窘境。伊朗

採取策略性的安置（東部與西部之間），有助於創造未來的經濟成長。

政治：「伊斯蘭革命」（Islamic Revolution）之後，伊朗國王失去了政權，在最高精神領袖阿亞圖拉（Ayatollah）的領導之下，1979 年自稱伊斯蘭共和國，是神權國家。1980 年伊拉克入侵導致戰爭，從那時起，政權就在「溫和派」改革分子（追求更多社會自由）和強硬派保守分子之間擺盪。宗教領袖（在最高領袖之下）控制了警察、軍隊與司法系統，人權經常受到侵犯。2009 年的「綠色革命」（Green Revolution）暴露出人民對於宗教和政治保守分子的不滿，2013 年選出溫和派總統。目前因核能發展問題，與西方之間存在著緊張關係。

1 **近幾年來已有大規模伊朗人信主！**1979 年只有五百名原信奉穆斯林的初信者，現在估計至少有十萬名初信者，有人甚至說高達一百萬人。波斯教會自西元七世紀以來，從未增長如此快速。伊朗人若叛教（拋棄原來的宗教）罪可處死，因此教會的成長，以及許多神蹟奇事、異夢與異象，都是聖靈大能力的展現。

2 **1979 年的伊斯蘭革命曾承諾和平與繁榮**，但三十年後卻仍未實現，反而留下了屠殺、暴行、不義、腐敗與經濟困境，使許多人對於保守的宗教領袖和他們狹隘的伊斯蘭教異象大失所望。據推測，共有一千三百萬名伊朗人生活條件遠低於貧窮線以下，每年約有二十萬名伊朗的菁英青年移民國外。伊朗人染上鴉片毒癮的比例為全球最高。二十萬名兒童流落街頭，娼妓問題也無所不在（卻是被隱蔽的社會問題）。伊朗是個古老、高貴、頗以其文明自豪的國家，但在現代社會中所面臨的掙扎與競爭，使許多人（尤其是年輕人）容易接受福音；請為伊朗人渴望崇高、富足、自由，甚至是公義禱告，願他們能透過敬拜耶穌滿足這些渴望。

3 **宗教迫害**自 2005 年以來加變本加厲，尤其是針對巴哈伊教信徒、蘇菲派穆斯林與（特別是曾信仰伊斯蘭教的）基督徒。政府規定只有亞美尼亞人與亞述人才能信主，波斯族群必須信仰伊斯蘭教，因此，幾乎所有的基督教活動都屬違法，以波斯語言所從事的信仰行為更是嚴重犯法，但教會反而因政府的苛刻而成長！請為基督徒即使面對肉體迫害，也能持續倍數增長與成熟禱告。

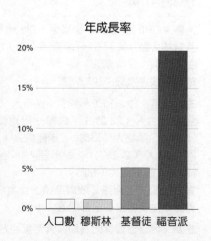

年成長率

20%

15%

10%

5%

0%

人口數　穆斯林　基督徒　福音派

4 **亞美尼亞基督徒在大基督教界佔多數，**

亞述人與迦勒底人則是少數。他們的語言與文化和周圍的穆斯林不同，社區生活也算和平，但大多數人仍為了能有更穩定的生活而舉家移民；請為耶穌能光照他們的生命、使他們將穆斯林的鄰舍視為他們屬靈上的負擔禱告。

5 **福音派教會**大多是生存不易的小教會，但情勢在革命期間產生變化。革命所帶來的創傷性的變化與苦難，使教會在這短暫的時間中更新、拓展、並引領許多人歸主！當時因為政府的威嚇與許多教會領袖的殉道，使許多人選擇以家庭教會的方式聚會；請為地下教會進行的計畫禱告，願他們能以十分創意的方式培育出才能兼備、訓練有素的教會領袖。

6 **伊朗有某些族群屬於全世界最少聽見或接觸福音的族群**。在伊朗宣教需要經費，所幸仍有可能帶職宣教；求神在祂的時機中，開啟伊朗的福音之門：

- **拜火教徒**（帕西人）信奉的是主前一千年前創立的古老波斯宗教。
- **巴哈伊教**起源於伊朗，但政府卻試圖驅除巴哈伊教徒。伊朗的巴哈伊教徒共三十萬人，全球有五百到七百萬人，只有少數基督徒向他們傳講基督之愛，並向他們見證神的福音。
- **游牧與半游牧的盧爾人、巴克提爾利人與卡什凱人**住在札格羅斯山脈，當中只有數十人信主，波斯基督徒已開始向他們傳福音。
- **北部的土耳其語族亞拜塞然人與土庫曼人**與基督教關係不佳，亞塞拜然人是伊朗最大一群弱勢民族。
- **吉普賽社群**當中沒有任何佈道同工。
- **說波斯語的猶太人**的祖先是兩千七百年前流亡至巴比倫的猶太人，人數已比以前減少許多，大多為了逃離騷擾而遠走他鄉，但已有一群人成為活躍、見證神的基督徒！

7 **伊朗國內外的福音事工逐漸擴大**。基督教衛星電視節目與波斯語言介面的基督教網站發揮了無遠弗屆的影響，甚至偏遠村莊也能接觸到福音。即使政府限制，基督教的廣播節目仍有數百萬名聽眾，並收到數千封聽眾的電子郵件與信件。聖經越來越加普及，大多來自於走私入境。不少事工機構透過佈道、推廣訓練、植堂、門徒訓練與領袖訓練，向流亡的伊朗人（約四百萬人）傳福音。他們成為基督徒後，也經常回國探訪服事國內的伊朗人，成為極大的幫助。

伊拉克 Iraq

亞洲

人數：3,150 萬　**首都**：巴格達（590 萬人）
基督徒人數：50 萬　**福音派人數**：5 萬 3 千
主要宗教：伊斯蘭教
成長最快速宗教：伊斯蘭教
主要族群：阿拉伯人（74.3%）、伊朗米底亞人（22%，包括北方、南方及中部的庫德族）、土耳其族族（2.5%，中部與北方的土庫曼人）
官方語言：阿拉伯語（庫德自治區使用庫德語）
全部語言：26 種

經濟：仰賴石油（自創世記十一章至今），國家經濟因國防支出、數十年的戰爭和國際制裁而透支，一般人民都陷入窮困，貪污、高失業率以及長久以來的武裝派系之間的衝突，都是未來經濟所面臨的挑戰。

政治：伊拉克所在的位置，曾經有過古敘利亞帝國、亞述帝國和巴比倫帝國的輝煌，現代的伊拉克是第一次世界大戰後由協約國所建立，並於 1932 年獨立成為君主制國家。在君主政權被復興黨軍政府推翻之後（1958 年），成為海珊統治的集權國家。海珊利用軍隊的力量維護自己的政權，鎮壓庫德族及什葉派穆斯林，發動跟伊朗之間的戰爭（1980～1988 年），並入侵科威特（1990 年）。聯合國軍隊擊敗伊拉克並進行制裁，2003 年之後美國入侵。自 2005 年成為代議與憲政民主國家，但長期的分裂與敵意，加上伊斯蘭恐怖主義，都使伊拉克政府很難維持國家和平。

1　**近年來伊拉克阿拉伯福音派人數的出現**（人數已超過五萬人），是神對禱告的回應！許多人原來信仰伊斯蘭教，也曾是偏激分子，但他們透過福音派的見證、福音廣播，尤其加上異夢與耶穌的異象，遇見了基督；請為教會領袖禱告，許多領袖都是伊斯蘭分子鎖定的對象，有的逃離伊拉克，有的已經死亡。大部分這些領袖的遺孀，都仍持續參與牧會與門徒訓練的服事。

2　**1991 年起一連串重要的政治變化**，使得國家前途未卜。

- **與西方國家之間的戰爭**，換來庫德族地區更高的自治權、代議政府，以及一些經濟、教育與健康醫療政策改革。但美國的入侵造成伊斯蘭激進分子某一段時間的暴行，並使遜尼派和什葉派互相攻擊。

- **伊拉克社會出現許多巨大的分裂**（庫德族與阿拉伯人之間、什葉派與遜尼派之間、世俗政客與伊斯蘭團體之間的敵對關係）。基督徒與其他弱勢宗教團體都未享有真正的宗教自由，他們面臨賄賂的誘惑、遭到綁架、財物損壞、強暴與殺害。大多數的穆斯林政治領袖都希望看到進步，但偏激的團體卻不斷造成社會動盪不安。

- **遜尼派穆斯林戰士**於 2014 年夏季，控制了部分的伊拉克領土，並正式宣布成立「伊斯蘭國」（Islamic State，範圍包括部分的伊拉克與敘利亞）。他們殘暴地對待其他族群與宗教團體（包括基督教），迫使數千人逃命，造成當地局勢更加混亂。

3 幾乎每個人都有過創傷。婦女被迫結婚、墮胎、名譽殺害（honour killing）、暴力、強暴。許多兒童失學，半數以上的兒童無法取得乾淨飲水。一半以上的人民生活窮困，只有福音的大能能夠改變伊拉克。

4 伊拉克的基督徒自西元一世紀就已存在！多數基督徒是歷史上最偉大的宣道宗派聶斯脫里教會的後裔（一千年前，他們就已為基督贏得亞洲 6% 的子民）。但嚴重的迫害導致大多數基督徒逃往敘利亞、約旦或西方國家，使歷史悠久的教會分崩離析。伊朗教會裡，有許多努力掙扎求生的多元宗派、族群與忠貞愛黨人士；請為教會的合一禱告，求神使他們能夠以勇敢、寬恕與愛來回應仇恨與迫害；求神保存伊拉克的聖經傳統，使受苦的伊拉克教會得以復活。

5 絕大多數族群都未曾聽過福音，除了亞述人與亞美尼亞的少數民族外；請為他們禱告：

- **巴斯拉及南方的什葉派阿拉伯人**雖佔多數，卻仍在薩達姆‧海珊（編註：已故）的統治之下，在自己的村里遭遇死亡與毀滅的命運。
- **遜尼派阿拉伯人**是之前極權統治的既得利益者，但現在已失去大部分的影響力。
- **馬丹人**（或稱沼澤地阿拉伯人）可能是蘇美人的後裔，政府的鎮壓使他們的人數從四十五萬人（1950 年代）降至九萬人以下（2010 年），當中沒有任何基督徒。
- **貝都因人**（一百四十萬人）沒有教會、從未聽聞福音，信徒僅寥寥數人。
- **亞茲迪人**的信仰源自數百年前的印度，特別在 2003 年之後，受到穆斯林猛烈的迫害，只有少數人跟隨基督。
- **一小群多馬里人**（吉普賽人）**以及曼得族**是伊拉克社會的邊緣人。

6 庫德自治地區（KAR）的解放是國家與地區的敏感議題。阿拉伯區與庫德區的邊界是伊拉克衝突最激烈的地區。當庫德族獲得更多的自由之後，越來越多人民開始歸向基督，這是一個重要又令人興奮的轉變！

以色列 Israel

亞洲

巴勒斯坦當局雖然同屬以色列行政部門,但仍須分開介紹。

人數:730 萬 **首都**:耶路撒冷(78 萬 3 千人,未經國際認可)

基督徒人數:14 萬 9 千 **福音派人數**:3 萬 1 千

主要宗教:猶太教

成長最快速宗教:無神論

主要族群:猶太人(75.5%,28 個民族)、阿拉伯人(20.4%)、其他(4.1%,包括歐洲人、非洲人、華人、泰國人、菲律賓人、北美與南美人)

官方語言:希伯來語、阿拉伯語(以及許多移民所使用的語言)**全部語言**:48 種

經濟:以色列是現代、先進的工業化國家,擁有成熟的高科技、生物科技、化學、農業領域。但國防支出高,加上新移民的相關支出,以及水資源的匱乏,都是阻礙成長的原因。以色列缺乏天然資源,地中海底沉積的天然氣或石油能夠改變以色列的能源現況。

政治:1948 年建立猶太人的國家,結束了猶太人 1,900 年的流亡生活。1948 年至 2006 年間,曾與鄰國發生六場戰爭,加上加薩戰爭(2009 年),使以色列隨時處於備戰狀態之中。邁向和平、解決以巴衝突、以及猶太人未來在有爭議的領土上落腳的路上,仍存在著巨大的分歧。

---

1 以色列對於福音的興趣與日俱增,特別是近幾年的猶太人中間。至少一萬兩千名猶太人承認耶穌是彌賽亞。今天的彌賽亞猶太教徒是以色列社會不可忽視的一群,但這樣的進展也導致了迫害的發生;請為他們在遭遇反對時仍能勇敢見證、堅持信仰禱告。猶太人的回歸是以色列重要的一段猶太歷史,對許多人而言,這是預言的實現;請為國家的屬靈復興禱告(羅十一25-31)。

2 以色列的基督教教會已四分五裂。教會裡有 80% 是阿拉伯人,8% 是猶太人,12% 是僑民,有一百二十個說希伯來語的團契,並以俄語、阿姆哈拉語(衣索比亞所使用的語言)及其他各種歐洲語言聚會。國內的教會包括五個天主教團體、九個東正教團體,超過二十個新教/獨立宗派(及一百逾間宣教機構);請為基督徒能跨越對於歷史、種族衝突、國家起源以及聖經各種詮釋的分裂,達成屬靈的合一禱告。

3 以色列、阿拉伯雙方在衝突中都宣告土地的所有權,所有人窮盡一切所能,都未能解決衝突。巴勒斯坦人口增加,黎巴嫩真主黨(Hezbollah)的勢力、蓋達組織的威脅、伊朗的侵略性言論,都是未來的隱憂。但此時住在聖

地的彌賽亞猶太教徒與阿拉伯基督徒之間的關係，也悄悄地改變了。雙方透過多次的行動協議、尋求協商與友誼的途徑，為其他地區的人民立下榜樣，但也引起了某些人的質疑甚至反對；請祈求耶穌——那拆毀隔在神與人之間、猶太人和外邦人之間的高牆的耶穌——能使以色列人與巴勒斯坦人和好。

4 傳福音的重大挑戰：

- **極端的正統東正教**僅佔總人口的 10%，卻有強大的政治影響力。他們就像現代的法利賽人一般，恪遵並保存宗教律法與身分地位；請為他們當中能出現更多像尼哥底母一樣的人禱告（參約翰福音三、七、十九章）。

- **衣索比亞猶太人**（貝塔以色列人）在十多年前移民至以色列，現在大多成為都市中貧困的下層階級。總人口十二萬人當中，相信彌賽亞的人不到兩千人。

- **阿拉伯人**當中，逾 90% 是穆斯林，但阿拉伯人同時也是住在聖地的基督徒的主要組成，他們的壓力來自四面八方，包括以色列人的歧視、伊斯蘭分子的迫害，以及國際團體對他們處境的忽視。

- **德魯茲人**是對外界封閉的群體，然而，一場規模尚小的歸主運動已經悄悄展開。

- **以色列境外的猶太**（八百萬人）多旅居美國、前蘇聯或其他西方國家，有十萬人可能已參加彌賽亞教會，更多人則參加其他的基督教會；請為外邦人的教會禱告，求神使他們更加敏銳地感受到倖存於世界各地教會中猶太人的需要。

日本 Japan　　　　　　　　　　　　　　*亞洲*

人數：1 億 2,700 萬　**首都**：東京－橫濱（3,670 萬人）
基督徒人數：200 萬　**福音派人數**：59 萬 6 千
主要宗教：佛教
成長最快速宗教：無信仰

主要族群：日本人（98.5%）、外國人（1.5%，包括韓國人、中國人、菲律賓人、其他亞洲人、西方人）、愛努族（0.02%，原住民）。可能有一萬名非法移民（巴基斯坦人、伊朗人、孟加拉人、東南亞人）

官方語言：日文　**全部語言**：16 種

經濟：日本雖缺乏天然資源或石油，卻是世界上最大出口國之一。雖然歷經 1990 年代（「失落的十年」）的經濟零成長與高失業率，所幸許多人民能因私人儲蓄而免於重大損失。低生育率和高齡化人口是未來主要的社會與經濟隱憂。

政治：日本是具有君主憲政體制的國會民主國家。第二次世界大戰之後社會穩定與經濟成長，使日本躋身經濟強權。民族主義的升高與政治的緊張關係，形成國內外的挑戰。

1　**日本面臨了許多危機**。即使是日本領袖也稱日本是「毫無道德約束的超級強國」。許多人對未來失去盼望或信心，青年更加辛苦，他們面臨青年自殺（每年三萬逾件）、同儕霸凌以及青少年賣淫等問題。其他年齡層也面臨高自殺率及離婚率的問題，更突顯了危機的嚴重性。地震、經濟衰退與社會孤立等長久以來的威脅，反而使許多人更容易對於屬靈事物產生興趣。政府本身無法解決日本的社會問題，這使教會有機會與社會更加緊密地互動。

2　**日本靈界執政掌權者的力量**阻擋了福音。日本人會在寺廟以及家中祭祖，進行偶像崇拜，那些掌權的力量至今仍屹立不搖。許多日本人雖然自稱沒有信仰，實際上卻遵循佛教與日本神道教的儀式。日本人認為造物主是外來的概念。日本每年都會產生許多新的宗教，大多是根據佛教或是神祕宗教而創立，有的崇拜外星生物，或其他奇怪的內容；求神趕走欺哄的靈！

3　**日本的生育率是全世界最低，生活消費卻居全球之冠**。日本社會已逐漸走向高齡化，形成巨大的社會與經濟挑戰。預計到了 2055 年，將有一半的日本人屆退休之齡，開始領取退休金，這是其他國家從未發生過的危機。日本未來將需要許多護理人員，求神預備更多的基督教療養院與安養中心，同時也能成為其他國家的信徒前來傳福音的機會。日本的低生育率導致年輕一代人數的減少，這也是他們自身所面臨的挑戰與議題。年齡介於十八至二十三歲間的年輕人是最容易接受福音的一群人，但只有少數能成為活躍的信徒。以前凝聚日本社會的那股力量，現在已是強弩之末。

4　**日本教會於 1945〜1960 年間蓬勃發展**，但從那之後，天主教與新教已不再有大幅的全面性增長，今天已有高達半數兩、三年內受洗的基督徒離開教會。二戰期間，有一群教會向神道教與天皇崇拜妥協自己的信仰，戰後許多宗派為之前參戰以及偶像崇拜，公開發表悔改宣言。日本的基督徒相當強調悔改，多數人相信國家對於這段歷史上所發生的不幸事件的悔改，是屬靈突破的關鍵。

5 日本的基督教文化已有五百年歷史，但人民仍將基督教視為外來宗教。社會強調順從與尋求共識，只有少數家庭信主，因此每一個基督徒都容易遭受攻擊。有 70% 以上的教會會友不到三十人，多數的教會每年甚至不到一人受洗。會友的比例當中，男女比例是 1：7。教會展現的大多是數年前引進日本的西方文化，少有教會文化與二十一世紀的日本文化連結。但我們仍要為三百名日本人差派至世界上三十四個國家宣教而讚美神！

6 日本是福音未及、卻完全接納宣教士的最大國，僅管如此，宣教仍有許多屬靈上、文化上、語言上與經濟上的困難，需要委身與毅力的支持。「日本福音派宣教聯盟」（Japan Evangelical Missionary Association，JEMA），成立了四十六間宣教機構，代表逾一千一百位宣教士，大多數的人參與拓植教會或福音佈道，提供數百個英語教學人才的職缺，因為需要多年才能學會當地語言與瞭解文化，因此極需長期服事的宣教士。超過一百萬名日本人旅居國外（如美國、巴西、中國和其他國家），每年約有一千六百人信主後歸國！

7 較少聽到福音的地區及日本各族群。 在最近的民調當中，有 3% 的日本人認為自己是基督徒，10% 的人認為他們未來可能會信仰基督教，許多人相信，日本社會很快將掀起驚人的福音覺醒風潮。

- **日本有二十四個城市仍未設立教會**，595 個城鎮與村莊仍未設立教會。
- **統治階級**較少機會接觸福音；請為天皇和皇室、從政者、商業領袖禱告，求神復興教會、轉化這個國家。
- **日本境內的韓國人**的祖先，是以前被強行帶來日本的韓國人（1903～1945 年），有的已經是第三或第四代居民，南韓宣教士已在他們當中設立五百間教會。
- **中國人**中間已有三十間教會及大約兩千名信徒，但日本的華人社群似乎是全世界的華人社群中，最少接觸福音的一個。
- **愛努族**住在日本北部，是日本最早的原住民。他們的傳統文化瀕臨滅絕，人數也僅剩兩萬五千人。愛努族的基督徒人數不明（甚至不知道有沒有）。
- **使用婦女當性工具的人。** 日本黑道犯罪組織（*Yakuza*）從國外帶進二十萬名婦女作為性奴。東亞與東南亞的娼妓與童妓橫行的原因，有一部分是日本男人的道德敗壞造成。

- **穆斯林社群**大多透過移民而增長，教會甚少與他們接觸。
- **基督教異端**（例如耶和華見證人與摩門教）的增長較福音派或天主教迅速，且在某些地區的「基督徒」人數甚至高過其他宗派。目前幾乎沒有任何福音機構向他們傳福音。

8 **傳統與現代藝術**在日本文化中佔據重要地位。漫畫佔了書籍與雜誌的三分之一；因此請為《漫畫聖經》（*The Manga Bible*）與「福音版」漫畫禱告；為許多教會重新強調福音佈道，及有結合日本思維與文化的創新事工感謝神。基督教音樂（尤其是黑人靈歌聖歌隊）有深厚的基礎，在日本的主流社會中，聖誕節音樂也是大眾接觸福音的絕佳方式。

約旦 Jordan 亞洲

人數：650 萬 **首都**：安曼（110 萬人）
基督徒人數：14 萬 5 千 **福音派人數**：1 萬 9 千
主要宗教：伊斯蘭教
成長最快速宗教：伊斯蘭教

主要族群：〔因為巴勒斯坦人、科威特人、伊拉克人、敘利亞人的大規模遷移，所以目前沒有確切的統計數據〕阿拉伯人（95.4%，包括巴勒斯坦人、東岸約旦人、伊拉克人、貝都因人）、約旦少數民族（2.2%，包括阿迪格人、亞美尼亞人、庫德族、土庫曼人、車臣人）、非約旦人（2.4%，包括亞述人、希臘人、西方人、巴基斯坦人、其他族群）
官方語言：阿拉伯語 **全部語言**：16 種

經濟：以觀光、磷肥和農產品為經濟基礎，約旦不產石油，水源不足。貧窮與失業問題是主要問題。

政治：1918 年以前屬於土耳其帝國，1946 年脫離英國獨立。目前是君主憲政國家，國王阿布杜拉（Abdullah）擁有行政權。中東的混亂對於生活影響深遠，包括大量難民湧入，經濟受到破壞。約旦是溫和派的阿拉伯國家，也是西方國家的盟友，雖然周圍國家環境不穩定，本身卻是穩定的國家。

1 **國王阿布杜拉的登基使人民得到承諾與盼望**，但伊拉克與敘利亞的戰爭使約旦倍感壓力。超過一百萬名移民不斷湧入，至今仍有半數仍留在國內。伊斯蘭偏激分子的自殺炸彈攻擊（2005 年）暴露了約旦面臨暴力動亂的弱點。約旦成為那個地區許多基督教活動與事工機構的中心，如果約旦的宗教

自由消失，中東大部分的基督教工作必然受到影響；請為這塊土地的和平、國王以及政府禱告。

2 約旦的基督徒人數於 1980 年至 2010 年間下降，原因包括低生育率、基督徒離開約旦，以及穆斯林難民大量湧入。但基督徒仍然在社會的各個角落服事，甚至在國會及其他領域擔任重要的職位。在 1995 年至 2010 年間，福音派教會的人數甚至增加了一倍！大多數的初信者來自有基督教文化背景的社群，但近年來有越來越多的穆斯林信主；請為約旦每一位基督徒禱告，願他們無論在傳統教會、福音派教會或是穆斯林社群，都能一起合作，使福音遍傳整個社會。

3 約旦大多數人都未曾聽見福音。請為以下族群禱告：

- **多數穆斯林**。或許只有 10% 的教會與穆斯林進行有意義的交流；請為遭受家人、職場與社會迫害的初信者禱告，求神保守他們平安。
- **巴勒斯坦人**（數百萬人，約旦的主要人口）。即使經過好幾代的流落異鄉，仍有許多人一生與痛苦和挫折對抗。約旦的王后是巴勒斯坦人。
- **伊拉克難民**。當地教會與國際宣教組織都在當中服事；求神使政府能允許教會提供難民教育，體現基督徒的精神。
- **貝都因人**（三十萬人）。請為教會能更容易接觸到定居的貝都因人（農工）禱告，仍有許多人過著游牧生活。
- **敘利亞和波斯的吉普賽人**（Dom Gypsies）仍是藏身社會中生活貧困、遭到排擠的一群人；請為他們能得到自己語言的聖經（尤其是有聲書），以及符合他們屬靈與健康醫療需要的全人事工禱告。

哈薩克（哈薩克斯坦）Kazakhstan　　　　亞洲

人數：1,580 萬　**首都**：阿斯塔納（65 萬 8 千人）
基督徒人數：190 萬　**福音派人數**：10 萬 5 千
主要宗教：伊斯蘭教
成長最快速宗教：伊斯蘭教
主要族群：哈薩克人（56.2%）、俄羅斯人（27.2%）、烏克蘭人（3.5%）、德國人（2.4%）、烏茲別克人（2.2%）、韃靼人（1.7%）、維吾爾人（1.4%）
官方語言：哈薩克語　**全部語言**：43 種

經濟：擁有豐富的石油與礦產，雖是世界上經濟成長最迅速的國家，卻只圖利少數人，導致多數人生活窮困以及國家的生態災難（有毒廢氣物、輻射、污染，以及沙漠化）。

政治：1991 年脫離蘇聯獨立，是多黨制民主國家，現任總統自 1991 年當選之後，至今仍採用獨裁統治。

1　天然資源使哈薩克獲得經濟上的繁榮，也改變了整個國家。政府投資了某些公共事業，但大部分的財富卻只集中少數人，多數人仍舊生活貧困；求神使政府能為所有人民著想，不因這些財富而墮落或貪婪。

2　有人認為「哈薩克人一定得是穆斯林」。大部分哈薩克人信奉的伊斯蘭教，深深受到薩滿教巫師與原住民的傳統信仰影響。其他的伊斯蘭教國家投資大筆金錢，差派宣教士到哈薩克佈道，成功使俄羅斯某些族群成為穆斯林。蘇聯解體之後，開始出現許多清真寺，從 46 間（1989 年）增加到 1,282 間（2002 年）！請為長久以來的屬靈綑綁禱告。

3　哈薩克的基督教人數長久以來都以歐洲族群居多，但近年來逐漸以亞洲族群居多。除了韓國教會增長，也包括中亞族群中大多數的靈恩派、五旬節教會以及一些浸信會支派的增長。大部分人認為東正教是俄羅斯的主要宗教，並將福音派視為危險的宗派。信徒遭遇政府當局、嚴守伊斯蘭教的穆斯林以及未信主家人的迫害；請為信徒禱告，求神幫助他們，即使歷經反對以及愈加嚴重的分歧，仍能保全信徒之間的合一。都市地區的混合教會，使從前無法和睦相處的族群，現在能在基督裡合一。

4　多元的族群包含七十六個民族。哈薩克人（以及少數族群）是接觸中亞與穆斯林國家的重要觸角。請特別為以下族群禱告：

- **哈薩克人**。請為他們中間的教會增長與成熟禱告。從 1990 年沒有任何一位基督徒，到 2010 年已有一百間以上說哈薩克語的會堂，以及逾一萬五千名基督徒。

- **俄羅斯人與烏克蘭人**。自 1990 年代開始，有大批的俄羅斯人與烏克蘭人陸續回到祖國，大多數人沒有信仰，或信奉東正教；請為東正教的重生禱告，迅速增長的福音派、靈恩派以及五旬節教會也影響了許多俄羅斯人。

- **未曾聽過福音的少數族群**。有一些烏茲別克人與維吾爾人歸向基督，有些已開始向自己的族人傳福音！請為福音能透過人們習慣的語言傳到哈

薩克各個城鎮與村莊禱告。

5　請為基督徒能展現基督的憐憫與慈愛禱告。許多人陷入酗酒和毒癮，導致家庭的破裂。海洛因與酒精都十分容易取得。外國基督徒團體組成多元，包括俄羅斯、美國、韓國、德國以及其他國家，各自以獨有的方式參與事工；請為他們能以謙卑服事原住民教會禱告，也為他們能有延伸觸角、培訓、門徒訓練的機會，以及專業、熱心的服事工作禱告。

北韓 North Korea　　*亞洲*

人數：2,400 萬　**首都**：平壤（270 萬人）
基督徒人數：35 萬 6 千　**福音派人數**：24 萬 6 千〔皆為估計值，實際數值不明〕
主要宗教：無信仰
成長最快速宗教：基督教
主要族群：韓國人（99.8%）、華人（0.2%）
官方語言：韓語

經濟：北韓或許是世界上最中央集權與孤立的國家，亦是極度仰賴外援的經濟體。軍事國防支出高，加上農業與工業生產力低，使經濟不斷衰退。北韓亦是全球最大的火箭賣主，在其他國家嚴格取締的情況底下，原先透過非法毒品買賣、香菸、偽幣與賭場的收益已逐漸下降。食物短缺及普遍營養不良，迫使政府必須進行經濟改革。

政治：北韓曾被日本佔領（1910～1945 年），第二次世界大戰之後，蘇聯強烈主張南北韓的分裂。1948 年之後，北韓成為共產政體，於 1950 年入侵南韓，內戰持續到 1953 年。由獨裁者統治的北韓尊崇主體思想（*Juche*），是全世界最專制的國家。北韓問題重重，因此隨時可能發生突如其來的變化。

1　今天的北韓如同夢魘。國家政府為青年領袖金正恩及其逝世的祖父（金日成）創立的個人崇拜宗教，禁止人民與外界接觸。自 1994 年以來，已有逾三百萬人民餓死，外援機構提供的食物，大多被政府與軍隊竊據；請為絕望、飢餓的人民能取得食物禱告，求神按祂所定的時間施行改變，轉化這土地，使他們得自由。

2　韓國教會大復興運動（Korean Revival，1907 年）始於北韓！當時人民稱平壤為「東方的耶路撒冷」，但大多數基督徒在韓戰期間，若非逃到南韓，就是殉道。今天只要有人大聲呼喊「耶穌」的名字，就可能因此喪失性命。我們雖然對於地下教會所知甚少，但確信它仍舊存在，甚至持續成長。政府

逮捕十萬名基督徒並將他們送到勞改營；請為北韓信徒禱告，北韓或許是基督徒有史以來所遭遇最艱困的環境，求神幫助他們依舊能夠不屈不撓。

3 基督徒不顧這些限制，仍堅持到北韓服事。有些國外基督徒透過外援與發展計畫來到北韓。基督教廣播成功深入北韓。基督徒違法偷運聖經入境，或綁在氣球上運送。中國商人公開自由進出北韓，是不可多得的好機會。目前全世界已有數以千計的基督徒特別為北韓建立禱告網，形成毫不可破的禱告鍊。

4 請為中國三十萬名北韓難民禱告。那些逃出北韓的難民至今仍面臨中國與北韓特務千方百計誘捕的危險，約有 90% 的女性難民被賣至色情行業中成為性奴，但也有人因為受到基督徒慈愛的幫助，而得到基督，另外有些少數人勇敢回到北韓分享福音。

南韓 South Korea　　　　　　　　　　　　　亞洲

人數：4,850 萬 **首都**：首爾（980 萬人）
基督徒人數：1,500 萬 **福音派人數**：820 萬
主要宗教：無信仰（多數韓國人雖然沒有正式信仰任何宗教，卻都相信儒教價值觀或教導）
成長最快速宗教：無信仰
主要族群：〔世界上少數族群單一（相同文化）的國家〕韓國人（97.8%）、其他（2.2%，包含西方人、中國人、日本人、南亞或東南亞人）
官方語言：韓語 **全部語言**：4 種

經濟：南韓從 1953 年窮困、民不聊生的國家，進升成為全球十一大經濟體。工業與都市化仍急遽發展，天然資源有限，國家極度倚賴出口貿易、高教育水平的勞動人口，以及創新的科技。

政治：近千年以來歷經鄰國侵略與干預，日本佔領（1910～1945 年）、南北韓分裂（1945～1948 年）、韓戰（1950～1953 年），都形塑了韓國的思維與政治。經過 1950 年至 1987 年這段期間一連串的共和政府與軍事政變，逐漸邁向更加開放的多黨制民主國家。

1 上一代的南韓社會與文化改變劇烈，經濟成長卓著。但聞名世界的成功案例，卻也暴露出政治與工業的腐敗，且貧富差距嚴重。韓國社會傳統保守，但現代發展卻也引發新的問題，包括自殺事件頻繁、網路成癮、色情行業迅速滋長、為滿足虛榮心的整形風潮，以及對於媒體暴力的麻木不仁等等；請為領導人的智慧及弱勢群體能得到公義禱告。南韓是全球數位革命的

先鋒，目前已經可以成功透過智慧型手機進行福音佈道，教會與事工機構亦架設了多媒體網站與直播電視平台。

2 許多南韓基督徒正在為未來南北韓的統一預備和禱告。 1940 年代，南北韓因外人介入而分裂，導致雙方發生戰爭，今天的南北韓交界處是全世界戒備最森嚴的邊界。我們不知未來會如何，或許可能再度發生衝突，但北韓政府也可能垮台，使南北韓有機會統一；請為政治與基督教領袖禱告，使他們預備心，做出有智慧的決定，帶來韓國的醫治。

3 為獨一無二的韓國教會讚美神！ 南韓於 1884 年成立第一間新教會堂，至今已有五萬間會堂。神透過一次又一次的復興祝福教會，經過一次又一次的迫害之後，教會也更加粹煉。現在的領袖已具備專業能力，教會的異象亦成為全球典範。全世界十大教會當中，有六間是南韓的教會，基督徒在社會各個層面發揮他們的影響力，南韓教會願意全然獻上，日以繼夜地火熱禱告。

4 韓國教會面臨重大的屬靈挑戰。 上一代的屬靈熱潮到了這一代已逐漸消退，現代教會幾乎已經停止增長，有些驕傲的基督教領袖只顧著尋求財富與名聲，並將之視為上帝所賜的福。有些教會領袖獨攬太多的權力，卻逃避應負的責任，會友依賴牧者勝於肢體的相互合作；請為謙卑、和好以及合作的靈禱告。韓國教會規模大、有錢有勢，但基督徒卻不夠團結，以有效面對南韓的社會問題。

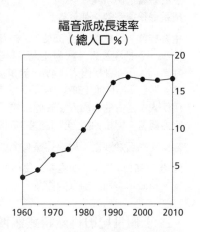

福音派成長速率
（總人口 %）

5 為南韓差派兩萬逾名宣教同工讚美神！ 有一百七十間以上的福音機構，差派宣教士進入不同文化傳福音，這些同工大多有具有神學學位或牧會訓練，但韓國的方式並不見得適用外地；因此請為跨文化宣教的預備禱告，也為在國外居住與工作的六百萬名韓國人禱告，他們當中有許多人是基督徒，當中的教會亦支持並差派宣教士。「宣教韓國」（Mission Korea）聚集了許多機構與校園事工組織，組織韓國青年到世界各地宣教；請為新一代能走入禾場，支持這些國家及宣教工作禱告。

6 有些族群較少聽見福音，有特別的事工需要：

- **仍有許多韓國人尋求靈性導師**。有人估計距離首爾一小時車程可到的範圍內，就有大約三十萬名靈性導師以及三百間寺廟。
- **超過二十五萬名其他亞洲國家的非法移民**大多在惡劣的環境下工作，有些當地教會向他們展現慈愛，並提供實際的協助。
- **韓國穆斯林**（約四萬人）人數的增加，是因為伊斯蘭教宣教士努力向中東的韓國人傳福音之故，但卻少有基督教宣教士與他們接觸。
- **南韓人**（超過兩百萬名）信奉結合傳統信仰、基督教與佛教的各種新興宗教。

科威特 Kuwait　　　亞洲

人數：310 萬　**首都**：科威特市（230 萬人）
基督徒人數：42 萬 1 千　**福音派人數**：4 萬 6 千
主要宗教：伊斯蘭教
成長最快速宗教：基督教

主要族群：科威特人（35%）、外籍阿拉伯人（22%，包括埃及人、敘利亞人、黎巴嫩人、巴勒斯坦人）、貝都因人（4%，流落異鄉的阿拉伯人難民）、其他（39%，南亞人、菲律賓人、伊朗人、西方的中國人、其他民族）
官方語言：阿拉伯語　**全部語言**：7 種

經濟：靠石油致富（科威特擁有全球 10% 的原油儲量），完全仰賴石油與外籍勞動人口。

政治：1961 年脫離英國獨立，屬於君主憲政與國會民主國家，實際上由國王薩巴赫及其家族掌權。科威特是西方國家的盟友。

---

1 **上個世紀的科威特雖然獲得鉅額的物質財富**，卻無法靠財富解決問題。政府成員對於現代與傳統生活方式方面意見分歧，伊斯蘭團體的政治活動日漸活躍，年輕人感到挫折與乏味；請為科威特的領袖與人民禱告，願他們能接受這位救主。

2 **外來的弱勢民族**幾乎遍布每一個職場，大多數是為尋求溫飽而離開家鄉的阿拉伯人，其他來自亞洲（印度、菲律賓、印尼和其他國家）的勞工則進入科威特的阿拉伯人家庭，協助家務與照顧小孩。許多人都感到寂寞孤單，並遭受不公平的對待；求神鼓勵他們當中的許多基督徒，透過他們將基督的愛帶進科威特人的家庭與生命中。

3　貝都因人沒有自己的國家。「貝都因」即意指「無」（without）。十萬名以上的貝都因人住在科威特，目前已知他們當中沒有任何信徒，也幾乎沒有基督徒服事其中。

4　為科威特教會的持續增長讚美神！只有少數基督徒公開表明信仰，大多數都隱瞞自己的信仰，科威特阿拉伯人常在出國旅行、出差或留學時認識基督徒；請為希望聽見並接受福音的科威特人禱告，因為來自文化與家人的壓力，使許多人很難跟隨基督。

5　一百年的醫療宣教史，使外國基督徒在科威特享有盛名！政府當局准許教會人數增長，卻禁止基督徒向穆斯林傳福音；請為更大的宗教自由以及預定用以蓋大樓的土地能釋出禱告。天主教、東正教、英國國教、新教聯合組成「科威特基督教會團契」（Fellowship of Christian Churches in Kuwait），為社會的公共利益，尤其是幫助窮人互相合作；大多數的教會由南印度人或菲律賓人組成，請為本土科威特信徒禱告，願他們能帶領福音事工，將福音傳給科威特人。

吉爾吉斯（吉爾吉斯坦）Kyrgyzstan　　　　亞洲

人數：560 萬　**首都**：比斯凱克（86 萬 4 千人）
基督徒人數：29 萬 2 千　**福音派人數**：4 萬
主要宗教：伊斯蘭教
成長最快速宗教：伊斯蘭教

主要族群：種族組成多元，包括吉爾吉斯人（64.8%）、烏茲別克人（13.6%）、斯拉夫人（原24.3%，自 1989 年俄羅斯人與烏克蘭人回歸祖國之後，降為 13.5%）、東甘人／中國穆斯林（1.1%）、維吾爾人（1%）
官方語言：吉爾吉斯語、俄語
全部語言：32 種

經濟：以農業為主，但未來可能仰賴礦產、水力發電以及觀光業。山區地形、情勢孤立及政府腐敗，都阻礙國家的發展，其他問題包括普遍存在的貧窮問題與高失業率（在海外工作的吉爾吉斯人高達五十萬名）。

政治：1991 年脫離蘇聯獨立，取代後蘇聯政體，成為中亞第一個共和國（2005 年）。目前國家遭遇的問題包括經濟困境、經濟犯罪的深遠影響，以及（費爾干納谷地）伊斯蘭極端分子的漸增勢力。經過多次抗議與一次政變之後，於 2010 年成立中亞第一個國會民主政治。各族群與團體間關係緊張，導致暴力層出不窮。

1 **政府需要勇氣、資源甚至奇蹟**，幫助他們的經濟與社會步入正軌。共產政權越來越腐敗、犯罪事件層出不窮，貧窮問題每況愈下。許多人從鄉下遷移到都市，最後卻淪落比斯凱克的貧民窟，其他人則到國外找工作；請為基督徒禱告，求神幫助他們找到適合、合法的工作。酗酒、販毒、賭博與賣淫比例居高不下，形成巨大的挑戰，窮人、老人與殘疾人士最容易受苦；請為信徒禱告，求神幫助他們面對這些挑戰，並帶來正面的影響，改變社會與經濟。

2 **大部分吉爾吉斯人屬於文化上的穆斯林**，但實際上許多人對「魔眼」（evil eye）非常恐懼。他們使用法術、崇拜祖先，神祕學、邪惡的力量及巫醫仍對他們深具影響。國外的穆斯林宣教士來到吉爾吉斯，強化與淨化當地的伊斯蘭教；請為基督徒能站立得住、展現基督的力量與愛禱告。吉爾吉斯雖然有相關限制，但相較於鄰近的國家，仍擁有較大的宗教自由；求神在吉爾吉斯人當中，興起更多基督徒。

3 **基督徒**在 1990 年以前仍被視為外來宗教族群（大多是俄羅斯人、烏克蘭人與德國人），但吉爾吉斯的信徒人數現在已不容小覷！1990 年時只有四十五間新教會堂，但現在已幾乎增長至三百間，其他還包括許多非法的家庭教會。吉爾吉斯目前已有越來越多的教會崇拜，並有許多吉爾吉斯的基督教精兵領袖；請為不同宗派、文化、族群之間的合一與合作禱告。

4 **關心宣教的吉爾吉斯信徒日漸增多**，他們希望將福音傳給族人、中亞民族，甚至擴展至其他族群。數百名（來自亞洲、美洲與歐洲）基督徒僑民都在吉爾吉斯工作，並主動尋求服事的機會。社區發展、健康醫療與商業貿易是最有可能服事的場域；請為較少聽見福音的大多數鄉下居民禱告。

- **半游牧的吉爾吉斯人**通常住在更偏遠的村莊，極少人聽過基督。
- **費爾干納谷地**（南部）的範圍包括塔吉克與烏茲別克。塔吉克與烏茲別克的少數民族（共七十七萬人）是最少接觸福音的一群，他們信奉最嚴格的伊斯蘭教，成功設立的教會並不多，且多面臨巨大的反對聲浪。
- **東甘人**的祖先是中國穆斯林難民，2000 年開始有許多間機構開始與他們接觸。
- **有許多人數更少的少數民族**缺乏基督徒的接觸：韃靼人、中國人、維吾爾人、猶太人與其他族群。

寮國（老撾）Laos　　　亞洲

人數：640 萬　**首都**：永珍（83 萬 1 千人）
基督徒人數：21 萬 8 千　**福音派人數**：17 萬
主要宗教：佛教
成長最快速宗教：基督教

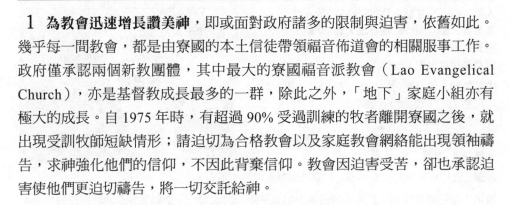

主要族群：寮籍泰裔人（59.2%）、孟高棉人（28.1%）、苗瑤語族（4%）、圖博一喜馬拉雅人（2.7%）、越南人（1.6%）、華人（1.5%）
官方語言：寮國語　**全部語言**：89 種

經濟：自給農業佔總產業的八成，共產政權已逐漸開放外來投資以及私人企業，經濟亦開始成長。腐敗和基礎設施不足，都阻礙了國家的進步，另外還有非法（人口與毒品）販賣及吸毒的問題，是亞洲最窮的國家之一。

政治：1954 年脫離法國獨立。直到 1975 年之前，寮國與越南都由共產勢力完全執政。共產黨在寮國仍握有完全的政治權力，並限制諸多自由。

1　為教會迅速增長讚美神，即或面對政府諸多的限制與迫害，依舊如此。幾乎每一間教會，都是由寮國的本土信徒帶領福音佈道會的相關服事工作。政府僅承認兩個新教團體，其中最大的寮國福音派教會（Lao Evangelical Church），亦是基督教成長最多的一群，除此之外，「地下」家庭小組亦有極大的成長。自 1975 年時，有超過 90% 受過訓練的牧者離開寮國之後，就出現受訓牧師短缺情形；請迫切為合格教會以及家庭教會網絡能出現領袖禱告，求神強化他們的信仰，不因此背棄信仰。教會因迫害受苦，卻也承認迫害使他們更迫切禱告，將一切交託給神。

2　寮國大部分地區都未曾聽見福音，儘管教會明顯成長。共產主義統治的土地上，共有五千間佛教寺廟，但只有兩百五十間教會建築。大多數人的信仰結合佛教與部落宗教。面對使用八十九種語言的 143 個民族，寮國的福音佈道確實是教會的一大挑戰。聖經至少需要翻成三十一種語言。請為以下族群禱告：

- **寮人**。寮國主要的民族（寮人）雖是溫柔、愛好和平的一群，卻迫害基督徒；求神使用信主的寮人（目前已超過四萬人）為其餘的寮人帶來寶貴的福音。

- **泰族人**。語言和種族皆與寮人相近，共有十五種語言，大多數都沒聽過福音，且當中幾乎沒有當地方言的基督教資源。

- **北方民族**。許多人接受在中國與泰國聽聞的福音，但政治情勢並不允許寮國進行宣教；求神賜下改變。

- **人數稀少的南方部族**。他們第一次接受福音是在 1957 年至 1963 年間，但許多部落的植堂因戰爭被迫暫停。大多數人都生活在對神靈的恐懼之中；請為他們禱告，願他們在耶穌裡找到自由。

3　基督教工作者能夠協助處理許多需要，但政府卻對宣教士下禁令，因此有些信徒透過援助、開發以及移除炸彈等相關工作來服事，亞洲信徒（鄰近的中國、泰國，以及菲律賓、南韓）在其中扮演重要的角色；請為外國同工與教會能透過最好的方式服事寮人禱告。

黎巴嫩 Lebanon　　　　　　　　　　亞洲

人數：430 萬　**首都**：貝魯特（190 萬人）
基督徒人數：140 萬　**福音派人數**：2 萬 1 千
主要宗教：伊斯蘭教
成長最快速宗教：無信仰

主要族群：黎巴嫩阿拉伯人（66.4%）、巴勒斯坦阿拉伯人（12.2%）、德魯茲人（7.7%）、亞美尼亞人（4.5%）
官方語言：阿拉伯語（法文與英文亦通用）
全部語言：9 種

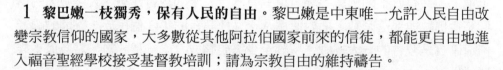

經濟：是中東重要的商業中心，戰爭造成動亂與社會不安。

政治：黎巴嫩共和國各宗教社群的權力相互平衡，因敘利亞、伊朗與沙烏地阿拉伯的介入與影響，導致政治問題接二連三發生。

1　黎巴嫩一枝獨秀，保有人民的自由。黎巴嫩是中東唯一允許人民自由改變宗教信仰的國家，大多數從其他阿拉伯國家前來的信徒，都能更自由地進入福音聖經學校接受基督教培訓；請為宗教自由的維持禱告。

2　黎巴嫩必須尋求復原，在達七十年悲慘的共產主義戰爭和其他國家的干涉過後。戰爭與衝突使 80% 的人民流離失所，許多人失去至愛。政治層面相對上的穩定，使人民有機會重建家園；祈求聖靈在仇恨與痛苦根深蒂固之處賜下寬恕與醫治。自 2006 年的（南方）危機開始，福音派同工就開始合作，透過愛接觸那些難民；請為未來的持續合作與成長禱告。

3　基督徒人數衰減，自 1970 年的 62% 降到 2010 年的 32%，許多國外宣教士以及國家領袖等基督徒，為尋找工作機會及安全的生活離開。東正教與天主教教會努力與死氣沉沉的屬靈氛圍對抗，此時有些東正教教會也因靈命更新而帶來了盼望。規模較小的新教教會面對的是分裂的議題，人民的遷移也導致會友人數低迷；請為許多基督徒，尤其是領袖禱告，願他們能繼續成為光和鹽；請為非基督教背景的初信者人數增長及宣教異象禱告，求神帶領更多黎巴嫩人相信耶穌。

4　黎巴嫩一直以來都是基督教服事整個中東地區的中心。聖經公會在整個地區發放聖經，許多基督教學校或孤兒院受人敬重，並在社會中發揮影響力；請為事工能對所有信仰的青年發揮效力禱告，因為這群黎巴嫩未來的棟梁大多感到徬徨無助。國外的基督教同工現在可以透過重建、勒戒、慈善工作、教會發展以及更多的相關工作來展現基督的愛，求神使信徒重新找到他們對於其他人以及其他土地的異象。

5　黎巴嫩人對於屬靈的事物保持令人讚嘆的開放態度。原本信仰其他宗教文化的初信者人數不斷倍增。然而，雖然有宗教自由的保障，跟隨基督仍須付上極大的代價；請為尚未聽聞福音的人禱告。什葉派穆斯林住在南部，遜尼派穆斯林大多住在東北部以及主要城市。德魯茲人信奉的是從伊斯蘭教發展而來的祕教，但透過許多機構彼此之間的合作，已使數百名德魯茲人有機會敬拜、讚美神；請為這群地下信徒禱告。巴勒斯坦人境遇堪憐，甚至仍住在難民營中，過著貧困的生活。有些巴勒斯坦人是基督徒，但大部分仍是穆斯林，或未曾聽過福音；求神幫助基督徒利用每一個可能的機會，服事窮困與弱勢的人，使他們明白耶穌的愛。

馬來西亞 Malaysia

亞洲

人數：2,790 萬　**首都**：吉隆坡（150 萬人）
基督徒人數：260 萬　**福音派人數**：120 萬
主要宗教：伊斯蘭教
成長最快速宗教：無信仰
主要族群：馬來西亞原住民（58.4%，141 個馬
來原住民族群與部落民族）、華人（31%，共
12 個民族，在商業貿易界舉足輕重）、南亞人
（9.4%，主要是都市工人或窮困的地產工人）、
東南亞人（0.8%，10 個民族）
官方語言：馬來國語（馬來語）
全部語言：145 種

經濟：仰賴天然資源產物（棕櫚油、橡膠、石油及其他）及高科技製造產品出口。獨立（1957
年）以前，華人與印度人就已獨佔經濟的利益，但政府自 1971 年起就推動各項法案，試圖提
升馬來人與原住民的經濟地位。馬來西亞的富裕吸引亞洲其他窮國的移民前來。

政治：脫離英國獨立（1957 年）後，建立馬來亞聯邦（Federation of Malaya）。沙巴與砂勞越於
1963 年加入，形成 13 個州的君主憲政國家。執政黨自 2013 年贏得選舉之後掌權至今，但反對
黨的勢力與影響力漸增（華人公會、自由民主黨以及伊斯蘭陣線等政黨）。參與政治的穆斯林
擁有透過宗教與種族的力量，嚴重分裂國家的實力。

1　馬來西亞社會面臨前途未卜的難題。執政黨雖然藉由政策的推行，幫助
各個馬來族群變為富有，卻擴大了馬來人（社會主要族群）的貧富差距。同
時，少數民族因為歧視及政府貪污問題而感到灰心；請為領袖禱告，求神幫
助他們透過滿足溫和、保守的穆斯林以及少數民族，尋求國家的凝聚力。

2　伊斯蘭教人數與勢力漸增。憲法雖然保障所有信仰的宗教自由，但各種
法律與行為卻對宗教自由造成威脅，一百多個激進的伊斯蘭團體強烈要求在
全馬來西亞推行什葉派的律法。馬來西亞有十個州明文禁止向穆斯林進行福
音佈道，一個州禁止人民從伊斯蘭教改信別的信仰；請為所有選擇跟隨基督
的穆斯林的智慧與勇氣禱告。馬來西亞的法律與社會使馬來人遠離福音；求
神讓每一個人都遇見耶穌。

3　教會穩定成長，且更深入參與社會與政治。基督徒比以前更加團結合
作，甚至包括跨越宗派與族群的合作。馬來西亞有許多聖經學院、神學院及
教會培訓計畫，但許多小教會仍缺乏訓練有素的牧者。政府強迫馬來人必須
使用馬來語，卻因擔心基督徒使用馬來語會使許多馬來人成為基督徒，因此

限制基督教文宣與教會活動使用馬來語。政府禁止基督教聖經與文宣使用「阿拉」（Allah，意指「神」）就是其中一個主要的例子；請為每一個信仰團體都能擁有完整使用語言的宗教自由禱告。各種事工都仰賴外國基督教同工的投入，但他們的人數卻因簽證限制的緣故而逐漸下降。為馬來西亞教會仍舊堅定落實異象（現有超過三十間活躍的機構）讚美神。

馬來西亞半島

1 **馬來西亞半島只有 3% 的基督徒**，馬來西亞有 80% 的人口住在馬來西亞半島，但基督徒中只有四分之一人口住在這裡；為基督教開始在穆斯林以外的族群中增長感謝神，祈求聖靈的大能，幫助信徒無論遭遇伊斯蘭教與未信主家人的任何壓力，都能維持信仰並建立教會。

2 **為較少接觸福音的人禱告**。馬來西亞教會擁有接觸他們的資源與文化知識，卻欠缺勇氣與委身。

- **馬來人**是全世界最大的福音未及族群之一。雖然有些已經開始在家庭小組與多族群教會聚會，但仍未有馬來人公開聚會。
- **華人**當中有一小群人數相當多的基督徒（大多是說英語的都市華人）。四百五十個華人村莊當中，只有半數設有教會，說海南話、客家話、潮州話的基督徒僅佔少數。
- **馬來半島的紅毛土著**指的是馬來西亞半島的原住民。馬來西亞的政府由馬來人佔多數，他們視原住民為穆斯林，但其實大部分的原住民都信仰泛靈論。十九個群體中有八個沒有教會或信徒。
- **印度馬來人**大部分都是窮人，甚至包括泰米爾基督徒，尤其包括旁遮普人與泰盧固人等其他較少接觸福音的少數民族。
- **藥物成癮者**不僅需要基督徒的付出，更需要有效的服事。馬來青年的吸毒問題尤其嚴重，大多是遭到家人的拋棄之後才轉向犯罪。

沙巴

1 **沙巴是馬來西亞最窮的州**，有 26% 的人民生活條件低於貧窮線以下。這

地區雖然美麗，卻充斥著種族偏見、貪污、犯罪、販毒和盜版侵權等行為。沙巴政府的收入多來自於自然資源，卻沒有智慧將收益投資在能夠幫助當地人的地方。

2　需要禱告的人民。為教會在華人、卡達山—杜順人、他加祿族（Tagalog）與毛律族迅速增長讚美神！請為當地教會禱告，願神帶領他們影響社會，並傳福音給他們，因為當地不太接受外國宣教與服事。

- **沙巴的穆斯林**幾乎未曾接觸福音；請特別為菲律賓人（主要是難民）、印尼人（主要是非法移民）以及當地馬來人、穆斯林部落族人有機會接觸福音禱告。

- **馬來西亞原住民**曾有過集體歸主的歷史，但遭到教會的漠視。新約僅翻譯成少數語言，他們是全國最窮困、失業率最高，教育程度也最低的一群。

砂勞越

1　砂勞越有屬靈的祝福，神在他們當中已動工了七十年！雖然大部分伊班族人與半數的華人都是基督徒，教會仍面臨了許多試煉。都市地區的物質主義使人們遠離信仰，鄉下地區的基督徒則面臨穆斯林的壓迫。因地處偏遠，加上伊班族人（以前是獵頭族）仍相信傳統的泛靈思想，所以很難進行事工與門徒訓練；請為教會能克服這些試煉禱告！求神呼召更多的牧者與基督教同工，來到需要耶穌、也接受耶穌的砂勞越。

2　請為基督徒禱告，帶領他們幫助窮人，並以愛觸摸他們身邊那些承受巨大痛苦、有著許多需求的人。大部分的原住民族生活都非常求窮困，住在鄉下的民族更是如此。政府利用他們的困境，教會也常忽略他們。他們大多未接受教育，也幾乎沒有就業機會與醫療資源。

馬爾地夫（馬爾代夫）Maldives　　*亞洲*

人數：31 萬 4 千 **首都**：馬列（12 萬 6 千人，一般不包含外籍人士）
基督徒人數：大約 500 **福音派人數**：250 以下
主要宗教：伊斯蘭教
成長最快速宗教：伊斯蘭教

主要族群：原住民（80%，馬爾地夫人，起源於南亞達羅毗茶族）、外國人（20%，印度人、斯里蘭卡人、巴基斯坦人、孟加拉人，和一些西方人，以上幾乎都是為工作緣故而短期居留）
官方語言：迪貝喜語（Dhivehi，源自於梵語）
全部語言：2 種

經濟：主要仰賴觀光與漁業，缺乏沃土與淡水，但人口稠密，因此大多數人只停留在經濟自給的水準。海平面上升威脅著整個生態系，大部分的土地可能遭到破壞，許多島嶼甚至可能遭到淹沒。

政治：共由 20 個群島組成，1,200 座珊瑚礁島，僅 202 座有人居住。1965 年以前在名義上屬於英國領地。1978 年至 2008 年由同一位總統執政，人權紀錄不良。在不斷遊行抗議與國際壓力之下，2008 年迫使馬爾地夫舉行總統選舉，自 2008 年之後有三位歷任總統。雖然有某些自由權力受限，但不包含宗教自由。

1　遊客將馬爾地夫視為島嶼天堂，但其實背後存在著陰暗的內幕。社會與政府強大的力量限制了言論自由與信仰自由，馬爾地夫的離婚率名列世界前茅，犯罪率與幫派活動亦節節攀升。兒童受虐與青少年吸毒（高達青少年總數的 70%）皆顯示問題的嚴重性。伊斯蘭教是政府認可的唯一宗教，政府禁止其他宗教舉行公開儀式。但其實除了伊斯蘭教之外，許多人亦信奉神祕宗教「魔力」（*fanditha*）；求神將福音真光照在馬爾地夫人身上，求神抵擋驕傲、恐懼與追求肉體享受的自私自利的營壘。

2　馬爾地夫依然是全世界最少接觸福音的地方之一。政府從未允許宣教事工的進行或基督教文宣的流通，更否認國內有基督徒的存在（卻逮捕信主之人）。在馬爾地夫人的眼中，西方文化、媒體與遊客都是「基督徒」，因此認為基督徒就是道德敗壞的代名詞。反對黨則利用「基督徒」一詞來侮辱對方；請為馬爾地夫禱告，求神使他們認識耶穌真正的本相。

3　信徒遭到嚴重迫害。馬爾地夫的基督徒會受到社會排擠、虐待、牢獄之災，甚至折磨；請為信徒禱告，求神保守他們平安，賜給他們面對大試煉的

勇氣，以及分享信仰的機會。許多馬爾地夫人會駕船航海、出國留學或去國外就醫，有些則住在國外（印度、斯里蘭卡、馬來西亞）；求神讓他們聽見福音見證。

4 **1811 年所翻譯的福音書已經消失或遭銷毀！**現在唯一的迪貝喜語譯本只有路加福音與使徒行傳。求神使人們能自由地藉由最熟稔的語言來認識神的話。現在網站上已有基督教的影音信息，可供避過政府管制的用戶存取。

蒙古 Mongolia

亞洲

人數：270 萬 **首都**：烏蘭巴托（96 萬 6 千人）
基督徒人數：4 萬 6 千 **福音派人數**：3 萬 3 千
主要宗教：佛教
成長最快速宗教：基督教
主要族群：蒙古人（90.9%，7 種方言）、哈薩克人（5.3%）、華人（1.5%）、吐瓦魯人（1.2%，住在偏遠的西部）
官方語言：喀爾喀蒙古語 **全部語言**：15 種
經濟：畜牧與農業經濟，礦產是重要出口資源。嚴冬往往造成重大的牲畜損失，使許多人生活窮困，迫使數千人移居都市尋找工作機會，甚至有數以千計的人必須在海外工作。

政治：1206 年於成吉思汗統一之下建國，曾建立有史以來最大的帝國（疆土遍布中國、韓國、中歐）。1368 年至 1911 年被其他國家統治。從 1921 年開始，到 1990 年多黨制民主政體建立之前，都由馬克思政府統治。貪污與貧窮是目前主要的挑戰。

1 **蒙古國內出現基督教的蹤影**，是現代歷史以來頭一遭！1989 年時或許只有四名蒙古基督徒，但至 2010 年已有超過四萬名基督徒在國內數百間教會與小組中敬拜神！雖然教會的歷史仍不到二、三十年，卻已開始差派宣教士到福音未及之地佈道、創立全國性的事工機構，並發展蒙古風格的敬拜音樂。

2 **經濟困境**深深地影響了生活各個層面（就業、教育、兒童福祉、其他）。僅有少數人在新的市場經濟中致富，許多人仍然在極度窮困中掙扎求生。經濟的難題造成越來越多的社會問題，包括犯罪、酗酒、賣淫以及都市中的遊民問題。大部分的事工機構關注的是健康醫療、災難救援、教育或文宣計畫，這都是展現基督的憐憫與愛的機會。

3 **蒙古國的傳統宗教**（藏傳佛教、薩滿教）在共產統治結束（1990 年）之

後復甦。傳統迷信，甚至包括神祕學，都對人民的生活造成深刻的影響。蒙古青年若遇到健康、財務或關係上的問題，常會去找巫師解惑；求神透過主耶穌，使他們得到完全的自由，生命得到徹底的改變。

4 門徒訓練與教會的領袖訓練。大多數的基督教事工都設在烏蘭托巴，因此鄉下教會特別欠缺教學資源。蒙古教會最欠缺的，應該是能夠服事偏遠會堂的延伸制計畫！目前由「藍天航空」（Blue Sky Aviation，屬飛行宣教團契）協助處理整個大鄉下地區的佈道、培訓與人道工作需要。

5 較少接觸福音的人。求神使外國同工能真正學習並適應蒙古文化，並為所有的信徒能同心合意禱告。

- **游牧民族**認為傳統生活不易維持；請為教會佈道禱告，求神幫助教會適應他們經常遷居的生活方式。
- **哈薩克人**是偏遠西部的主要族群，僅少數人是基督徒，且大多是穆斯林。穆斯林的宣教士經常想改變哈薩克基督徒的信仰，說服他們重新信仰伊斯蘭教。
- **少數民族**包括中國人與俄羅斯人，僅少數是基督徒，但少有人傳福音給卡爾梅克人、吐瓦魯人與埃文基人。

緬甸 Myanmar　　　　　　　　　　　　　　　亞洲

人數：5,050 萬　**首都**：奈比多（100 萬人）
基督徒人數：450 萬　**福音派人數**：250 萬
主要宗教：佛教
成長最快速宗教：基督、中國傳統信仰

主要族群：〔族群多元，國內共有 8 個主要的種族與（官方明訂的）135 個次族群與部族，以及更多少數部族與語族〕緬甸人（62.8%）、克倫族（9.4%，24 個族群）、撣邦人（8.5%）、孟高棉人（4.5%）庫基欽族（Kuki-Chin，2.5%，39 個族群）、美里－卡欽人（Miri-Kachin，2.4%）、華人（2%）、洛興亞人（Rohingya，1.9%，南亞人）、布朗族（1.4%）
官方語言：緬甸語　**全部語言**：116 種

經濟：天然資源豐富（柚木林、沃土、寶石、礦產、石油／天然氣礦藏），但大部分的人民卻因前任軍政府管理失當及貪污，導致生活窮困。政治上的孤立及颶風納吉斯（2008 年）造成長久的破壞，都是造成問題日益嚴重的原因。觀光與現在所進行的改革方案，都促進了經濟的發展。

政治：原屬印度，由大英帝國統治，1948 年獨立，接著於第二次世界大戰期間被日本佔領，之後被軍政府把持，直到 2010 年的選舉，才使國家逐漸轉變成為民主國家。近幾年來國家保障了越來越多的自由，但許多地區都發起武裝的獨立派運動，某些族群／宗教團體之間也發生暴力衝突。

1　**心狠手辣的緬甸軍政府**（1962～2011 年）。緬甸雖然天然資源豐富，卻因軍政府的政策而陷入貧窮。他們鎮壓抗議的人民，將異議分子打入監牢，並實施勞改。針對某些少數族群的政策，則導致村莊被毀、強暴、痛苦、流離失所，引發國際譴責。緬甸經歷政治、宗教、尤其是族群的分裂，最後變得分崩離析；求神藉由基督，使看似不可能的成為可能，包括族群和諧、政府的效率執政以及真正的和平。

2　**軍政權雖企圖摧毀基督教**，信仰卻仍持續擴展。他們於 2000 年至 2010 年間毀滅三千逾座基督教村莊，1966 年驅逐基督教同工，但迫害與隔離反而強化信徒的信仰，使他們熬過苦難。緬甸教會使我們明白，上帝如何透過苦難來成就祂對神的子民的旨意。

3　**基督教**於十九世紀傳入緬甸。經過數個世代之後，教會裡有人恪守基督教傳統，有些正經歷屬靈復興與更新。國家的現況令人感到絕望，卻反而創造了展現基督憐憫的機會。緬甸區域性的愛滋病情況嚴重，吸毒問題普遍存在。至少七十五萬名兒童性命「垂危」。已有些人民以跨文化的方式服事主；求神感動更多人走入鄉村，而非僅在都市服事。

4　**大部分的基督徒都來自於弱勢族群**，他們參與軍事行動，對抗中央政府；求神保守這不至造成苦難、引發對其他民族的仇恨，並妥協信仰或喪失宣教異象。過去有許多原因造成基督徒的分裂，但上帝興起禱告運動，使各宗派與族群的信徒得以合一。大多數新一代的領袖都加入緬甸教會，成為合一的肢體；請為信徒之間的和好與合一禱告。

5　**佛教對於緬甸的社會大眾有極大的影響力**，包括撣邦人、若開邦人與孟邦人。大部分兒童進入佛寺接受教育，緬甸的佛教結合了神祕學信仰、迷信以及對神靈的恐懼。教會必須學習瞭解佛教思維，並透過聖靈的力量服事，才能突破社會大眾的心防。據了解有數千名佛教僧侶已暗中信主，許多人開始研究福音，並收聽基督教廣播。

6 最少聽見福音的人；請為真誠的愛能穿越巨大的族群鴻溝禱告，並求神預備優質的培訓活動，使本土教會能接受完善的裝備，傳福音給全國的人民！

- **緬甸人**當中只有 0.1% 是基督徒。請為生活在虔誠佛教徒當中跟隨基督的門徒禱告，佛教徒是政治界的主流勢力，與信仰基督教的部落之間存在許多猜疑與偏見。

- **撣邦人**與泰國人相近，只有 0.9% 是基督徒。雖然大部分是佛教徒，卻在與軍政權戰爭之下承受巨大的苦難。

- **華人**（逾一百萬人）當中只有 2.5% 是基督徒。多數華人對於緬甸社會影響深遠，但近期大量湧入的華人激發了當地人民仇華的情緒。

- **洛興亞人**。穆斯林最受到世界冷落、並被世人視為多餘的一群。政府不承認他們的公民身分，基本權利遭到諸多限制。多數人逃到孟加拉或其他國家。信主的人少，亦少有人向他們傳福音。2013 年時，佛教徒與穆斯林洛興亞人之間爆發劇烈衝突。

- **印度族群**（九個）。1928 年時，同工在他們中間設立教會，但僅 1% 是基督徒。

- **難民與流離失所的人民**。超過兩百萬名緬甸人住在泰國，更多人住在馬來西亞、新加坡及西方國家。有一百萬人失去了緬甸的家園，悲劇大多發生於基督教地區。許多人未曾聽過福音，並流落異鄉。

尼泊爾 Nepal　　　　　　　　　　　　　亞洲

人數：2,990 萬　**首都**：加德滿都（100 萬人）
基督徒人數：85 萬 1 千　**福音派人數**：83 萬 8 千
主要宗教：印度教
成長最快速宗教：基督教

主要族群：〔多達 100 個族群，包括逾 300 個民族、亞族群與種姓階級。種姓在具有濃烈印度色彩的文化中，與族群的因素同樣佔了舉足輕重的地位〕南亞人（78%，285 個民族／種姓階級，主要分布於南部與東部）、圖博一喜馬拉雅人（21.5%，38 個民族，主要分布於北部與西部）

官方語言：尼泊爾語　**全部語言**：127 種

經濟：是世界上最窮困的國家之一（有三分之一的人民生活水準在貧窮線以下），90% 的人民屬於自給農業。孤立的地理位置、貧瘠的土地、基礎建設的匱乏、環境的破壞、天災以及政治上的不穩定，都是國家發展受阻的原因。水力發電以及觀光（尼泊爾有 8～10 座全球最高的山峰），都是有前景的國家發展產業。

政治：尼泊爾於 2008 年廢除古老的君主制，成為多政黨的憲政共和國。尼泊爾從未被其他國家殖民，1951 年以前政治處於孤立狀態。1990、2000 年代，尼泊爾共產黨分子造反，2008 年起成為執政黨。雖然內戰已經結束，但政治仍舊不穩定，政治界人士對於新的憲法也莫衷一是。

1　2008 年尼泊爾浴火重生。經過尼泊爾共產主義分子多年反抗政府及後來支持民主的抗議，印度王室的專制政權終於垮台，神回應了尼泊爾大多數基督徒的禱告！基督徒目前享有更多的自由與機會。但宗教團體與政黨之間巨大的分裂仍對社會造成極大的影響，政府亦面臨經濟與社會問題。一萬三千人於內戰中死亡，許多人的人權遭到剝奪。若沒有公義，就會有許多人仍相信他們能藉由暴力達成政治利益；求神將智慧、勇氣與恩典賜給尼泊爾的領袖。

2　尼泊爾教會戰勝許多試煉。第一間教會設立於 1952 年，當時只有二十九名基督徒，1990 年已增長至二十萬名，但遭受到嚴重的迫害。2010 年已有八十五萬名基督徒，組成近一萬個團體！今天七十五個地區當中，每區都至少設有一間教會。教會倚靠禱告的力量，願意為福音捨命，因此得以增長；為尼泊爾信徒即使可能因此遭到罰款或坐牢、仍有傳福音的勇氣讚美神。法律雖然保障宗教自由，卻禁止印度教以外的宗教分享福音。反對福音的人士聲稱，基督教是外來宗教，但事實上尼泊爾大多數的基督徒都是在當地文化架構底下敬拜上帝、參與團契生活，並隸屬當地團體。

3　下一個世代的尼泊爾基督徒必須奠基在良好的基礎上；請為第一代基督徒能將領導權移交給第二代基督徒禱告。以前沒有正式的培訓活動，現在卻已有十五間聖經學院與神學院，也有些教會與機構開設培訓課程。但教會若要增長迅速，舉辦更多的領袖訓練是當務之急。但匱乏的教會怎麼會有能力差

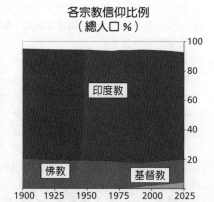

各宗教信仰比例
（總人口 %）

印度教

佛教　　基督教

1900　1925　1950　1975　2000　2025

派牧者牧養羊群呢？有些教會透過海外捐款尋求資源；求神幫助領袖學習帶職服事，幫助會眾學習支持牧者；請為信徒的堅定不移禱告，求神不使法律或威脅成為他們分享福音的阻礙！

4 社會需要仍是這塊美麗但命運多舛的土地的一大挑戰。尼泊爾雖然已經進步不少，卻仍因貧窮、政治鬥爭、地理位置與種姓制度等問題，使許多人民承受苦難與壓迫；請為教會能利用這樣的機會，為社會中各種需要而努力禱告。

- **許多兒童淪為童工**（兩百六十萬人），當中有 70% 每天工作逾九個小時。唯有當兒童脫離工作苦海，並入學接受教育之時，未來才有希望。
- **尼泊爾童妓**（高達三十萬人），多數位在印度、中東及其他地方。窮困與低下種姓階級的女童是人口販子鎖定的目標。尼泊爾基督徒已嘗試接觸尼泊爾與孟買的一些女童，並救她們脫離苦海。
- **數百萬人罹患可預防的疾病。**基本衛生條件不佳，導致病患比例多達 80%。每年有三萬名兒童死於營養不良，遭非法販賣的女童當中，有 90% 感染愛滋病毒，使愛滋病如野火燎原。
- **種姓制度的力量持續壓迫著多數人民，**尤其是達利人。種姓歧視雖然違法，卻非常普遍。

5 全人關懷事工在實務與屬靈層面大大彰顯了基督的愛。國外機構進入醫院、痲瘋醫療、農業、教育與社會最弱勢群體的場域中服事，尼泊爾基督教民間組織也努力協助高失業率、識字率低、環境破壞以及過度倚賴外援等問題；為基督徒之間更加合一，及基督教與其他宗教之間更密切的合作讚美神。「基督教和平、公義、和諧行動」（Christian Efforts for Peace, Justice, and Reconciliation）於 2003 年創立，後來與其他宗教的代表共同為和平之路努力；求神感動每一個基督徒，將轉化社會納入福音佈道的主要目標。

6 請為較少聽見福音的人禱告。大約 55% 的人民從未聽見福音，309 個民族／種姓階層未曾接觸福音。威廉克里（服事印度的著名英國宣教士）於 1821 年將新約翻譯成尼泊爾文。尼泊爾語言多達八十種，卻只有八個語言有聖經譯本。

- **尼泊爾上層種姓階級的印度人**（佔總人口 30% 以上）比印度更容易接受福音，但印度教卻仍使多數人身陷綑綁之中，只有少數人公開承認基督

是主。

- **阿瓦德語族**與**博傑普里語族**（Awadhi and Bhojpuri）都住在尼泊爾—印度邊境。

- **山區部落**幾乎都是藏傳佛教徒，聖母峰地區舉世聞名的雪巴人並未設立任何教會，且只有大約五十名信徒。

- **穆斯林人數漸增**，大多是孟加拉人、喀什米爾人，以及說烏爾都語的農夫或勞工。

阿曼 Oman　　　　　　　　　　　　　　亞洲

人數：290 萬　**首都**：馬斯開特（65 萬人）
基督徒人數：8 萬　**福音派人數**：2 萬 4 千
主要宗教：伊斯蘭教
成長最快速宗教：印度教
主要族群：〔外籍人士約佔 25%，同時也是主
要的勞動人口〕阿曼人（42.7%）、波斯灣阿拉
伯人（15.1%）、南亞人（14.3%）、俾路支人
（13.4%）、波斯人（2.6%）、多法理阿拉伯人
（2.5%）、馬赫拉阿拉伯人（1.8%）、菲律賓人
（1.8%）、埃及阿拉伯人（1.5%）
官方語言：阿拉伯語　**全部語言**：21 種

經濟：主要仰賴石油生產，以及一些農漁業與輕工業。目前逐步發展觀光產業，豐富的石油經善用後，已有效改善人民的生活條件。

政治：君主制國家，禁止成立政黨，但人民可以選舉國家協商委員會（Consultative Assembly）。區域政治穩定。人民享有高度的個人自由。

1 **為阿曼與當地其他國家相較之下所享有的開放與現代化社會讚美神。**每一個居民都有自由信仰宗教的權利，政府也允許人民建造敬拜的場所！石油產業創造財富，使人民有接受高等教育的機會，創造了經濟上的平衡；目前請為阿曼各族群能接受福音禱告。

2 **整個穆斯林主流社會仍舊是一大挑戰。**法律禁止基督徒向穆斯林傳福音，雖有少數阿曼人信主，卻因面臨壓力而退卻。目前在東海岸俾路支語系的半游牧民族馬赫拉人（或吉巴利人〔Jibbali〕）、鄉下居民或說斯瓦希里語的人當中，都未設立教會。

3 基督教人數漸增，在外國勞工中，基督徒人數更是穩定成長，同時也有許多阿曼人信主。基督徒共分三十個宗派，主要在四個據點以各自的語言敬拜神，聖經公會亦透過這些中心發放聖經；請為能有更多見證福音的方式禱告。四間廣播公司每週以阿拉伯語、英語及許多亞洲語言播放一百逾小時的基督教廣播節目。以網路與智慧型手機分享福音的方式十分有效，但也需十分謹慎；求神幫助基督徒活出神的樣式，使身邊的外國人及阿曼人明白基督的愛。

4 大門依然向基督徒專業人士敞開，使他們能透過榮耀耶穌的文字、行動與生活方式分享福音。施為美（Samuel Zwemer）是向穆斯林傳福音的著名宣教士，他於 1890 年開始於阿曼服事，美國的改革宗教會特別將施為美美好的見證帶到健康醫療產業，其他基督徒則服事於教育界及商界；求神感動更多的同工，願意來到這裡服事。

巴基斯坦 Pakistan 亞洲

人數：1 億 8,480 萬
首都：伊斯蘭瑪巴德（85 萬 6 千人）
基督徒人數：450 萬 **福音派人數**：110 萬
主要宗教：伊斯蘭教
成長最快速宗教：伊斯蘭教、印度教
主要族群：〔巴基斯坦的族群必須放在種族、語言與種姓（是許多國家極具爭議性的制度）的脈絡底下討論，若單就地理關係而論的話，容易造成誤解〕南亞人包括：烏爾都穆斯林（30.5%，103 個民族）、賈特人（16%，3 個族群）、信德人（12.8%，32 個族群）、旁遮普人（7.6%，65 個族群）、孟加拉人（6.8%）、拉賈斯坦人（3.7%）、喀什米爾人（1.3%）、布拉維人（1.2%）、其他南亞人群（2.1%）、印度—伊朗人（18.1%，包括普什圖人、俾路支人）〔這些統計數字當中並未記錄包含許多阿富汗難民及移民（普什圖人）〕
官方語言：英語（烏爾都語是民族語言，使用人口尚在增加）**全部語言**：77 種

經濟：主要以農業、輕工業與服務業為主。電力與瓦斯不足影響了日常生活，降低工業效能。許多人生活貧困，鄉村地區更是如此。國防安全的支出居高不下，以及對抗激進伊斯蘭團體的高額預算，都成為沉重的經濟負擔。人口迅速增長、土地與水源有限、基礎建設不足，這些都是極需處理的問題。洪水、地震與土石流更對國家的發展造成了危害。

政治：脫離原先由英國統治的印度獨立建國（1947 年），是穆斯林政治家的夙願。巴基斯坦的歷史包括與印度的四次衝突、東巴基斯坦的喪失（後來變成孟加拉）、鄰國阿富汗數十年戰

爭的影響、以及從未停歇的政治動亂與腐敗。擁有投票權的人口與伊斯蘭軍隊之間的緊張關係，導致許多內部問題，與印度、阿富汗及西方國家之間的緊張則造成外部問題。

1 巴基斯坦政府大多在無效率的貪腐政黨與獨裁的集權軍政府之間擺盪。權力與財富都掌握在少數人手裡，阻礙了經濟與社會發展。巴基斯坦面臨伊斯蘭軍隊（來自西方、阿富汗以及旁遮普省）的壓力，也因喀什米爾地區的爭議與印度發生衝突；求神使巴基斯坦脫離違法亂紀與暴力的靈，使他們得自由，使國家不再受傷；請為政府禱告，使政府能帶領國家繼續前進。

2 伊斯蘭基本教義派（受塔利班驅使）雖然只獲得少數人的支持，但仍對整個國家造成了影響，對弱勢宗教團體造成迫害，穆斯林以外的族群（包含非遜尼派的穆斯林）幾乎很難獲得社會與經濟的進步。基本教義派的穆斯林婦女幾乎沒有什麼自由或權利，少有受教育的機會，並常遭到家暴；求神使世人看清基本教義派的真面目，使他們不再掌權。

3 弱勢宗教團體遭遇歧視與迫害，尤其是基督徒、印度教徒與穆斯林弱勢團體（包括什葉派與阿馬迪亞）。根據著名的「褻瀆法」（blasphemy law），侮辱穆罕默德的人可處以死刑，毀損可蘭經的必須坐牢。偏激人士利用這條法律控告無辜的人民，煽動宗教狂熱，鼓動群眾強烈要求實施刑罰。與基督為敵者肆意破壞或拆毀教堂，他們毆打、謀殺、劫持、強暴基督徒及其他弱勢宗教團體，迫使他們改信伊斯蘭教。即使面對這些迫害，巴基斯坦的基督徒仍愛他們的國家，希望國家興盛；請為信徒能隨時分享耶穌的福音並以德報怨禱告。

4 教會仍持續增長，即使面對重重阻礙。基督徒因貧窮、識字率低以及缺乏教育的緣故，出現貪污、道德敗壞以及靈命水準低落的現象。雖然有些基督徒過著虔誠、委身的生活，但多數人的信仰卻都不堅定，也不成熟。教會普遍存在問題，包括領袖之間的鬥爭、貪婪、法院訴訟、藥物濫用及分裂；求神興起謙卑、委身、熱心服事教會的屬靈領袖，並感動更多學生接受聖經與領袖培訓，為更多有智慧、屬靈的領袖出現，以及基督教事工擁有充足經費禱告。

5 巴基斯坦基督徒必須大大改變傳福音的方式。巴基斯坦教會大多來自社會的下層（主要是旁遮普省的達利人及信德省的印度部落族人），穆斯林主

流社會階層與基督教弱勢團體之間，存在著巨大的文化鴻溝。教會機構幾乎未曾接觸穆斯林，甚至是印度教徒。基督徒有分享福音的合法權利，卻因對穆斯林的恐懼與負面觀感而退縮不前；為少數人仍向他們傳福音讚美神！

6 仍有少數穆斯林信主。即使如此一來可能遭受嚴厲的刑罰，甚至死刑，這群人仍堅定接受基督。他們透過媒體（文宣、廣播、電視）、異夢與異象，或從巴基斯坦基督徒身上認識福音。巴基斯坦的教會（印度教背景）亦努力地涵容有穆斯林背景的信徒。有人重新回歸信仰伊斯蘭教，有人成為無神論者，也有人是地下基督徒。目前已成立連結組織，成為穆斯林基督徒背後的靈性支持系統，並提供門徒訓練的機會；求神在他們當中興起團契與領袖，並為能有屬神的門徒將福音傳給穆斯林禱告。

7 請為以下族群的事工禱告：

- **青年**。三分之二的鄉村青年面臨貧窮與童工、抵債勞工的舊有制度或逼婚（家人以小孩抵債）的問題，缺乏接受教育的機會。大多數人都未曾聽過福音，許多都市青年則面對吸毒問題。激進團體會招收那些對未來灰心的無助青年。

- **流亡的巴基斯坦人**。目前約有七百萬巴基斯坦人住在中東、北美、英國與澳洲，只有少數人跟隨基督。少有基督徒向他們傳福音。

- **阿富汗難民**（多達一百八十萬）。基督教團體已透過急難救助與各種協助向他們傳福音，喀拉蚩與伊斯蘭瑪巴德都有一些阿富汗的信徒！

- **阿馬迪亞人**。他們被其他穆斯林視為異端，並遭到嚴重迫害。只有少數阿馬迪亞人信主，沒有特定團體向他們傳福音。

- **塞拉基語族**（Saraiki）。這兩百個民族大多住在旁遮普省及信德地區的鄉間，當中幾乎沒有基督教同工或相關資源。

8 巴基斯坦的基督教宣教始於 1833 年。獨立（1947 年）之後更加活躍。但經過九一一事件之後，許多宣教士離開巴基斯坦，再也沒有回來；請特別為巴基斯坦東部與南部穆斯林當中的同工禱告，雖然在許多合法機構當中，仍有許多醫療、教育與培訓事工的服事機會，但巴基斯坦的服事仍是寸步難行。巴基斯坦共有七十種語言，其中只有七種有新約或聖經譯本。翻譯團隊目前仍在努力從事十六種語言的翻譯；求神將巴基斯坦的負擔放在許多人的心中！

巴基斯坦各地區

巴基斯坦有超過 350 個族群與種姓階層未曾聽見福音，且他們當中幾乎未設立教會、沒有信徒或基督徒的見證；請特別為以下這些地區禱告，求神使更多人認識耶穌，更深入、更廣泛、更快速！

1 **北部偏遠地區民族**（吉爾吉特—巴爾蒂斯坦省，共二十七族）。大多數是穆斯林，當中只有少數基督徒與團契。

2 **阿札德喀什米爾人**。2005 年與 2007 年的大地震奪去了許多條人命與家園，當地穆斯林對於投入救災與援助的基督教團體接受度高。

3 **開伯爾—普赫圖赫瓦省與聯邦直轄部落區**（FATA）。與阿富汗緊鄰的山區。這裡激進的伊斯蘭團體與圖博人勢力龐大，多數圖博人來自普什圖省，掌控了巴基斯坦與阿富汗的毒品與武器交易市場。有人說普什圖的心臟地帶是世界上承受最大屬靈壓迫的地方之一，只有兩個團契說普什圖語。

4 **俾路支省**既窮困又低度開發，生活條件惡劣，外籍人士進出不易。全世界有一千萬俾路支人，75% 住在巴基斯坦，傳福音不是一件易事。

5 **旁遮普省**裡居住了大多數的巴基斯坦基督徒，但本區的同工與未得之民比例懸殊，為世界之最。旁遮普省擁有最具全國文化影響力的城市（拉合爾），95% 是穆斯林。

6 **信德省**住有大多數的部落族群。原信仰印度教的信徒當中，新設立了一間本土教會，這裡也有一些穆斯林基督徒。喀拉蚩是巴基斯坦最大的城市，也是族群最多元的城市，更是商業與經濟中心，外國人幾乎都會來到這裡工作。穆哈吉爾人（說烏爾都語的印度原住民族）幾乎佔了喀拉蚩一半的人口。喀拉蚩是人口多達一千萬的大城，卻只有一個團契與一個植堂團隊參與福音事工。

巴勒斯坦 Palestine　　　　　亞洲

人數：440 萬　**首都**：（宣稱）耶路撒冷；拉馬拉（行政首都，2 萬 7 千人）

基督徒人數：7 萬 1 千　**福音派人數**：4,100

主要宗教：伊斯蘭教

成長最快速宗教：伊斯蘭教

主要族群：阿拉伯人（92.3%，幾乎包括全巴勒斯坦阿拉伯人，只有少數是其他阿拉伯民族）、猶太人（6.3%）

官方語言：阿拉伯語　**全部語言**：6 種

經濟：以色列掌控了進出口的據點，癱瘓了巴勒斯坦的經濟，導致外國投資下跌 95%，交通以及水／動力供給的限制加劇了問題的嚴重性。失業率約 30%，截至目前為止，巴勒斯坦的行政當局並未提出合宜的解套方案。

政治：巴勒斯坦分成西岸與加薩走廊。巴勒斯坦當局掌控了主要城鎮與零星地區，猶太人的聚落與以色列激進政府則控制了其餘的區域。大部分土地的喪失（1948 年）與以色列後來的侵佔（1967 年），都影響了巴勒斯坦的歷史進程與身分認同。各國努力調解以巴之間激烈的衝突未果。統治西岸的哈馬斯與統治加薩的法塔赫之間，由於充斥內部鬥爭以及真主黨的影響，都使情況更加複雜，亦導致更多的衝突。

1　請為上帝的旨意在以下地區成全禱告。

- **合理居留的土地議題**，以及巴勒斯坦猶太人與以色列巴勒斯坦人聚落的未來前途。雙方都宣稱巴勒斯坦是他們的土地，並主張耶路撒冷是單單屬於他們的首都。

- **進步的生活條件**。約有 70% 的加薩居民生活窮困，80% 需要仰賴外援。只有 28% 的加薩居民有乾淨的水源。

- **合法有效治理巴勒斯坦的的領導人**，人民對於政治團體法塔赫與「巴勒斯坦解放組織」（PLO）皆不滿意，加上受到以色列粗暴的對待，導致許多人容易被激進與暴力的伊斯蘭團體吸收；請為每個巴勒斯坦的家庭能聽見與看見耶穌基督的福音禱告。

不僅為耶路撒冷的和平禱告，也求神使雙方遇見和平之子，因為唯有透過祂，國與國之間才能真正地和好。

2　巴勒斯坦的基督徒雖然自認為承襲了前伊斯蘭教時代的傳統文化，卻仍發現自己遭受來自四面八方的攻擊與背叛。以色列將他們視為阿拉伯巴勒斯坦人，偏激的伊斯蘭分子認為他們與西方勾結。世界各地教會基本上若不是

忽視他們，就是摒棄他們。因此他們為了能在別的地方過更好的生活而大舉遷移；請為留下來的人能持續堅信基督信仰、並在惡劣的環境條件下委身於分享福音禱告。阿拉伯基督徒與彌賽亞派猶太人之間的和好雖是一條漫漫長路，卻有其重要的價值；求神保護他們。

3 巴勒斯坦有 61% 的人民流亡海外，尤其是約旦與黎巴嫩。大部分流亡的巴勒斯坦人都住在難民營中，生活貧困、充滿了許多不確定性，數十年如一日；請為這些經常被放逐的人民能獲得公平正義禱告，求神感動基督徒向他們表達愛與關心。

菲律賓 Philippines   亞洲

人數：9,360 萬　**首都**：馬尼拉（馬尼拉市－奎松市，共 1,160 萬人）
基督徒人數：8,640 萬　**福音派人數**：1,160 萬
主要宗教：基督教
成長最快速宗教：無信仰
主要族群：菲律賓人（98.1%，部落民族 9.6%，穆斯林居多的群體 5%）、華人（1.7%，多住在都市，工商業人士）
官方語言：菲律賓語（以他加祿語為主）、英語
全部語言：181 種

經濟：主要以農業與工業為主。人口高度成長、四處可見的貪污、社會與政治的動盪不安以及天災，都加劇貧窮與高失業率問題。高犯罪率以及外國投資低靡，阻礙了國家的進步，因此許多菲律賓人必須到海外工作，從海外匯回的薪資成了收入的重要來源。

政治：西班牙的殖民（1565～1989 年）使天主教成為主流宗教，菲律賓也承襲了許多西班牙的風俗文化。獨立（1946 年）之前由美國治理，目前雖標榜美式作風，但實際運作比較像是一黨執政的共和國。至今為止，政府未曾順利解決土地改革的問題，也未能限縮軍隊或富有菁英的權力。南方民答那峨島上的少數穆斯林則尋求獨立，建立伊斯蘭教的國家。

---

1 菲律賓仍未發揮經濟與政治的潛力。菲律賓擁有天然資源與民主根基，並且教育普及，但政府處理嚴重限制發展的經濟與社會議題的能力，卻一再地令人失望，國內有半數人口生活窮困。熱帶颶風、洪水和土石流導致家破人亡，受害的大多是貧民窟的居民。多數農民沒有自己的土地。菲律賓身為亞洲基督教信仰最濃厚的國家，卻發生嚴重的高層貪污問題，更顯得可恥！請為政府機關中的基督徒團契禱告，求神幫助基督徒公僕的言行皆能以聖經為準則。

2 馬尼拉都會區是擁有一千一百萬人口的超級大城，與大馬尼拉市合計共高達兩千萬人口。馬尼拉都會區面臨許多挑戰，但神仍在其中行大事。現代的都市窮人事工計畫即是由馬尼拉開始，雖然有許多人對於福音保持開放的態度，但大多數的福音派教會仍集中在較為富裕的地區。近二分之一的貧民窟與違章建築當中都沒有福音派教會。同時，菲律賓大多數的富豪菁英也都居住在馬尼拉；請為福音也能對他們產生影響禱告，因為他們掌握了能夠翻轉馬尼拉以及整個國家的權力與潛力。

3 羅馬天主教會仍具有極大的影響力，為因應菲律賓逐漸多元化的宗教，他們也需要有所改變。有些天主教徒希望保有教會在政治與社會中的地位，有少數人竭力反對新教或獨立宗派的運動。近期的民調顯示，15%～30% 的天主教徒認為自己是靈恩派基督徒，有些福音派人士致力參與天主教某些新興運動；求神施恩給這些活躍的群體。許多天主教徒的生活仍受巫術或泛靈思想的影響，他們需要真正的福音所帶來的力量。

4 幾乎所有福音派教會都持續增長，尤其是原住民的五旬節教會團體。教會於 1980 與 1990 年代迅速增長，在那之後植堂運動趨勢漸緩，儘管如此，仍出現了大批會友與各種基督教事工機構；為福音派中間更緊密的屬靈合一讚美神，有些團體努力鞏固教會之間的團契與合作關係。目前少有國家能容許大量基督教節目的播放，但菲律賓教會卻能大量運用網路的資源（網路社群、播客講道、查經以及網路電視）傳福音。菲律賓共有四萬兩千個村（*barangays*，最小行政區單位），但有兩萬三千個村仍未設有福音派教會；求神感動更多有熱忱、委身的基督徒設立教會。

5 菲律賓教會是重要的差傳教會。菲律賓透過「菲律賓使命代表團」（Philippine Missions Association，PMA）所支持的跨文化同工已超過三千人，他們的目標是五千人（外加兩千名動員人員與五十萬名代求者），同時也培訓並鼓勵菲律賓的福音派信徒到海外工作（逾五十萬名），成為上帝國的使者。另外有超過兩千名菲律賓天主教宣教士在其他國家服事。菲律賓亦製作短波廣播節目，使亞洲其他較少聽見福音的地方（包括中國、西伯利亞、中南半島、緬甸與其他國家）有機會接觸福音。

6 這世代的福音派基督徒面臨了新的挑戰；請為教會的屬靈生命禱告，求神使聖經與其他基督教資源深入基督徒的心靈，永遠改變他們的生命（目前

有五十四個翻譯計畫進行中,仍有十四種語言待翻譯)。

- **許多派別與異教**的假先知教導中都融入了基督教的信仰,且大多數都掌握了領導的大權;求神揭發每一個謊言,並為傳福音的果效禱告,使這些被欺騙的數百萬人回轉向神。

- **各宗派、教會之間經常發生分裂**。目前光政府立案的宗派即多達兩千種,這些衝突往往源自於信徒之間支離破碎的團契關係。

- **極度貧困**(尤其是鄉下地區)可能衍生其他問題。有些人仰賴外來資金與援助,有人相信成功神學;請為基督教組織與菲律賓教會禱告,求神賜給他們更完善的資源,找到更永續的方法以幫助窮人。

- **栽培領袖**是當務之急;為許多菲律賓領袖能有全國性與國際性的影響力讚美神!即使有一百多間神學院與聖經學院,並開設許多培訓課程,仍無法趕上教會增長的速度。鄉下地區的會堂尤其缺乏領袖,因為經過訓練的畢業生往往沒有進入偏鄉地區服事的意願。

- **外國宣教士**隨著菲律賓教會的成熟而調整他們的角色;為祂所行的大事讚美神!請為外籍基督徒禱告,求神賜給他們智慧以服事眾人、幫助眾人;請為外籍基督徒與國內的居民之間有果效的夥伴關係禱告。

7 勞動人口是菲律賓主要的出口商品!菲律賓人工作勤奮,雖然技術嫻熟的不在少數,卻缺少在地工作的機會。逾八百一十萬人離鄉背井,成為護士、工程師、家庭幫傭、保母、粗工或水手(菲律賓的水手人數居世界之冠,共 24.5 萬名)。多數人前往艱困與「封閉」的國家為基督作見證,有些則為了信仰承受許多的苦難;請為菲律賓的基督徒成為世界各地的光禱告。

8 請為較少聽見福音的人民與區域禱告。教會在將觸角延伸到各個島嶼,並將福音傳給偏遠的部落族人方面,已有極大的進展。目前餘下十七個族群尚未聽見福音,且大多是穆斯林;請為教會能越加關心穆斯林、少數民族以及弱勢族群,並向他們傳福音禱告。

- **民答那峨島有不少福音派基督徒**,但成長逐漸趨緩。政府的部隊與穆斯林反叛軍之間的暴力衝突,以及某些族群之間的種族仇恨,都阻礙福音的拓展;請為民答那峨島的和平,以及軍隊進駐、暴力、綁架與苦難能有效獲得解決禱告。

- **蘇祿群島**(位於民答那峨島與婆羅洲之間)住有陶撒格族穆斯林、薩瑪

族、冼拿馬族及亞坎族（Tausug, Sama, Sinama and Yakan peoples）。有一些海上流浪民族（薩瑪馬彭人〔Sama Mapun〕）搬遷到都市，他們當中的福音事工有些突破性的進展！此刻這群人也已回到家鄉分享福音。

- **巴拉望島**（長型的偏遠島嶼）是許多他加祿人與穆斯林移民近來喜好的落腳之處，巴拉望島也開始急速發展；為有些原住民接受福音讚美神！請為莫爾帕族穆斯林、巴塔克人、巴拉望人、薩瑪馬彭人能夠結出屬靈果實禱告。

- **呂宋島**某些地區（比科爾島、北部與東北部海岸山區）有少數基督徒族群，植堂有相當程度的困難。

- **維薩亞斯群島**是國內極為窮困的地區，雖然福音廣傳，但少有人積極實踐他們的信仰。當地普遍存在貧窮問題，使許多人失去了盼望。

- **華人**（近一百萬）當中，只有2%～3%是福音派基督徒，許多人是天主教徒。菲律賓有些最古老的新教教會是華人教會；請特別為華裔菲律賓青年的事工禱告，也為最近湧入的中國人禱告。

- **弱勢團體與曝險族群**特別需要福音。50%以上的人口年齡不到二十歲，因為必須工作養家或當地沒有學校而錯失教育的佔24%。目前在色情行業裡的兒童仍高達十萬人，婦女則高達四十萬人，大多數都被販賣至其他國家。

卡達（卡塔爾）Qatar　　　　　亞洲

人數：150萬 **首都**：杜哈（45萬7千人）
基督徒人數：8萬9千 **福音派人數**：1萬5千
主要宗教：伊斯蘭教
成長最快速宗教：印度教

主要族群：阿拉伯人（58.3%，卡達人、巴勒斯坦人、黎巴嫩人、敘利亞人及其他）、波斯人（16.1%）、南亞人（10.9%，印度人、巴基斯坦人、斯里蘭卡人，據某些資料聲稱，實際上南亞人比例高達35%）、班圖人（7.7%）、菲律賓人（4.4%）〔外籍人士約佔總人口的65%，因許多居民都未向政府登記，或只是短期居留，因此難以計算實際人口〕
官方語言：阿拉伯語 **全部語言**：6種

經濟：主要以石油產物為主（佔出口的85%），並擁有一些世界上最大的石油藏量。大部分的卡達人生活富裕，亞洲移民則屬於經濟低下階層。重要的半島電視台則將總部設於杜哈。

政治：直到 1918 年之前，卡達仍受鄂圖曼土耳其帝國統治，後受到英國保護，1971 年獨立。現任的埃米爾（編註：中東地區統治階級的稱謂）透過不流血的政變（1995 年）推翻他的父親，他的國內外政策態度開放進步，他的兒子於 2013 年透過和平的方式接續他的王位。卡達獲選成為世界盃足球賽（2022 年）的舉辦國，由於國際壓力，必須針對移工普遍遭受的非人道待遇進行改革。

1　**幾乎每一個卡達人都信仰伊斯蘭教**，包括阿拉伯人、波斯人或班圖人（曾是奴隸）；請為國內外的卡達人都能認識耶穌禱告，求神開始在卡達設立教會。外籍員工來自世界各國；請為基督徒利用就業機會（無論是勞動或行政工作），增加卡達實現上帝國的機會。

2　**法律規定與財政困難阻礙了基督徒的聚會**與福音的分享；請為政府當局最近釋出土地，自國內有伊斯蘭教以來首次允許植堂讚美神！先是天主教會設施，接著是英國聖公會與新教大樓；請為亞洲的團契與其他委身福音佈道的會堂禱告，求神賞賜足夠的聚會與敬拜空間。

3　**請為菲律賓人、西方人、黎巴嫩人、印度人、巴基斯坦人以及其他族群當中的許多信徒團體禱告**，求神使他們在自己的族人與其他非基督徒當中結出見證的果實；請為福音廣播、電視、基督徒網站能深入卡達人民的家庭與心中禱告。

沙烏地阿拉伯（沙特阿拉伯）Saudi Arabia　　亞洲

人數：2,620 萬　**首都**：利雅德（480 萬人）
基督徒人數：140 萬　**福音派人數**：8 萬 9 千（估計）
主要宗教：伊斯蘭教
成長最快速宗教：基督教

主要族群：沙烏地阿拉伯人（73%）、外籍阿拉伯人（7.4%，包括埃及人、葉門人、巴勒斯坦人、黎巴嫩人）、印度人（5.2%）、菲律賓人（3.7%）、孟加拉人（3.7%）、巴基斯坦人（3.3%）、非洲人（1.5%，索馬利亞人、阿拉伯非洲人、奈及利亞人）
官方語言：阿拉伯語　**全部語言**：20 種

經濟：豐富的石油產量約佔政府營收的 75%～90%，成為經濟與基礎設施的基礎，也是向全球輸出伊斯蘭教的手段。沙烏地阿拉伯的經濟極度仰賴外籍勞動人口，該國人民認為職業有貴賤，因此失業率極高（20%～40%）。

政治：沙烏地阿拉伯是由勢力龐大的皇室所掌控的君主專制國家，由符合資格的沙烏地阿拉伯人選出諮詢委員會。2011 年之後女性亦有選舉與被選舉權。沙烏地阿拉伯是伊斯蘭教國家，以「伊斯蘭教的守護者」自居。

1 **沙烏地阿拉伯是伊斯蘭教的發源地及堡壘。**伊斯蘭教起源於麥加，影響逾數十億人及世界上的許多文化。他們每年都投資數十億美元（販賣石油所得）宣揚伊斯蘭教；耶穌基督的聖靈若能穿透這地的營壘，必定能轉化整個伊斯蘭教及其所有信徒！穆斯林每天都必須朝向麥加的方向祈禱五次，超過兩百萬名穆斯林每年都會到麥加朝聖（*Hajj*，稱為「朝覲」）；請為許多尋求神的人能找到永生的真神基督禱告。

2 **沙烏地阿拉伯的宗教自由與人權紀錄可說是敬陪末座。**雖然可以信仰其他宗教，卻不能舉行公開儀式，也不能進行私人聚會。法律限制婦女開車、投票、工作或外出。外籍基督徒遭到政府全天候監視，若抓到在家聚會，也會被毆打、監禁、驅逐或處以死刑；求神賜給外籍信徒力量、智慧與勇氣，請為基督的見證能在外籍勞工之間傳揚禱告，求神帶領這塊土地上的人民歸向耶穌。

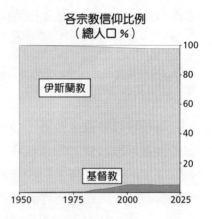

各宗教信仰比例
（總人口 %）

伊斯蘭教

基督教

3 **國家承受著巨大的壓力。**國家領導人面臨來自兩方的沉重壓力，有人想要更多的自由，有人希望伊斯蘭教更加嚴格的統治。即使在伊斯蘭嚴格的法律之下，仍有許多隱而未顯卻真實存在的酗酒、藥物濫用、性道德敗壞、HIV ／愛滋病等問題。外籍勞工雖然賺錢容易，但在社會中處處受限，工作環境大多嚴酷，遭受種族歧視、缺乏個人或宗教自由等等，都導致生存不易。

4 **歸主的沙烏地阿拉伯人**若被發現，將被處以死刑。即使如此，仍有越來越多人尋求並得到耶穌！每一個沙烏地阿拉伯的城市都有信徒；請為他們能堅持信仰、甚至人數增長禱告。到國外留學、從事商業貿易與旅遊的沙烏地阿拉伯人，以及開放性較高的省，都比較容易接受基督教信仰。政府禁止基督教文宣、影音資料和聖經的流通，即使如此，仍有許多人偷偷收聽基督教廣播；請為信徒能安全聚會、接觸神的話語禱告；求神賜下使沙烏地阿拉伯基督教合法化的神蹟。

新加坡 Singapore

人數：480 萬 **首都**：新加坡（480 萬人）

基督徒人數：77 萬 6 千 **福音派人數**：37 萬 7 千

主要宗教：佛教

成長最快速宗教：無信仰

主要族群：〔新加坡共有 95 個種族及各種不同的語言〕華人（74.2%）、馬來人（13.6%）、印度／南亞人（9.2%）、其他族群（3.2%，包括泰國人、英國人、歐亞大陸人、及許多亞洲族群）

官方語言：中文、英語、馬來語、泰米爾印度語（學校教育以英語為主）**全部語言**：31 種

經濟：新加坡是世界上效能最高的貿易與金融中心之一，並躋身世界富國之列，生活水準極高。經濟仰賴出口貿易與外籍勞動力。

政治：曾被英國統治（1824～1959 年），馬來西亞統治期間（1963～1965 年）為自治區，1965 年獨立成為國會民主國家。在強大政府的領導之下，國家得以良好與穩定地發展，因此大多數人都可以接受部分受限的自由。

---

1 **新加坡教會穩定發展**（1970～2010 年），尤其是福音派教會。有些獨立宗派與靈恩派教會，每週聚會人數已超過兩萬人！教會學校與有果效的校園福音事工，吸引了許多新加坡知識分子信主，因此基督徒對於社會形成極大的影響力，並使宣教士有機會到世界各地，進入各個專業領域服事。

2 **新加坡社會**奠基於犧牲奉獻的工作精神、紀律以及國家的自給自足，形成穩定、德政以及拒絕貪污的文化，但也極度重視表現與財富。求神保守，使新加坡人能選擇拒絕臣服於國家的強大力量之下。人民努力追求物質財富，許多青年基督徒在結婚之後，就失去了信仰的熱忱，陷入了工作、金錢、名車、享樂、豪宅的網羅。目前的社會問題包括破碎的婚姻、家庭暴力、老年人的窮困問題、憂鬱症、性的議題、藥物濫用以及吸毒。

3 **新加坡被視為「亞洲的安提阿」**，因其社會穩定、地理位置、以及眾多的基督徒人數等原因。全國有半數的會堂差派宣教士至世界各地，許多人在國際組織服事，甚至有些組織的總部就設立於新加坡，不少機構為牧者、宣教士與神學家預備卓越的聖經與領袖培訓計畫；求神使新加坡成為未得之國與人民的祝福，也成為奴僕領袖，帶領其他亞洲國家推動新興宣教運動。

4 新加坡的外籍人士（125 萬人），共來自一百多個國家，大多數從事低薪工作，許多人來自福音未遍傳的國家。當教會本身變得精明世故、獲得功成名就，就容易產生屬靈的驕傲，遠離窮困的人；求神賜下謙卑，並透過地方教會，使事工更加貼近窮困的人。

- **馬來人**（逾五十萬人）大多信奉伊斯蘭教，但現在已開始有一小群人信主。
- **印度人**（近四十萬人）大部分是泰米爾人（超過 50% 的印度教徒與 25% 的穆斯林）。教會在印度文化背景的族群當中相當活躍，卻較少關懷印度穆斯林。
- **中國人**（逾二十萬人）以專業人士、學生或移工的身分來到新加坡，有些人是基督徒，但大部分人未曾聽見福音。
- **移工**包括大批的印尼人、菲律賓人、緬甸人、孟加拉人、泰國人、斯里蘭卡人與越南人，各族群都有事工與機構服事其中；求神帶領更多人信主，並為地方教會、家庭小組與各個不同文化的融合禱告。

斯里蘭卡 Sri Lanka　　　　　　　　　　　　*亞洲*

人數：2,040 萬　**首都**：可倫坡（行政首都，68 萬 3 千人），斯里賈亞瓦德納普拉科特（法定首都，12 萬 3 千人）
基督徒人數：170 萬　**福音派人數**：24 萬 3 千
主要宗教：佛教
成長最快速宗教：伊斯蘭教

主要族群：僧伽羅人（75.9%，少數仍有種姓制度的佛教族群）、泰米爾人（14.3%，人數因戰爭與移民緣故而減少）、斯里蘭卡摩爾人（8.3%，屬於阿拉伯—泰米爾後裔）、其他南亞人（1.5%，印尼的斯里蘭卡馬來人後裔、其他族群）
官方語言：僧伽羅語、泰米爾語，以英語作為互相溝通的語言　**全部語言**：7 種

經濟：主要以紡織、茶葉、觀光以及海外工作（特別是曼納灣地區）匯回的薪資為主。前景看好的經濟發展因內戰而受阻，許多基礎建設遭到破壞，許多人因此失業或流離失所。

政治：歷經 450 年的（葡萄牙、荷蘭、英國）殖民，1948 年獨立，成立國會民主國家。自 1956 年以來，種族歧視與弱勢宗教團體的歧視層出不窮，終於爆發僧伽羅人與泰米爾人之間的內戰（斷斷續續發生於 1983～2009 年期間）。雖然目前已終結敵對狀態，但斯里蘭卡仍缺乏解決這項社會議題的政策。

1　**神回應了禱告，結束了斯里蘭卡的內戰**。政府軍隊於 2009 年以極為殘暴的手段擊敗「泰米爾之虎」（Tamil Tigers）。上一代的斯里蘭卡經過長時間的內戰，最後以血腥的方式結束衝突，加上 2004 年的海嘯，而承受巨大的苦難。超過十萬人失去性命，逾九十萬人（泰米爾人居多）逃離斯里蘭卡，一百多萬人逃離家園。許多泰米爾人對此深懷怨恨，貪污與種族偏見嚴重。求神賜下新的時代，使人得享安全、穩定，使眾人無論屬於何種宗教、種族都能共享公義，並為福音所帶來的自由禱告。

2　**過去的斯里蘭卡擁有高度的包容力，並且崇尚和平**。數百年來，斯里蘭卡是包容各種信仰的印度人（包括印度教徒、穆斯林與基督徒）的佛教國家，但這個擁有多元宗教與族群的國家，卻開始出現越來越多的佛教偏激分子，有許多人對於泰米爾的暴力、穆斯林的增長或基督教不當的佈道方式產生反感，強加於基督徒的迫害如浪潮般襲來，近年來至少有兩百五十間教會遭到破壞或搗毀。在層層的佛教與印度教的包裝之下，古老的神靈與邪靈依舊掌權。

3　**傳統的主流教會逐漸衰退，福音派運動逐漸增長**。斯里蘭卡教會雖然規模不大，卻培育出全世界許多基督教領袖、思想家與作家。但教會卻分裂成泰米爾人與僧伽羅人、天主教與新教、主流與福音派，甚至新五旬節教會與舊五旬節教會，為基督作了不好的見證；請為全國基督教組織的合一服事禱告，唯有福音才能為分裂的族群帶來和諧。

4　**教會以福音佈道與教會增長為首要目標**。許多人歸主，並不意謂著許多人成為門徒，或成為更加成熟的基督徒。教會基本上都沒有建立出真正屬於斯里蘭卡文化的基督教，這是造成教會難以增長的原因。有人認為西方國家支持泰米爾教會就是支持恐怖主義；求神保守基督徒進行福音事工時，無論在金錢或對於他人的態度等方面都無可指責。外國宣教士大多因簽證的限制而停滯，帶職服事因此成為成就上帝國事工以及服務社會的機會；請為第一間新進成立的斯里蘭卡跨宗派宣教機構禱告，求神保守他們在南亞與西亞的福音事工。

5　**受苦者極需基督徒富有同情心的幫助**。傷殘的泰米爾士兵需要在社會中找到一個新的立足之地，政府的士兵也同樣需要住所和工作機會。孤兒、寡

婦極需憐憫與關顧，那些逃離自己家園的人，也需要返回家鄉、重建家園的機會。營養不良、墮胎（尤其是女嬰）、虐待、雛妓都嚴重影響著兒童。高達七十萬斯里蘭卡婦女忍受與兒女分離的痛苦，為了支持家計前往國外工作。

6　大部分的基督徒住在可倫坡、賈夫納以及東北部海岸地區；請為最近開始在國內行政機構廣傳基督的見證禱告，佛教與印度教團體當中已開始有人信主，因此需要新的牧者進入簡陋且具挑戰力的鄉下環境服事。請為以下族群禱告：

- **蘭卡泰米爾族群**已於賈夫納及東部海岸地區居住一千多年；請為他們的教會能成為福音遍傳斯里蘭卡的力量，而非造成族群分裂的原因禱告。
- **泰米爾階級**是十九、二十世紀移工的後代，大多窮困，並受到其他族群的輕視，已有人歸主。
- **兩萬五千個村莊**當中並未設立教會，也沒有基督徒。北部與東部歷經戰爭的洗禮之後更加窮困。
- **從未聽過福音的族群**，包括摩爾人（穆斯林貿易商、官員或農人）、馬來人（結合其他信仰的穆斯林）以及卡菲爾人（Kaffirs，葡萄牙人當初運來的非洲奴隸後裔）都需要福音。佛教的教育分子、海邊的漁民團體以及泰米爾與僧伽羅武裝分子，都特別需要福音的廣傳，有些部落（包括斯里蘭卡的原始住民維達人）都未曾聽見福音。

敘利亞 Syria　　　　　　　　　　　　亞洲

人數：2,250 萬　**首都**：大馬士革（260 萬人）
基督徒人數：140 萬　**福音派人數**：2 萬 4 千
主要宗教：伊斯蘭教
成長最快速宗教：基督教

主要族群：敘利亞阿拉伯人（67%）、阿拉維人（7.9%）、貝都因人（7.1%）、庫德人（6.7%）、巴勒斯坦人（3.1%）、德魯茲人（2.2%）〔2000 年代時，有 180 萬名伊拉克難民逃到敘利亞。大約 200 萬名敘利亞人（以及大多數的伊拉克人）於敘利亞內戰期間，逃離自己的國家，但統計數字並未顯示上述的移動與變化〕

官方語言：阿拉伯語　**全部語言**：22 種

經濟：農業、石油與觀光是戰前的主要收益來源，戰爭阻礙了經濟發展，甚至游牧經濟亦受

到影響。到處可見遭受破壞的基礎建設、城市與家園，大範圍的重建工作迫在眉睫。

政治：敘利亞是古老的文明國家，大馬士革是世界上人類居住最久的城市。現代的敘利亞於 1946 年脫離法國獨立，直到 1970 年的政變之前都是混亂的局面，目前由阿拉維少數民族的軍政府領袖執政，反對黨勢力受到極大的限制。2011 年民眾的抗議遭到政府的武力鎮壓，2012 年引發內戰，直到今日仍然無解。

1　**2011 年反政府的抗議演變成血腥內戰**，超過十二萬人死亡，兩百萬人成為難民逃到鄰近國家，至今衝突不斷。政府軍隊轟炸都市外圍並大規模屠殺，反對黨軍隊也以轟炸和暴力回擊。戰爭中使用化學武器，引發國際譴責；請為暴力的終結禱告，使敘利亞人民有機會重建他們的生活與國家。

2　**敘利亞基督徒弱勢族群**以前曾享有自由與穩定的生活。東正教與天主教教會比伊斯蘭教更早引進敘利亞，至今仍有神的子民居住其中。新教雖然人數較少，但教會也已開始增長。政府允許外國基督教同工在國教教會內服事，但內戰已使某些地區的基督徒幾乎銷聲匿跡。有些激進的穆斯林團體想要徹底消滅敘利亞的基督教信仰，因此在某些地方威嚇、迫害甚至殺害基督徒，造成基督徒大舉離開敘利亞。

3　**上帝曾用初代（敘利亞）安提阿教會的信心及其奉獻的精神**，向外邦人傳福音（參使徒行傳十三章），戰前敘利亞大多數的城市都有福音派基督徒；請為信徒能越來越虔誠，並向身邊的人傳福音禱告；求神賜給基督徒謙卑的心，使他們未來能在國家重建以及在向全阿拉伯國家傳福音的過程中扮演重要的角色；求神帶領敘利亞的福音派基督徒回歸祖國。

4　**請為以下未曾聽過福音的族群禱告：**
- **遜尼派阿拉伯主要族群**。大多數都未曾聽見福音。
- **阿拉維少數民族**（穆斯林的分支）。對於軍隊與政治有極大影響力。
- **德魯茲人**（南部）。只有少數信徒，伊斯蘭教的祕密分支，少有人能接觸到他們。
- **庫德族**（北部與西北部）。有些是東正教基督徒，但大部分是遜尼派穆斯林。他們比大多數的阿拉伯人更容易接受福音。
- **敘利亞難民**（數百萬名）。伊拉克難民為躲避戰爭逃到敘利亞，已有些人接受福音；請為海外的敘利亞人民亦能同樣容易接受福音禱告。

塔吉克（塔吉克斯坦）Tajikistan　亞洲

人數：710 萬　**首都**：杜尚貝（71 萬 6 千人）
基督徒人數：7 萬 4 千　**福音派人數**：7,000（多數是斯拉夫人、德國人或僑民）
主要宗教：伊斯蘭教
成長最快速宗教：伊斯蘭教
主要族群：〔原住民以外的人民大多已因 1990 年代的內戰而逃離塔吉克〕塔吉克人（65.9%）、烏茲別克人（22.8%）、俄羅斯人（2.1%）、舒格南人（Shughni，1.4%）、吉爾吉斯人（1.4%）、韃靼人（1.4%）
官方語言：塔吉克語　**全部語言**：33 種

經濟：塔吉克雖是前蘇聯最貧窮的州，但具有礦產與水力發電的潛力。蘇聯解體之後，內戰接踵而至，重創國家經濟。犯罪組織猖獗，大部分人民生活貧困，國家發展只能仰賴外援。

政治：長期被波斯帝國統治，位於帝國的東北角，十九世紀中被蘇俄殖民，從此內戰持續到 1997 年蘇聯解體才結束。目前是民選總統與國會制度的共和國，但國際上並不承認塔吉克選舉的自由性與公平性。

1　**內戰**在塔吉克留下了刻骨銘心的印記。全國 83% 人民的生活條件仍在貧窮線以下。囚犯、老年人、寡婦、孤兒都面臨巨大的生存危機。國家不僅需要救援物資與發展工作，也需要教育與商業訓練；求神使基督教福音事工能意識到社會的需要，協助面對巨大的生活與屬靈需要；求神呼召更多長期服事的同工，尤其是伊朗信徒，因為他們與塔吉克人血緣相近。

2　**基督徒**的數量在內戰期間（1990 年）隨著大批人民逃離國家而大幅下跌，大部分（仍在世的）基督徒都屬於俄羅斯東正教信徒；為塔吉克教會的設立感謝神，雖然只有千人跟隨基督，但人數正不斷增長！少數城市有多元族群的會堂，但大多數鄉村居民仍未曾聽見福音。政府對於宗教教育、出版與福音佈道頒佈禁令或諸多限制；請為基督徒在嚴峻的限制底下，仍能找到教導與服事的方式禱告。

3　**雖然國內有 94% 的人信仰伊斯蘭教**，但多數人仍迷信民間信仰及拜火教（伊朗的古老宗教）。塔吉克鄰近伊朗與阿富汗，因此有許多激進的穆斯林越過國界宣傳激進的思想；求神阻撓他們的目標，使許多穆斯林有機會認識基督。

4　請為原住民禱告，他們少有機會聽見福音；求神使用塔吉克波斯語、俄羅斯語及少數其他語言的基督教廣播與衛星電視節目。

- **塔吉克人**（一千三百萬人，遍布中亞）。大約千年以來，都沒有人向他們傳福音，住在塔吉克的塔吉克人當中，有上千名信徒，另外也有塔吉克基督徒住在阿富汗、巴基斯坦與烏茲別克；求神保守敬畏神的塔吉克教會，並賜與他們工作機會。許多基督徒必須到外地找工作，因此造成教會領袖短缺。

- **烏茲別克人**（約一百七十萬人）。若干烏茲別克信徒住在塔吉克，但他們當中卻未設立教會，也沒有向自己的族人傳福音。

- **山區族群**（東部）。有六個以實瑪利穆斯林族群從未聽見福音。

泰國 Thailand　　　　　亞洲

人數：6,810 萬　**首都**：曼谷（曼谷／大吞武里地區共 700 萬人）

基督徒人數：75 萬　**福音派人數**：30 萬 7 千

主要宗教：佛教

成長最快速宗教：基督教

主要族群：泰國人（78.4%，四個主要族群）、東亞人（10.8%，大多是説泰語的華人）、馬來人（6.1%，8 個族群，主要住在最南端）、圖博─緬甸人（1.2%，17 個族群）、孟高棉人（1.2%，25 個族群）、傣人（0.9%，16 個族群）

〔這些數字並未包含泰國的 100 萬名緬甸移民（來自各個不同的族群）及大批的緬甸人〕

官方語言：泰語　**全部語言**：85 種

經濟：泰國是經濟強國，主要以農業、工業及相關出口貨物為主，是世界上最大的稻米輸出國，觀光是經濟主要收益來源。不幸的是，泰國靠著色情行業與販毒也創造了巨大的財富。

政治：自十三世紀以來就是君主制國家，現代的泰國是君主憲政國家，深得民心的國王在社會中扮演重要的角色。強大的軍隊主導政治與商業界長達六十年，最近才轉變成為民政府，並舉行民主選舉。貪污是普遍問題，兩大政黨之間的對立經常癱瘓整個國家。2014 年的軍事政變使政治未來的漫漫前途堪憂。與緬甸和柬埔寨之間因為一些議題而存在張力。

1　泰國一直是個穩定的國家，縱然處在動蕩的地區。但現在因為政黨、軍隊勢力與皇室之間的權力鬥爭，造成暴力不斷與動蕩不安。南部穆斯林的暴力活動有時也會引發動亂。政商軍警界的貪污嚴重，狡猾的貪官汙吏透過壓迫他人致富。當周圍其他國家都被西方殖民時，只有泰國倖免於難，因此

「泰國」意指「自由人的國度」（Land of the Free），但這片土地卻受到佛教、傳統文化、神靈崇拜甚至是神祕宗教的綑綁；請為突破靈界的阻礙禱告，求神使泰國人能在主耶穌裡面感受到真正的自由。

2 **泰國基督徒仍然僅佔總人口的 1%**，即使宣教歷史長達四百年。泰國大部分的教會都是小教會（會友約三十至五十人）。全國 7,415 個次級行政區當中，有六千多個次級行政區並未設立教會！近半數的新教徒是部落族人（不到泰國人口的 5%），或泰人以外的族群。缺乏領袖是泰國教會增長緩慢的原因。國內的基督教領袖已定下遠大的目標，希望向泰國八萬個村里傳福音，我們為此讚美神！求神保守全國禱告網、領袖培育計畫、大量研究、社區發展事工以及福音佈道等計畫的進行。許多教會與宣教中心領袖都認為，泰國的教會正面臨突破增長瓶頸的契機。

3 **教會裡充斥著許多外來的基督教語言**。最近有一份針對未信主泰國人的調查顯示，89% 的受訪者認為他們無法理解基督教的信息；請為泰國在自身文化中發展基督教音樂、藝術、建築、敬拜風格與領導方式禱告，祈求聖靈的保守。泰國文化包容性高、輕鬆愜意，因此泰國人不易察覺聖潔生活的重要性；請為信徒的禱告、讀經、見證與事工生活禱告。

4 **大量的色情行業**（主要在曼谷、芭達雅、普吉島、合艾）與泰國社會密不可分。數百萬人從這項「產業」中獲利，有人估計，有高達兩百八十萬人從事性工作，也許觀光收益有 10% 來自於色情行業。請為以下事項禱告：

- **從事色情行業的婦女**（及少數男性）。有些家庭迫於現實生存壓力，必須變賣女兒進入色情行業，有的婦女則是為了更優渥的收入進入色情行業，或希望藉此認識富有的外國男朋友／丈夫。離開色情行業的可能性極低。他們不僅經常遭到虐待，也十分容易染病。色情行業中的每一個人都需要得救，也需要基督完全的愛。

- **從中獲利的人**。為貪污的警察與公務員、淫媒、華裔泰人黑手黨、色情業者、販賣女童成為性奴的親戚能有道德良知禱告。買春的泰國男性遠高於外國遊客；求神賜給這些從事可恥勾當的男人真正的自由。

- **服事性交易工作者的機構**。有些機構關心賣淫的婦女，有些協助想離開色情行業的人，有些則反對性交易。

5 **宣教事工享有極大的自由**。長期與短期服事的同工可參與佈道、植堂、

聖經課程、英語教學、慈善事工，幫助社會最底層的族群。仍有二十九種語言未出版聖經譯本，其中十種語言仍未列入聖經翻譯計畫；請為外國宣教士與泰國信徒之間的有效合作關係禱告，使外籍基督徒同工將領導權移交給在地同工。

6 請特別為以下族群禱告：

- **最弱勢的團體**。泰國有數千名流浪兒童，童工則已超過一百萬名。泰國HIV／愛滋病的感染率是全亞洲最高（官方統計約有七十萬名病患，但實際數字可能超過兩倍）。僅僅緬甸難民就有一百二十萬人，經常受到剝削。

- **佛教僧侶**（三十萬名）。佛教僧侶的社會地位崇高，當中也有認真尋求真理的人。

- **穆斯林**（五百三十萬人）。東南亞各國的穆斯林主流社會中，只有泰國對於福音抱持開放的態度，但經過數年的努力之後，仍舊只有少數人信主。

- **部落族人**當中有許多人歸主！請為東部其餘尚未歸主的部落禱告。即使毒品交易帶來社會的動盪與暴力，鴉片仍是北部大部分部落的高利潤現金作物。

- **華裔泰國人**對於福音佈道有極大的影響力，財力亦是福音工作的極大資源。色情行業、賭博與毒品之間密切相關，牽一髮而動全身。華裔泰國人在教會中屬於少數，更少有人擔任教會中的領袖。

東帝汶 Timor Leste　　　　　　　　　　　　亞洲

人數：120 萬　**首都**：帝利（17 萬 4 千人）
基督徒人數：100 萬　**福音派人數**：2 萬 7 千
主要宗教：基督教
成長最快速宗教：基督教
主要族群：帝汶人（95.9%，最主要族群包括孟買人、德頓人、馬卡查人、托果帝人與其他民族）、印尼人／爪哇人（3.5%）
官方語言：葡萄牙語（有 13.5% 的人民理解）、德頓語及其方言（有 91% 的人民理解）〔印尼國語亦非常普遍（有 43% 的人民理解）〕
全部語言：19 種

經濟：東帝汶是新興的國家，多年來受到冷落，又因 1999 年公投獨立之後遭到報復，因此變得殘破不堪，需要數十年的時間重建。人民大多生活窮困，與澳洲共享的石油與天然氣藏量是未來收益的主要來源。

政治：歷經葡萄牙統治（1511～1974 年）之後，緊接著是內戰與印尼的侵略，25 年間就奪去了十萬條人命。國際壓力支持東帝汶獨立（1999 年），之後遭背後有軍隊支持的武裝民兵燒殺擄掠，國家 75% 的基礎建設與經濟遭受破壞，這是聯合國介入之前的情形。最後終於 2002 年獲得獨立，卻面臨內部紛爭與派系之間的暴動。直到 2012 年的選舉產生了新任總統及總理之後，聯合國的任務才算圓滿結束。

---

1 帝汶島陷入貧窮、體弱多病、教育水準低落的惡性循環。面對各族群的暴力與破壞造成的巨大衝擊，窮人是首當其衝的受害者。社會的各層面都需要改革，包括教育、創造就業機會、健康醫療、領袖訓練等方面，都需要極大的經費支持。印尼軍隊與帝汶民兵離開之後，留下的是需要數十年才能醫治的仇恨與創傷。大多數兒童與青年都失去了一切，有人甚至失去了

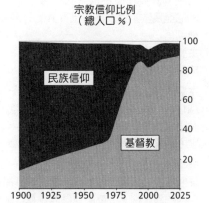

宗教信仰比例
（總人口 %）

民族信仰

基督教

父母。大批人民若不是流浪街頭，就是加入危險的幫派；請為帝汶島的和平禱告，求神使分裂的派系彼此和好。

2 雖然大部分的帝汶人是基督徒，卻不瞭解福音。天主教會以極快的速度增長，象徵國家對於印尼穆斯林的抵擋。但傳統招魂術仍舊盛行，甚至與基督教信仰結合。新教教會最近才引進東帝汶，增長速度較慢。印尼移民設立改革宗教會，且有許多帝汶人加入。但因為新教來自於印尼，所以帝汶人對於新教多抱持懷疑的態度；求神幫助每一個基督徒真正摒棄神靈崇拜。新約已有德頓語譯本，但仍有十三個語言尚未出版聖經譯本。

3 十九個原住民族全都未曾聽過福音。植堂者禱告。求神保守福音派教會在每一個族群與地區當中的增長。全人關懷事工的設立與運作，能幫助帝汶人處理許多身心問題。政府重視發展，因此十分歡迎教育、法律界的專業人士加入。「基督教展望」（Christian Vision，英國／巴西）與「轉化生命聯盟」（Transformation Alliance，新加坡）都希望能透過實際的協助與屬靈關懷，來影響每一個村落。雖有許多民間組織共同協助帝汶人處理各種問題，但局勢不穩卻一再造成混亂與人民的流亡；請為外國同工與帝汶教會領袖之間健全

的夥伴關係禱告。

土耳其 Turkey　　　　　　　　　　　　亞洲

人數：7,570 萬 **首都**：安卡拉（390 萬人）

基督徒人數：16 萬 3 千 **福音派人數**：7,000（土
耳其大部分的基督徒都不是土耳其族或庫德
族，但多數福音派人數都屬於穆斯林文化背景
的土耳其族與庫德族，以及某些敘利亞、亞
美尼亞民族，以及旅居土耳其的外籍福音派人
數）

主要宗教：伊斯蘭教

成長最快速宗教：無信仰

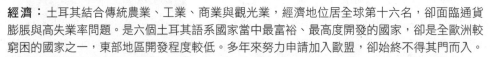

主要族群：土耳其語族（71.8%，從十一世紀起
就佔領土耳其，並吸收原住民的中亞人）、伊朗米底亞人（21.1%，大部分是安那托利亞東部
與東南部的庫德族）、歐亞大陸民族（2.8%）、阿拉伯人（2.5%，近敘利亞）

官方語言：土耳其語 **全部語言**：45 種

經濟：土耳其結合傳統農業、工業、商業與觀光業，經濟地位居全球第十六名，卻面臨通貨
膨脹與高失業率問題。是六個土耳其語系國家當中最富裕、最高度開發的國家，卻是全歐洲較
窮困的國家之一，東部地區開發程度較低。多年來努力申請加入歐盟，卻始終不得其門而入。

政治：鄂圖曼土耳其帝國曾橫跨北非、阿拉伯、西亞與東南歐，帝國瓦解後（二戰時）形成
現代的土耳其，著名領導人的阿塔圖克（Ataturk）於 1923 年建立共和國。一開始是一黨執政，
後來變成多黨制民主，偶有軍事政變，軍隊仍掌握相當大的影響力。土耳其（因對賽普勒斯
的分治）與希臘之間發生衝突，且長期與獨立派的庫德族之間發生紛爭（1999 年以來已較為
和緩）。

1　搖擺不定的土耳其。土耳其橫跨歐亞兩洲，領土有 3% 在歐洲（色雷司
地區），97% 在亞洲（安那托利亞）。經濟與歐洲相連，文化與中亞相接，
鄰近伊拉克／敘利亞、高加索地區等動蕩不安的區域。土耳其是世俗國家，
但每一個土耳其人都是穆斯林！雖然憲法、法院、軍人都保障宗教自由，有
些世俗的土耳其人卻與伊斯蘭分子一樣十分反對基督教（甚至反西方、反弱
勢族群）。有些人民希望加入歐盟，並接受必要的改革，有些人則希望在中
東取得更高的國家地位。土耳其戰略性的地理位置一直具歷史重要地位，能
在衝突嚴重的地區扮演穩定、調解的角色。

2　逾千年以來，該地區都是基督教重要的堡壘，後來卻成為伊斯蘭教傳
播的重要據點。基督教人口從 1900 年的 22% 降至 2010 年的 0.21%。今天

七千三百萬名土耳其穆斯林當中，只有少數人真正聽過福音。土耳其境內教會存在已久，大部分教會卻於二十世紀初因種族屠殺（亞美尼亞人）、嚴重迫害（敘利亞人）與人口遷移（希臘人）而消失。目前在土耳其仍有十三萬信奉古老宗派的基督徒；請為他們當中的聖靈復興工作禱告。

3　為緩慢但穩定成長的土耳其福音派讚美神。1960 年的土耳其與庫德族信徒人數可能只有十人，2010 年已達四千人之多。許多人期盼教會能有更大的增長，但教會人數雖然不多，卻更堅強、更成熟。1990 年代與 2000 年代初期因面臨屬靈上、法律上與文化上的抵擋，所以成長趨緩；請為未來能延續上一代的佈道與植堂禱告。

4　求神使人民不再對基督教抱持偏見、懷疑與厭惡的態度。土耳其穆斯林與「基督教的」歐洲之間逾千年的惡戰，使某些人視基督徒為叛國賊。許多人因為家庭壓力、警察威嚇、土耳其民族主義或穆斯林激進分子的威脅，選擇與基督教信仰保持距離，有些則成為地下信徒。一名天主教神父被殺（2006 年）以及一名外籍與兩名土耳其基督徒遭到虐殺（2007 年）等例，足見衝突的激烈。這兩名土耳其人原先信仰伊斯蘭教，是現代土耳其教會第一批因歸主而殉道的基督徒。教會越是增長，遭受的反對越是強烈；求神挪去恐懼的靈；請為當地信徒能不惜任何代價，堅持跟隨耶穌禱告。

5　庫德族人（高達一千五百萬人）住在土耳其全境，八十一個省當中，有十六個省（東部與東南部）都以庫德族為主。他們長期以來與土耳其軍隊發生衝突，導致三萬人死亡，數千座庫德族村落被毀，數百萬人失去家園。法律上的改革改善了土耳其境內庫德族的處境，現在政府已承認他們的語言，並允許庫德族發行報紙；求神終止衝突，並使相關議題獲得公平的解決。有些庫德族跟隨基督，並在不同民族混居的區域裡，參加土耳其的團契；請為教會能完整流暢地以庫德族語表達信仰內容禱告。

6　其他未聽見福音的地區。透過兩個衛星電視頻道，我們已有機會向數百萬人傳福音。土耳其語的基督教網站上，都有適合尋求真理的穆斯林閱讀的資訊，並提供適合初信者使用的門徒訓練材料。土耳其語聖經函授課程、電話熱線與線上聊天室詢問度非常高，工作人員皆由土耳其信徒擔任；請為八十一個省的團契得以建立與成長禱告，大部分的省都未設立團契；並請為以下族群禱告：

- **少數的穆斯林文化族群**。多為阿塞拜然人、加告茲人、克里米亞韃靼人、卡拉卡爾帕克人。許多人都只待在自己的群體中，外人很難與他們接觸。
- **阿拉維人**（佔土耳其總人口的 25%）。他們信奉伊斯蘭教，但十分敬重耶穌。
- **難民**。逾六十二萬名伊朗人於 1979 年為躲避伊斯蘭革命而逃至土耳其。非洲與亞洲難民以土耳其為進入歐洲的管道，他們面臨重重困難，享有極少的權利，需要基督教事工的參與。
- **少數阿拉伯人**。有些是基督徒，但大多是穆斯林。人數比以前增加不少，目前已有將近八十萬名從敘利亞為逃離內戰，來到土耳其的難民。

7 **外籍基督徒**為教書、留學、工作或觀光旅居土耳其。有些曾住過安那托利亞東部、黑海沿岸地區或內陸的省分，這些都是基督教事工最難進行的地區。五十多間機構與 1,350 名左右的外籍人士來自於二十多個國家，希望神能藉著他們祝福土耳其的人民；請為每個同工都有榮耀基督的好見證，並向土耳其人民展現愛與尊重禱告。

土庫曼（土庫曼斯坦）Turkmenistan　　亞洲

人數：520 萬 **首都**：阿什巴哈特（65 萬 1 千人）
基督徒人數：9 萬 5 千 **福音派人數**：1,700
主要宗教：伊斯蘭教
成長最快速宗教：伊斯蘭教
主要族群：土庫曼人（82.1%）、烏茲別克人
（9.4%）、俄羅斯人（2.2%）、伊朗米底亞人
（2.2%）〔少數民族的人數隨著前蘇聯的人民回
到祖國而遞減〕
官方語言：土庫曼語（自 1994 年以來一直使用
拉丁文聖經）**全部語言**：9 種

經濟：地毯、馬、駱駝與沙漠舉世聞名，但主要仍是靠石油與天然氣致富。土庫曼的國土有 80% 是沙漠，因此供水是未來的一大挑戰，鄉下地區窮困不堪。

政治：過去是游牧部落，後在帝俄統一之下建國（1881 年），直到獨立（1992 年）之前，都被蘇維埃共和國統治。前共產黨領導人以獨裁的方式統治土庫曼，掌控了軍隊、警察、司法系統、經濟與媒體，在他死後（2006 年）才大開改革之門，有些運動已經顯露更加開放、更少體制壓迫的跡象。

1 **前獨裁者**（尼亞佐夫）自稱「土庫曼之父」，人民尊他為一種宗教領袖。

他耗費鉅資精心建造榮耀自己的紀念碑，卻吝於為人民著想，投入國家發展。他的死是變革的契機，土庫曼的國民已比以前更有國內外旅行的權限；請為新政府能尊重憲法保障的人權與宗教自由禱告。

2 信仰基督教的土庫曼族人為數不多，獨立後人數卻從一、兩人增至上千人！大多數的基督徒都是俄羅斯人、烏克蘭人或亞美尼亞人。政府當局驅逐所有的外國基督徒，數名牧師流亡海外，有的坐牢、被毆打或罰款。東正教以外的基督教面臨迫害，卻也使教會增長，促進合一，使靈命更成熟。即使經常面臨威脅，教會仍持續成長；請為信徒能堅定信仰，並領人歸主禱告。

3 關心土庫曼的外籍基督徒持續在遠處為他們禱告，並盼望國家能再次對外開放；請為人道組織能更自由進出土庫曼，帶來實際與屬靈的祝福禱告；求神幫助翻譯者完成舊約的土庫曼語譯本，接著完成新約譯本；為基督徒能用俄羅斯語播放衛星電視節目感謝神；並為土庫曼語基督教電視節目能盡快播出禱告。

4 流亡的人民；請為在伊拉克與阿富汗數百名土庫曼人當中服事的（土庫曼與外國）基督徒禱告，求神保守他們的事工。伊朗、烏茲別克、敘利亞、俄羅斯與塔吉克的土庫曼人幾乎從未聽聞福音，最近已開始進入他們當中傳福音，請為事工禱告。

阿拉伯聯合大公國（阿拉伯聯合酋長國）United Arab Emirates 亞洲

人數：470 萬 **首都**：阿布達比（68 萬 5 千人）
基督徒人數：40 萬 2 千 **福音派人數**：6 萬 1 千
主要宗教：伊斯蘭教
成長最快速宗教：無信仰

主要族群：〔統計數字全屬估計值，大批外籍勞工（大多是非法）造成人數統計困難，阿拉伯人以外的族群人數可能高於政府登記的人數〕阿拉伯人（56%，波斯灣阿拉伯人佔24%）、南亞人（23.2%，包括印度人、巴基斯坦人、孟加拉人、斯里蘭卡人）、其他族群（20.8%，包括菲律賓人、伊朗人、歐洲人、東亞人）

官方語言：阿拉伯語 **全部語言**：36 種

經濟：僅短短二、三十年，竟然有如此不可思議的轉變。他們靠著石油致富，並耗費大筆金錢進行國家的開發，但開發卻極度仰賴移工的勞動，因大量投資（尤其是杜拜）而債臺高築。

政治：1971 年獨立成為君主聯邦，目前逐步實現有限的民主制度。最高委員會的總統由阿布達比的邦長擔任，統治全國。聯邦法律適用於整個國家，每個酋長國亦有各自的法律。

1　**石油所創造的財富**使阿拉伯聯合大公國從窮困的鄉下地區，躍升成為全球富豪的天堂與樂園，現在甚至跨足商業與金融，甚至包括觀光業。站在世界金字塔頂端的這群人揮霍財富的同時，數百萬名移工卻在惡劣的工作環境底下，賺取微薄的薪資。國家面臨的重大挑戰，包括社會不公義、違反人權以及人口販賣。

2　**急遽的變化造成阿拉伯聯合大公國的社會與文化危機**，因此年輕一代必須有智慧地面對。伊斯蘭的傳統文化是否會被追求私利的物質享受所取代？求神賜下渴求靈命真理的機會！主流的信仰團體大多享有宗教自由；為此我們感謝神，並為基督徒使用的土地與建築能成為上帝興起肢體、差派子民出去服事的根據地禱告！

3　**越來越多不同文化的人前來歸主**，包括阿拉伯人、南亞人、東亞人與其他民族，但以不智的方法佈道或發放基督教文宣的外籍人士，仍會面臨逮捕、監禁或遭送出境的命運；請為信徒能透過明辨與自信的言行，展現基督的愛禱告。阿拉伯聯合大公國的伊朗人、巴基斯坦／阿富汗人、孟加拉人、索馬利亞人、蘇丹人幾乎沒有人信主，或只有零星信徒存在，阿拉伯原住民少有接觸福音的管道；請為國內勞工與外國專業人士謙卑的見證，能夠帶領波斯灣阿拉伯雇主信主禱告。禱告網應該集中關注波斯灣地區，並在未來的屬靈禾場扮演關鍵的角色。

烏茲別克（烏茲別克斯坦）Uzbekistan　　　　亞洲

人數：2,780 萬　**首都**：塔什干（220 萬人）
基督徒人數：20 萬 8 千　**福音派人數**：8 萬 5 千
主要宗教：伊斯蘭教
成長最快速宗教：伊斯蘭教
主要族群：烏茲別克人（78.4%，事實上有些屬於塔吉克民族）、塔吉克人（4.8%）、哈薩克人（4.1%）、韃靼人（3%）、俄羅斯人（2.5%）、卡拉卡爾帕克人（1.8%）
官方語言：烏茲別克語　**全部語言**：39 種

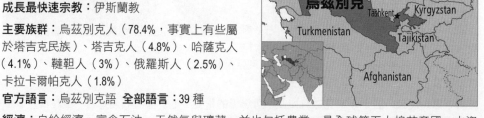

經濟：自給經濟，富含石油、天然氣與礦藏，並也包括農業，是全球第五大棉花產國。水資

源是未來一大嚴重問題。貪污造成了經濟的停滯，迫使人民掙扎求生，許多年輕男性前往俄羅斯尋找工作機會。阿富汗販至俄羅斯（進入歐洲）的毒品，以烏茲別克為主要的轉運站。

政治：十四世紀時在帖木兒佔地遼闊的蒙古／突厥帝國之下，以薩馬爾罕作為首都。歷經俄羅斯的殖民（1865～1917 年），1991 年獨立，建立民主共和國，卻仍舊像共產時期專制獨裁，對於異議分子的嚴刑拷問以及抗議人士的屠殺（2005 年）引起國際上的注意與譴責。烏茲別克與俄羅斯關係緊密。

1　**烏茲別克是中亞國家重要的戰略要地**，窮困的後蘇聯政府與伊斯蘭運動（費爾干納谷地）之間，張力亦逐漸升高。人民大多對於貧窮、貪污以及經濟無法進步的情形感到厭倦，伊斯蘭分子吸引了失業的男性青年；求神賜下真正的改變，並使政府領導人真正為人民著想；請為只有耶穌才能賞賜的真平安禱告。

2　**大多數基督徒都屬於弱勢族群**，且獨立後大部分都已回歸祖國，留下來的人當中，有越來越多人信仰福音派基督教，尤其是五旬節教會與靈恩派。政府允許俄羅斯人與韓國人向自己的族人傳福音，但禁止基督徒向烏茲別克人或其他穆斯林族群傳福音。無論就人數或影響力而言，塔什干都是中亞的伊斯蘭教中心。

3　**烏茲別克信徒仍持續增長**，即使遭到政府、地方伊斯蘭教領袖以及社區（家人與鄰居）的反對。一個世代之前，他們當中的基督徒人數可能是零，現在卻已有一萬多人信主！政府幾乎將所有外國基督徒驅逐出境，並關閉大部分的外國機構。這消息令人悲喜交加，因為政府的迫害，反而使當地教會團結、成熟與堅定；請為虔誠的烏茲別克領袖以及剛成立的教會所舉辦的聖經培訓禱告。

4　**教會遭受烏茲別克政府嚴重迫害**，烏茲別克人的教會尤甚。政府官員扣押財產、燒毀聖經、驅趕基督教學生、解雇基督教員工、逮捕信徒。基本上，政府並不允許教會登記立案，家庭教會之間因此發展了健全的同盟網絡；請為基督徒禱告，求神幫助他們在政府的壓力之下，也不背叛其他信徒，並為遭受迫害與監禁者禱告，求神賜給他們力量與勇氣。

5　**未得之民**。烏茲別克幾乎每一個穆斯林族群的基督徒比例都低於 0.1%。請特別為以下族群禱告：

- **卡拉卡爾帕克人**（鹹海的南方）。大部分信奉遜尼派伊斯蘭教，深受蘇

菲主義（一種神祕主義）影響，因此迫害特別嚴重，但當地首府（努庫斯）的教會卻透過地下家庭教會迅速增長！當地的烏茲別克人也信了主；請為卡拉卡爾帕克語聖經能完成翻譯禱告。

- **塔吉克人**。他們大多住在薩馬爾罕與布哈拉，僅少數人信主。塔吉克人其實是伊朗米底亞人而非土耳其語系的民族，所以受到政府的歧視。

越南 Vietnam   亞洲

人數：8,900 萬 **首都**：河內（280 萬人）
基督徒人數：840 萬 **福音派人數**：160 萬
主要宗教：佛教
成長最快速宗教：基督教

主要族群：越南人（84%，大部分住在海岸地區，南北的越南人之間存在巨大的文化差異）、孟高棉人（4.3%，53 個民族）、壯族（3%）、泰─傣族（1.9%）、苗族（1.5%，8 個民族）、占族（1.1%，9 個民族）
官方語言：越南語 **全部語言**：106 種

經濟：馬克思主義經濟體系的支配過後，緊接著是數十年的戰爭。失去蘇維埃的財力後盾之後，越南的經濟元氣大傷。1986 年以來的改革使經濟現代化，並創造出中產階級。城鄉之間存在著巨大的貧富差距。越南是全球第二大稻米輸出國。

政治：1954 年脫離法國獨立之後，經過三十年的戰爭，南北越於 1975 年被共產黨統一，共產黨至今仍掌控了某部分的國家政策與活動走向。雖然人權已有進步，但侵犯事件仍舊頻傳。宗教與種族弱勢團體，都面臨反對勢力的壓迫。經濟成長與新興財富，都是理想的馬克思主義面臨的新挑戰。

---

1 **越南是世界上僅存的共產黨國家之一。**人民持續遭受迫害，吸毒、愛滋病、賣淫、剝削兒童等社會問題與日俱增。這塊土地已經歷太多的暴力，以及人與人之間的分裂與猜疑。最能展現越南人精神的，莫過於祭拜祖先，他們對於祭拜祖先的忠貞，甚至高過共產主義、混合佛教、道教或是越南人的傳統信仰（儒教）。嘗試以聖經來回應這方面議題的基督徒，往往會碰到許多尖銳的問題；請為福音的真光能驅走黑暗禱告。

2 **經濟成長持續迫使越南對外開放。**大部分的人民都於越戰之後出生，因此年輕的一代對於財富與外面的世界，比共產主義的思想或教導更有興趣。有許多人接受福音，但國家的開放也引進了貪婪、對於財富的追求以及假宗

教；請為基督徒能清楚宣揚真理，尤其是在大批年輕的專業人才當中傳揚福音禱告。

3 教會在多年來的迫害當中增長、成為見證，無論在天主教徒與新教徒當中，在新會友與舊會友當中，在未登記與登記的教會當中，在不同民族當中都有了相當程度的成長，也有許多流亡的越南人信主，為此我們讚美神！請為以下三個經歷教會增長的族群禱告：

- **中越與南越的山區部落族人**。即使遭受政府的殘酷迫害，教會仍然增長。
- **苗族**（以及越南北部的其他少數民族）。1988 年時尚未有人信主，2010 年時估計已增長至四十萬人！遠東廣播公司（FEBC）在這場運動中居功厥偉。
- **越南民族**（京族）。雖然只是小幅增長，但胡志明市的聖誕節聚會（2009 年）仍吸引了四萬名民眾參加。

4 新教所有的公開宣教事工於 1975 年全數結束。1975 年之前，宣道會已在當地服事六十四年，其他機構於 1950 年代引進，1974 年時，在南越服事的宣教士已超過兩百八十位。那些年的撒種，創造了今日的豐收！現代經濟發展，提供了基督徒進入商界、英語教學與援助計畫服事的機會；請為越南能真正開放基督教同工進入禱告，求神帶領人歸主。

5 越南的基督教信仰是一部苦難與迫害、以及信心與堅毅的血淚史。2005 年以來，情況已經有所改善，但政府的反對與迫害仍然繼續影響天主教與新教；請為數百名基督徒能安然度過監獄裡惡劣的環境禱告。登記立案與否對於教會而言，一直是既困難又造成分裂的議題。立案的教會必須遵從嚴格的法規，而未登記立案的教會則經常遭到警察盤查（中斷聚會或拘留領袖）；請為議題能獲得解決，並促成越南教會之間的團結與建造禱告。

6 教會急需領袖的培育與神學的訓練。福音派教會的迅速增長是一件好事，但我們現在必須培育新一代的基督教領袖；請為有創意、永續與有效的培訓禱告，多數牧者已盡心盡力地服事了好幾個世代，卻缺乏全職訓練的時間與經費。無論學術訓練或非正式的訓練，都需要符合政府的規定，並面對其他的挑戰。除了神學之外，信徒也需要接受領袖訓練，包括管理、財務、會計以及職業技巧等等。

7　請為較少聽見福音的人禱告。許多少數民族並沒有自己語言的聖經,但感謝神,因為政府最近已經允許四個少數民族語言(以及越南語)聖經譯本的出版!

- **北越人**。北越地區被共產黨佔領較長的時間,且比南越更少接觸福音。但上帝正在作工,北越的教會也已開始增長!
- **占族穆斯林與高棉佛教徒**(湄公河三角洲)。在柬埔寨的族群對於福音的接受度越來越高,但在越南的族群卻少有人跟隨主。
- **北部的少數民族**。大部分都信仰佛教或部落宗教。基督教廣播是重要的傳福音方式,但只有少數幾個節目以他們的語言播放。
- **高台教與和好教的信徒**。求神幫助基督徒瞭解這些族群特殊的信仰與文化,並向他們傳福音。
- **共產黨員**。包括政府官員與軍官,他們是越南社會的棟梁,有少數人是基督徒。

葉門(也門)Yemen　亞洲

人數:2,430 萬　**首都**:沙那(230 萬人)
基督徒人數:1 萬 9 千　**福音派人數**:4,300
主要宗教:伊斯蘭教
成長最快速宗教:伊斯蘭教
主要族群:阿拉伯人(97%,超過 1,700 個氏族與部族)、移民與難民團體(2.6%,索馬利亞人、衣索比亞人)
官方語言:阿拉伯語　**全部語言**:14 種

經濟:葉門是阿拉伯世界當中最窮困的國家,石油的外匯收入及從國外匯回的薪資(在沙烏地阿拉伯與西方國家工作的葉門人)是主要貿易收入。失業率高。石油藏量與供水量都逐年下降,形成國家人口急遽成長時所面臨的挑戰。

政治:葉門長期以來經過戰爭與被征服的命運,直到 1918 年之前,其北部都屬於鄂圖曼帝國的領土,然後維持獨立狀態直至 1962 年。位於南部的亞丁獨立(1967 年)之前則被英國統治。兩國於 1990 年與北方統一。葉門是總統制政體,某程度上算是民主國家,但國家政治也承受著內憂外患的動盪不安。

1　葉門人得著基督的新生命是透過基督徒發放的聖經、以謹慎的態度所做的見證,以及廣播、從神而來的異夢與異象而成就!信徒僅以小團體的形式祕密聚會,他們經常面臨危險的反對勢力;請為葉門人願意跟隨耶穌讚美

神，並為他們能學習在虔誠服事主的同時，亦尊榮自己的文化與家人禱告。

2 葉門這數十年來承受許多苦難，包括三次內戰、多次部族戰爭，並受到鄰近國家戰爭的波及。什葉派與遜尼派穆斯林之間的張力與日俱增，部族認同依然強烈，但政府權力卻仍薄弱。部族之間的敵對關係因綁架、犯罪、蓄意破壞他人財物而日漸攀升。葉門曾生產遠近馳名的乳香、沒藥與咖啡，今天的農業卻以溫和藥草卡特葉（*qat*）為主，全國工人每天大約浪費兩千萬個小時嚼卡特葉，這不僅對經濟有害，更影響社會與家庭生活；請為葉門經濟與人民的新政策禱告。

3 基督教曾經強盛，卻因第七世紀被穆斯林征服而遭到幾乎全數抹除的命運。一般社會傳統上認為沙那城（首都）是由閃族人建立，並由向索羅門王學習智慧的示巴女王統治。葉門大多數基督徒都是衣索比亞難民或來到葉門工作的西亞、南亞、東亞人，以及其他阿拉伯國家的人。商業界、教育界、醫療界與發展計畫都出現許多服事上帝的機會；求神幫助更多信徒能在嚴峻的生活環境裡生存並服事神。

4 葉門仍是全世界最少接觸福音的國家之一。請為以下族群禱告：

- **北部部族**。包括沙那的人民，以及北部山區與東北部沙漠的族人，有些是游牧民族。
- **南部的葉門人**。主要城市包括亞丁、塔伊茲、伊卜。
- **馬里族**（Mahri，漁人）。住在阿曼邊境，與社會及現代生活隔絕。
- **索科特拉島民**。直到十七世紀前仍信仰基督教，但今天這些印度洋的島嶼上已經沒有任何基督徒存在。
- **葉門婦女**。她們生活艱苦，少有受教育或在外活動的機會。她們如何能認識耶穌，並學習為祂而活？
- **索馬利亞的人民與難民**（可能超過五十萬人）。只有少數人跟隨基督，大部分都未曾聽過福音。

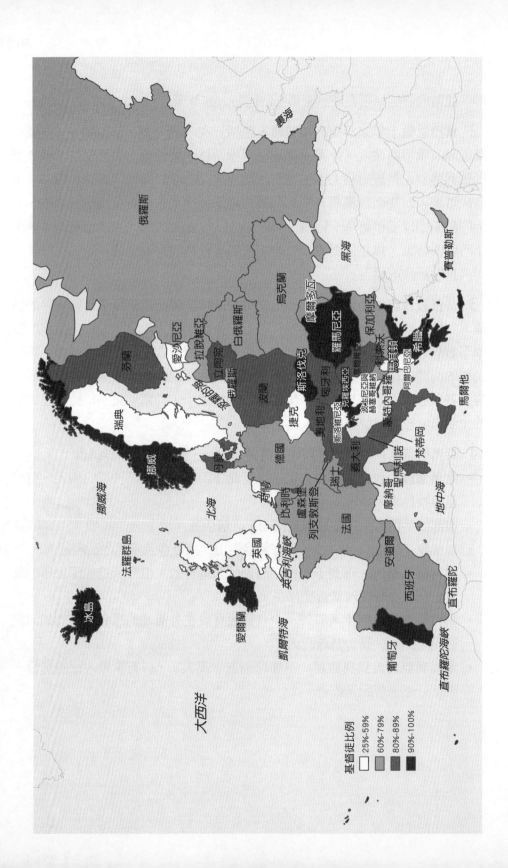

歐洲

人數：7 億 3,280 萬
基督徒人數：5 億 2,200 萬　福音派人數：1,830 萬
主要宗教：基督教
成長最快速宗教：伊斯蘭教
原住民語言：269 種（佔全世界語言的 3.9%）
聖經譯本語言：聖經 63 種語言、新約 31 種語言，新／舊約 61 種語言，仍缺 73 種語言。

基督徒比例

2.5%
28.7%
68.8%

■ 福音派
□ 其他宗派
■ 非基督徒

　　歐洲各國與整個俄羅斯聯邦（包括嚴格說來位於亞洲的西伯利亞）的總面積佔全世界的 17%，人口佔全世界的 10.6%，1900 年的比例是 25%。歐洲有六十一個逾百萬人口的都市，其中兩個城市的人口超過一千萬人。

　　今日的歐洲已不像以前那樣篤信宗教，反而越來越世俗化，因此無信仰的世界觀或混雜的靈性思想成為許多人的信仰。基督徒人數已不如以前，並逐年遞減。許多掛名的基督徒並未真正實踐他們的信仰，固定參加教會的歐洲人也許低於 10%。

　　歐洲多元的種族與長時間的衝突形塑出今日各國的政治體系，雖然歐洲希望能實現多元文化、自由與開放，卻失去了許多生命力與能量，且經濟變得更加嚴峻。歐洲的人口老化、低出生率以及高遷移率，都代表歐洲的未來與過去將如天壤之別。歐洲非常需要復興，教會必須警醒、禱告！

阿爾巴尼亞 Albania　　　　　　　　　　　　　*歐洲*

人數：320 萬　**首都**：地拉那（44 萬 4 千人）
基督徒人數：96 萬 6 千　**福音派人數**：1 萬 4 千
主要宗教：伊斯蘭教
成長最快速宗教：伊斯蘭教

主要族群：阿爾巴尼亞族（91.2%，南部的托斯克人、北部的蓋格人、阿羅馬尼亞人／弗拉赫人）、希臘人（3.2%）、吉普賽人（逾 2.7%）、塞爾維亞人（1.2%）、馬其頓人（1.1%）
官方語言：阿爾巴尼亞語　**全部語言**：7 種

經濟：是歐洲第二大窮國，雖然已有些進步，但基礎建設仍然不足，除此之外，貪污與高遷移率都是阻礙成長的因素。

政治：1944 年至 1991 年間由共產政權統治，禁止一切宗教。1991 年起開始舉行多黨制選舉，1998 年以後享有宗教自由。科索沃的獨立是該國重要議題。

1　**為上帝在這塊土地上所成就的讚美神！**阿爾巴尼亞長久以來都拒絕福音，但這幾年內已從原來幾乎沒有任何福音派基督徒，增長至數千人。「阿爾巴尼亞福音聯盟」（VUSH）目前代表並連結超過一百六十間會堂。教會中有當地領袖、全國性的網絡、門徒訓練及福音佈道的目標，同時差派同工到其他國家！這都是政治與經濟不穩定時期的成果。許多人相信，多年來誠心為阿爾巴尼亞的禱告終於推開了當地福音事工的大門。

2　**阿爾巴尼亞未來面臨的是漫漫重建之路**，同時受到無神論以及共產主義的影響。1990 年代與 2000 年代的混亂與貪腐，說明了社會的健全與生產力，靠的不僅是經濟的重建，更包含道德與靈性的重建；請為信徒能藉由聖經倫理，正面影響阿爾巴尼亞的政府與商界文化禱告。

3　**宗教脈絡仍晦暗不明**，很難找到可靠的統計資料來源。大部分自稱有宗教的人，其實並未實踐信仰；請為大環境裡的三個主流團體（伊斯蘭教、東正教、天主教）之間的緊張關係禱告。伊斯蘭教是阿爾巴尼亞最大的宗教（約佔 70%），許多穆斯林信奉的是民間流傳較為迷信的伊斯蘭教；請為阿爾巴尼亞的穆斯林禱告，求神帶領他們遇見又真又活的基督。

4　**福音派教會**最需要禱告的是領袖培訓。教會在短短二十年內急速增長，卻沒有活出聖經價值的領袖讓人學習，結果造成信徒對於聖經一無所知。東正教、天主教與新教共同努力重新將新約翻譯成阿爾巴尼亞語，並開始著手

翻譯舊約；請為翻譯的工作完成以及聖經的廣泛使用禱告。

5 **宣教與事工**。幾乎所有的宣教機構與全國性事工機構，都將傳福音結合實際救助工作。基督徒透過事工，協助窮困與受苦的人，並提供基督徒工作機會；請為付諸行動的愛能深刻改變阿爾巴尼亞禱告。外國福音派宣教中心透過培訓、資源發展以及全人關懷宣教，服事阿爾巴尼亞教會。與 1990 年代相較之下，基督教同工少了許多，阿爾巴尼亞需要更多的同工參與。請為「阿爾巴尼亞支持計畫」（Albania Encouragement Project）禱告，該計畫串連六十逾間機構，推展全方位的事工。

6 **請為較少聽見福音的弱勢族群禱告：**

- **比克特西派**（六十萬名穆斯林參與的蘇非主義托缽僧運動）的信仰受到民間信仰與神祕學影響，以一種高速旋轉的舞蹈敬拜他們的神，未被遜尼派穆斯林（阿爾巴尼亞主流）接受。有些人已成為福音派信徒。
- **弗拉赫人**信奉東正教基督信仰，遭到社會鄙視。
- **格拉尼人、格洛博達人**（Golloborda）與**占族人**大多信奉佛教或部落宗教，基督教廣播是重要的福音工具，但只有少數節目以他們的語言播放。

奧地利 Austria　　　　　　　　　　　*歐洲*

人數：840 萬　**首都**：維也納（170 萬人）
基督徒人數：690 萬　**福音派人數**：4 萬 1 千
主要宗教：基督教
成長最快速宗教：無信仰
主要族群：奧地利人（84.4%）、瑞士德國人（3.4%）、德國人（3.2%）、巴爾幹人（3.1%，波士尼亞人、克羅埃西亞人、斯洛維尼亞人、其他族群）、其他歐洲人（1.7%）
官方語言：德語　**全部語言**：20 種

經濟：是觀光、商業、農業與工業重鎮，許多貿易領域都與中歐經濟有關，尤與德國密切相關，外國勞動人口佔全國勞動人口的 10%。

政治：1918 年以前屬於奧匈帝國心臟地區，現在是多黨制民主共和國，是歐盟一員。1955 年至 1990 年期間，是東歐與西歐之間的中立國。

1 **奧地利以迷人的文化、音樂、藝術與宜人的風景著稱**，卻缺乏靈性的潤澤。多數人相信神（84%，以歐洲來說算是多數），但極少人真正與耶穌建

立關係。雖然有悠久的天主教文化歷史,每年仍有大批的人離開天主教會。神職人員之間的性醜聞與稅收問題(應稅所得的 1%)都是造成信徒離開的原因。但人若離開了教會,就會停止尋求神,因此我們必須熱切為天主教會增長更新的運動禱告。

2 **路德宗派與改革宗教會人數亦下降**。傳統、嚴肅的教會吸引不了青年。即使有些信奉聖經的牧者與平信徒領袖希望能增長教會會友的靈命,仍有許多人未實踐信仰;求上帝的靈動工,幫助教會成為奧地利福音的一股力量。

3 **幾乎只有福音派/靈恩派教會才有增長**。五旬節教會自 2000 年至 2010 年之間增長了一倍,青少年當中的禱告運動不斷成長,催生了奧地利禱告大會(Austrian Prayer Congress),這場大型的禱告會每年舉行兩次,吸引上千人參加!儘管如此,福音派基督徒仍僅佔全國人口的 0.5%;請為會堂能以倍數成長,並將榮耀歸給主耶穌基督,大力宣揚福音禱告。

4 **較少接觸福音的地區**。奧地利需要更多全職同工,目前較多的奧地利同工在國外服事,而非國內!奧地利的福音派教會大多是由外國同工所設立。國內的禾場極需同工,求莊稼主差派更多奧地利或外國宣教士。

- **鄉下地區**。距離都市較遠的居民較少有機會聽見福音,大部分地方都沒有福音團體服事其中。

- **異教與其他宗派**。新世紀運動、東方宗教、耶和華見證人、摩門教與其他宗派已透過積極活動,吸收數千名信徒。達賴喇嘛曾主持一個儀式,並「釋放」722 個靈魂,使奧地利成為佛教進入西歐的重要關口;求神阻擋這些活動,將人從假先知的教導中釋放出來。

- **外國移民與難民**。請特別為前南斯拉夫的六個民族禱告,有些甚至是全歐最少聽見福音的族群;並請為社會中經常遭受歧視的土耳其穆斯林、阿富汗人、庫德族人與巴基斯坦人禱告。

白俄羅斯 Belarus　　　　　　　　　　*歐洲*

人數：960 萬　**首都**：明斯克（190 萬人）
基督徒人數：680 萬　**福音派人數**：12 萬 3 千
主要宗教：基督教
成長最快速宗教：基督教

主要族群：白俄羅斯人（77.6%）、俄羅斯人
（13.2%）、波蘭人（4.2%）、烏克蘭人（2.9%）、
其他族群（2.1%，大多屬於前蘇聯的 22 個民族）
官方語言：白俄羅斯語、俄語（使用更為廣泛）
全部語言：11 種

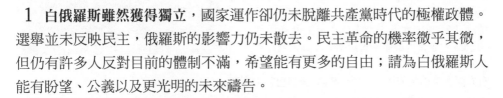

經濟：80% 的產業仍屬國營，極度仰賴與俄羅斯的貿易。1986 年車諾比核災對於經濟與健康的
影響，至今仍然歷歷可見。

政治：白俄羅斯經常被稱為「歐洲最後的獨裁國家」，雖然名為共和國，但仍被俄羅斯與共產
黨的餘黨宰制。

1　白俄羅斯雖然獲得獨立，國家運作卻仍未脫離共產黨時代的極權政體。
選舉並未反映民主，俄羅斯的影響力仍未散去。民主革命的機率微乎其微，
但仍有許多人反對目前的體制不滿，希望能有更多的自由；請為白俄羅斯人
能有盼望、公義以及更光明的未來禱告。

2　東正教與天主教教會地位特殊，屬於歷史悠久的斯拉夫宗教團體，即便
如此，政府對他們仍有諸多限制。俄羅斯東正教是一種斯拉夫傳統的認同，
但在許多人眼中，教會主要只是舉行洗禮、婚禮與葬禮的地方；請為這些古
老基督宗派的更新與轉化禱告，因為他們能真正改變數百萬人的生命。其他
的宗教活動都面臨來自政府官員的強大壓力，包括天主教其他支派、新教、
異教或外國宗教，以及未向國家認可的莫斯科當局低頭的其他東正教教會。

3　教會人數增長、更加成熟，也更有信心，儘管反對勢力與嚴重迫害從沒
少過！國家禁止家庭崇拜、宗教學校、會堂鄉鎮之外的事工、引進或發放政
府反對的文宣，和任何超過二十人以上的聚會。對於福音派基督徒而言，承
租或購買敬拜神的建物是他們所面臨的最大問題；請為信徒禱告，求神幫助
他們有足夠的信心克服這些困難；請為迫害上帝教會的政府官員禱告，使他
們發覺福音的真理與基督的愛。外國的同工為了要到白俄羅斯服事，往往需
要非常努力爭取或更新簽證；求神為祂呼召到白俄羅斯福服事的同工預備職
缺與機會。

4 較少聽見福音的族群：

- **猶太人。**高達七萬名猶太人住在白俄羅斯，有一個彌賽亞派猶太人族群住在明斯克，大多數居民皆未聽過福音。

- **穆斯林。**韃靼人自十五世紀起就定居於此，有一小群移民來自前蘇聯，少有穆斯林與福音相遇。

比利時 Belgium　　　　　　　　　　　　*歐洲*

人數：1,070 萬　**首都：**布魯塞爾（190 萬人）
基督徒人數：670 萬　**福音派人數：**13 萬 3 千
主要宗教：基督教
成長最快速宗教：伊斯蘭教
主要族群：佛蘭德人（54.5%，多數住在北部與西部）、瓦隆人（31.1%，主要住在南部與東部）、其他歐洲族群（7.7%）、阿拉伯語族（2.7%，大多是北非人）、土耳其語族（0.5%），並有大群撒哈拉以南的非洲人及拉丁美洲人
官方語言：佛蘭德語、法語、德語　**全部語言：**29 種
經濟：比利時屬於技術精密的勞動經濟，亦是歐盟、北大西洋公約組織及其他國際組織的總部。
政治：1830 年建立君主憲政國家，國土因語言分歧而嚴重分裂，多次努力組成聯合政府卻未果，造成政治局勢的不穩定。

1　比利時是嚴重分裂的國家。兩千年來橫跨拉丁／羅馬與日耳曼民族之間的文化鴻溝，瓦隆人（南部）與佛蘭德人（北部）使用不同的語言，造成雙方經濟、政治、宗教生活與世界觀的衝擊，新移民的加入使情況更加複雜，有人甚至擔心比利時會因此瓦解；請為國家領導人能有智慧處理複雜的挑戰禱告，求神幫助教會團結，並為國家帶來真正的和諧與和平。

2　世俗的觀點如野火般迅速蔓延。無神論與無信仰的人口佔整個社會的31%。雖然近半數人自稱天主教徒，卻只有 7% 會參加彌撒，主流的新教教會亦開始流失會友。天主教教會數百年來並不鼓勵信徒讀經，這種情況一直延續到 1960 年。2006 年發行了新的聖經譯本之後，法國聖經公會與佛蘭德語聖經公會才共同努力，與國人分享比利時的聖經歷史與相關軼事；請為上帝的話語能在比利時社會生根禱告。藥物濫用、性道德敗壞、神祕學與新世紀運動不斷興起。

3　比利時的福音派基督徒僅佔總人口的 1.2%，信仰卻比以前更加堅定。五旬節教會增長最多，法蘭德斯與瓦隆地區的教會也因為有計畫地植堂而增長。大約半數的比利時福音派基督徒是外籍人士，以及來到比利時後才認識基督的移民。許多教會自稱「國際教會」，而非「移民教會」，展現多元文化的特性以及向比利時與其他歐洲人傳福音的熱忱！

4　過去數十年來，新教與福音派團體之間更加合一，並改善了合作關係。自 2003 年以來，國內所有宗派以某個全國性的團體代表與政府交涉，透過政府承認的合法管道，統一向社會發聲。新興的禱告運動透過網站、線上聊天及地方聚會，吸引青年一起禱告並討論上帝。他們透過各種創意的方法傳揚福音，包括河面船隻上的移動書展、停泊於比利時的外國船員事工、婚姻家庭諮商服務和基督教婦女救助中心；請為這些方式能成功使人認識福音禱告。

5　比利時是歐洲靈命最匱乏的國家之一。請特別為以下地區禱告：

- **小鄉鎮與村莊。**位於阿登區域的佛德蘭語地區與法語地區，都極需福音宣教。
- **布魯塞爾首都地區。**此地聚集了超過四十五個國籍、一千多個民族的人民，窮困的居民與年輕、專業的有錢人族群夾雜。外國移民遭到社會的冷落，卻不得不與有權勢的歐洲政客比鄰而居；請為教會與宣教計畫禱告，求神幫助他們與布魯塞爾社會中各個不同的族群接觸。
- **穆斯林**（北非人、土耳其人、庫德族）。伊斯蘭教是比利時第二大宗教，清真寺逾三百八十間，但大多數穆斯林住在窮困地區，求神帶領更多同工參與福音工作。
- **東歐人。**人數急速增長（波蘭人、俄羅斯人、保加利亞人、科索沃人、羅馬尼亞人與其他族群）。有大批羅馬尼亞福音派基督徒，卻沒有波蘭人與科索沃人信主，且少有或甚至無人向他們傳福音。

波士尼亞（波斯尼亞）Bosnia 　　　　　　　　　*歐洲*

人數：380 萬 **首都**：塞拉耶佛（39 萬 6 千人）
基督徒人數：150 萬 **福音派人數**：2,200
主要宗教：伊斯蘭教
成長最快速宗教：伊斯蘭教

主要族群：波士尼亞人（48.4%）、塞爾維亞人
（29.3%）、克羅埃西亞人（16.6%）、羅曼尼人
（2.2%）〔由於內戰與重新安置的關係，所以人
口於 1991 年至 2002 年間產生極大的變化〕
官方語言：波士尼亞語 **全部語言**：8 種

經濟：1990 年代戰爭的摧殘，使半數人民流離失所，極度仰賴外援，基礎建設遭戰爭破壞，百
廢待興。2014 年的洪災衝垮供水系統，重創人民的生活。

政治：西元 960 年脫離塞爾維亞獨立。土耳其佔領統治的五百年間，有許多波士尼亞人成為穆
斯林。二次大戰期間，克羅埃西亞與波士尼亞納粹聯合殺害數以萬計的塞爾維亞人。南斯拉
夫解體時（1992 年），有些克羅埃西亞穆斯林企圖獨立，卻遭少數塞爾維亞人反對。三方戰爭
（塞爾維亞人、克羅埃西亞人、波士尼亞人）造成重大損害，使多人失去性命，數百萬人流離
失所，導致戰爭犯罪的發生。戰爭於 1995 年結束，不僅沒有所謂的贏家，更造成塞族共和國
（Serb Republic）與「穆斯林和克羅埃西亞聯邦」（Croat-Muslim Federation）之間極度分裂。目前
是國際保護管理的獨立國家，具有權力平衡但有限的中央政府。

---

1 **波士尼亞的背後是一段慘烈的暴力史。**波士尼亞背負著難解的民族仇
恨。目前仍在進行最近一次衝突（1992～1995 年）之後的復原工作，仍有許
多人民尚未回到原來的家。雖然道路與建築物可以重建，族群心中的傷痛卻
依然存在，唯有神能帶來真正的和好與合一。波士尼亞也面臨貧窮的問題，
組織犯罪如雨後春筍，若不加以阻止，國家就無法發展。青年灰心喪志，超
過 60% 的人民想要離開國家；求神保守新一代的波士尼亞人能繼續留在國
內，並帶領國家進入美好的未來。

2 **宗教界因族群而嚴重分裂。**東正教教會深受塞爾維亞民族主義的影響，
天主教會則受到克羅埃西亞民族主義的控制。波士尼亞人大多信奉伊斯蘭
教，因受到中東團體的影響而變得較為激進。無論是哪一個族群，都對於新
教與獨立宗派團體存疑；求聖靈感動所有的教會與基督徒，幫助他們明瞭自
己真正的認同存在天上。

3 **福音派人數大幅增長**，從 1991 年的三個會堂，增至 2010 年的三十五個
會堂，但總體而言仍算少數（約兩千人），福音派是唯一能聯合各個不同族

群的宗派；請為這塊土地上的信徒與他們的見證禱告！波士尼亞一直都不是容易接受屬靈事物的地方，因此我們必須求神打開他們的心接受福音。教會亦需要外籍基督徒提供領袖培育、援助、重建、傳福音與植堂的協助。

4　較少聽見福音的族群。基督徒透過各種創意分享基督的愛，包括「啟發課程」、家園重建與整修、德語課程、咖啡廳、運動、露營以及最重要的禱告與代禱告！

- **波士尼亞穆斯林**或許是全歐洲個最少接觸福音的族群之一，加上伊斯蘭宣教活動，使傳福音更加困難。基督徒人數已增長至五百人。
- **塞爾維亞東正教徒**經過五百年的伊斯蘭統治；請為他們禱告，求神使蟄伏已久的信心再次復活，並轉化這群歷經苦難與絕望的人！
- **羅姆人**（大多是穆斯林）。全世界最窮困、最不受歡迎的民族，容易接受福音。
- **土耳其穆斯林。**幾乎沒有同工服事其中。

保加利亞 Bulgaria　　　　　　歐洲

人數：750 萬　**首都**：索菲亞（120 萬人）
基督徒人數：600 萬　**福音派人數**：14 萬 6 千
主要宗教：基督教
成長最快速宗教：無信仰
主要族群：保加利亞人（82%）、土耳其語族（8.2%）、吉普賽人（4.7%）、馬其頓人（2.7%）
官方語言：保加利亞語　**全部語言**：16 種
經濟：共產主義垮台之後的改革促進了經濟發展，但高失業率與貪污卻阻礙進步。

政治：雖然第五世紀開始就已建國，歷史上卻很少處於獨立的狀態。1990 年以後建立多黨制民主國家，2007 年加入歐盟。

1　保加利亞因共產黨統治受到不少的摧殘（1947～1989 年間），至今仍滿目瘡痍。貪腐、各種犯罪以及貧窮對於許多人的生活造成影響。墮胎率高於生育率，離婚的例子隨處可見。人口的增加不及老化的速度；請為教會禱告，願教會能在種族衝突激烈、沒有盼望的保加利亞彰顯神的愛。

2　東正教教會需要更新與新的生命。共產黨的統治造成激烈的對立，不僅

削弱教會的力量，其影響至今仍未消滅，即使在地方上亦造成非常明顯的衝擊；求聖靈幫助關係的和好，促進靈命的豐富，使東正教再次復活。

3 上帝將 1980 年代嚴酷的靈性鎮壓，轉化為今日的靈性開放。福音派基督徒在這些挑戰之下，依然增長與成熟，我們為此讚美上帝！教會之間已有更多的連結，但仍有進步的空間。保加利亞福音聯盟（BEA）連結每一間教會，透過共同行動與發聲，使福音遍傳整個國家。首都索菲亞雖然已有許多教會，但仍舊不夠，仍有兩千五百個村莊需要福音派教會；求神將鄉下地區的屬靈需要放在教會會友的心中，並保守保加利亞異象的追求與實現。

4 牧者透過寄宿學校與非正規培訓課程，獲得服事眾人的良好訓練。但摩門教、耶和華見證人、成功神學、東方各種宗教所差派的宣教士與教師，都吸收了不少信徒；請為基督徒能透過領導人的智慧與聖經知識，分辨假先知。

5 從保加利亞出發以及進入保加利亞的跨文化宣教。保加利亞人前往歐亞非三洲宣教，並到鄰近國家進行短期宣教；請為保加利亞的教會更大的全球異象禱告。國外宣教中心有時並不看好保加利亞的宣教環境，但學習當地文化與語言的宣教士和帶職宣教的同工，可以協助領袖的培訓，幫助他們更順利地與國人一起向較少接觸福音的弱勢族群傳福音；求神預備更多的國外同工，幫助每一個基督教同工都能找到實用的基金募集管道，也求神幫助他們善用資源。

6 少數民族過去在保加利亞的主流社會中遭到霸凌，而歧視至今依然存在。不同民族與宗派信徒之間若能達成真正的合一，必然是一個有力的見證。請為以下族群禱告：

- **魯梅利亞土耳其人。**福音派人數低於一百五十人。
- **米勒人**（Millet，受壓迫的土耳其語吉普賽少數族群）。1990 年代曾發生萬人歸主運動，當時有人藉著異夢、異象或醫治特會信主，大約一萬五千人成為基督徒，但現在人數卻低於八千人；請為使用土耳其語的基督徒禱告，他們能幫助受壓迫的吉普賽基督徒接受門徒訓練。
- **使用保加利亞語的穆斯林。**住在南部，他們受到保加利亞基督徒及說土耳其語的穆斯林排擠，會堂不多。向他們傳福音時，特別需要先看重他們的身分認同。

克羅埃西亞（克羅地亞）Croatia　　　*歐洲*

人數：440 萬　**首都**：札格雷布（68 萬 7 千人）
基督徒人數：410 萬　**福音派人數**：1 萬 9 千
主要宗教：基督教
成長最快速宗教：無信仰

主要族群：克羅埃西亞人（87.5%）、塞爾維亞人（4.5%）、羅曼尼人（2.3%）、波士尼亞人（0.5%）、匈牙利人（0.4%）、阿爾巴尼亞人（0.3%）、斯洛維尼亞人（0.3%）、佛里烏利人（0.2%）

官方語言：克羅埃西亞語（與塞爾維亞語相近，但書寫則以拉丁語為主，而非西里爾字母）**全部語言**：22 種

經濟：歷經共產黨不當統治以及與塞爾維亞之間的戰爭，目前正在恢復當中。雖然失業率極高，薪資極低，但至目前為止已有些進步，特別是透過觀光所帶動的經濟。

政治：克羅埃西亞與塞爾維亞之間的仇恨，主宰了數百年來的區域政治，也是巴爾幹半島戰爭（1990 年代）的主因。克羅埃西亞目前朝向自由民主國家的目標努力，2013 年加入歐盟。

---

1 **克羅埃西亞人、塞爾維亞人、波士尼亞人之間的新仇舊恨影響深遠**，甚至可能殘害未來的子孫；請為真正的和好禱告，求神透過基督的大能，斬斷這些宗教與種族的綑綁！克羅埃西亞教會對於社會有極大的影響，有些天主教領袖亦努力促進和諧。種種的衝突都造成許多人的心理與情感創傷，目前已有其他的團體進駐服事，但其實教會也可以在這些地區帶來極大的幫助。

2 **福音派基督徒**是少數能團結不同民族的團體之一；為波士尼亞人、克羅埃西亞人與塞爾維亞人信主，且現在已能共同參與團契讚美神！只要教會與宣教機構能關心戰爭受苦的人，福音就會被看見；請為福音派基督徒禱告，願他們能彰顯上帝的愛，戰勝各種關係上的分裂。教會深知禱告是轉化國家的力量，因此國內各個地方也開始出現了各種新興的禱告運動。

3 **請為較少聽見福音的族群禱告：**
- **克羅埃西亞主流社會**。新札格雷布是首都大區，人口眾多，卻沒有福音派教會，信徒也必須移居伊斯特里亞半島、達爾馬提亞海岸地區與薩果耶地區（北部）為基督作見證。
- **羅姆人**。他們從未獲得福音派基督徒的注意，但卻很容易接受福音，尤其是年輕人。

賽普勒斯（塞浦路斯）Cyprus　　*歐洲*

賽普勒斯因 1974 年土耳其侵入佔領北部的關係而分裂成南北兩國，造成希臘人與土耳其人的分裂：北部自稱北賽普勒斯土耳其共和國（Turkish Republic of Northern Cyprus，TRNC），

南部則是賽普勒斯共和國（Republic of Cyprus，ROC）。賽普勒斯共和國是國際認可的合法政權，北賽普勒斯土耳其共和國僅獲土耳其承認。

以下某些統計數字代表的是整個島嶼情形，有些說明的則是兩個政體的現況。

人數：88 萬　**首都**：尼柯西亞（24 萬 3 千人）
基督徒人數：63 萬 7 千　**福音派人數**：6,600
主要宗教：基督教
成長最快速宗教：無信仰
官方語言：希臘語　**全部語言**：4 種

賽普勒斯共和國 Republic of Cyprus

首都：尼柯西亞（21 萬 9 千人，分裂狀態）
主要宗教：基督教

主要族群：希臘賽普勒斯人（91.8%）、阿拉伯人（3.4%）、英美人士（1.6%）
官方語言：希臘語、土耳其語（廣泛使用英語）

經濟：土耳其佔領北部，三分之一的人口成為難民，使經濟受挫。目前已恢復並發展輕工業與觀光業，卻因 2012 年經濟衰退而大受影響。全球有六分之一的商船登記於賽普勒斯名下。

政治：三千多年來都被 11 個外來政權統治，1960 年脫離英國獨立，1974 年因土耳其入侵而分裂，雖然多次企圖解決問題卻未果。2004 年加入歐盟，會員資格卻因北方的阻撓而暫時擱置。

1　五十年來的雙方衝突。雖然大多數人希望統一，國家卻因某些人的執拗而停滯不前，求神以饒恕取代以前的不滿與悲痛；求神停止外來勢力無用的介入，使賽普勒斯人邁向統一的未來！2012 年的金融危機使許多人感到焦慮並缺乏安全感，求神幫助賽普勒斯人在基督裡找到信心。

2　雖然東正教教會仍是希臘賽普勒斯文化與認同的中心，但參加教會的卻大多是老一輩的人或鄉下人；求聖靈吸引虔誠的賽普勒斯人來與基督建立關係。東正教教會於學校發放新約聖經，求主堅立他們手所做的工，能在學生當中結出果實。

3　大批外籍同工住在賽普勒斯，他們分別來自亞洲、非洲、中東與東歐，

還包括聯合國維和部隊、三千名英國軍官及其眷屬。福音派基督徒在說英語的族群、俄羅斯人、菲律賓人、斯里蘭卡人與伊朗人當中迅速增長，希臘賽普勒斯人之中有少數福音派教會，但福音事工卻少以島上的主流社會為對象。賽普勒斯是擁有不同族群的多元文化社會，求神保守傳福音的事工能結出應結的果子。

4 賽普勒斯是基督教組織服事中東國家的主要根據地。 外國基督徒大多是國際機構的員工，而非當地機構的同工。SAT-7 是創意與影響力十足的基督教衛星電視事工機構，影響甚至遍布整個區域，總部亦設於此。

北賽普勒斯土耳其共和國 Turkish Republic of Northern Cyprus

首都：尼柯西亞（4 萬 9 千人，分裂狀態）
主要宗教：伊斯蘭教

主要族群：土耳其賽普勒斯人／土耳其人（98.6%）
官方語言：土耳其語

經濟：政治與經濟孤立，生活水準較南方低落。極度仰賴土耳其的資金與貿易，失業率高。

政治：自 1974 年的分裂以來，都屬於民主國家。雖於 1983 年獨立，卻只獲得土耳其的承認。

1 幾乎人人都是穆斯林，但有少數人抱持較為世俗的世界觀；求神不使長久以來對於基督教的種族與文化偏見，阻擋他們接受聖靈；求神透過政治與經濟的變化，帶領他們認識福音！

捷克 Czech   *歐洲*

人數：1,040 萬 **首都**：布拉格（120 萬）
基督徒人數：270 萬 **福音派人數**：7 萬 3 千人
主要宗教：無信仰
成長最快速宗教：無信仰

主要族群：捷克（93.2%）、羅姆人（估計2.9%）、斯洛伐克人（1.9%）、波蘭人（0.5%）
官方語言：捷克語 **全部語言**：20 種。

經濟：中歐經濟最高度發展的國家之一，工業與製造業歷史悠久，觀光業正逐步成長。

政治：捷克勇敢與共產黨政府對抗（1989 年），發起「天鵝絨革命」（Velvet Revolution）。透過「天鵝絨離異」（Velvet Divorce）脫離斯洛伐克（1993 年）之後，迅速邁向民主國家之列。目前

是多黨制總統民主國家，2004 年成為歐盟會員國。

1　**逾 70% 的人民認為自己並無信仰**，但許多人會使用占星術，並參雜許多不同的靈性思想。成功創造市場經濟確實對於國家有極大的幫助，但弱勢團體卻承擔了沉重的經濟壓力。現代社會的犯罪、性道德敗壞、藥物濫用、憂鬱症、自殺的比例都比以前共產黨時代要高出許多；求神挪去捷克所背負的屬靈重擔。社會變遷創造了福音事工的機會，老化的人口與新移民（尤其是說俄羅斯語的移民、東亞人與東南亞人）都極需事工的關心。

2　**天主教會流失了會友與影響力**，目前社會地位不高。1990 年代國家的對外開放，是教會能向社會分享又真又活的信仰的契機，卻讓機會平白從指尖溜走。因此，現在有許多人認為教會是傳統的代名詞，基督教則是「老一輩人的宗教」。教會會友與神職人員年齡層都偏高，因此未來似乎不太樂觀。

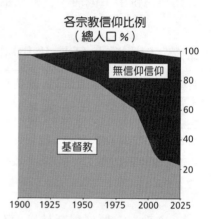

各宗教信仰比例
（總人口 %）

無信仰信仰

基督教

1900　1925　1950　1975　2000　2025

3　**捷克的新教徒必須重新奪回他們所承襲的傳統，並展現新的生命！**教會經過數百年來的苦難之後，好不容易得享自由，卻面臨屬靈衰退。胡斯（John Hus）與摩拉維亞信徒雖然留下許多珍貴的遺產，卻都已失去他們的影響力；請為各個傳統的新教宗派與新興的小團體（浸信會、五旬節教會與其他宗派）禱告，求神保守慈善事工與福音佈道能帶來新的成長。過去許多年來，政府幾乎禁止所有的領袖培訓活動；請為現在捷克共和國設立許多新教神學培訓中心讚美神！

4　**基督教展現新風貌**，吸引許多年輕族群。西式的大型聚會與活動風格不若草根或以門徒訓練為主的團體（小型會堂、家庭教會、小組）那樣具有吸引力。2009 年，同工完成當代捷克語的聖經譯本（取名為 Bible 21），成為當年的暢銷書；請為聖經能於未來達成一百萬本銷量的異象禱告！

丹麥 Denmark

歐洲

人數：550 萬 **首都**：哥本哈根（120 萬人）
基督徒人數：470 萬 **福音派人數**：19 萬 3 千
主要宗教：基督教
成長最快速宗教：伊斯蘭教

主要族群：丹麥人（91.2%）、中東與亞洲人（4.4%）、其他歐洲人（3.3%）、法羅人（0.9%，丹麥公民）、格陵蘭人（0.1%，丹麥公民）、非洲人（0.1%）
官方語言：丹麥語 **全部語言**：13 種

經濟：經濟強盛，政府服務部門規模龐大，社會安全系統需要高稅收的支持。

政治：穩定的國會民主與君主憲政國家，是歐盟會員國。

---

1 **丹麥社會的法律與價值觀仍保留基督教傳統信仰的中心思想。**近年來丹麥人開始對於屬靈事物展現較多的開放度。但根據某些報告顯示，仍有半數的人民屬於不可知論者或無神論者，他們雖然尋求靈性，卻不一定選擇基督信仰或教會；請為更多丹麥人能找到基督教信仰禱告，因為基督教是形塑丹麥歷史與社會的最大力量。

2 **不僅許多福音派會堂沒有成長，有些甚至開始衰微。**雖然有 80% 的人民是路德會會友，但絕大多數的丹麥人認為教會只是舉行儀式或傳統典禮的場合，而不是生命與團契的地方。即使有許多新事工與新教會的設立，仍因缺乏牧者而使工作受阻；求神帶來有能力、敬畏神的領袖；求聖靈如疾風烈火，澆灌在每個會堂之中。

3 **請為丹麥的移民禱告：**

* **基督教移民**。包括外籍工人與難民，他們可能成為丹麥靈命與事工更新一股重要的力量。近幾年來出現的移民教會超過一百五十間；請為丹麥基督徒能接納這份新的宣教大禮禱告！

* **從未聽過福音的移民**。數以千計的土耳其人、阿拉伯人、巴基斯坦人、伊朗人與華人近年來蜂湧而至，也許其中有人對於福音有興趣，只是尚未聽見福音。

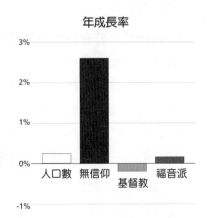

年成長率

- **與伊斯蘭教信徒的往來**。丹麥在言論自由、宗教間的緊張關係，以及與穆斯林移民團體之間的往來方面努力尋求平衡；請為丹麥人與其他族群能向在丹麥的穆斯林展現基督無條件的愛禱告。

愛沙尼亞 Estonia
歐洲

人數：130 萬 **首都**：塔林（39 萬 9 千人）
基督徒人數：60 萬 7 千 **福音派人數**：6 萬 6 千
主要宗教：無信仰
成長最快速宗教：無信仰
主要族群：愛沙尼亞人（68.8%）、俄羅斯人（25.7%）、烏克蘭人（2.1%）、白俄羅斯人（1.2%）、芬蘭人（0.8%）
官方語言：愛沙尼亞語（但俄羅斯語仍舊普遍）
全部語言：18 種

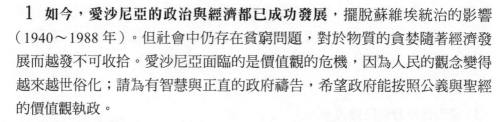

經濟：後蘇聯國家當中最成功的經濟政體之一，建立資本自由市場社會以及成為歐盟會員之後，外國投資開始進入，並創造穩定的經濟成長。

政治：長期被鄰近國家統治，1918 年至 1940 年期間獨立，1940 年遭蘇維埃政權侵略，許多愛沙尼亞人遭到驅逐或殺害，因此至今仍有許多人強烈痛恨俄羅斯。1991 年獨立成為多黨制民主國家，2004 年加入歐盟與北約組織。

1　**如今，愛沙尼亞的政治與經濟都已成功發展**，擺脫蘇維埃統治的影響（1940～1988 年）。但社會中仍存在貧窮問題，對於物質的貪婪隨著經濟發展而越發不可收拾。愛沙尼亞面臨的是價值觀的危機，因為人民的觀念變得越來越世俗化；請為有智慧與正直的政府禱告，希望政府能按照公義與聖經的價值觀執政。

2　**愛沙尼亞具有新教的傳統，卻少有真正實踐信仰的信心**。今天的愛沙尼亞有宗教自由，且有多人信仰基督教，卻少有人是真正的耶穌門徒。摩門教每年差派的宣教士比基督教機構要多，基督教各個派別的人數亦有所增長，影響力逐步增加，有些愛沙尼亞人受到各種古老異教的吸引；請為良好的基督徒教育與門徒訓練禱告，求神藉由培育課程，預備信徒活出基督信仰；請為福音佈道的新異象禱告，使每一間教會都能再度覺醒、復興。

3　**傳福音給弱勢族群**。許多俄羅斯人特別需要福音，因此我們必須為俄羅斯人與愛沙尼亞人之間的和好禱告，教會的合一必然能成為基督徒的有力見證！

請為信徒亦能傳福音給韃靼穆斯林、猶太人與其他愛沙尼亞的弱勢族群禱告。

法羅群島 Faeroe Islands　　　歐洲

人數：5 萬　**首都**：托爾斯港（2 萬人）
基督徒人數：4 萬 5 千　**福音派人數**：1 萬 4 千
主要宗教：基督教
成長最快速宗教：無信仰

主要族群：法羅人（97%）、丹麥人（2.6%）
官方語言：法羅語、丹麥語

經濟：主要以漁業（與養殖漁業）為主，海底石油礦藏或許是多元化經濟的契機。

政治：丹麥的自治區，屬國會民主政體。因為不是歐盟會員，所以貿易受到某些條約的規範。

　1　許多島民都期盼未來能夠獨立。求神將智慧賜給領導人，幫助他們取得更多自治權，並求神賜下勇氣，使他們面對影響社會與環境的漁業萎縮以及具有前景的石油產業時，能做出有利的決定。

　2　法羅群島需要復興，當地基督教領袖都認為聖靈已開始動工，透過不同以往的方式影響這些島嶼。法羅群島 29% 的居民是福音派基督徒，雖然人數稀少，卻已差派大批宣教士（共一百名宣教士，前往二十多個國家！），法羅群島擁有絕佳的基督教資源（聖經譯本、基督教廣播、電視節目、基督教雜誌與兩間書店）；求聖靈持續影響這些島嶼的教會，並賜下智慧，幫助基督徒能扭轉社會中越來越濃厚的世俗觀念。

芬蘭 Finland　　　歐洲

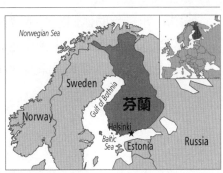

人數：530 萬　**首都**：赫爾辛基（110 萬人）
基督徒人數：450 萬　**福音派人數**：64 萬 9 千
主要宗教：基督教
成長最快速宗教：無信仰

主要族群：芬蘭人（97.6%，其中 5.5% 使用瑞典語）、其他歐洲民族（0.9%）、薩米人（0.05%，3 個民族）
官方語言：芬蘭語、瑞典語、薩米語、手語
全部語言：23 種

經濟：經濟強盛，主要以高科技與出口為主，失業率不高，失業的多為弱勢族群。

政治：芬蘭歷經瑞典（700 年）及俄羅斯統治（100 年），1917 年獨立。目前是穩定的多黨制民主國家，亦是歐盟會員國。

1　**主要仍屬世俗社會**，縱然有 84% 的芬蘭人是基督徒。90% 的人民對於教會的社會工作表示讚許，但只有 8% 固定參與信仰活動，1960 年代發生最後一次復興運動。有些宗教深信人類的理性，排斥迷信，是現代社會的主流思想。像芬蘭這樣的超現代國家，或許不僅需要現有教會的改革，亦需要新的信仰樣貌；請為屬靈的突破禱告，求神帶領更多人來尋求神。

2　**路德教會的福音派傳統較其他國教教會深厚**，但仍僅 12% 路德會友是福音派基督徒。全國教會內發展出獨立運動與草根運動，這也正是最虔誠的路德宗派會友心靈契合之處；請為路德教會能繼續享有宗教自由，以及對於芬蘭的靈命形成影響禱告。他們雖然此刻停滯不前，卻能在其他教會流失會友時，仍保持會友的固定參與；請為這些團體之間，以及自由教會（Free Churches）與路德教會之間，在佈道與宣教方面的合作禱告。

3　**芬蘭深厚的基督教傳統與地理位置**，在傳福音給前蘇聯政體的人民方面，尤其是俄羅斯內地的芬蘭烏戈爾民族（遠親），形成極為重要的戰略地位。芬蘭具有差派宣教士的悠久歷史，但因教會的衰微與變化，所以難以繼續差派宣教士；求神預備更多的同工與支持。

4　**請為以下特別需要的社會群體禱告：**

- **從未聽過福音的弱勢移民族群**。極少有教會積極接觸福音未及的移民，外國留學生人數增長，且都擁有各自不同的信仰；請為芬蘭的外國人有機會真實遇見耶穌，並真正喜愛耶穌禱告。

- **原住民少數民族**。拉普蘭區的薩米人是歐洲僅存的游牧民族，請為他們禱告，求神幫助他們發展適合他們文化的基督教信仰。

- **弟兄事工**。芬蘭的文化極度重視隱私，造成弟兄門徒培訓的困難；請為呼召芬蘭人參與導師關係與責任制的事工禱告。

法國 France

人數：6,260 萬 **首都**：巴黎（1,050 萬人）
基督徒人數：3,830 萬 **福音派人數**：60 萬 3 千
（根據某些研究結果顯示，福音派人數應該更少，但這可能是因為定義與計算方式不同所產生的誤差）
主要宗教：基督教
成長最快速宗教：伊斯蘭教

主要族群：法國人（69.5%）、歐洲其他族群（8.9%，法國人、德國人除外）、北非與中東人（9.2%）、日耳曼語族（5.1%）、非洲與加勒

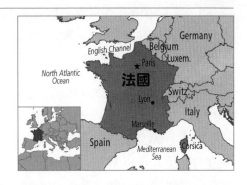

比海人（4%，意指每個法語系國家，多是西非與中非民族，以及法籍加勒比海民族）、亞洲人（2%）
官方語言：法語（法語是全球 1 億 3,600 萬人的第一語言）**全部語言**：62 種

經濟：全世界第六大經濟強國，以農業與工業為主。是全球首屈一指的觀光景點，服務業昌盛，擁有公共事業（健康醫療）、基礎建設與技術嫻熟專業勞動力。公共政策過於複雜，經常發生罷工，使國家公共系統面臨極大的壓力。

政治：法國身為民主共和國，是努力促成自己在全球政治的角色與內部挑戰之間平衡的重要核心歐盟會員國。移民／少數團體之間的關係不穩定，有時會轉變成暴力衝突。

1 **法國站在政治與經濟的十字路口**。唯有徹底改革經濟，才能在地球村繁榮昌盛。人口老化速度過快，目前將屆養老金制度能夠支持的的臨界點。大批移民團體持續增長，一再挑戰傳統的法國認同。雖然大多數人對於個人的情況表示樂觀，卻對於共和國的未來有些悲觀，社會裡處處可見緊張與張力。年輕人特別有危機感，且往往渴望尋求意義與目的。

2 **邪靈的營壘勢力龐大**，阻擋人們尋求福音。法國過去曾發生激烈的宗教戰爭（十六世紀）、新教徒的迫害（十六至十七世紀）以及法國大革命（1789～1801 年）。啟蒙時代末期（十八世紀）開始，有許多法國人信奉無神論及以人為本的人生觀與世界觀。其他宗教運動與哲學（包括新世紀運動與巫術）後來開始填補這塊屬靈空缺。擁有聖經的人民低於 10%，80% 的人民則從未擁有聖經。

3 **法國的天主教與新教**人數驟降，無神論者人數激增。天主教會社會勢力中落，或許有 51% 的法國人仍自稱天主教徒。人數驟降不僅產生變化，更使人變得謙遜；請為法國天主教能體驗新生命禱告，目前有許多天主教教區採用「啟發課程」。法國社會於宗教改革時期接納了新教徒，有人估計當時約

有 25% 的人民信奉新教，但多次的迫害，加上兩百年來的世俗哲學，使人數減至 1.9%（2010 年）。許多現代新教徒未真正落實他們的信仰，改革宗與路德會的福音派基督徒則選擇繼續保持教會生活；請為教會能重新保有殉道者流傳後世的信心與委身禱告。

4　福音派基督徒雖然人數稀少，但已從十八萬人（1960 年）增長至六十萬（2010 年）！目前共有兩千五百個團契，涵蓋各個宗派與派別，每年都有新的團契形成。福音派基督徒的年紀往往比法國平均年齡要低，且非常虔誠。大多數的法國人仍以為福音的信息與移民團體及美國的右翼政治有關，因此地方當局很難接受他們。新教會面臨兩個現實挑戰，一是聘牧，二是尋找場地以幫助教會提高在社區內的地位；求神提供他們所需的資源與解決方案。

5　為福音派教會經過長時間分裂之後變得更加合一讚美神！法國福音協進會（National Council of French Evangelicals，CNEF）成立於 2001 年，目前已成為法國福音派新教教會同盟的統一發聲管道，新教與天主教之間亦越來越加緊密。弱勢族群的教會增長非常迅速（特別是非洲、安地列斯群島以及吉普賽教會），激發了新的熱情，並展現福音派教會不同的面貌；請為各移民教會以及法國本土會堂之間能更加團結禱告。法國福音派教會差派四百名左右的宣教士，其中有半數被派至海外；請為教會能尋求向全世界傳福音的異象禱告，願聖經學校與神學院畢業的國內外學生，都有能力為法語系國家帶來祝福！

6　法國社會有許多區域皆未曾接觸福音。近五千萬名法國人都未曾與教會產生關連。法國共有三萬七千個市鎮（commune，地方政府），其中大約三萬五千個市鎮未設有福音派教會！法國仍是福音的失土，外國同工要努力適應法國文化，才能在當地文化脈絡中落實福音的分享。教會會友流失率高，無論本地或外國宣教機構，都必須致力於福音佈道與設立教會。法國福音協進會承接法國宣道會（France Mission）的異象，致力於每一萬法國人就有一間教會的異象；請為達成目標（設立四千兩百間教會）所需的恩典、忍耐與信心禱告。

7　請為較少聽見福音的弱勢族禱告：
- 法國猶太人族群是全球第三大族群（介於 58～70 萬人之間），卻只有二十位基督教同工服事其中。彌賽亞派猶太人（跟隨基督的猶太人）約

有六百人。法國猶太人當中約有 77% 從未進入會堂參與崇拜。

- **北非人**都是穆斯林，僅少數聽過福音。北非人與法國主流社會之間的對立已橫跨數十年；請為信徒能透過友誼拆除中間的藩籬禱告。

- **非洲黑人**大多是法語系非洲國家的留學生、難民，或前來尋找工作機會的人民，有些來自中非，他們帶來了充滿活力的基督教信仰！有些則是尚未聽過福音的西非民族，無論在家鄉或法國，都少有人向他們傳福音。

- **印度─中國**難民於 1970 年至 1980 年代，從法國以前的殖民地移居至此，大多成為社會邊緣人。目前亞洲福音派教會已超過八十二間（中國人、韓國人、苗人、越南人與其他民族的教會），會友人數雖多，卻缺乏服事他們的牧者與全職同工。

8 聖皮埃與密克隆是法屬海外領土（位於加拿大東部外海），由法國人組成（才剛超過六千人），祖先主要來自布列塔尼與巴斯克地區。天主教是主要宗教，島上沒有任何正規的新教徒或福音派基督徒；求神使他們能在與基督建立的關係中找到盼望！

9 穆斯林的人數因高移民率與出生率而增長，據估計約有十五萬人皈依伊斯蘭教（大多透過聯姻）。法國伊斯蘭教內部存在巨大的分歧，尤其是在各個世俗的伊斯蘭宗派與遵循基本教義的宗派之間。法國共和國奠基於世俗思想，並渴望促進社會的融合，但極大比例的穆斯林卻需要異常努力，才能融入社會，他們居住於大都市中犯罪率與失業率高的低廉住宅區。基督徒則因恐懼與誤解而未積極向他們傳福音，眾多的穆斯林人口當中，只有一百名左右的全職基督教同工。具穆斯林文化背景的基督徒與其他福音派基督徒之間，存在著友好的團契關係，這對於穆斯林與無神論者而言，亦是極佳的見證！

德國 Germany

歐洲

人數：8,210 萬　**首都**：柏林（340 萬人）
基督徒人數：5,270 萬　**福音派人數**：170 萬
主要宗教：基督教
成長最快速宗教：伊斯蘭教
主要族群：日耳曼民族（88.3%）、土耳其語族
（3%）、斯拉夫人（2.6%，12 個民族）〔近期研
究顯示，住在德國的人民中有高達 19% 具移民
背景〕
官方語言：德語（全世界共有超過 9,500 萬人
使用德語）**全部語言**：69 種

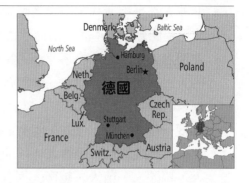

經濟：二戰之後奇蹟似地恢復，成為全球經濟強國與全球最大工業生產國之一。儘管失業率
高（尤其是德國東部），仍是歐洲最強的經濟體。

政治：希特勒第三帝國垮台（1945 年）之後，緊接著是 45 年民主的聯邦共和國（Federal
Republic，FRG）與社會主義的「民主」共和國（"Democratic" Republic，GDR）之間的分裂。共
產黨瓦解後，東德與西德於 1990 年迅速統一，形成目前實力堅強的穩定民主政治。德國現為
歐盟的核心會員國，並於歐洲事務中扮演重要的角色。

1　**德國基督教於二十一世紀持續衰微。**1960 年西德基督徒佔 97%，但今
天德國的基督徒卻僅佔 63%，比例更是逐年下降。各宗派的教會聚會人數稀
少，許多教會也已關閉。基督徒分裂成新教與天主教徒、自由派與保守派、
保守的福音派信徒與五旬節／靈恩派團體。基督教雖然衰微，卻仍以不同以
往的方式促使信徒更加團結，我們為此讚美神。禱告運動成形與傳播，各城
市或地區的教會為佈道、傳福音與宣教齊心努力。

2　**在歐盟與歐洲的財力、影響力與地理位置**，使德國能成為上帝國貴重的
器皿。成就上帝國，需要的是強大、勇敢並遵循基督教價值觀的領袖，但
德國的屬靈現況卻每況愈下。十九世紀對於聖經的破壞性批判，導致教會式
微，並為二十世紀不信奉上帝的納粹鋪路。新世紀運動、神祕學、撒但教以
及改頭換面的古老異教都吸引了大批信徒。除了駭人的犯罪事件與謀殺案件
之外，憂鬱症比例與自殺率皆有攀升的趨勢；求神興起渴慕公義與堅信道德
價值的領袖，幫助他們即使面對試探，亦不妥協。

3　**德國教會需要深刻與持久的改革力量**，如同五百年前馬丁路德掀起的改
革。大多數人不認為教會與社會和他們的生活有關，對於基督徒的敵意甚至
越來越深。路德會多數神職人員都不相信死後的生命，重生的「德國基督教

聯會」（EKD，基督教聯合組織，由二十三個路德會、改革宗與聯合新教團體組成）牧者坦承在自己的教會公開牧會的困難！自由教會（Free Churches）的福音派信徒雖然較多，卻也僅佔總人口的 1%。活躍的基督徒大多超過五十歲，僅 2% 的年輕人相信耶穌是他們的救主；請為信仰能真實回到聖經禱告。

4 德國的福音派團體持續增長，彌補了主流教會的衰微。過去十五年內，共設立了一千間新教會，但德國需要設立更多的教會。福音聯盟串連了各宗派之間的一百二十萬名福音派基督徒，共同進行禱告、神學反思、計畫實施、社會行動、福音佈道與宣教。來自中亞與東歐的日耳曼移民帶來四千名門諾會浸信會信徒，非洲、亞洲與拉丁美洲人民當中的移民教會既活潑又具有傳福音的熱情，甚至能夠影響他們語言與民族以外的人。

5 靈性的新風貌在式微的宗教組織之外展現活潑的屬靈生命！ 那些滿腹屬靈困惑，卻遭傳統宗教系統搪塞的未信者，都受到了家庭教會、青年運動、多元文化會堂、新的崇拜方式以及基督教媒體／出版品的吸引。德語出版品的數量僅次於英語。為信徒與慕道友設計的網站極為出色，能夠幫助成人與兒童更瞭解基督教信仰。

6 新教宣教士人數有明顯的增長，這是過去三十年福音宣教活動成長的結果。福音宣教協會（Association of Evangelical Missions，AEM）擁有代表三千七百名宣教士的九十間會員組織，請為協會禱告。「五旬節教會與靈恩派宣教協會」（Association of Pentecostal and Charismatic Missions）由四十三間機構與四百位宣教士組成。德國教會與宣教機構必須將福音真光傳揚至最有需要之處，尤其是德國東部（居民中有 65% 屬諾斯底宗派信徒或無神論者）以及西德的某些區域（尤其是北部平原、巴伐利亞、艾菲爾地區及其他區域）。

7 數百萬名移民、外籍勞工、留學生與難民自 1989 年以來湧至德國，多數為非法移民，有些曾參與國際犯罪組織，有些是信仰活潑的基督徒，有些並不認識福音。德國社會與政府極盡努力，希望能有效處理不斷湧入的外來人口，但仍有人以暴力及激烈的方式對待移民，德國東部的衝突更是嚴重。請為以下族群禱告：

- **求神在許多外來族群**（亞洲、非洲、南美洲與歐洲）**當中設立更多教會**，德國基督徒必須緊抓住這次機會分享福音！請為移民教會禱告，求神幫助他們跨越文化的界線，向自己的祖國與其他移民鄰里傳揚福音。
- **國際學生**。共二十五萬名，排名美國與英國之後，是全球第三大留學生國家。
- **穆斯林**（三百六十萬名，共來自四十多個國家）與同鄉住在一起，並未融入德國社會。每年有四千至五千名穆斯林歸信基督，卻有一千名日耳曼人皈依伊斯蘭教。
- **較少聽見福音的族群**。請為兩百五十萬名土耳其人及高達一百萬名的庫德族人禱告，並為伊朗人（十萬人）、北非阿拉伯人與柏柏爾人（三十萬人），以及波士尼亞穆斯林（28.5 萬人）禱告。雖然猶太人在大屠殺中受盡苦難（1925 年有 56.4 萬名猶太人，1945 年時僅剩兩萬七千萬人），但仍有許多人移民至德國定居。全數二十萬人當中，大約有兩千人已選擇相信耶穌是彌賽亞。

希臘 Greece 　　　　　　　　　　　　　　　　　　　　　　　　*歐洲*

人數：1,120 萬 **首都**：雅典（330 萬人）
基督徒人數：1,020 萬 **福音派人數**：4 萬 1 千
主要宗教：基督教
成長最快速宗教：無信仰

主要族群：希臘人（85.9%，祖先的古希臘文明改變了全世界）、阿爾巴尼亞人（4%）、斯拉夫馬其頓人（1.8%）、土耳其保加利亞語系的少數民族（1.4%）、羅姆人（0.8%）〔因有一波波的大批移民未登記於冊，因此以上統計僅屬估計值〕

官方語言：希臘語 **全部語言**：24 種

經濟：希臘面臨了重大、難以償還的債務危機，導致社會動蕩不安。經濟從 2008 年至 2013 年間，萎縮了四分之一，這些問題不僅影響希臘，亦衝擊整個歐盟。觀光、農業與工業對於希臘十分重要，希臘有歐盟最大的商船團隊。

政治：歷經四百年的土耳其統治之後獨立（1827 年），接著發生內戰、兩次的軍事獨裁，與土耳其關係緊張，目前是國會民主制共和國。巴爾幹半島與中東／亞洲的移民改變了希臘的種族與宗教結構。

1　**希臘的經濟與社會問題造成高度不安與分裂。**經濟崩盤之後，抗議與暴動不斷，撼動整個國家的基礎；求神藉由這段艱困時期，促使全國人民向神呼求。

2　**歐洲的福音派運動始於希臘**（參使徒行傳十六 10），但今日的基督教卻多流於文化傳統。全國人民當中，僅 3% 固定聚會，福音派基督徒的比例低於 0.5%。使福音遍傳的「馬其頓的呼召」仍未消失！即使加入歐盟之後有許多外國人湧入，卻仍缺少長期服事的同工；求神預備更多同工，幫助結出更多果實，並求神幫助國教教會能在禱告運動、傳福音與植堂方面有所成長。

3　**東正教教會成為希臘人強烈的文化認同象徵，**在希臘遭到其他國家侵略時。不幸的是，今天有許多希臘人將基督教視為一種威脅。大部分的希臘人從未聽過福音信息，且除了東正教教會之外，其他的見證一概拒絕。東正教大聲疾呼福音再次遍傳希臘的需要，甚至連新教徒也相信希臘人極有可能透過東正教的更新與改革，找到新的生命；請為教宗、主教與神父能接受上帝話語及聖靈的帶領禱告，求神幫助他們帶領人民認識又真又活的上帝，徹底改變他們的生命！請為新教徒與希臘東正教信徒禱告，求神幫助他們暫時停止猜疑，共同為上帝的國努力。

4　**希臘民族當中僅少數人信奉福音派基督教，**社會中大多數人都自稱基督徒，卻多未真正活出基督的生命，或與耶穌建立關係，福音派基督徒需要的是在社會中作見證的勇氣；求神幫助他們找到表達救恩需要的方式，同時尊重東正教的遺產與傳統。希臘人當中，僅少數人進入跨文化的服事，但年輕人當中，已有越來越多人對於宣教產生興趣。希臘的地理位置靠近阿拉伯、土耳其、巴爾幹與斯拉夫國家，具重要的戰略地位。

5　**請為許多從未明確聽過福音的希臘人禱告：**

- **希臘有一百五十座島嶼，**大部分都沒有福音派會友，少數信徒感覺自己如同活在屬靈的孤島，希臘傳教會（Hellenic Ministries）利用隸屬會內的遊艇，從事短期福音事工，將福音傳給各個族群。

- **阿爾巴尼亞人**（至少五十萬人）是人數最多的少數民族，多為非法移民。有些曾參與犯罪活動，許多人被送進監牢；請為神感動希臘人與其他族群，向他們傳揚基督的愛禱告。

- **少數民族人數**漸增，每年都有數千名新移民及尋求庇護的人來到希臘。希臘的移民教會增長較為迅速，尤其是俄羅斯人、羅馬尼亞人、菲律賓人、非洲人、阿富汗人、伊拉克人與巴基斯坦人。多數移民透過福音佈道而認識耶穌。求神預備更多的教會參與其中。
- **毒癮患者**（二十萬名）**與娼妓**（一萬人，大多在國外出生之後被賣至希臘）都需要認識上帝的愛，福音事工已結出一些果子。

梵蒂岡 Vatican City State　　　　　　　　　　　　　　　　*歐洲*

人數：785
基督徒人數：785　**福音派人數**：低於 50
經濟：主要仰賴全球各地羅馬天主教區的奉獻、觀光，以及紀念品、硬幣、郵票的收益、大量投資的利息以及不動產有價證券。
政治：教宗身兼國家領導人與全世界天主教的領袖，由樞機主教團選舉與任命。

1　梵蒂岡的領袖在羅馬天主教的信仰與生活中扮演舉足輕重的角色，也影響了整個世界。教宗是世界上最有影響力的人之一。教宗方濟各（Pope Francis，2013 年上任）不同以往又謙遜的作風開始改變人們對於天主教，甚至是基督教整體的概念；求神將各樣恩典賜給方濟各，求聖靈指引他的道路。

2　天主教會面臨二十一世紀的動亂與變化。今日的天主教擁有十億名信徒，遍布數百個不同的文化，透過各種神學思想與敬拜方式而彰顯。多元肢體常因許多教義與立場而分裂，包括神職人員的禁慾獨身、婦女的角色、同性戀、避孕等議題。過去與現在的各種醜聞使教會界煩惱，亦成為教會的包袱；請特別為耶穌的福音能成為天主教信仰與實踐的核心禱告。

3　請為屬靈的更新禱告。天主教雖然承襲了豐富的宗教傳統，許多人卻未積極活出信仰；請為各國的天主教靈恩運動仍歷久不衰讚美神（許多宣教士屬於靈恩派）。儘管如此，福音仍未傳遍整個世界。天主教在全球各地參與無數善舉，特別是窮人的健康醫療與教育工作。神學與文化多樣性雖然重要，更重要的仍是耶穌在世的生命經驗，求神使天主教徒明白這點。

匈牙利 Hungary

歐洲

人數：1,000 萬 **首都**：布達佩斯（170 萬人）
基督徒人數：880 萬 **福音派人數**：28 萬 2 千
主要宗教：基督教
成長最快速宗教：無信仰

主要族群：馬札兒／匈牙利人（86.8%）、羅姆人（7.7%）、斯拉夫人（1.8%，9 個民族）、德國人（1.2%）、猶太人（1%）、羅馬尼亞人（1%）

官方語言：匈牙利語 **全部語言**：17 種

經濟：長期仰賴豐富的農地資源，從社會主義成功轉型為市場經濟，但老一輩的人仍必須花許多力氣適應新的經濟型態。國家仍舊需要經濟改革。

政治：奧匈帝國分裂之後（1918 年），匈牙利流失六成的國土，使匈牙利人淪為鄰近國家的少數民族。1991 年以前遭蘇維埃的共產強權統治，起義（1956 年）之後，遭蘇維埃政府的血腥報復（8 萬人遭到殺害、受傷與驅逐，20 萬人逃至西方國家）。匈牙利是第一個脫離共產政權獨立，並建立多黨制民主的國家（1990 年），雖然大部分的領導人與共產黨統治階層並無二異。目前是北約組織與歐盟會員國。

1 **匈牙利於 2000 年慶祝歸主一千週年。**但今日的匈牙利人大多已不再接觸福音，轉而從物質財產、個人享樂、酒精與假宗教當中，尋找人生的解答。近年來流行的宗教包括神祕學儀式與東方的神祕主義、異教巫術、古老的馬扎爾薩滿教、藏傳佛教，或是結合各種靈性思想的宗教；求神揭發假先知與空洞哲學的內涵，並於這個基督教歷史悠久的國家中高舉基督，認定這位真理的主。

2 **匈牙利的教會**未能影響社會、政治、道德倫理、教育或經濟，使得許多人感到失望，並懷疑政府與經濟，雖然信仰氛圍普遍活躍。1990 年代（共產主義垮台之後）雖開啟了一道分享福音的大門，教會卻未能及時在大門緊閉之前好好把握機會，今日在匈牙利為主公開作見證已更加困難。教會分別經歷兩次的大復興，一次發生於 1939 年，另一次於 1946 年至 1950 年；請為教會能再度發生復興運動，帶來作見證的靈與活潑的服事禱告。

3 **小型福音運動**的人數逐漸增長，亦變得更加成熟、多元化、更有信心。主流宗派（包括天主教與改革宗教會）的靈恩與靈命更新運動十分活躍，獨立教會亦有成長，許多新的事工機構如雨後春筍。在國內各大都市、小城鎮與村莊設立福音派教會，是匈牙利人的異象！請為教會之間的團結、信任與

合作禱告，求聖靈為匈牙利屬神大家庭的各宗派帶來復興與更新。

4 匈牙利是中歐神學教育的樞紐。不少基督教大學提供教育課程，另外還有其他學院、學術機構以及遠距神學延伸制課程；請為年輕人能委身作神的工禱告，求神賞賜參與全職訓練學員應有的能力。匈牙利宣教運動仍屬於萌芽階段，但近年來所舉辦的宣教博覽會（Missions Expo）共吸引了兩萬人！

5 請為較少聽見福音的族群禱告：

- **猶太人**。大屠殺之前猶太人原有八十萬人，現僅存九萬人，但匈牙利仍是俄羅斯除外、東歐地區最大的猶太人聚集地；請為基督徒與猶太人之間的和好禱告。

- **羅姆人**（吉普賽人）是匈牙利人數最多的少數民族，亦是最弱勢的族群。匈牙利境內的羅姆人尚未經歷屬靈的突破，西班牙、法國與羅馬尼亞的羅姆人已跨出了屬靈的一大步。匈牙利有不少機構服事眾人的社會與屬靈需要，匈牙利民族也已開始透過屬靈與實際的方式，向眾人展現基督的愛。

- **遊民**（達三萬人）大多住在布達佩斯；請為信徒能設立基督教事工機構與設施禱告，希望能藉此照顧他們，並以實際的方式向他們宣揚福音。

- **不同移民族群**。包括斯拉夫民族、華人與其他民族。大部分的移民來到匈牙利之後，都比在自己的國家更有機會認識基督。

冰島 Iceland　　　　　　　　　　　　　　　　　歐洲

人數：32 萬 9 千　**首都**：雷克雅維克（20 萬 2 千人）

基督徒人數：29 萬 8 千　**福音派人數**：1 萬 2,600 人

主要宗教：基督教

成長最快速宗教：無信仰

主要族群：冰島人（91.7％）、其他族群（8.3％，主要是丹麥人、瑞典人、波蘭人與其他民族），有些則是從其他的洲移民到冰島的民族

官方語言：冰島語　**全部語言**：2 種

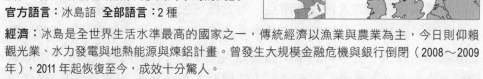

經濟：冰島是全世界生活水準最高的國家之一，傳統經濟以漁業與農業為主，今日則仰賴觀光業、水力發電與地熱能源與煉鋁計畫。曾發生大規模金融危機與銀行倒閉（2008～2009年），2011 年起恢復至今，成效十分驚人。

政治：冰島是全世界最古老的國會政治國家（建立於西元 930 年），曾被挪威與丹麥統治六百

年，現在則是國會制共和國，也是北約組織會員，未加入歐盟。

1　冰島所面臨的挑戰改變了冰島人的傳統生活方式。島上的環境思想分裂成兩派，有人想要保護環境，有人則希望從自然資源中獲利。移民為歷代傳統所捍衛的文化，注入了其他的信仰與文化；請為領袖面對這些挑戰所需的智慧禱告。

2　傳統上大部分的冰島人都是基督徒，但多數人並未積極跟隨基督。有些地區因為與世隔絕，因此幾乎不見基督教的活躍；求主順利進入社會，帶來復興，碰觸到每一個冰島人的心，深入影響島上生活的每一個層面；請為會友與領袖的新生命禱告，目前已有一批路德會的年輕學員完成了訓練。

3　福音派信徒增長至近全島人口的 4%。路德會自由教會（Lutheran Free Churches）、五旬節教會與靈恩派教會都十分團結，且合作愉快。不少會堂已開始採用「啟發課程」，並有一些成果。但路德會與自由教會流失了會友，聚會人數也非常少；請為虔誠信徒倍增禱告，幫助福音派基督徒用真實活潑的見證，打開許多人的心，使他們聽見好消息。

愛爾蘭 Ireland　　　　　　　　歐洲

人數：460 萬　**首都**：都柏林（110 萬人）
基督徒人數：420 萬　**福音派人數**：7 萬 1 千
主要宗教：基督教
成長最快速宗教：無信仰

主要族群：愛爾蘭人（88.2%）、英國人（3%）、波蘭人（2.3%）〔移民人數亦逐漸增加，有東歐人、拉丁美洲人、亞洲人、非洲人與其他族群〕
官方語言：愛爾蘭語、英語（40% 人口使用愛爾蘭語，但低於 4% 的人以愛爾蘭語為第一語言）
全部語言：5 種

經濟：高科技產業與服務業的重要性已高於酪農業與觀光業。愛爾蘭於 1973 年加入歐盟，原本發展良好的經濟於 2008 年與 2009 年間，因金融危機而衰退。

政治：愛爾蘭歷經英國七百年的統治，1921 年時分裂兩國，一方是 26 個信奉天主教（克爾特）的郡，一方主要是位於北愛爾蘭 6 個信奉新教（蘇格蘭盎格魯薩克遜）的郡。南方於 1922 年尋求獨立，並於 1949 年成為國會制共和國。

1 愛爾蘭於過去二十年間歷經戲劇性的變化。加入歐盟以及外資的投入促進了經濟的發展，使愛爾蘭增加與歐洲和全世界交流的機會，但新興的財富卻僅獨厚一小群人，許多人仍在經濟夾縫中生存。愛爾蘭與北愛爾蘭的合作（自 1990 年代末開始）促進社會中的和平，上帝真的回應了禱告！北愛爾蘭未來的政治發展仍是敏感議題，但將來必有醫治、和好與饒恕；請為所有基督徒（新教徒與天主教徒）禱告，求神使他們為上帝國相互合作。

2 愛爾蘭古老的克爾特教會透過全人靈性的追求，深刻地形塑了一千五百年來的社會。不幸的是，數百年來維京人與英國人，造成了愛爾蘭無數的苦難、壓迫、暴力與殺人流血；請為愛爾蘭能得完全與醫治禱告。因著聖靈的緣故，使愛爾蘭從過去數十年前嚴謹的天主教國家，轉變成有活潑靈命的地方，孕育了新的團契並迅速增長。多數人是五旬節教會或靈恩派會友，且多是多元族群與移民教會。他們為式微的傳統宗派注入了新的生命與熱忱，當中也有許多人開始意識到向愛爾蘭人與全世界傳揚福音的重要性。

3 幾世紀以來，**天主教會都是愛爾蘭重要的認同概念**，但千變萬化的文化與層出不窮的性醜聞（以及醜聞的掩蓋）造成巨大的傷害。今天沒有信仰的人雖然較以往多，但天主教會內也已開始發展活潑的靈恩派更新運動；請為愛爾蘭能重新發現古老的基督教信仰傳統禱告；為性醜聞的爆發與掩蓋事件者的真心悔改與饒恕，以及天主教會的聖潔禱告。

4 福音宗派基督徒穩定增長。福音派基督徒當中，愛爾蘭以外的民族約佔三分之一，其中包括近期的移民；請為新組成的「福音聯盟」（Evangelical Alliance）能吸引跨宗派與跨族群的信徒禱告。即使福音派基督徒的比例穩定增長，愛爾蘭仍是英語系國家當中比例最低的國家，甚至低於穆斯林增長速度。有些基督教領袖談到「異象 20/20」（20/20 Vision），意指 2020 年時，全愛爾蘭有 20% 的人與基督建立個人關係；請為異象的實現禱告！

5 基督教透過事工協助失業的人求職，幫助愛滋病患者，並關心都市中的窮人；請為福音派基督徒能透過鄰里間的所言所行來分享福音禱告。宣教士目前分散到二十六個郡，但大多數著重於都柏林的福音事工。老一代的愛爾蘭人大多住在鄉間，說的是愛爾蘭語；請為老年事工禱告，幫助同工能透過耐心與關心，向他們見證基督。流浪者（吉普賽人）已在愛爾蘭居住數百年，但少有同工特別向他們傳揚福音，他們大多窮困、不識字且平均壽命較

其他族群都還要低。

義大利（意大利）Italy

歐洲

人數：6,010 萬 **首都**：羅馬（340 萬人）
基督徒人數：4,950 萬 **福音派人數**：63 萬 3 千
主要宗教：基督教
成長最快速宗教：伊斯蘭教

主要族群：義大利人（93.4%，區域文化各異，尤以南北差異最大）、歐洲人（3.8%，包括阿爾巴尼亞人、法國人、奧地利人、德國人與其他歐洲民族）

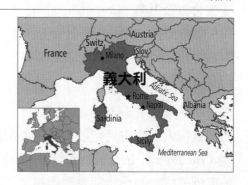

官方語言：義大利語〔同時普遍使用 9 個與義大利語相近的區域性語言〕**全部語言**：42 種

經濟：義大利是全球第七大經濟體，是高度工業化國家，以優質產品著稱。北方（富裕）與南方（現代化程度較低、高失業率）對比強烈，貪腐、組織性犯罪與法律執行率低，在在限制了國家的發展。

政治：1870 年統一，1946 年成為民主共和國。政府更替頻繁舉世聞名（二戰後更迭六十餘次），現為歐盟會員國。

---

1 過去的輝煌造就了今天的世界，包括法律系統（羅馬法）、語言（拉丁文）、文化（文藝復興、藝術、音樂）、創新（時尚、汽車）。但今天的羅馬卻面臨金融危機以及組織性犯罪的問題，這些犯罪組織包括西西里黑手黨、拿坡里黑手黨卡莫拉（Camorra），現在當地與聯邦政府更深受卡拉布里亞勢力龐大的黑幫恩蘭蓋塔（'Ndrangheta）影響，甚至深入社會中各個階層；請為人民能有勇氣對抗殘害義大利經濟的犯罪體制，及基督徒面對困難的抉擇時，仍能活出上帝國度的價值觀禱告。

2 義大利的基督教曾蓬勃發展，卻迅速萎縮成為形式上的國教。雖然今天有大部分的義大利人仍是文化上的羅馬天主教徒，但大多不信任教會。有些研究顯示，僅 3% 的人民是忠實的天主教信徒。北方較為世俗，南方則混合天主教信仰與民間信仰，禱告時多向聖徒祈禱，而非向耶穌祈求。某些地區的撒但教逐漸增長，杜林（Turin）成為全球撒但教徒的中心。義大利人對新世紀運動、異教信仰的興趣，遠大於聖經。然而，天主教教會確實已展開了社會行動，從事慈善事工，並反對世俗的哲學思想；求神挪去許多阻礙，帶領人們前來瞭解福音。

3 **新教改革**雖然改變了許多歐洲國家，卻未深刻影響義大利，義大利也從未經歷普及的聖經復興運動。世界上歷史最悠久的新教宗派（瓦勒度教會，Waldensian Church）發源於義大利西北部，但今天的自由派神學卻成為瓦勒度教會以及其他新教團體的主流。義大利新教的會友力量薄弱、分裂、破碎，教會數目的增加多半不是因為教會的拓植，而是因為教會的分裂；求神賜下復興運動，帶領信徒成為團契，共同為主傳福音。

4 **教會盼望的記號！**不少教會網絡（包括福音聯盟）以終結各宗派之間長期分裂，並強化信任、尊重與合作為共同努力目標。傳統的五旬節教會勢力較為龐大，南方更是如此，靈恩派教會透過傳福音而迅速增長，弟兄會教會（Brethren churches）與其他宗派亦會舉行各種福音活動。注重關係的福音佈道則形成新的小組與家庭教會，信徒也認為這是一種比較有效的方式。東歐人、羅馬尼亞人、非洲人、亞洲人與拉丁美洲人當中的新移民教會不僅活潑，更注重全人關懷，這對於義大利的教會而言是一大鼓勵，並使義大利人意識到國內外不同族群的需要。

5 **義大利共計 8,101 個市鎮**（*comuni*，涵括各大都市與小村莊），其中 70% 沒有委身於聖經的會堂。薩丁尼亞島（地中海島嶼）人口共計 167 萬，雖然有自己的語言與文化，卻只有三十間福音派教會以及少數基督教同工服事其中。將近一百九十萬名大學生，以及五十萬名 HIV 高危險群與高犯罪率的毒癮患者，仍然都是欠缺人手的禾場，但長時間參與國內外全職宣教的義大利人卻不多；請為國內牧者的領袖訓練能夠透過各種聖經訓練課程而更加進步，促進教會的成熟，使宣教事工更上一層樓禱告。

6 **請為未曾聽過福音的少數民族禱告。**很多人冒著生命危險，搭乘擁擠的船隻來到義大利，非法進入歐盟區，成為犯罪組織利用的對象，而這耗盡義大利政府的資源，導致有些義大利人對他們愈加憎恨；請為來到義大利的合法與非法移民禱告，求神幫助他們在耶穌裡找到屬靈的自由與財富，並特別為一百五十萬名穆斯林（7% 是北非人）禱告。

拉脫維亞 Latvia

歐洲

人數：220 萬 **首都**：里加（70 萬 7 千人）
基督徒人數：130 萬 **福音派人數**：15 萬 7 千
主要宗教：基督教
成長最快速宗教：相較於其他大規模的宗教團體，基督教衰微的速度較為和緩
主要族群：波羅的海人（59.1%，拉脫維亞與立陶宛人）、斯拉夫人（38.9%，俄羅斯人、白俄羅斯人、烏克蘭人、波蘭人）、歐洲其他民族（0.7%）
官方語言：拉脫維亞語（列脫語）
全部語言：13 種

經濟：拉脫維亞是全歐最窮的國家，但近年成為歐洲各國中經濟成長最快速的國家。屬於工業化與私有化市場經濟，缺乏天然資源。

政治：自中古世紀以來，曾被德國、丹麥、波蘭、瑞典與俄羅斯的外來政權相繼統治，短暫獨立（1917～1940 年）之後，再度被俄羅斯的史達林政權侵略，俄羅斯人強行進入拉脫維亞定居，導致五分之一的人口遭到殺害或驅逐出境。1991 年獨立，成為多黨制民主國家，是北大西洋組織與歐盟會員（2004 年）。

---

1 道德破口是蘇維埃政權的遺毒，導致惡勢力的入侵。酗酒、非法毒品、迅速滋長的性交易、高墮胎率、全球第四高的自殺率以及政府的貪污，都顯示問題的嚴重性。人經常感到麻木不仁，甚至無助；請為社會能面對挑戰，並建立一個有盼望、有公義的國家禱告。

2 拉脫維亞有深厚的異教基礎，且是歐洲最晚基督教化的民族之一。雖然全國有 60% 的人民屬於基督教會，但真正實踐信仰的僅佔少數。基督教異端與異教崇拜再次席捲，成為基督教的挑戰；請為古老教會（大部分基督徒是路德會、天主教或東正教徒）中聖靈能大力自由運行禱告。

基督教各宗派比例
（基督徒總人口 %）

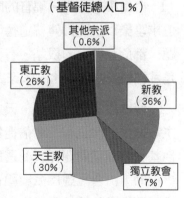

其他宗派（0.6%）
東正教（26%）
新教（36%）
天主教（30%）
獨立教會（7%）

3 為教會之間的團結讚美神！幾乎所有基督教宗派的領袖都會參加「禱告與敬拜高峰會」（prayer and worship summits），高峰會是拉脫維亞復興運動的基礎；求神藉由教會之間的團結，促進拉脫維亞的道德重建，使教會會友以他們的領袖為榜樣，參與敬拜，並為上帝國度的緣故一起努力。

4 宣教異象。拉脫維亞福音聯盟（Latvian Evangelical Alliance）的異象（CP-21），是與本土教會共同設立新的教會，並向每一個拉脫維亞人傳福音；求神特別預備更多的團隊進入村莊傳福音，鄉村的居民較少機會認識基督；請為拉脫維亞基督徒與俄羅斯民族之間的和好與夥伴關係禱告，雙方之間痛苦的過去仍是尚未解決的難題。

立陶宛 Lithuania　　　　　　　　　　*歐洲*

人數：330 萬　**首都**：維爾紐斯（54 萬 1 千人）
基督徒人數：280 萬　**福音派人數**：3 萬 6 千
主要宗教：基督教
成長最快速宗教：無信仰

主要族群：立陶宛人（83.5%）、波蘭人（6.7%）、俄羅斯人（6.3%）、白俄羅斯人（1.2%）、烏克蘭人（0.6%）
官方語言：立陶宛語　**全部語言**：12 種

經濟：以工業與農業為主，大批移民湧入富裕的歐盟國家，對於經濟造成負面影響。

政治：十四世紀時，強大的公國控制了西俄羅斯、白俄羅斯與烏克蘭的大部分國土，之後與波蘭共同建立國家，接著被俄羅斯併吞（十八世紀末），1918 年獨立，後被蘇聯佔領（1940～1990 年），1990 年獨立，成為國會制民主國家，現為歐盟會員國。

1 自由帶來進步。福音的門依然敞開！但自由也帶來高漲的物慾、自私地追求享樂以及貶抑傳統道德等危險。藥物濫用、自殺、將婦女賣為娼妓等問題，都危及社會的根基。有了經濟的成長，也必須要有靈性的轉化。立陶宛是歐洲最晚基督教化的國家之一，求神透過祂的子民翻轉這個社會。

2 傳統的基督教信仰。天主教教會在社會中扮演重要的角色，但每六個天主教徒中，卻只有一名信徒每週固定參加聚會；請為天主教教會能增進與其他基督教團體的關係，並透過本身的影響力吸引人就近基督禱告。天主教教會裡的方濟會、靈恩派與福音派網絡，吸引了年輕的領袖並創造出清新的屬靈氛圍。其他傳統宗派也面臨一些挑戰，大部分都為了不流失會友而努力掙扎；請為這些團體（路德會、改革宗與東正教）的新生命禱告。

3 請為福音派的團結禱告。立陶宛仍未設立福音聯盟。為已建立的福音派團體（浸信會、五旬節教會、基督復臨派）經過蘇聯時代仍能倖免於難讚美

神！但他們現在也必須做些調適，才能符合新時代的屬靈需求。新興的五旬節教會與靈恩派教會透過積極的傳福音與相關事工，於過去十年內迅速增長；請為初信者的門徒訓練禱告。異教與假先知亦隨著宗教自由的開放而潛入，因此建立聖經的根基十分重要。

馬其頓 Macedonia　　*歐洲*

人數：200 萬　**首都**：史高北耶（52 萬 4 千人）
基督徒人數：130 萬　**福音派人數**：4,300
主要宗教：基督教
成長最快速宗教：伊斯蘭教

主要族群：馬其頓人（61.6%）、阿爾巴尼亞人（25.2%）、羅姆人（5.2%）、土耳其人（3.9%）、塞爾維亞人（1.6%）、波士尼亞人（0.9%）〔種族是敏感的政治議題，因此官方的人口統計資料未必精確〕

官方語言：馬其頓語　**全部語言**：10 種

經濟：馬其頓是前南斯拉夫聯邦共和國中最窮困的國家。工業衰微之後，經濟改以農業為主，失業率與移民率高。

政治：多黨制民主國家，與鄰近國家之間關係緊張，尤其在國名方面與希臘長久以來多衝突（希臘有個地區名叫馬其頓），希臘運用自己的權力，阻擋馬其頓共和國加入歐盟與北約組織。

1　**種族分裂嚴重影響了政治與經濟**。馬其頓共和國的阿爾巴尼亞民族人數眾多，因此反而與阿爾巴尼亞與科索沃感覺較親近，與馬其頓的其他族群疏遠。鄰近的希臘、保加利亞與塞爾維亞，皆對馬其頓打著自己的如意算盤。經濟的困頓迫使許多人逃離馬其頓，或移居都市。兩千座村莊當中，已有許多成為廢墟；請為政府的智慧禱告，求神幫助分裂的族群找到合宜的方式，共同為自己國家的建設而努力。

2　**馬其頓東正教教會**的信徒幾乎佔了全國人口的三分之二，但一千多間教會仍舊空蕩蕩，而大多數的馬其頓人並未落實他們的信仰。馬其頓東正教教會脫離塞爾維亞東正教教會之後，雙方之間衝突不斷。馬其頓東正教教會有時會反對基督教展現新的樣貌，例如福音佈道，但雙方之間確實也會發生一些對話；請為改變教會及其會友的新生命禱告。

3　**馬其頓的福音派教會**是全歐洲福音派教會當中發展最為迅速的！福音派

教會規模雖小（不到一百間會堂），卻有傳福音的雄心壯志。許多會堂主動遷至福音未及的城市與鄰里，福音派則跨越種族與國家的界線，與鄰舍分享福音，這在分裂的地區中更是非凡之舉！請為信徒能辛勤為真正的合一努力，並為基督徒的彼此相愛，能吸引人來就近基督禱告。在城市各個角落中所舉行的敬拜、牧者的禱告高峰會，甚至是強調團結合一的網站，都已坦然面對了這項挑戰。

4 **請為少數民族**以及各民族個別的事工需要禱告。「巴爾幹民族馬其頓宣教中心」（Macedonian Mission to Balkans）等本土團體，有的進入馬其頓境內的各個族群當中，有的前往鄰近國家宣教。外國宣教中心認為馬其頓是歐洲最迫切需要福音的國家之一，雖然人民容易接受福音，卻也有其困難度。

馬爾他（馬耳他）Malta　　　　　　　　　　　　　　　　　*歐洲*

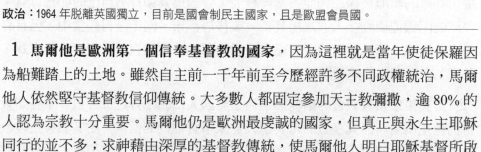

人數：41 萬　**首都**：瓦勒他（20 萬人）
基督徒人數：39 萬 7 千　**福音派人數**：5,200
主要宗教：基督教
成長最快速宗教：伊斯蘭教
主要族群：馬爾他人（93%，腓尼基人、希臘人、羅馬人、阿拉伯人、諾曼人、其他民族）、其他族群（7%，英國人、義大利人以及非洲與亞洲移民）
官方語言：馬爾他語、英語　**全部語言**：4 種
經濟：以觀光、輕工業、海運、資訊科技與金融服務為主。
政治：1964 年脫離英國獨立，目前是國會制民主國家，且是歐盟會員國。

1 **馬爾他是歐洲第一個信奉基督教的國家**，因為這裡就是當年使徒保羅因為船難踏上的土地。雖然自主前一千年前至今歷經許多不同政權統治，馬爾他人依然堅守基督教信仰傳統。大多數人都固定參加天主教彌撒，逾 80% 的人認為宗教十分重要。馬爾他仍是歐洲最虔誠的國家，但真正與永生主耶穌同行的並不多；求神藉由深厚的基督教傳統，使馬爾他人明白耶穌基督所啟示的上帝。

2 **福音派見證**。許多人因「啟發課程」與電影《耶穌傳》而歸主，並有許多人參加靈恩派天主教團體的崇拜。獨立時（1964 年）國內尚未有福音派的

新教信徒，但現在已有近五百名福音派信徒，分別在十至十四間新教徒會堂或家庭教會聚會。許多馬爾他人移居國外，有人在那裡認識主。馬爾他的流亡人口甚至多於國內人口，有些已回到國內；求神帶領跟隨基督的門徒亦能回到國內，傳揚見證祂的福音。

3 請為傳福音的機會禱告。每年有兩千多個移民希望透過馬爾他進入歐洲；請為馬爾他人能以憐憫的心與基督的愛相待禱告；求神預備某位同工，能專門服事經過馬爾他的巡航艦與貨櫃船船員。

摩爾多瓦 Moldova　　　　　　　　　　　*歐洲*

人數：360 萬　**首都**：基希涅夫（65 萬 6 千人）
基督徒人數：260 萬　**福音派人數**：13 萬 2 千
主要宗教：基督教
成長最快速宗教：無信仰
主要族群：摩爾多瓦人（73.8%）、烏克蘭人（8.5%）、土庫曼人（4%）、俄羅斯人（6%）、羅馬尼亞人（2.2%）、保加利亞人（1.9%）
官方語言：摩爾多瓦羅馬尼亞語
全部語言：13 種

經濟：摩爾多瓦雖然有潛力十足的富饒農地，但政治問題、工業與貿易的缺乏、對於俄羅斯的依賴以及共產主義的遺毒，卻使摩爾多瓦成為全歐洲最窮困的國家之一。

政治：1991 年脫離蘇聯獨立，目前是國會制共和國。國家內部因文化與種族造成分裂，有些地區希望退出摩爾多瓦，有些想要取得自治權，或是加入俄羅斯。

1 摩爾多瓦的進步遭遇許多問題，有許多重大議題必須尋求解決之道。德涅斯特河沿岸幾乎已自成獨立國家（並有俄羅斯的支持），不僅造成國家的動盪不安，並成為組織犯罪與走私的天堂。經濟低迷迫使四分之一的人口出國尋找工作機會，摩爾多瓦婦女被人蛇集團騙至海外的比例是全世界最高，許多人身陷酗酒與毒癮的泥淖；請為政府能以智慧有效處理這些可怕的挑戰禱告。

2 摩爾多瓦仍舊對於福音保持開放的態度，福音派教會亦持續成長與倍增！信徒重視福音佈道與植堂，使福音更加深入社會，影響各個階層，但貧窮的問題，仍是迫使近年來多名牧者與高達兩萬名福音派基督徒離開國家的主因；求神預備教會的物質需求，包括工作機會、聚會空間、門徒訓練教材

與領袖培訓所需的資源。

3　東正教教會擁有強大的政治影響力，並運用他們的影響力對付他們視為威脅的對象（包括未經政府立案的新教徒、穆斯林與敵對的東正教團體）。信仰傳統東正教的村莊尤其反對講道與植堂，甚至不惜動用暴力。但東正教教會依然長出了新的生命，尤其是透過愛加倍事工（Agape ministry）。求聖靈加強並深化東正教信徒的屬靈生命。

4　請為較少聽見福音的族群禱告：

- **加告茲人**是土耳其人，也是東正教基督徒，有些是福音派基督徒，他們的異象是向摩爾多瓦與歐亞大陸族群傳福音。

- **穆斯林弱勢團體**受主流的東正教社會歧視，但加告茲人與摩爾多瓦人會向他們（大多是土耳其穆斯林）傳福音。

- **吉普賽人**當中只有極少數的福音派基督徒。

蒙特內哥羅（黑山）Montenegro　　*歐洲*

人數：62萬6千　**首都**：波德里查（14萬4千人）
基督徒人數：48萬2千　**福音派人數**：約280
主要宗教：基督教
成長最快速宗教：無信仰

主要族群：因為難以取得確實統計資料，因此估計如下：蒙特內哥羅人（46.7%）、塞爾維亞人（34.6%）、波士尼亞人（8.4%）、阿爾巴尼亞人（5.6%）、克羅埃西亞人（1.2%）、斯洛伐克人（1%）、羅姆人（0.7%）
官方語言：蒙特內哥羅語（塞爾維亞語、波士尼亞語、阿爾巴尼亞語、克羅埃西亞語都是獲政府承認的區域性語言）　**全部語言**：6種

經濟：受1990年代的戰爭與制裁所苦，採用歐元並開放外資之後才有經濟方面的進步。沿海地區風景宜人，觀光業迅速成長。

政治：1077年首度獲得承認為獨立的國家，1918年卻變成南斯拉夫聯邦共和國的領土。南斯拉夫分裂時（1992年）仍受塞爾維亞控制，2006年獲得獨立，目前屬於多黨制國會民主共和國家。

1　獨立使人民樂觀並充滿盼望。蒙特內哥羅雖然是小國，卻有無限的潛力，但得小心不要步入巴爾幹地區其他國家的後塵，因種族、宗教族群之間的仇恨而阻礙國家的發展；請為蒙特內哥羅能建立公平、和平、清廉、族群

共融的國家禱告！求神帶領人在新建立的國家中，尋求基督的真理。

2　東正教教會的信徒雖然佔全國人口約 75%，大多數人卻未活出信仰。蒙特內哥羅東正教教會希望能建立自己的地位，取代塞爾維亞東正教教會；請為東正教的領袖不為權益與財產爭吵，反而能帶領信徒學習基督的樣式禱告；求聖靈為國家的東正教界帶來新的屬靈生命。

3　福音派基督教界雖小（不到三百人），卻不斷成長！五旬節教會、浸信會、弟兄會都有非常積極活躍的教會。這些會堂雖然不多，卻有分享福音的異象；請為信徒即使面對反對的勢力，仍舊能夠忠實見證福音；也請為各宗派間的合一，以及結果子的事工禱告！請為地方教會與少數外國同工之間的夥伴關係禱告，並特別為波士尼亞人（幾乎都是穆斯林）以及阿爾巴尼亞人（當中沒有任何福音派基督教團體）的慈善事工禱告。

荷蘭 Netherlands　　　　　　　　　　　*歐洲*

人數：1,670 萬　**首都**：阿姆斯特丹（行政首都，100 萬人），海牙（中央政府所在地，47 萬 4 千人）
基督徒人數：780 萬　**福音派人數**：71 萬 7 千
主要宗教：無信仰
成長最快速宗教：伊斯蘭教

主要族群：荷蘭人（78.2%）、菲士蘭人（5.1%）、格羅寧根人（Groningers，3.7%）、亞洲人（8.3%，阿拉伯人、印尼人、土耳其人、其他民族）、加勒比海民族（2.1%，蘇利南克里奧人、安地列斯人、其他民族）〔其他還有許多歐洲國籍人士〕

官方語言：荷蘭國語（荷蘭語）、菲士蘭語（亦有許多人使用英語）**全部語言**：38 種

經濟：以重工業、農業與貿易經濟為主，是歐盟會員國。失業率低。為數龐大、失去工作能力的人，經註冊後獲得健全的社會保障制度的支持。

政治：新教徒於 1568 年起義，帶領國家脫離西班牙獨立。荷蘭是世界上歷史最悠久的商業大國之一，是穩定、民主的君主憲政國家。

1　荷蘭人的基督教似乎盪到谷底。荷蘭具有光榮的基督教歷史，包括難民與猶太事工，以及長期在國外宣教中心的服事，今日的世俗社會卻背棄了過去的基督教歷史，目前全國固定參加聚會的人民比例低於 20%。荷蘭在提倡世俗與新世紀運動的思想或價值觀不遺餘力，甚至遠遠超過其他各國。對於

藥物使用、偏差的生活方式、娼妓、安樂死或墮胎管制不多，法令規定都十分寬鬆。全國有半數的教會建築若不是遭到毀壞，就是已轉為酒吧與清真寺等其他用途；請為國家屬靈生命的恢復與復興禱告。

2 過去一百年間，**羅馬天主教會與歷史悠久的新教教會都已衰微**。天主教徒比例於四十年內從 41%（1975 年）衰退至 20%，新教徒從 1991 年的 60% 降至 2010 年的 18%；但我們仍可為荷蘭天主教會內部靈恩派與福音派的增長，及「啟發課程」的推廣讚美神；求神在加爾文宗派（新教）與獨立教會中間賜下屬靈的更新；並為信徒能重新努力瞭解聖經與神話語的聖潔禱告，並請為各教會中出現新一代的領袖禱告。

3 **盼望的記號**。雖然整體福音派衰微，五旬節基督徒仍能保有活潑的信仰，獨立教會的人數與影響力亦逐漸增長（見右圖）。新興的國際教會與新設立的小型會堂，顯示有某些人已向福音敞開他們的心！移民教會（七十萬基督徒移民）為荷蘭注入新的多樣性與盼望；求神幫助每一間教會能建立合作關係，為本國人與外來族群的跨文化福音事工努力。荷蘭宣教機構的人數與影響已不如以

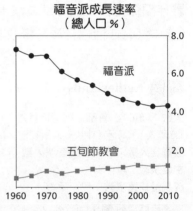

福音派成長速率
（總人口 %）

往，但人數漸增的移民已使一些人意識到從未聽過福音的人們的需要，並促使宣教機構與宣教士又開始增長。

4 **僅少數人有實際瞭解福音的機會**。向陌生人或親友傳福音（例：啟發課程）是有效的傳福音方式。請特別為以下族群禱告：

- **世俗的國際性都市**。阿姆斯特丹僅 1%～3% 的居民參加聚會，且多是移民，其他大都市亦面臨相似的挑戰；請為規模小但態度積極的教會禱告，求神帶領他們能有效地向人傳福音。
- **外來的少數民族**。有人預測到了 2050 年，國內將有三分之一的人口屬於外來移民。有些族群並未融入荷蘭的生活與社會，因此張力逐漸升高。這些少數民族也是全國最少接觸福音的人；請為福音能透過有效的屬靈方式、主動積極的外展行動，向每一種文化當中的人分享。
- **穆斯林**。穆斯林當中的基督徒人數增長緩慢卻穩定；求神保守，使涓涓

細流慢慢匯流成大海！目前正是向穆斯林伸出友誼之手，向他們展現基督的愛的契機。

挪威 Norway　　　　　　　　　　　　　　　*歐洲*

人數：490 萬 **首都**：奧斯陸（88 萬 8 千人）
基督徒人數：440 萬 **福音派人數**：41 萬
主要宗教：基督教
成長最快速宗教：伊斯蘭教
主要族群：挪威人（92%）、國外出生的歐洲人
（7.4%）、亞洲人（3.6%）、非洲人（0.6%）、薩
米人（0.5%）、羅姆人（0.1%，吉普賽人）
官方語言：挪威語 **全部語言**：20 種
經濟：挪威的經濟強盛，是富裕的國家，以石
油、礦產、漁業、森林產品與高科技產業為主。
政治：挪威是國會制君主國家，1905 年脫離瑞典獨立。未加入歐盟，是歐洲經濟共同體
（European Economic Community，EEC）會員國。

1　**挪威具有濃厚的靈性傳統**，禱告以及復興運動亦使挪威過去兩百年來的影響力仍歷久不衰。路德會教會是全歐洲所有國教教會當中，福音派色彩最為濃厚的宗派。其他宗派（獨立宗派）對於教會生活亦有幫助，五旬節教會與靈恩派團體的會友人數最多。但社會普遍相信所謂好的宗教因地制宜，因人而異，因此挪威亦面臨了歐洲其他社會正在面對的屬靈戰爭；請為新的復興運動，以及信徒能深深委身於聖經信仰與實踐禱告，求神重新建造挪威基督教輝煌的歷史根基。

2　**挪威需要新的植堂行動計畫**。宣教機構過去將眼光放諸海外，現在則意識到了國內的需要。雖然 90% 的挪威人民是教會會友，但並非每一個會友都積極跟隨基督，僅 4% 較常參加週日聚會。1996 年至 2005 年間，同工設立超過兩百五十間新會堂！許多外來基督徒移民都十分活躍，使挪威的都市會堂充滿了活力。大部分的非基督徒都住在奧斯陸或附近地區。教會要如何將大批不冷不熱的基督徒培訓成為門徒，並傳福音給挪威越來越多的非基督徒呢？

3　**挪威具有深厚的差傳傳統**，且是差傳人數最多的國家之一。路德教會內外的獨立組織都源自於「宣教家庭」（mission houses）或信徒經常聚集禱告、敬拜與交通的非正式場合；求神保守年輕一代的宣教士，堅固他們在海內外所做的工。

波蘭 Poland　　　　　　　　　　　　　　　　　　　　　歐洲

人數：3,800 萬　**首都**：華沙（170 萬人）
基督徒人數：3,400 萬　**福音派人數**：9 萬 5 千
主要宗教：基督教
成長最快速宗教：無信仰
主要族群：波蘭人（96.7%）、白俄羅斯（0.15%
～1.6%）、烏克蘭人（0.1%～2.1%）、其他斯拉
夫與歐洲民族
官方語言：波蘭語　**全部語言**：20 種

經濟：農業發展歷史悠久，共產黨統治時期開
始發展重工業。1990 年之後經濟大幅成長。但年輕的高科技人才與勞工外移後，留下的勞力
缺口仍然存在。

政治：第十世紀時建立國族認同，1569 年與立陶宛統一建國，接著分裂並遭到許多國家佔
領。第二次世界大戰期間死亡人數佔全國四分之一，1945 年被共產黨統治，1989 年推翻共產
黨。現為多黨制民主國家，2004 年加入歐盟成為會員國。

1　**為穩定、進步與自由讚美神**，這些條件使信徒得以放膽傳講福音！脫離
共產黨獨立之後，有許多波蘭人夢想致富，但高失業率與貧窮問題仍對許多
人造成影響，鄉下地區更是如此。但即使賺得了財富，也無法得到滿足。年
輕人擁有較多的物質財富，卻經常於社會中面臨暴力、道德敗壞與虛無感的
問題；請為人們能將上帝放在首位，凡事先尋求祂禱告。

2　**天主教會**長期以來在波蘭面對外來統治者時，守護著波蘭的文化並維護
國族自尊。近 86% 的波蘭人是天主教徒，且大多數人都委身於信仰。波蘭至
今仍是歐洲最虔誠的國家之一！申請牧職的人數日益增加，並且有近六千名
神父於世界各地展開服事。但固定參加彌撒的比例卻於 1989 年的 58% 降至
2008 年的 28%，基督教信仰對於日常生活的影響亦逐漸衰微；請為每一個天
主教徒禱告，求神幫助他們在耶穌裡找到生命的更新與屬靈的生命。

3　**大多數人抵擋福音**，有的基於對天主教文化的堅持，有些是因為對於靈
性漠不關心，有些則因內心困惑。數百萬計流亡的波蘭人遠走他鄉，在歐洲
其他國家生活與工作；請為他們能透過新的方式認識福音禱告，願他們能透
過當地文化信主。耶和華見證人教會的規模是福音宗派的兩倍，異教、巫術
崇拜（Wicca）與新世紀運動亦吸引了當地的信徒。許多人將這些儀式融入
他們的天主教信仰當中，波蘭天主教相信聖母馬利亞是波蘭靈界的女王，並

透過馬利亞向神祈禱；求神使馬利亞能受到應有的尊榮，但不被當神錯拜禱告；求神彰顯耶穌的大能，並戰勝所有的假先知。

4　福音派仍屬弱勢族群。沙烏地阿拉伯的福音派人數甚至比波蘭要多！90% 的都市沒有福音派基督教會堂；求聖靈為各福音宗派團體中間帶來和好、團契與共同的異象。許多人畢業之後即前往其他國家；求神為教會賜下受過訓練且經驗豐富的牧者。波蘭人有能力成為優秀的宣教士，在前蘇聯的國家更能發揮他們的能力，但國內同工短缺與資源不足，都限制了宣教的發展；求神預備波蘭，幫助他們建立健全的宣教體制，大量差派宣教士前往世界各地。

葡萄牙 Portugal　　　　　　　　　　　　　　　　　歐洲

人數：1,070 萬　**首都**：里斯本（280 萬人）
基督徒人數：1,010 萬　**福音派人數**：31 萬 9 千
主要宗教：基督教
成長最快速宗教：無信仰
主要族群：葡萄牙人（91.3%）、原住民弱勢族群（1.1%，包含羅姆人、加利西亞人、米蘭德斯人）
官方語言：葡萄牙語　**全部語言**：9 種

經濟：葡萄牙經過多年的獨裁政治與殖民戰爭，加入歐盟之後（1986 年）才有改善，但 2001 年之後卻逐漸衰退，經濟以觀光、製造、服務業為主。

政治：自 1143 年獨立並建立王國，1910 年成為共和國，1974 年發生革命，終結 48 年來的獨裁統治，並建立國會制民主國家。葡萄牙於 1975 年准許所有的非洲殖民地獨立，現為歐盟的會員國。

1　宗教自由與政治自由（1975 年後）大大改變了葡萄牙，但強調個人主義與功利主義，加上藥物濫用日益嚴重，都對國家造成影響。羅馬天主教會仍有影響力，但也需要復興。南部地區參加彌撒的居民低於 3%；求聖靈行使大能，帶領許多人透過有意義的方式認識聖經與救主。

2　福音派的增長是一大激勵！2000 年時，有六十九個郡未設立福音派會堂，今天亦僅有四十四間會堂，許多會堂也發生了令人不愉快的分裂；請為教會能重視信仰的核心價值，並將恩典分享給其他少數民族禱告。葡萄牙福

音聯盟（PEA）訂下目標，希望於 2015 年之前在每一個郡設立教會，求神成就他們手所做的工！許多會堂需要靈命成熟及經過神學訓練的全職同工，葡萄牙教會則因為葡萄牙語普遍的緣故，而在世界的舞台上扮演獨特的角色；請為教會能差派更多宣教士禱告。

3　請為較少接觸福音的地區禱告。北部與東北部的七個省都具有濃厚的天主教傳統，福音派教會僅寥寥數間。南部的四個省較為窮困，亦較不虔誠。馬德拉群島（二十七萬人）的福音派小教會不到二十間，亞速爾群島（二十五萬人）僅二十六間。請為少數民族（西非人、巴西人、中國人、澳門人、烏克蘭人與其他民族）的福音事工禱告，許多少數民族皆未曾聽見福音。

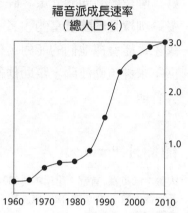

福音派成長速率
（總人口％）

4　外國宣教機構視葡萄牙為困難但有應許的禾場。移民族群的增長甚至勝於葡萄牙人的教會。宣教士與宣教機構的組成以巴西人為主。請為佈道、植堂、聖經訓練與音樂的事工禱告，福音運動是一個非常好的傳福音方式，網路亦是福音事工的其中一個管道，但需要技術嫻熟的基督教同工進行研究、運作與維護。

羅馬尼亞 Romania　　　　　　　　　　　*歐洲*

人數：2,120 萬　**首都**：布加勒斯特（190 萬人）
基督徒人數：2,050 萬　**福音派人數**：110 萬
主要宗教：基督教
成長最快速宗教：相較於其他宗教，基督教衰微的速度較為和緩
主要族群：羅馬尼亞人（86.5%，羅馬帝國的拉丁後裔）、匈牙利人（6.6%，多住在外西凡尼亞）、羅姆人（3.8%，實際數字可能更高）、斯拉夫人（1.4%）、土耳其人（0.8%）
官方語言：羅馬尼亞語　**全部語言**：23 種

經濟：以良田所產的稻米以及礦產、石油為主，共產黨時期開始工業化。目前的問題包括失業以及人口外流至歐洲其他國家，鄉村人口亦逐漸放棄農場，並外流至大都市。

政治：1859 年獨立，1947 年共產黨發動政變，因落入共產集團當中最暴虐殘酷的政權統治而水深火熱。革命（1989～1990 年）之後建立國會民主國家，2007 年加入歐盟成為會員國。

1　西奧塞古（Ceausescu）**統治時期的遺毒，就是國家的破碎**。共產黨垮台之後遺留的道德空缺，填滿了社會裡的各種罪惡，人們陷入藥物濫用、娼妓、人口販賣、兒童虐待的困境。羅馬尼亞墮胎率高達 75%，是全世界墮胎率最高的國家。嚴重的貪污亦導致經濟不穩定及高失業率。求神賜與領導人智慧，帶領他們選擇正確的道路，以正直擬定正確的政策。

2　羅馬尼亞是世界上基督徒比例最高的國家，但這事實卻未能反映於社會中，共產主義遺留的無神論世界觀依然屹立不搖。信心薄弱、假冒為善與其他宗派的惡意中傷，形成基督教團體的各種問題，虧缺了基督的榮耀，無益於教會的建造。會友與神職人員甚至將信仰與民間信仰、儀式或神祕學結合，並且漠視窮人；請為各宗派在愛心、聖潔、門徒訓練、禱告方面有所突破禱告。

3　東正教教會是社會的主流（87%），但多數人未將基督教視為個人信仰。有些東正教的司鐸不僅反對福音佈道，甚至訴諸暴力。東正教是古老的教會，裡面滿有生命與美善的潛力。「屬主的軍隊」（The Lord's Army）為三十萬名會友及其他人所支持的的東正教教會，帶來一股強大的更新力量；請為羅馬尼亞東正教教會的更新禱告，求聖靈使那些信心已死或沉睡的信徒甦醒！

4　儘管羅馬尼亞的福音派基督徒總數下降，仍舊排名全球第四。有人認為羅馬尼亞是歐洲最容易接受信仰的國家，目前約有六千間福音派會堂，每年設立的新會堂逾一百間。有些宣教中心在當地沒有福音派教會的情況下，透過相互合作，向十九個城市與九千五百座村莊傳福音；請為國教教會能以此為異象，並在每個城市、村莊設立教會禱告。

5　教會面臨許多挑戰。教會不僅人數增長，亦更加成熟，但仍面臨合一的大問題。教會之間幾乎沒有任何事工的合作或聯合禱告會，教會內的種族分裂，將匈牙利與羅姆少數民族排除於羅馬尼亞主流族群的團契之外。雖然有許多傳統看似毫無意義，青年與非基督徒卻仍須努力適應這些傳統。外來團體因接受錯誤的資訊，而提供大量資金，使教會極度仰賴外資，造成教會內

部的分裂。新設立的教會缺少牧者,許多牧者亦缺乏訓練。

6 為新設立的十間本土宣教中心讚美神(自 2000 年後)。羅馬尼亞人能夠輕易接觸到西方宣教士不得其門而入的禾場,卻因缺乏眾人支持與資金的短缺而使事工受阻;我們必須求神挪去羅馬尼亞差傳運動的各項阻礙!流亡的羅馬尼亞人在他們工作的西歐國家裡,設立許多福音派教會;請為教會能將福音傳給接待他們的國家禱告,使他們亦能照顧到地主國的靈命需求。

俄羅斯 Russia 歐洲

人數:1 億 4,040 萬 **首都**:莫斯科(1,050 萬人)

基督徒人數:9,390 萬 **福音派人數**:160 萬

主要宗教:基督教

成長最快速宗教:伊斯蘭教

主要族群:〔族群多元,但移民與歸化政策卻導致情況複雜〕俄羅斯人(80.5%)、烏拉爾—塞爾維亞人(6.8%,37 個民族)、高加索人(3.8%,34 個民族)、烏克蘭人(2.1%)、芬蘭—烏戈爾人(2%,24 個民族)、亞美尼亞人(0.8%)、白俄羅斯人(0.6%)、哈薩克人(0.5%,3 個民族)

官方語言:俄羅斯語(自治區使用當地方言)**全部語言**:135 種

經濟:經濟仰賴大量天然資源(天然氣、石油、木材、礦產)及大片農地,但國土遼闊、地理位置孤立以及海港稀少等原因卻阻礙了進步。俄羅斯的寡頭(富裕的億萬富翁)掌控了過去的國營事業,經濟大權掌握在少數有權有勢的大人物手裡。過去十年來經濟雖然已變得較為強盛,但仍有數百萬人民生活窮困,甚至長期失業。經濟以天然氣與石油輸出為主,大多出口至其他歐洲國家。俄羅斯未來將面臨的巨大挑戰,包括貪腐、基礎建設不足、人口下降等問題。

政治:俄羅斯橫跨 9 個時區,是全世界(面積)最大的國家。自第八世紀建國以來,都由個人或小團體屬行專制統治。俄國沙皇於 1917 年布爾什維克革命前夕垮台,俄國主導了創立於 1922 年的蘇聯,將俄國平民、其他種族與蘇聯佔領控制的鄰近國家利用殆盡。蘇聯瓦解(1990 年)之後,俄羅斯建立了多黨制聯邦民主國家,普亭上任(1999 年)之後,恢復了中央集權與報紙媒體的控管。北高加索地區局勢的不穩定、與西方和亞洲超級強國之間的關係,都是重要但敏感的議題。南方的動蕩可能會成為內戰的導火線,鄰近國家的俄羅斯少數民族則造成張力的升高。

1 俄羅斯擁有悠久、輝煌的歷史,今日卻充斥著許多矛盾。有人認為俄羅斯前途黯淡,有人認為俄羅斯日漸崛起。老一輩的人偏愛共產政權底下的安

定生活，年輕一輩認為現代生活沒有盼望。俄羅斯有豐富的天然資源與出口的潛能。求神平衡政府的強勢與民主責任，使政府尊重人民的自由。俄羅斯的執政政權容易演變成專制統治。國內外的犯罪組織猖狂，請為犯罪組織的顯露與制裁禱告。

2 數百萬人在貧窮與絕望的泥沼中掙扎。 俄羅斯的人口以五十逾萬人的速率逐年下降，是出生率全球最低與墮胎率全球最高的國家之一。根據數據顯示，墮胎甚至高於出生的比例，同時有很多女性因墮胎致死的案例。許多人的人生因酗酒、毒癮、自殺或家庭瓦解而殘破不堪。健康醫療費用高於絕大多數人所能負擔，因此成為少數人才能享有的特權。俄羅斯是全歐洲 HIV ／愛滋病例最高，且增長最快速的國家，年輕族群罹患的比例高於其他年齡層。這些都是造成國家前途茫茫的主因。

3 俄羅斯東正教教會（Russian Orthodox Church，ROC）經歷共產黨的統治之後依然屹立不搖，並自喻為基督教承襲自羅馬與拜占庭偉大文明的守護者。他們（與其他基督教團體一起）歷經 1920 年至 1990 年間的恐怖迫害，有二十萬基督徒領袖殉道；請為東正教一千年以來的美好能持續存在並影響文化與社會禱告；並請為俄羅斯東正教教會能與其他基督教團體和平共處，不再壓迫或傷害他們禱告；請為俄羅斯東正教的靈命更新運動禱告，保守福音能遍傳俄羅斯。俄羅斯東正教雖然文化勢力極大，信徒的靈命卻極為脆弱。

4 鐵幕的崩潰瓦解使東歐與中亞門戶大開， 亦開啟了福音佈道、植堂、基督化社會的出現、聖經的翻譯工作與其他事工的可能性。教會的數目與規模倍增，自 1991 年以來，非基督徒與無神論者的人數已經減少了二分之一！自 1991 年起，福音派人數增長三倍，目前已在俄羅斯宗教文化中佔有一席之地，靠著經驗與成熟，他們能以智慧面對西方國家與俄羅斯政府的政治議題，但不久之後，人數就不再迅速增長（如同 1990 年代）。莫斯科與聖彼得堡的基督徒人數僅佔俄羅斯總人口的 10%，宣教活動、事工與資源卻是全俄之冠。

5 請為傳福音的異象禱告。 俄羅斯有 90% 人民的生活與教會毫無關連，雖有數百萬人自稱俄羅斯東正教的基督徒，卻未真正相信上帝。2009 年時，俄羅斯 125 個大都市當中，有四十二個大都市未設有福音派會堂。許多教會訂定了佈道與植堂的遠大目標，新興團體尤其如此。「彼爾姆新約教會」（New

Testament Church of Perm）於「列寧的文化宮」（Lenin's Palace of Culture）舊址聚會，並於 1999 年至 2009 年間設立三百間子教會，2009 年更設立了一百多間教會！俄羅斯浸信會與「斯拉夫福音協會」（Slavic Gospel Association），都希望能在俄羅斯的十萬個族群當中，創建一所傳揚聖經真理的教會；求神保守信仰的新氣象能結出飽滿的果實，期待信徒能在各地、各區甚至全國宣揚並彰顯福音！

6 公開的福音事工與宗教自由已越來越少。無論是教會與組織立案登記，或是建築規範的法律規定，都已變得更加繁複，教會必須申請教育執照，才能教導聖經，有時甚至遭到勒令暫停舉辦學術或非正規的聖經培訓課程，使福音派團體難以生存。有些壓力來自於俄羅斯東正教教會，因為他們想要維持國內的獨特地位與影響力；求神保守福音派基督徒能透過這些偏見，變得更加堅強、更倚靠神。

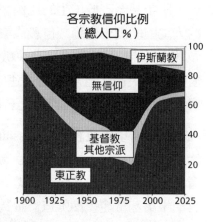

各宗教信仰比例
（總人口％）

伊斯蘭教

無信仰

基督教
其他宗派

東正教

1900 1925 1950 1975 2000 2025

7 請為外國宣教士與宣教機構禱告，求神幫助他們以謙遜的態度，協助當地教會完成教會的使命。蘇聯解體之後，有大批的外國基督教事工機溝湧入俄羅斯（1990 年代），雖然舉動大多出於善意，卻不夠敏銳且毫無幫助。有人估計目前已有超過一千五百間宣教機構與教會機構進入事工領域服事，但他們之間卻少有合作關係，也未與當地信徒協調。自那時起，政府就提高了外國同工的簽證申請限制，現在外籍信徒要取得長期居留的簽證不僅困難，甚至難如登天。但即使僅於短期停留期間透過教學、培訓與協助當地事工機構，也能發揮重要的影響力。

8 今天新興教會與青年會特別參與窮人、孤兒寡婦、囚犯、毒癮患者、HIV／愛滋病患者的事工，照顧他們的需要。福音派基督徒則因事工獲得政府的信任，開啟與東正教教會的合作之門；求神預備同工有充充足足的熱心、經費與人力禱告，保守事工能透過這些方式，大大宣揚福音！

9 教會面臨了團結與領導方面的挑戰。除了與俄羅斯東正教教會衝突之外，福音派基督徒的挑戰包括浸信會及五旬節／靈恩派基督徒之間、傳統五

旬節教會與新興的靈恩派教會之間緊張的關係。教會雖有數千間會堂組成的網絡，卻缺乏統合俄羅斯福音派基督教會的全國性組織；請為合一的靈禱告，使俄羅斯的福音派基督徒以愛彼此建造。俄羅斯教會缺乏領袖，現有的同工則面臨許多挑戰。數千名的牧師與傳道師都缺乏足夠的神學教育，但神學方面的知識卻是教會幫助青年從非基督教文化的環境中，培養基督化生活與正確信心最需要的資源。其中一個解決方式，就是透過查經小組來造就信徒；求神使他們倍增。1991 年至今已設立了數百間神學院；請為神學院能維持高教育水準，並融入俄羅斯的獨特文化背景禱告，使會眾與領袖能結合聖經的真理與真正的俄羅斯文化。

10 請為俄羅斯教會的宣教異象，以及俄羅斯宣教士跨越獨特的文化與社會藩籬時所需的能力禱告。俄羅斯的文化及語言數年來不斷主宰著主流社會，並壓迫國內的少數民族。目前約有 20% 的人口是非俄羅斯人，使用的語言共計約一百種。烏克蘭人在俄羅斯境內的跨文化宣教方面，比俄羅斯人更加積極；請為教會能展開更多俄羅斯差傳機構禱告！

11 許多民族與社會族群都需要禱告。逾七十八個族群都未曾聽過福音（超過一千三百萬人）。莫斯科是前蘇聯國家的中心，幾乎每個隸屬前蘇聯的種族都有人住在這裡。目前在「聖經翻譯學會」（Institute for Bible Translation，IBT）底下所進行的翻譯計畫有一百項左右，希望將聖經翻譯成俄羅斯少數民族所使用的語言。

- **穆斯林**人數超過一千七百萬，是全俄羅斯聯邦非俄羅斯民族的主流。因人數增長，加上整個俄羅斯民族的衰微，可能使他們在二十一世紀末成為全俄羅斯的主流；請為穆斯林對於福音的開放度禱告，求神感動基督徒，關心他們的得救，並以愛心向他們傳福音。
- **猶太人**的人數曾經突破兩百萬人，今天僅剩二十五萬人。雖然陸續有人移民至以色列，但歐俄城市仍然有許多人，其中一萬多人信主。以色列若干彌賽亞派猶太人來自於俄羅斯或烏克蘭地區。高加索地區的喬治亞人、塔特人、山區猶太人至今都未曾聽過福音。
- **羅姆人**散居於歐俄，且多數人住在烏拉爾山區，是社會的邊緣人。上帝已在某些地區動工，使人接受福音，並設立教會。約有 5% 的俄羅斯羅姆人是福音派基督徒。

- **華人數量眾多**，單單住在莫斯科的就超過五萬人，全國華人更超過一百萬（包括西伯利亞與俄羅斯遠東地區的短期移工）。雖然進入東俄的華人對於經濟貢獻卓著，但仍有些俄羅斯民族將他們視為潛在的威脅。大多數華人皆未曾聽過福音，雖然有少數幾間教會，但俄羅斯教會大致上對他們視而不見。

- **鄰近的國家裡面有 1,650 萬名俄羅斯人**，在當地社會中形同少數民族。蘇聯解體時，十五個新興國家脫離俄羅斯獨立，形成周圍的鄰國，近兩千萬名俄羅斯人於過去二十五年內陸續回到俄羅斯聯邦；請為許多人能接受福音，並回應他們周圍非基督徒的宣教異象禱告。

- **新興宗教的信徒**即使面臨迫害，人數似乎仍日益增長。假先知混淆屬靈真理，使政府與俄羅斯東正教教會對於所有的外來團體產生不信任感。山達基、耶和華見證人、神祕學、薩滿教、新世紀運動與其他的宗教信徒日益增加；請為基督徒能接受上帝話語的訓練與裝備來對抗假先知禱告。

少數民族與俄羅斯聯邦各地區

俄羅斯聯邦是由面積各異、不同種族與宗教的共和國、省及其他行政區所組成，以歐俄的種族與語言為主。少數民族因過去帝俄與共產主義長期以來的殖民而遭受排擠，但若沒有少數民族組成的勞工，俄羅斯的經濟將大受影響。此外，未來若沒有大批移民湧入，俄羅斯將無法脫離蘇聯的陰影。

自 1990 年代起，東正教就已成為「俄羅斯」認同的象徵，某些地方的基督教，甚至變成俄羅斯政府對於當地族群的壓迫的一部分，並對他們造成極大的傷害。在這種情況下，基督教如何能夠分享基督的福音呢？以下特別舉出一些俄羅斯的少數民族，請將這些數字放進禱告當中，為俄羅斯聯邦許多未曾聽見福音的地區能夠得救禱告，求耶穌基督在每個民族當中設立祂的教會。

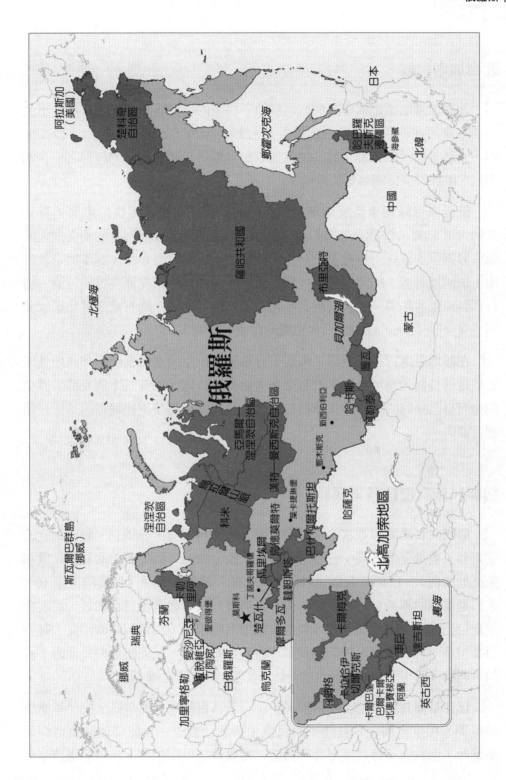

日本

哈巴羅
夫斯克
邊疆區

海參崴

北韓

中國

阿拉斯加
（美國）

楚科奇
自治區

鄂霍次克海

蒙古

薩哈共和國

北極海

布里亞特

貝加爾湖

圖瓦

哈勒索

俄羅斯

阿勒泰

新西伯利亞

哈卡斯

亞馬爾一
涅涅茨自治區

漢特一曼西斯克自治區

鄂木斯克

烏拉爾山脈

斯瓦爾巴群島
（挪威）

科米

漢特一曼西特

烏德莫爾

巴什科爾托斯坦

哈薩克

北高加索地區

涅涅茨
自治區

奧倫堡

葉卡捷琳堡

車里亞賓斯克

卡累利阿

芬蘭

瑞典

挪威

丁話夫哥羅德

馬里埃爾

羅塔斯塔

聖彼得堡

加里寧格勒

愛沙尼亞

脫拉維亞

立陶宛

白俄羅斯

烏克蘭

莫斯科

★

楚瓦什

摩爾多瓦

裏海

達吉斯坦

車臣

卡爾梅克

阿格一布拉伊一
切爾克斯

卡巴爾一
巴爾卡爾

北奧賽梯亞

阿蘭

英古斯

北高加索民族

1 北高加索地區是俄羅斯最窮困與最不穩定的區域，不僅失業率高、出生率高，貪污亦非常嚴重。該區域共有七個共和國，包含五十至六十個高加索、土耳其與伊朗族群。北高加索民族是全球最少聽見福音的族群之一，他們住在歐洲最少接觸福音的地區。

2 俄羅斯軍隊與車臣反叛軍之間殘酷的戰爭造成整個地區的動蕩，直到2009 年才結束。當地與外國的伊斯蘭團體的目的，是要將複雜的衝突擴大成為宗教戰爭；求神阻擋他們的計畫，使當地能再度享有和平、進步與宗教自由；求神以智慧、約束與穩定，取代激進的偏激思想與充滿仇恨的言論。請特別為車臣共和國、達吉斯坦共和國、英古西共和國、阿布哈茲共和國以及南奧賽提亞（South Ossetia）共和國的政治局勢禱告。

3 在該地區進行基督教事工可能十分危險。但也因著俄羅斯聯邦海內外忠實信徒的基督教事工，使當地有更多人信主。該地區約有五十個族群，僅少數擁有自己語言的聖經譯本或設有教會；請為當地需要聖經翻譯的二十五種語言禱告。

韃靼民族與巴什基爾民族

1 韃靼共和國擁有豐富的礦脈與良田，政治與宗教十分獨立。韃靼民族的穆斯林人數是全俄最高（五百五十萬人）及全歐第二高（國外的韃靼人數甚至高於國內）。伊斯蘭教雖是韃靼人文化認同的重要象徵，但實際上僅 10%人口是虔誠的穆斯林。韃靼人的福音派基督教教會與團體日益增長，目前會堂數目已多達一百逾間！大多數會友使用俄羅斯語，說韃靼語的信徒人數亦日漸增多。來自政府、穆斯林及東正教教會的迫害，反而使那些長期因不同語言與神學思想分裂的福音派基督徒更加團結、更熱心參與團契。

2 巴什基爾共和國是巴什基爾民族（一千八百萬人）的故鄉，巴什基爾族與韃靼人相近，屬土耳其語系的民族。雖然他們十三世紀時就開始信仰伊斯蘭教，但教義卻參雜了至今仍舊盛行的異教／民間信仰；求神綑綁控制他

們的力量。巴什基爾共和國的福音派會堂已從 1991 年的一間會堂，增長至 2010 年近五十間會堂！使用巴什基爾語的人數不多。

信仰泛靈論及薩滿教（或傳統宗教）的民族

1 烏德莫爾特族（五十六萬人）主要信仰東正教，有些則遵循傳統異教儀式。福音派教會幫助許多無助、酗酒或遭遇其他問題的人獲得重生，因此教會呈倍數迅速增長。烏德莫爾共和國大多數的會堂中都有俄羅斯人，或俄羅斯人與烏德莫爾人混雜；請為烏德莫爾族有機會能用自己的語言與文化敬拜、祈禱並認識神禱告。

2 摩爾多瓦族（七十萬人）雖受到俄羅斯的脅迫而信仰東正教，但信仰中仍摻雜了以前的某些傳統信仰。有些已是福音派基督徒，但大部分人都在俄羅斯教會，而非自己的會堂聚會；求神設立更多摩爾多瓦的福音派教會。

3 馬里族（Mari，五十六萬人）大多信仰傳統的泛靈思想，約三分之一人口信仰基督教。馬里人希望復興自己的文化與信仰，卻遭政府大力反對。與愛沙尼亞人血緣相近，因此有愛沙尼亞基督教牧師團隊在他們當中服事，並已有些成果。當地福音派基督教的小教會約四十間，請為他們禱告。

4 漢特、曼西斯克與涅涅茨族是北方芬蘭—烏戈爾地區的住民，游牧的生活方式，加上人數過少，使民族的未來堪憂。表面上雖然信仰俄羅斯東正教，但至今仍維持大部分的泛靈論思想；請為許多剛信主的漢特人讚美神！北極區的涅涅茨人當中只有少數人是基督徒。聖經的翻譯目前遭遇一些阻礙，請為翻譯事工禱告。

5 阿勒泰族（六十八萬人）大多住在阿勒泰共和國（俄羅斯、蒙古、中國與哈薩克的交會處），是薩滿教、佛教，甚至是新世紀運動的重鎮。人民信仰薩滿教，普遍存在抵擋福音的靈；請為耶穌的大能與愛能衝破抵擋福音的靈禱告。福音派教會人數成長緩慢，僅少數教會聘有阿勒泰族的牧師；請為阿勒泰語的新約以及敬拜音樂能夠完成向神獻上讚美。

6 哈卡斯族（全球有八萬人）信仰泛靈／薩滿教，與鄰近的圖瓦人與阿勒泰人相近。目前已知僅有兩間哈卡斯教會，近日信徒人數突破一百名；請為

基督徒能向這一小群人傳福音禱告。

7 薩哈／雅庫特族（四十八萬人）屬於土耳其語族，因東正教教會而信主，但也保有相當濃厚的泛靈信仰。1987 年時信徒人數僅三十人，2010 年時已超過五百人，並積極將福音傳給自己的族人。同工於 2004 年完成新約的翻譯，目前已出版有薩哈人獨特風格的基督教音樂。

信仰佛教的民族

1 布里亞特族（四十二萬人）住在蒙古北部，大多住在貝加爾湖附近，是西伯利亞最大的原住民族。當地人信奉佛教與薩滿教，卻因佛教徒與東正教的緣故而阻礙了福音的遍傳。1990 年以來，二十六間機構透過彼此的合作，努力向布里亞特人傳福音，參加聚會的人數因此日漸攀升。

2 圖瓦族（二十四萬人）住在蒙古西北部，以喉音歌唱法聞名全球。全世界的土耳其語族當中只有兩個民族信仰佛教，圖瓦人是其中之一。他們在共產黨的統治之下經歷諸多苦難，窮困的比例、失業率與犯罪率是全俄羅斯最高的民族之一。屬靈的戰爭為圖瓦人的福音事工帶來一些重大的進展，1990 年以前尚未有人信主，但今天已有數千人成為基督徒！請為初信的圖瓦人能接受門徒訓練禱告。

3 卡爾梅克族住在裏海的西北部，是歐洲唯一信仰佛教（受到蒙古薩滿教影響的藏傳佛教）的民族。聘有卡爾梅克牧師的基督教會不多，但社會大眾仍舊認為，信仰基督教就是背叛他們的文化。東亞的宣教士大多具有佛教背景，因此能較有效地向族人傳福音。

俄羅斯遠東地區的原住民族群

1 楚科奇、埃文斯（Evens，與西伯利亞的埃文基民族相近）、**那乃、科里亞克、尤皮克**及其他民族也許數量並不多，但都擁有獨特的文化與語言。無論是原住民、俄羅斯、韓國還是西方國家的事工機構，都對他們極為重視。

塞爾維亞 Serbia   *歐洲*

人數：780 萬 **首都**：貝爾格勒（110 萬人）
基督徒人數：620 萬 **福音派人數**：4 萬 6 千
主要宗教：基督教
成長最快速宗教：無信仰

主要族群：塞爾維亞人（82.9%）、匈牙利人（3.9%）、羅姆人（2%）、波士尼亞人（1.8%）、克羅埃西亞人（0.9%）、蒙特內哥羅人（0.9%）、阿爾巴尼亞人（0.8%）、斯洛伐克人（0.8%）、羅馬尼亞人（0.5%）

官方語言：塞爾維亞語 **全部語言**：21 種

經濟：經過多年戰爭、聯合國的貿易制裁，以及北約組織的軍事干預與分裂之後，這四十五年的經濟好不容易有些微進步，卻因 2014 年的洪水而飽受摧殘。

政治：1389 年以來的塞爾維亞，幾乎未曾保有完整的獨立性。該地的種族民族主義（ethnic nationalism）是第一次世界大戰的導火線，也導致第二次世界大戰期間內戰／種族屠殺的發生。共產黨統治結束之後，前南斯拉夫聯邦開始瓦解，並引發戰爭。塞爾維亞與克羅埃西亞和波士尼亞之間爆發戰爭。塞爾維亞因虐待科索沃的阿爾巴尼亞人，遭到北約組織的制裁（1999 年），接著是聯合國代為治理。目前是國會制民主國家。

1　**塞爾維亞自詡為歐洲與基督教的守護者**，抵擋穆斯林的侵略，但世界上大部分的國家反而認為塞爾維亞是逞兇鬥狠的國家，不僅行為令人反感，更散播仇恨。正反兩方的評價都有其道理。塞爾維亞人因數百年來遭到鄰近民族（土耳其、奧地利、德國、克羅埃西亞與其他）的支配而懷恨在心；請為塞爾維亞得醫治以及國家認同的轉化禱告，他們需要上帝的神蹟！

2　**巴爾幹戰爭**摧毀了經濟、政治，造成塞爾維亞與鄰國關係交惡，導致對於少數民族（包含科索沃）的迫害。這些都是必須要解決的問題，但頑固的政府，加上主流信仰團體（東正教、伊斯蘭教、天主教）之間嚴重的種族優越感，都強化了各種問題的政治與宗教結構。只有人數不多的福音派基督徒團契具有多元文化的特色；求神使用福音派基督徒，透過他們來徹底改善目前的情況。

3　**塞爾維亞東正教教會**希望再度成為國家人民生活的核心，因此壓迫服事少數民族的其他東正教教會，急切要通過法律規定來限制宗教自由；請為歷史悠久的塞爾維亞東正教教會禱告，使他們成為支持宗教自由的一股力量。

4　**福音派基督徒**遭遇許多困難。新的宗教法使所有新興宗教團體，包括各

個新的福音派都陷入困境。新教徒（十一萬人）在匈牙利與斯洛伐克少數民族當中存在已久，卻對於塞爾維亞人與阿爾巴尼亞人影響甚微，多數人都未能活出信仰；請為信仰復興禱告。對於某些團體而言，宗教認同意謂著種族的認同，因此福音派基督徒被視為叛徒或某個宗派的一分子。但也因為這些挑戰的關係，新設立的教會確實有些成長，且開始將基督的福音傳給眾人！塞爾維亞境內的羅姆人教會成長最快，並忠實展現了羅姆人的文化。

5　前南斯拉夫的戰爭難民需要事工的關懷。數百萬人成為難民，有些人雖留在國內卻無家可歸，只有少數人已經回歸家園。國內外許多機構透過實際的救助行動分享耶穌的愛，人們也接受了福音；請為逃難至海外的塞爾維亞人禱告，他們心裡憂慮，因此需要聽見真正的福音。年輕一代清楚知道父母那一代所經歷的千辛萬險，所以大多容易接受福音。

科索沃 Kosovo　　　　　　　　　　　　　　　　　　　　*歐洲*

人數：210 萬　**首都**：普里斯提納（18 萬 3 千人）
基督徒人數：估計約有 20 萬 8 千人
主要宗教：伊斯蘭教
主要族群：阿爾巴尼亞人（88%）、塞爾維亞人（7～12%）、波士尼亞人（1.9%）、羅姆人（1.7%）、土耳其人（1%）
官方語言：阿爾巴尼亞語、塞爾維亞語、英語
經濟：科索沃是全歐最弱小的經濟體之一，國際制裁、政府的拙劣政策與貪污、衝突造成的傷害與組織犯罪的影響，導致經濟成長困難。外援與匯款約佔經濟收益的 50%。
政治：塞爾維亞認定科索沃為國內的一省。科索沃自行宣布獨立（2008 年），但未獲塞爾維亞承認。目前由聯合國託管，獲聯合國 107 個國家承認。北部某些以塞爾維亞族人為主的地區，擁有某些自治權。

1　科索沃的前途黯淡渺茫。塞爾維亞人與阿爾巴尼亞人之間的世仇，引發 1998 年至 1999 年的重大危機。和平難以維繫，衝突的解決難如登天，求神化解族群間的仇恨，帶來永久的和平；請為能透過經濟成長，帶來穩定與良好的就業市場禱告；求神阻擋那些為了私利而剝削科索沃的人的計謀。

2　科索沃的阿爾巴尼亞人大多信仰伊斯蘭教，僅一些人信奉基督教。清真寺建堂的經費充足（沙烏地阿拉伯與伊朗的資助），卻有數百個基督教地區遭到憤怒暴民的損害與破壞；求神停止一切的宗教仇恨！請為穆斯林能看見

耶穌禱告，因為耶穌看他們都是寶貴的。科索沃的福音事工雖然困難重重，仍能結出果實，更在兒童與青年身上看見美好見證；求神保守外來團體能持續在這塊穆斯林聚集的土地上自由服事；求神預備更多男性同工，因為初信者大多是年輕男性與青少年。

3 **福音派人數從 1998 年的八十人增長至今日的兩千多人。**有三十五間福音派教會為神的緣故，向他們的族人作見證；為福音派教會能躋身科索沃五大宗教團體之一讚美神，並為科索沃福音派運動（Evangelical Movement of Kosovo，隸屬於福音聯盟）的推動感謝神。

斯洛伐克 Slovakia　　　　　　　　*歐洲*

人數：540 萬
首都：布拉提斯拉瓦（42 萬 8 千人）
基督徒人數：510 萬　**福音派人數**：6 萬 7 千
主要宗教：基督教
成長最快速宗教：無信仰
主要族群：斯洛伐克人（77.8%）、匈牙利人（10.7%）、羅姆人（9.3%）、捷克人（1.1%）、羅塞尼亞人（0.3%）、烏克蘭人（0.3%）
官方語言：斯洛伐克語　**全部語言**：13 種

經濟：斯洛伐克是歐盟經濟較為強盛的國家之一，後共產黨時期的經濟改革受到世人的讚揚，但財富與就業機會並未公平分配給國內需要的人。

政治：曾隸屬於捷克斯洛伐克聯邦，後脫離捷克共和國獨立（1993 年），目前是多黨制共和國，2004 年加入歐盟與北約組織成為會員國。

1 **斯洛伐克正面臨巨大的轉變。**雖然已透過經濟改革與加入歐盟解決了某些問題，卻也產生了其他的問題。例如財富帶來了物質的貪婪及道德的敗壞，憂鬱症與自殺的比率都是全歐最高的國家之一，求神帶領眾人能在基督裡找到盼望與真理。

2 **斯洛伐克擁有深厚的基督教傳統，**但許多天主教、路德會與改革宗教會的聚會率卻極低；為靈命更新運動，尤其是路德會的青年與小組（家庭團契）運動讚美神，求聖靈堅固基督教根基，帶來重生的生命。

3 **福音宗派人數少、規模小。**過去植堂運動的腳步漸趨緩慢，未來的異象亦需更新！為了實現福音遍傳的目標，門徒訓練、福音佈道與教會倍增是當

務之急。看到每個鄉鎮城市都設立教會是許多人的目標，但要達到這目標，必須設立數以千計的新會堂；請為這宏大的理想能夠實現禱告！耶和華見證人是福音派教會的一大挑戰，因為有越來越多人開始參加他們的聚會，而不是新教教會或福音派教會的禮拜。

4　透過有創意的傳福音方式，將福音帶到職場、流行文化與青年文化、監獄與勒戒中心；求神透過這些運動與傳福音的機會，興起新一代聖潔、虔誠的信徒。斯洛伐克需要更多外國宣教士來傳福音、訓練領袖並設立教會，使徒教會（Apostolic Church）目前已差派斯洛伐克宣教士進行跨文化宣教；請為宣教機構與地方教會能在合作的關係上，滿有喜樂與謙卑禱告。

斯洛維尼亞（斯洛文尼亞）Slovenia　　*歐洲*

人數：200 萬　**首都**：盧比安納（26 萬人）
基督徒人數：110 萬　**福音派人數**：1,800
主要宗教：基督教
成長最快速宗教：伊斯蘭教
主要族群：斯洛維尼亞人（90.2%）、塞爾維亞與克羅埃西亞人（3%）、德國與奧地利人（2.3%）、波士尼亞人（1.5%）、義大利人（0.6%）、匈牙利人（0.5%）
官方語言：斯洛維尼亞語、匈牙利語、義大利語
全部語言：10 種

經濟：曾是前南斯拉夫聯邦當中最富裕的國家，現已成功轉型為市場經濟。其優勢包括基礎建設完善、勞動人口教育程度高，以及位居西歐與巴爾幹半島之間重要的地理位置。

政治：歷經奧地利數百年的統治及南斯拉夫聯邦的支配，於 1991 年獨立建國，目前是國會制民主聯合政府，是歐盟的前共產黨國家當中第一個舉行總統選舉（2008 年）的國家。

1　天主教、東正教、路德會都面臨靈命乾枯的問題，主要的基督教團體都受到新世紀運動與東方宗教信仰或屬靈信仰短淺的威脅；求神使這些教會覺醒，並幫助他們的會友信靠基督，在信心裡成長。

2　自宗教改革以來，斯洛維尼亞就成為新教的見證，但福音派教會依舊不多，十分需要植堂團隊的協助。更甚者，為數不多的福音派基督徒仍難逃種族分裂的威脅；請為他們的合一禱告，求神透過福音聯盟團結各教會。多數會堂都缺乏全職牧者，且需要外來金援；請為斯洛維尼亞的信徒能將福音遍

傳全國、支持他們的牧者甚至差派宣教士禱告！

3 教會需要門徒訓練與佈道所需的資源。語言的難度造成書籍翻譯的問題，求神感動更多斯洛維尼亞的作者為同胞著書，並為更優質的翻譯水準禱告，幫助更多斯洛維尼亞人瞭解聖經！新教改革宗基督徒特魯巴爾（Primoz Trubar）是率先以斯洛維尼亞語出版書籍的人；求神透過他的書，幫助信徒建立正確的神觀。信徒的異象包括創立基督教咖啡廳、廣播電台以及斯洛維尼亞基督教網站等等；請為這些異夢的實現禱告！

西班牙 Spain　　　　　　　　　　　　　　　*歐洲*

人數：4,550 萬　**首都**：馬德里（590 萬人）
基督徒人數：3,510 萬　**福音派人數**：46 萬 2 千
主要宗教：基督教
成長最快速宗教：伊斯蘭教

主要族群：西班牙人（85.4%，包括卡斯提爾人、加泰隆尼亞人、加利西亞人與其他民族）、拉丁美洲人（3.9%，厄瓜多人、哥倫比亞人與其他民族）、巴斯克人（2.5%）、阿拉伯人（1.9%）、羅姆人（1.4%，當地稱為吉他奴 Gitanos）

官方語言：加泰隆尼亞語、加利西亞語、巴斯克語都是自治區的官方語言。卡斯提爾語（西班牙語）是西班牙境內唯一官方語言（西班牙語是全球第三大語言，亦是 3 億 4,000 萬人的第一語言）**全部語言**：21 種

經濟：十六世紀的西班牙是世界超級經濟強權，後來經過三百年的經濟衰退，直到加入歐盟（1986 年）才逐漸好轉。收益主要來自觀光、工業與農業，全球經濟危機（2008 年）及房市崩盤使經濟嚴重停滯。2011 年時，失業率是全歐最高（近 23%），2013 年底之後開始出現經濟成長的跡象。

政治：穆斯林摩爾人佔領西班牙七百年（1492 年結束），三百年的西班牙帝國之後是兩百年的動盪、內戰與獨裁政權，現在屬於多黨制民主的君主憲政國家。為了維持國家的統一而賦予 17 個自治區與 2 個城市極大的自治權。

1 西班牙於 1978 年以來的蛻變驚艷全世界。西班牙以民主統治取代獨裁，從窮困的國家蛻變成為富裕的歐洲強國，人民亦享有更大的宗教自由。但經濟的進步也帶來了物質的貪婪與放縱的生活方式。性道德敗壞、賣淫與墮胎問題隨處可見，西班牙的出生率並列全球最低。加上憂鬱症、債務與疾病，使社會的未來更加茫然；請為西班牙禱告，使人民不再相信這些阻擋他們認

識福音真理的謊言。

2 西班牙是全球古柯鹼、海洛因與大麻用量最高的國家之一，大約有兩百萬人使用毒品，多數是年輕人。逾十萬毒癮患者透過戒毒福音中心獲得自由，也有許多人信主。求神賜下愛、力量與智慧，幫助同工將福音傳給西班牙人。

3 西班牙雖被視為天主教氣息最濃厚的國家之一，但實際參加彌撒的西班牙人比例卻低於 17%。天主教的聖餐與儀式對於大多數青年而言，不再具有屬靈的意義。十六世紀宗教審判期間，有數千個民眾被控信奉異端，宗教領袖握有他們的生殺大權，可以任意拷問並殺害，同時強迫數以萬計的猶太人、穆斯林、新教徒改信天主教，或加以驅逐；求神使人們悔改，使基督教不再背負污名；請為天主教教會能再度呼出更新靈魂的新生命禱告。

4 福音派基督教隨著宗教自由的開放而持續增長，移民所帶來的影響是其主因。拉丁美洲、羅馬尼亞與非洲的信徒湧入西班牙，並帶來他們的福音派基督教信仰，使西班牙經驗到多元的基督教樣貌，以不同以往的方式認識耶穌的真理，我們為此讚美神。西班牙從未體驗過全國性的復興，屬靈氣息似乎已乾枯。西班牙國內最大宗的福音派基督徒羅姆人，興起「腓立比運動」（Filadelphia movement），為這場吸引二十萬人參與的運動讚美神！

5 請為基督教同工禱告，幫助他們服事較少聽見福音的地區。1978 年以後，到西班牙的宣教士人數漸增，現在或許已經超過一千人。國內有半數的新興教會是拉丁美洲同工所設立；請為當代西班牙語以及地方性語言或方言的聖經翻譯禱告，求神透過各種語言的譯本傳揚福音。請特別為以下地區禱告：

- **福音未及的都市**。未設立教會的城鎮，包括 345 個人口逾五千人的城鎮，許多更小的城鎮或村莊甚至沒有任何基督徒。僅少數教會有能力負擔聘牧的費用，有時則由宣教士充當牧者，但這會拖累植堂的事工；求神預備更多年輕的西班牙領袖，進入神學院與聖經學院就讀，並願意委身於神的話語及神的大工。
- **加那利群島**（非洲西北方外海的七座島嶼）。加那利群島的福音派基督徒勢力比西班牙的龐大。蘭薩羅特島、富埃特文圖拉島、拉戈梅拉島、拉帕爾馬島與耶羅島，都需要更多的事工扶持。來自摩洛哥、塞內加爾

與非洲其他地區的非法移民，恰好成為基督教信仰傳福音的機會。

- **休達與梅利利亞**（各七萬人）。休達與梅利利亞是摩洛哥北方海岸的城市，有半數人口是穆斯林，半數人口使用切爾哈語（Cherja，柏柏爾人的語言）；請為這兩座城市禱告，使他們成為北非福音事工的橋梁！

- **巴斯克人**。目前尚未設立巴斯克語的新教教會。少數福音派基督徒習慣使用巴斯克語，卻仍無法以自己的語言敬拜或分享見證。巴斯克人是古老又自尊心高的民族，求神打破他們數百年的迷信歷史，以及對於外來族群的恐懼。

- **穆斯林**（或許超過兩百萬人）。信仰伊斯蘭教的摩爾人統治西班牙逾七百年，因此非常希望贏回過去曾經擁有的土地。穆斯林移民大多來自摩洛哥及非洲其他國家。許多宣教機構將總部設在南西班牙，為的是將福音傳給當地及北非的穆斯林。西班牙境內的穆斯林當中僅少數信主，求神打開他們的心，並保守信徒能以愛心分享基督的福音。

瑞典 Sweden　　　　　　　　　　　　　　　　　　*歐洲*

人數：930 萬　**首都**：斯德哥爾摩（130 萬人）
基督徒人數：530 萬　**福音派人數**：64 萬 2 千
主要宗教：基督教
成長最快速宗教：伊斯蘭教

主要族群：斯堪地那維亞人（87.5%）、芬蘭—烏戈爾人（3.1%，包含芬蘭人與薩米人）、斯拉夫人（2.6%）、以及其他兩百多個國家的移民（5.3%）
官方語言：瑞典語以及官方所承認的五種少數民族語言　**全部語言**：30 種

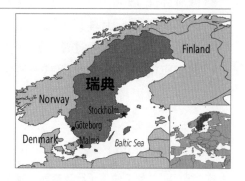

經濟：經濟穩定且高度發展，由重稅支持的社會福利制度涵蓋範圍廣，造就了全世界最佳的生活水準。

政治：國會制民主及部分的君主憲政，目前是歐盟會員，謝絕加入北約組織以及歐元區。

1　**瑞典人普遍靈性低迷**。幾乎所有宗教團體都流失了信徒，僅 23% 的人民仍與神建立關係。瑞典擁有豐富、悠久的基督教歷史，包括十九世紀時多次的復興運動、深刻的「自由教會運動」（Free Church movenent），以及對於宣教的強烈委身。但基督教青年及瑞典差派的宣教士人數，在過去三十年內大幅下降，瑞典教會（路德會）不再是瑞典的國教教會。今日的社會更加重

視物質的舒適、個人享樂並追求個人主義。瑞典急切需要瞭解聖經與瑞典文化、且不與主流社會思維妥協的教師與領袖。

2 **為福音派各教會間的團結讚美神**。神的靈仍在作工！因為屬於少數，所以不同背景的福音派基督徒經常一起服事、禱告與崇拜。每年的五旬節時，全國約有兩萬人聚集在斯德哥爾摩參加「彰顯耶穌」（Jesus Manifestation）活動。福音派教會共同設立教會，幫助那些酗酒、遭到性虐待或失業的人民。

3 **瑞典福音事工面臨的挑戰**：

- **年輕的一代**對於聖經真理幾乎一無所知，但已逐漸有些人開始對靈性產生好奇；請為有果效的青年事工禱告。

- **原住民薩米民族**（高達兩萬五千人）住在北方的拉普蘭，使用四種語言；請為聖經翻譯以及能建立出真正的薩米教會禱告。

- **歐洲移民**分別來自波士尼亞、塞爾維亞、波蘭與俄羅斯；請為真正碰觸到屬靈需要的基督教見證禱告。瑞典的東正教基督教團體人數漸增，使該宗派增長迅速。

- **穆斯林**從 1960 年的零星人數增長至 2010 年的三十三萬人，大多來自伊拉克、伊朗、土耳其、波士尼亞與索馬利亞。服事他們的同工並不多。穆斯林居住於社會邊緣，與自己的族人同住。

- **東亞與南亞民族**來自近三十五個國家，藏身於社會之中，既難以發現，又難以傳福音。

瑞士 Switzerland

歐洲

人數：760 萬 **首都**：伯恩（行政首都，34 萬 7 千人），洛桑（法定首都，12 萬 2 千人）

基督徒人數：580 萬 **福音派人數**：33 萬 6 千

主要宗教：基督教

成長最快速宗教：無信仰

主要族群：瑞士德裔（62.1%）、法籍瑞士人（18.9%）、義大利人（5.4%，3 個民族）、塞爾維亞－克羅埃西亞－波士尼亞人（4.9%）

官方語言：德語、法語、義大利語、羅曼什語（Romansh） **全部語言**：26 種

經濟：瑞士是富裕的工業國，勞動人口技巧熟練，且教育程度高。高度倚賴貿易，觀光與銀行業亦十分重要。生活費用高昂。

政治：1291 年成立聯邦，1848 年建立聯邦國家，屬於聯邦民主政治，極度堅持不參與全球政治的政策，並保持中立。2002 年加入聯合國。瑞士在各項重要的法律與政策方面，都允許人民直接投票，這種直接參與的民主政治，是其他國家所不能及。

1　**瑞士雖然獨樹一格，現在也面臨**與鄰國相同的社會與屬靈議題。以往直接參與民主政治的人民佔全國 80%，現在投票率下跌至 40%。低出生率與高齡化人口造成退休金制度的沉重負擔，因此人口嚴重外移，有 22% 的人口是國外移民，新來的種族與宗教團體夾雜著瑞士的傳統認同，經常導致許多問題的發生；求神將智慧賜予領袖，幫助他們帶領國家繼續前行。

2　**包括加爾文與慈運理等偉大的改革家，**都曾在瑞士教導人真理，現在卻僅少數人對基督教有興趣。人賺取了財富，獲得物質上的舒適，卻也失去了宗教的熱情。年輕人當中有 60%～80% 希望深入瞭解神與宗教的議題，但除了基督教之外，亦研究東方的宗教與神祕宗教；請為瑞士人能在耶穌基督裡找到真理的道路，以及整個國家能因聖靈而奮起禱告。

3　**教會大多遭遇人數與影響力衰減的問題。**天主教會神職人員的短缺引發許多問題，因為自由派神學的流行，造成許多天主教與改革宗會堂勢力衰微。為獨立教會的些微增長，以及改革宗和天主教會正向的改變讚美神。求神使用國教教會與獨立教會的男男女女，使會堂經歷更新，使國家經歷復興！

4　**福音派教會有新的異象，**要使瑞士福音遍傳。相較於以往，傳統福音派基督教團體、靈恩派團體與新興的移民團體已更加團結合一，一起宣揚基督的名。他們透過電視、廣播、網路、報紙等創意，將福音傳到整個社會。瑞士對於世界宣教委身的熱忱依然未減（近一千七百名長期服事的同工），甚至有少數的福音派基督徒參與其中，我們為此讚美神。

5　**居留瑞士的外國人比例**是歐洲大國當中最高。45% 的日內瓦居民並非瑞士裔人！拉丁美洲與非洲人等少數民族設有兩百餘間會堂，對於瑞士的福音事工貢獻匪淺，其他族群多未曾聽見福音。總人口的 6% 是穆斯林，另有 15% 的人認為自己沒有宗教信仰；請為這些新住民發展的外展事工既有清楚教導、又充滿關愛之心來禱告。

烏克蘭 Ukraine

歐洲

人數：4,540 萬　**首都**：基輔（280 萬人）
基督徒人數：3,590 萬　**福音派人數**：170 萬
主要宗教：基督教
成長最快速宗教：伊斯蘭教
主要族群：烏克蘭人（72.1%）、俄羅斯人
（13.2%）、波蘭人（2.3%）、吉普賽人（1.5%）、
土耳其/阿爾泰人（1%）
官方語言：烏克蘭語（但普遍使用的是俄羅斯語）
全部語言：42 種

經濟：礦產資源與可耕地潛力無窮。經濟雖然有部分成長，但多數人的生活水準仍趨近貧窮線。雖已轉型成為市場經濟，卻因嚴重的貪污問題以及每況愈下的城鄉差距，使經濟發展受阻。高度倚賴與俄羅斯的貿易。

政治：數百年來不斷遭受其他國家統治及戰爭的命運，1991 年脫離蘇聯獨立，內部分裂成兩派，一派親俄，一派則嚮往未來與西方/歐盟國建立更密切的關係。問題的懸而未決，使國家經常陷入動蕩不安與衝突。東部地區的暴行，以及俄羅斯對克里米亞的併吞，都反映了烏克蘭的悲慘命運。

1　為烏克蘭豐富的基督教傳統讚美神。斯拉夫國家的基督教始於一千年前的基輔。烏克蘭的教會在獨立之前（1991 年）承受極大的苦難，數百萬名基督徒遭到殺害，但教會不屈不撓的信心堅持，帶來了今日的果實，成為社會極大的影響力。福音派基督徒的出現源自於一百三十年前的迫害，今天的信徒數量漸增，也益加堅定。今日，烏克蘭的屬靈動力與異象都已脫胎換骨。

2　共產黨雖已於二十五年前垮台，卻留下難以抹滅的痕跡。新的市場經濟造成許多人生活窮困，少數人卻透過貪污賺取大量財富。少數有權有勢的巨頭雖因烏克蘭致富，卻往往將錢投資在其他國家。烏克蘭的經濟問題使東方與西方的政治關係更加緊張。共產黨垮台造成價值觀與道德觀的破口，使人感到絕望、染上酒癮，甚至造成 HIV／愛滋病的擴散。全人關懷與慈善事工的機會俯拾即是，信徒必須把握這扇向福音敞開的大門！

3　烏克蘭政治遭遇困境，未來前途茫茫。「橙色革命」（Orange Revolution，2005 年）不僅象徵人民具有改變現況的潛力，也代表他們未來將面臨的各種問題。非暴力的抗爭雖然帶來全新的選舉與更大的自由，卻很難產生太大的變化。貪污雖然嚴重，但他們也有相當的決心打擊貪腐。政治反對勢力彼此之間的激烈爭吵與無情相待，以及東西方的分裂，都演變成

2014 年年初的暴力衝突。俄羅斯的軍隊為了將魔手深入克里米亞與烏克蘭東部，操弄著局勢，無論是俄羅斯與西方國家，都打著烏克蘭及其人民的如意算盤，因此很難在這些政治宣傳當中發現他們的真正目的。上帝對於烏克蘭的心意為何？求神使他們和好，縫補嚴重的撕裂，並醫治已經造成的傷害。求神使公義臨到整個社會，尤其是受到壓迫的人，並使他們對未來有盼望。

4 烏克蘭彷彿橋梁，連繫著東、西方，以及東正教與天主教。烏克蘭東正教教會的會友略過半數，但教會中亦可見到社會中的分裂（分為效忠基輔與莫斯科的兩派人馬）。希臘／東儀天主教教會（Uniate Catholic Church）雖然遵循東正教的禮拜儀式，卻服從教宗的領導。其他東正教、天主教與新教團體亦都面臨內部的紛爭。教會之間為了資源、建築與會友相互爭奪。但愛神與聖經的人對神依然忠心！求神透過屬靈的生活與更新改變他們的關係，使教會的政治問題獲得解決。人若向神呼求，就能在烏克蘭未來的發展過程中扮演帶來拯救的重要角色。

5 福音派基督教雖然遭遇迫害，仍舊穩定成長，新興的靈恩派團體的增長尤其明顯。外國人（特別是非洲人）建立了許多新會堂，這些會堂也很快就認同了烏克蘭文化。而一場家庭教會的運動，也強調親友之間的福音見證、不拘形式的領導方式，並推動烏克蘭與鄰近國家教會的持續增長；請為斯拉夫的本質、西方的風格、非洲的精神、新興活潑的教會的混雜，以及各個傳統基督教宗派的融合所需的敏銳與仁慈禱告，求聖靈透過新團體在靈性上的活潑，以及傳統宗派的靈性傳承來行大事。

6 請為教會裡的和好與合一禱告。共產黨統治時期，三大教會宗派（東正教、天主教、新教）發生了分裂，一派有意與共產黨合作，一派則抵擋共產黨。因為分裂，所以需要醫治。但無論哪一個宗派，都與烏克蘭聖經公會共同合作，在社會裡宣揚聖經真理與道德倫理。他們透過與聖經公會的合作，每年成功發放了數十萬本聖經！

7 烏克蘭是斯拉夫國家當中的「安提阿」。烏克蘭本土宣教機構差派同工，前往烏克蘭與前蘇聯的國家服事；請為能有更多的同工、神豐富的供應，以及與西方、亞洲與其他宣教機構有果效的合作禱告。1989 年以前有許多教會受到迫害，但外國宣教機構卻未曾間斷忠心的服事。長期服事的宣教士都以謙卑的態度學習當地語言與文化，直到今日仍能有諸多貢獻，更在聖經教

導、領袖培訓方面貢獻卓著,並協助烏克蘭人著手發展本地的事工與宣教。

8　請特別為以下福音事工的挑戰禱告:

- **危難中的兒童**。數萬名兒童流落街頭,逾十萬名兒童淪落孤兒。若沒有人幫助他們,就會染毒、犯罪,甚至賣淫。兒童急難使命中心(Co-Mission for Children at Risk)聯合許多事工機構,表達對他們的關心,使他們明白基督的愛。

- **克里米亞**。克里米亞的教會發展狀況並不好。大多數居民屬於俄羅斯民族,因此較親俄。原住民克里米亞韃靼人(大多是穆斯林)數年來流亡於塞爾維亞,目前已有二十五萬人回到家園居住。基督徒特別選擇向他們傳福音,因此已有些人跟隨基督!

- **外來移民**。多是來自中東與亞洲的留學生,他們大多感到寂寞孤單,並面臨種族歧視的問題。有許多人向福音敞開了心,烏克蘭教會以愛與他們連結,並得人如得魚。

英國 United Kingdom　　　　　　歐洲

人數:6,210 萬　**首都**:倫敦(860 萬人)
基督徒人數:3,710 萬　**福音派人數**:550 萬
主要宗教:基督教
成長最快速宗教:無信仰
主要族群:盎格魯薩克遜/克爾特人(85.2%)、亞洲人(6.3%)、歐洲人(3.3%)、中東/西亞人(1.9%)、非洲加勒比海人(1.4%,多出生於英國)、非洲人(0.8%)
官方語言:英語(威爾斯的語言包括英語與威爾斯語。英語是全球四億人口的第一語言,也是全世界十四億人溝通的主要語言)**全部語言**:15 種在地語言(外來移民的語言逾兩百種)

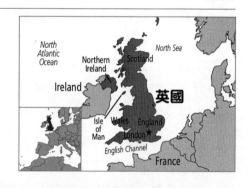

經濟:英國是全世界首先第一個工業化的國家,以仰賴金融與商業服務的服務型經濟為主。二戰之後經濟衰退,但已於 1980 年代中至 2000 年代末期間完全恢復。即使在 2008 年至 2009 年的經濟危機時遭到重創,卻仍是全球第五大經濟強國。高失業率的問題日益嚴重。目前是歐盟會員國。

政治:英國(UK)是國會制君主憲政國家,於 1801 年成立,時為大不列顛與愛爾蘭聯合王國(Union of Great Britain and Ireland)。南愛爾蘭於 1921 年脫離聯合王國。大英帝國的領土曾經涵蓋全球四分之一的土地,後來紛紛獨立成為六十個國家(大部分仍屬英聯邦)。英國境內面積較小的構成成員(蘇格蘭、威爾斯與北愛爾蘭)都享有某程度的自治權,曼島與海峽群島屬於英國皇家屬地(不屬於英國,但地理位置相近,仰賴英國的保護與外交)。

1 英國的文化、外交、經濟與軍事影響形塑了整個世界。英國是大英國協的中心，也是聯合國安理會常任理事國，倫敦是全球金融、旅行、政治與文化的中樞城市之一。英國對於基督教信仰的傳播貢獻卓著，從威克里夫、丁道爾，直到今天的「啟發課程」、「24-7 禱告運動」，以及許多的福音派基督徒作家、神學家與敬拜領袖，比比皆是；求神幫助他們將這股強大的力量用於公義與正確的事上。

2 英國需要發掘二十一世紀所需的使命感與目標。國家地位的優越感與核心的認同感隨著帝國的終結而消失。過去的社會是以基督教傳統為基礎，如今除了基督教之外，亦有其他人數較少的宗教，吸引了大眾的注意力並獲得政府的支持，例如伊斯蘭教。占星學、新世紀運動、神祕學、舊世界的異教思想（德魯伊魔法／巫術）逐漸盛行。1960 年代的「各種自由」留下許多悲慘的社會後果，英國的酗酒與藥物濫用、性病、墮胎、娼妓、吸毒與個人債務等問題，都已引起社會的關注。過去八百年來，英國大約每一百年都會經歷一次大復興，上一波大復興發生於 1859 年至 1869 年間，許多基督徒正迫切為下一次的屬靈覺醒禱告。

3 移民在生活中處處可見。倫敦的每一個外來民族都已超過一萬人，分別來自五十多個國家，在這裡可以遇到全世界所有的民族！多數英國人並不喜歡這些移民，而移民也必須努力適應英國的生活。這些變化引起人民的不滿，但每個社會都必須學習面對與多元文化和平共處的挑戰。移民能透過以下兩種方式，帶給英國祝福：

- **多數移民來自虔誠的基督教國家**（包含奈及利亞、巴西與其他國家），能帶來新的教會生活與成長。大約一千五百位基督教宣教士從美國、非洲與亞洲來到英國，教會也因非洲人、華人、波蘭人、「流浪者」（羅姆人），甚至是南亞人與其他民族的歸主而增長。
- **多數移民來自福音未及的國家，現在距離信仰卻只差臨門一腳！**請為神的子民本身能打開心接受身邊這群人，並開放家庭接待他們禱告。同時透過與不同國家的信徒間建立合作關係，來設立教會、接觸新的族群，並將榮耀歸給耶穌。

4 英國聖公會面臨了一個危機。英國聖公會是全世界 8,160 萬名聖公會會友的母會。世界各地的聖公會（Anglican Church）內部嚴重分裂成福音派、

自由派、英國天主教各派，在女性牧者的封牧、同性婚姻與其他議題方面意見分歧。英國的福音派基督徒約佔國內聖公會會友的 34%，福音派基督教運動亦持續對於英國聖公會造成影響（英國境內半數的福音派基督徒屬於聖公會）；請為教會領袖能重新在社會中扮演先知的角色，並同聲向這退居道德與靈性中心之外的社會喊話禱告。

5 英國的福音派基督教已停止成長。少了福音派基督徒的移民（尤其是非洲），信徒人數也將開始下降。許多基督徒對於真理不再有信心，面對福音的大能、獨一的的耶穌，或傳統的教會生活與佈道，也失去了確信。過去兩百二十年來，英國對於全球的福音佈道與新教的宣教運動有著不可抹滅的貢獻；求神恢復屬神子民的異象與信心，使他們信靠祂，相信祂有改變的能力，也相信祂必定再一次地使用英國。

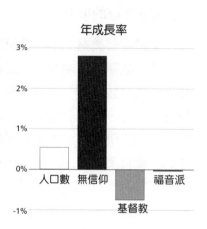

6 各種盼望的記號，激勵了英國的教會：

- **許多牧者與會眾經歷了靈恩的更新**（1960、1990 年代），使眾多的家庭教會蛻變重生。新興的教會增長迅速，並成為國家一股強大的屬靈力量，在各宗派中間創造更活潑的敬拜。

- **「啟發課程」與「生命歷奇：探索基督教信仰」**（Christianity Explored）等課程成為極為實用的傳福音工具，目前已經推展至英國全境及世界多國，幾乎各宗派皆有使用。

- **倫敦的教會**往往規模較大、較多元，對於傳福音與族群計畫亦較英國其他地方的教會更加熱心。

- **新興的運動觸動了年輕的一代**，包括禱告與敬拜等事工。

7 特別需要禱告的少數族群如下：

- **南亞人**（三百萬人，是最大群的少數民族）。約有 4% 的南亞人是基督徒，有些原是印度教或錫克教徒，信主的穆斯林僅限少數。

- **加勒比海與非洲民族。**當中約有 17% 參加聚會（比例超過英國的三倍）。這些教會原來孤立於其他的福音派教會，但當教會文化變得越來

越多元時，情況亦開始不同。這些族群遭遇的問題繁多，包括貧窮問題與教育的缺乏，單親家庭的比例亦高於一般社會。

- **英國的索馬利亞人**（十萬人）。住在英國的索馬利亞人是世界上最少聽聞福音的族群之一，且少有人向他們傳福音或在當中服事。

- **中東與北非民族**。有許多富裕的阿拉伯人來到英國觀光、出差或留學，有些已信主。阿拉伯人當中有許多基督教團契，土耳其人、庫德族人與伊朗人中間亦設立了數個團契。最近英國有越來越多葉門人、摩洛哥人與阿爾及利亞人，卻少有人聽過福音。

- **華人**（高達五十萬人）。大多是為了讀書或工作來英的中國內陸人口。數千人非法進入英國，有些則是人口販賣的受害者，甚至遭遇悲慘的命運。大約 5% 的華人是基督徒，設有一百餘間華人教會。

8 **穆斯林**目前至少有兩百萬人，且透過移民與高出生率持續增長。主要由巴基斯坦人組成，其他族群包括孟加拉人、印度人、中東人、索馬利亞人與北非人。倫敦現在已是伊斯蘭教的中樞，特別是激進組織的據點。偏激的伊斯蘭教、恐怖主義、非法移民以及融入英國社會的困難，都是造成穆斯林無法平靜下來，過和平生活的原因；求神挪去穆斯林與基督徒之間的障礙，使基督徒有機會向他們分享福音。

聯合王國內的構成成員

1 **英格蘭**是英國構成國當中最為世俗的國家。僅約 6% 的英格蘭人民固定參加聚會，無神論的思想逐漸被視為智慧與文化力量的展現。英格蘭內部的城市巨幅改變，教會一間間關閉，會堂一群群消失，穆斯林的清真寺、印度教及錫克教的寺廟隨處可見；求神興起同工，能透過有意義的聚會，滿足窮人、吸毒或犯罪之人的需要；求聖靈進入迷失的人的生命，使他們認識上帝，明白福音的真理！

2 **蘇格蘭**於 1998 年再度成立自己的國會，且極力發起各種激烈的運動，在歐盟尋求完全的自治權。蘇格蘭的歷史可說是由一連串的復興運動組成，並差派了李文斯頓（David Livingstone）、莫法特（Robert Moffatt）、瑪麗·斯萊瑟（Mary Slessor）、李愛銳（Eric Liddell）等許多著名的宣教士，但今日

的蘇格蘭卻遭眾多的社會問題纏身，近半數的兒童是非婚生子女，酗酒與藥物濫用的比例居高不下。蘇格蘭教會（長老教會）是蘇格蘭的國教教會，會友也已快速流失；請為福音能透過愛的見證與各宗派信徒的服事，轉化蘇格蘭禱告。

3　威爾斯於 1998 年建立自己的國民議會，有些人期盼威爾斯能夠獨立。威爾斯努力保存自己的語言與文化（約 22% 的人口使用威爾斯語）。歷經經濟大衰退之後，許多人離開國家，也離開教會。這裡是著名的復興之地與音樂之鄉，上一次的復興發生於 1904 年，自此之後教會聚會人數卻一落千丈，衰退的情況甚至比英國其他地方更加嚴重。最近幾年來已有些教會開始增長，尤其當福音派會堂透過族群的參與，宣揚並彰顯福音時，增長更加明顯；請為復興再次臨到，使整個國家再次高聲讚美神禱告！

4　北愛爾蘭（阿爾斯特 Ulster）於 1998 年成立自己的國民議會（上一次開會是 2007 年）。三千人死於 1960 年代末至 1998 年（當年簽署受難日和平協定）間的內戰，阿爾斯特至今仍分裂成兩派，一派是希望與愛爾蘭統一的民族派（一直以來都是天主教徒），另一派是人數眾多、希望留在英國的聯合派（一直以來都是新教徒）；求神使這兩派人能夠和好，並饒恕過去的罪惡；請為北愛爾蘭能見證基督醫治並恢復國家的大能禱告。北愛爾蘭的聚會人數雖然是全英國之最，並擁有全英國最遠大的宣教異象，但仍舊抵擋不住衰微的浪潮；請為這地長期以來不吝於資助金錢與人力至世界各地傳福音的心胸，能持續敞開禱告。

其他歐洲國家

　　歐洲的國界反映其悠久的歷史，這一小群國家大多代表了過去數百年來殘存的公國與侯國。雖然這些國家散布於西歐，但面積都不大，且國家起源相似，意謂著他們的社會與經濟變化模式亦類似。以下將列出符合上述範疇，人口低於十萬人的國家。盧森堡的人口雖然超過十萬，但因其他條件皆符合上述範疇，因此亦列舉如下。梵蒂岡與法羅群島雖然人口低於十萬人，卻不在此列。

　　每個國家都在歐洲列強環伺之下，非常努力地保有自己的國家地位。態度多偏保守、富裕、彈性稅制，雖重視宗教傳統，但未活出信仰真諦。只要少數的移民湧入，就會大幅改變國家的人口結構，通常會有某個族群成為社會的多數。

　　小國家通常具有一種僅專注自己國家傳統的特質，因此基督徒大多認為在這些國家傳福音與服事並不容易。財富、舒適與穩定的生活，都使得人們覺得他們的生命並不需要神。

　　請為每一塊土地禱告，求神按祂的旨意，打開每個人的心門。求神幫助每個人明白，耶穌所賜予的恩惠勝過人類社會或減稅政策所能給的，是真正的平安、財富與身分地位！

1　安道爾（八萬七千人）從 1278 年起就已在法國與西班牙共親王的統治之下，成為獨立自治的政體。安道爾曾是走私犯的溫床，今日卻已成為繁榮的逃稅天堂。安道爾在傳統上是天主教國家（近 90% 是天主教徒），但事實上有許多人遇到問題時，都會求助於占星術士或靈媒。但我們仍要為少數忠心跟隨基督的信徒讚美神。基督徒大部分是移工，有些是安道爾本地人；求神將新生命賜予安道爾教會，求聖靈揭露神祕宗教，並除去其力量。

2　直布羅陀（三萬一千人）於 1704 年遭英國佔領，直到今天仍屬英國海外領土，2007 年開始享有自治權。大部分人是天主教徒，其他宗派亦設有教會，福音派／靈恩派雖佔少數，卻有增長。有大批摩洛哥人來此工作，其他還有猶太人與印度人。直布羅陀的地理位置有利於該區域（包括西班牙南部與北非）向當地人、移民與外國遊客傳福音；求神將傳福音的異象，放到會眾的心中！

3 列支敦斯登（三萬六千人）是憲政體制的侯國，在某些方面與瑞士走的較近。儘管王族與當地公民長久以來都信仰天主教，但大多未積極活出信仰。穆斯林與無信仰的人數日漸增多。1985 年時，英國、挪威與瑞士的信徒建立了當時唯一的福音派團契。有的皇室成員不僅參與了天主教的靈恩更新運動，更承認個人的基督教信仰。

4 盧森堡（49.2 萬人）目前是這些小國當中人口最多的國家，進半數的人民屬於外籍人士。盧森堡是國會制民主國家，與比利時和荷蘭關係相近。

- **盧森堡仍保有豐富的天主教傳統**。雖然天主教是主流宗教，但實際上只有少數人固定參加彌撒或落實信仰，其他信仰的增長則成為基督教的挑戰。伊斯蘭教、東正教、耶和華見證人、東方神祕主義都改變了盧森堡的宗教組成。新教與獨立基督教團體的加入，亦增加了盧森堡的宗教多元性；求神使人能認識永生基督的大能！請為聖經的盧森堡語譯本，以及許多民族主要語言的翻譯禱告。

- **福音派人數不多**，且大多都是外國人。信徒分別於在二十三間福音派基督教會中，以九種不同的語言敬拜神，僅少數教會有全職服事的牧者，他們不時會舉辦聯禱會並一同敬拜；請為他們之間的信任與合一禱告。政府與社會往往將福音派團體視為「異教」，造成他們承租大樓與公開佈道的困難；請為信徒知道如何透過創意分享福音，並以聖經的原則建立國家禱告。

5 摩納哥（三萬三千人）是君主憲政國家，由親王與國家議會共同治理。摩納哥吸引了富人與名人來到這裡過著放縱享樂的生活，超過 75% 是富裕的外國人。摩納哥雖有天主教傳統，但國內充斥著物質的誘惑，使人很難對屬靈事物產生興趣。這裡只有少數的福音派基督徒，因此影響力甚微，但我們仍要為最近出現的一小群摩納哥福音派信徒讚美神！請為天主教、聖公會、法國改革宗教會，以及摩納哥雙語基督教團體虔誠的信徒禱告，求神幫助他們改變整個社會。

6 聖馬利諾（三萬兩千人）於主前 301 年成為獨立共和國，與義大利關係緊密。聖馬利諾擁有天主教傳統與文化，但事實上僅少數人真正活出信仰，有人則摒棄了宗教傳承，聖馬利諾境內亦有其他宗教信仰的存在。聖馬利諾自稱「古老的自由國度」（Ancient Land of Liberty），人民有崇拜的自由。儘

管如此，對於福音派基督教而言，仍非友善的環境。過去福音派基督徒只要傳福音，就會蒙受牢獄之災或遭驅除出境，因此目前沒有任何教會或福音事工在此傳福音。

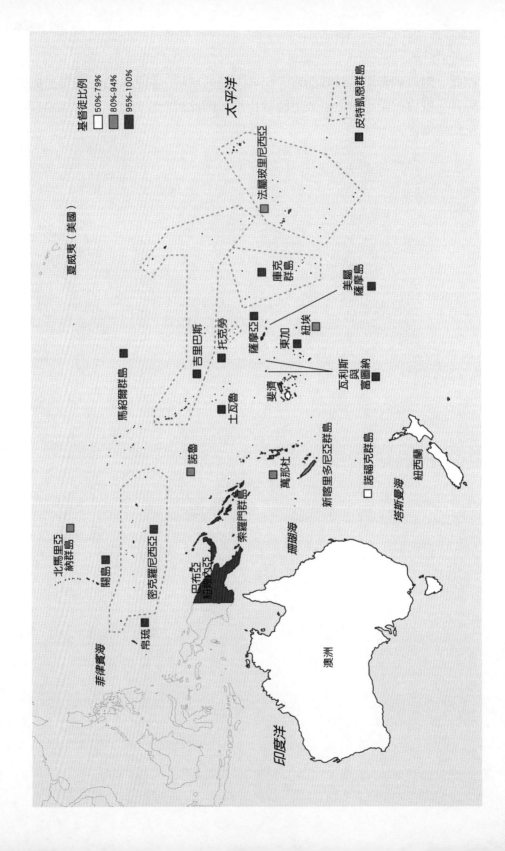

大洋洲

人數：3,580 萬
基督徒人數：2,650 萬　**福音派人數**：640 萬
主要宗教：基督教
成長迅速的宗教：佛教

所有語言：1,250 種（佔全世界語言的 18%）
聖經翻譯的語言：聖經已翻譯成 37 種語言，新約已翻譯成 252 種語言，新、舊約章節已翻成 185 種，目前有 265 項翻譯計畫正在進行，414 種語言待翻譯。

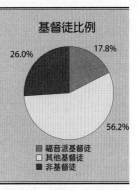

基督徒比例

17.8%
26.0%
56.2%

■ 福音派基督徒
□ 其他基督徒
■ 非基督徒

　　大洋洲有兩萬五千座島嶼，散布在八千八百萬平方公里的海域上（甚至大於歐亞非三洲加起來的面積），包含一個洲（澳洲）、兩個大島（紐西蘭與巴布亞紐幾內亞），以及二十六座小島嶼與領土。

　　這地區住有一千三百個民族，三分之二住在巴布亞紐幾內亞！澳洲與紐西蘭的人口是全太平洋地區最多的國家，祖先大多是歐洲移民。除了白種人之外，其餘 77% 屬於太平洋島民，20% 屬於亞洲人。

　　傳統上，太平洋地區及其原住民分成以下三個族群：西方的密克羅尼西亞、南方的美拉尼西亞以及東方的玻里尼西亞。

澳洲 Australia

大洋洲

人數：2,150 萬 **首都**：坎培拉（38 萬 7 千人）

基督徒人數：1,490 萬 **福音派人數**：310 萬

主要宗教：基督教

成長最快速宗教：佛教

主要族群：盎格魯─澳大利亞人（67.9%，大多是英國或愛爾蘭人的後裔）、歐洲人（16.6%）、華人（3.4%）、澳洲原住民（2.6%）、中東／西亞人（2.4%）、盎格魯─紐西蘭人（1.8%）、越南人（1.2%）、菲律賓人（1%）、印度人（1%）

官方語言：英語，以英語為第二語言的人口佔 20% **全部語言**：207 種

經濟：澳洲屬於先進的市場經濟，與東亞往來越加密切。最近發生不少旱災、森林大火與水災，都造成許多生命的消失，也破壞了動物及食物供應。

政治：自 1901 年以來都屬於聯邦國會制民主政體，英國的君主是澳洲合乎憲法的國家領袖。

---

1 **澳洲的現代化造成國家的壓力與張力**。移民造就了多元的國家，在大都市中尤其明顯。種族與宗教的弱勢團體迅速增長，海外出生的人口佔澳洲的 28%！多樣性雖然為澳洲帶來了祝福，但也使澳洲人與難民、尋求庇護的人以及其他來到澳洲的移民之間關係緊張。對於帝汶島、布干維爾、索羅門群島等其他太平洋與亞洲國家而言，澳洲是穩定與和平的象徵。澳洲具有救助海外人民的能力與意願，我們為此讚美神。請為信徒能參與多元社會，為其創造益處與意義禱告。

2 **澳洲社會成功繁榮，卻破壞了土地環境**。數年來的乾旱、人口增長、土地與水源的過度使用，都破壞了自然環境，危害程度甚至勝於其他的洲。無論是這國家、社會或土地所領受的祝福，都應當好好管理運用；請為他們所需的智慧禱告。

3 **澳洲教會面臨巨大的挑戰**。澳洲宗教的多元化，導致基督教嚴重衰微，使生活與法律更加世俗化。雖有 70% 人口自稱基督徒，但僅 10% 人口固定參加聚會。對於多數澳洲人而言，教會既不寬容，又大權在握，因此有許多人隨各人喜好而選擇迴避責任義務的個人信仰。每一間教會幾乎都已式微，或僅維持固定的聚會人數，福音派基督教的增長則漸趨緩慢；請為教會能透過復興運動，徹底改變澳洲的社會禱告。

4 **福音派基督徒面臨了信心與禱告行動的挑戰！**目前已有人意識到社會變遷，並開始自我調整，有些事工機構與會堂開始花心思接觸社會大眾，並表達他們對人的關心，有些則向移民族群進行跨文化的福音事工，甚至向不同信仰背景的移民族群傳福音。雖然事工內容與以往並無不同，但基督教信仰的情況似乎已經開始好轉。教會最大的挑戰，在於如何抵擋社會世俗思潮（包括人的起源、性與上帝的實存性等議題）的滲入；請為福音派基督徒能以愛心向人傳達真理禱告，願他們能勇敢見證謙卑、憐憫的獨一真神耶穌。

5 **從未聽聞福音的人數與族群日漸增多。**澳洲雖有宗教自由，但仍有許多移民因跟隨基督或研究基督教而飽受迫害。都市地區許多勞動階級的人民，以及偏遠的礦工與農夫都沒有聖經可以閱讀；請為地方教會與宣教機構禱告，願他們能尋求與澳洲不同文化背景的族群分享基督的機會。若教會能向這些弱勢群體傳福音，他們必然也能為了神的緣故，影響、改變他們的祖國。

- **來自七十多個國家的穆斯林**（五十萬人）大多住在雪梨與墨爾本，並有一百餘間活躍的清真寺與禱告中心。
- **華人背景的移民**（高達五十萬人）約有 20% 承認信奉基督教，澳洲最大的長老教會是華人教會；請為福音能夠遍傳佛教徒與其他非基督徒華人中間禱告。
- **越南人**（二十五萬人）。澳洲自越戰以來湧入許多難民。僅少數人跟隨基督，第二代的越南人則努力在兩代的文化之間尋求他們的信仰。
- **巴爾幹半島及東歐的多元族群。**大部分人仍使用自己的母語，包括克羅埃西亞語、馬其頓語、塞爾維亞語、波士尼亞語及阿爾巴尼亞語，其他還包括波蘭語、俄羅斯語及烏克蘭語。他們來自歐洲某些最少聽聞福音的國家，已有些族群信主。
- **南歐人**（義大利人、希臘人、馬爾他人、西班牙人）。墨爾本是全球第二大希臘語系的城市，有些南歐族群於數世紀前就已定居於澳洲，因此與原來的文化與傳統教會較為疏遠。五旬節教會與耶和華見證人教會都曾向他們大部分的人傳福音。

6 **澳洲原住民族有五十五萬名，**他們因接觸了西方的文化及貪婪而飽受痛苦，並因失去土地與傳統的掌控權而感到挫折。澳洲總理透過 1998 年的道歉及每年的「國家道歉日」（National "Sorry" Day），改善了白人與澳洲黑人之

間的關係。要求政府承認澳洲原住民的土地權,仍是重要的政治議題。這些年來因許多宣教士不斷對原住民付出關心,使大部分人都信了主,但貧窮、藥物濫用、信仰淺薄及努力融入西方基督教信仰等問題,都限制了他們在靈命上的成長;請為原住民福音團契(Aboriginal Evangelical Fellowship)禱告,這個組織串連原住民基督徒,並支持領袖能力的發展,對於原住民族群的植堂運動有很大的幫助。

7 學生、青年與兒童福音事工是當務之急。雖然澳洲的社會已逐漸遠離神,但教會仍必須向年輕一代傳揚福音。目前共有四十間學校、六十萬餘名學生,因此學生福音事工仍需更多的人手與協助;求神預備更多教會志工進入中學教導信仰真理,帶領更多信徒進入小學擔任輔導;請為每個同工的信心成長及所需的支持禱告,幫助他們在青年與學生遭遇個人及社會困難時,能給予智慧的建議。

8 諾福克島、聖誕島與科科斯(基林)群島。這三座島是澳洲的海外領地,島上皆有住民(共四千五百人,基督徒:1,950 人,聖誕島有 36% 是佛教徒、25% 是穆斯林,科科斯群島有 71% 是穆斯林)。島上氣候惡劣。島民極度仰賴澳洲的幫助,但因地理位置過於遙遠,難以取得立即支援。澳洲教會努力向這群被世界孤立的族群傳福音;當地教會雖然不多,仍求神感動他們,使信徒的靈命更新,使他們覺醒。科科斯群島的馬來人與聖誕島的華人都需要福音。

斐濟 Fiji　　　　　　　　　　　　　　　　　　　　　　　*大洋洲*

人數:85 萬 4 千 **首都**:蘇瓦(17 萬 6 千人)
基督徒人數:55 萬 6 千 **福音派人數**:21 萬 5 千
主要宗教:基督教
成長最快速宗教:基督教
主要族群:斐濟人(52%)、南亞人(36.7%,大部分南亞人的祖先,是 1879～1916 年間英國引進的契約勞工)、萬那杜人(6.4%)、白人(1.4%)、羅圖馬人(1.2%,羅圖馬島民)
官方語言:英語(印度斯坦語及斐濟語亦普遍使用)**全部語言**:21 種

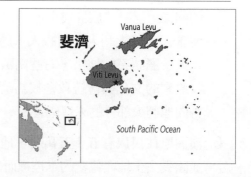

經濟:主要以觀光與製糖為主,是太平洋地區最高度發展的經濟體之一,若按人口計算,亦

是受援金額最高的國家。印度民族主導大多數的商業活動，卻無法取得土地權，因此造成商業界領袖開始外移。

政治：1874～1970 年間被英國統治，1970 年獨立之後，偶爾會發生軍事政變推翻民選政府，並受到國際譴責的情形。

1　英國於殖民時期的貪婪，造成斐濟種族的分裂。 英國自 1870 年開始，引進印度的契約勞工，因此有時斐濟人在自己的國家裡反而形同少數民族。印度人辛勤工作，在斐濟奠定他們的新生活，除了無權擁有土地，更承受了社會的怨恨與種族偏見。英國人與斐濟人號稱基督徒，卻虐待印度人，使印度人很難相信福音；請為悔改與和好的靈禱告，求神賜下一個自由、平等的社會。

2　衛理公會教會是斐濟這一百五十年來的主要宗派。 教會無法跨越種族歧視，政變亦導致教會的分裂。許多人離開衛理公會，加入較屬靈的新興宗派。新教會的人數與影響力都在這十年內逐漸增長，尤其是五旬節教會。福音派與靈恩派的運動，為衛理公會、聖公會與天主教教會帶來新的活力。有人認為這是斐濟的復興！上帝正在作工，祂要改變每一個人、每一個族群，甚至每一個環境。

3　合一、領袖訓練與宣教異象。 斐濟基督教會協會（Association of Christian Churches of Fiji）於 2000 年政變之後成立，旨在促進信徒的合一與和好，大部分由福音派的新教教會組成。斐濟教會協會（Fiji Council of Churches）的事工亦同，許多宗派都投入大量的資源，培訓宣教與佈道人才。斐濟曾差派宣教士到整個太平洋地區宣教。

4　斐濟的印度人形成太平洋地區最大的非基督徒族群。承認信仰基督教的印度人比例低於 3%，多數印度人仍未聽過福音；請為宣教士能以合乎他們文化的方式傳福音，以及少數的印度－斐濟基督徒能向自己的族人傳福音禱告。錫克族與旁遮普人的文化與語言保留的較為完整，因此也少有人向他們傳福音。斐濟所有的南亞族群當中，古吉拉特人仍是最少聽聞福音的一群，僅少數人信主，且幾乎沒有人向他們傳福音。穆斯林從不與其他族群來往，基本上也十分抗拒福音，少數信主的人遭受迫害，也因教會未能完全接納他們融入團體生活而飽受痛苦。其他國家已有基督徒為他們禱告（因為他們是太平洋地區最大一群未曾聽聞福音的民族），當地的基督徒則開始在穆斯林身上看到屬靈的覺醒與回應！

紐西蘭（新西蘭）New Zealand　　　　大洋洲

人數：430 萬　**首都**：威靈頓（39 萬 5 千人）
基督徒人數：230 萬　**福音派人數**：78 萬 4 千
主要宗教：基督教
成長最快速宗教：伊斯蘭教
主要族群：歐洲人（73.1%，大多是英國人的後
裔，歐洲人口逐漸攀升）、毛利人（13.4%）、薩
摩亞人（3.0%）、華人（2.8%）、印度―巴基斯坦
人（1.7%）、庫克群島人（1.3%）、東加人（1.0%）
官方語言：英語、毛利語（薩摩亞語亦使用普
遍）**全部語言**：22 種

經濟：主要以觀光、出口（農產品與林業）、科技、軟體發明為主，移民率高：有 16% 的紐西
蘭人住在海外。2011 年的基督城大地震，不僅造成許多人死亡，更衝擊了觀光業與房市。

政治：1907 年脫離英國獨立，屬於穩定的國會制民主國家，英國君主是紐西蘭的合法領袖。紐
西蘭是全世界最清廉的國家之一。

---

1 **紐西蘭的基督教因其他的宗教及屬靈信仰的存在而受到挑戰**。全國有
41% 的人口自稱無任何信仰，而最基本的不信才是教會的一大挑戰。過去固
定聚會比例高達 40%，如今卻只剩 14%。新世紀運動的靈修強調個人主義與
大自然，吸引了許多對於教會感到失望的紐西蘭人。但「24-7 禱告運動」與
近幾年其他的禱告小組，都證明了上帝仍在紐西蘭教會動工！為靈恩派與五
旬節教會最近的增長，以及主流宗派中的福音派新運動讚美神；求神澆灌聖
靈，使曾經離開的人，回到教會領受神豐富的恩典。

2 **紐西蘭的繁榮、穩定與自由吸引了外來移民**。其他信仰背景族群的移
入，使紐西蘭人有機會進行跨文化的福音事工。三分之二的亞洲移民住在奧
克蘭，佔奧克蘭人口的 20%。現在已有更多
教會透過英語課程與其他實際的協助，向移
民分享福音。有些人雖然對基督教或宗教組
織興趣缺缺，卻也深受耶穌吸引。請為以下
族群禱告：

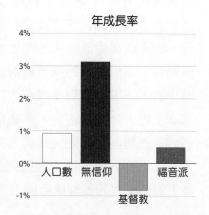

年成長率

- **玻里尼西亞移民**來這裡尋找工作。薩
  摩亞人、東加人和其他島嶼（庫克、
  托克勞、紐埃）的民族在城市居住下
  來。許多人來自基督教家庭，但是年

輕世代並不全然委身基督。

- **華人移民**雖然在紐西蘭已有悠久的歷史，人數卻於近幾年來才逐漸增加。華人教會倍增，且有新會友加入！請為他們能重視門徒訓練與宣教活動禱告。

- **印度人**自斐濟、印度、馬來西亞、南非與其他地方移入，有些是基督徒，都需要印度基督徒的領袖。

- **其他亞洲族群**包括東南亞與日本的難民與移民，大多是佛教徒，已設有幾間日本教會，韓國教會為數不少。

- **穆斯林族群**雖然小，卻快速增長。他們自世界各地移入，並設立清真寺。少有基督徒向他們傳福音。

3 毛利族人口成長快速，並從未停止復興自己的文化。英國與毛利人訂定「懷坦吉條約」（Treaty of Waitangi，1840 年），在保證毛利人的土地與資源權的條件下，取得移民定居紐西蘭的權利。懷坦吉條約一再地使毛利人喪失名譽與權利，使毛利人飽受折磨，他們必須經歷多次法律上的辯論，並因屬靈問題而受苦。對於那些失去文化的族群而言，失業、家庭暴力、青年幫派與高犯罪率等問題，都是非常大的挑戰。林格圖（Ringatu）、拉大那（Ratana）等宗派以及摩門教會，都吸引毛利人成為信徒，僅少數人參加福音派教會。請為毛利人的文化能因福音而更加復甦禱告。

4 紐西蘭差派會友成為宣教士的比例，遠高於其他大部分的國家！儘管表現斐然，「宣教網絡」（Missions Interlink）及許多教會仍希望每一名宣教士能夠服事一千名信徒，這意謂著差派的數量必須達到今日的兩倍，即三千名同工；求神大能來成就！

巴布亞紐幾內亞（巴布亞新幾內亞）Papua New Guinea　　大洋洲

巴布亞紐幾內亞

人數：690 萬　**首都**：莫斯比港（32 萬 1 千人）
基督徒人數：660 萬　**福音派人數**：180 萬
主要宗教：基督教
成長最快速宗教：民族宗教

主要族群：〔巴布亞紐幾內亞有一千個民族，使用的語言約 830 種，是世界上種族及語言最複雜的國家〕美拉尼西亞人（98.2%，包含各種不同的民族，且有一半以上的民族人口低於兩千人）

官方語言：英語、皮京語（美拉尼西亞語／英語系克里奧語）**全部語言**：830 種

經濟：以現金作物（茶葉、咖啡、椰肉乾）以及傳統的自主農漁業為主。近幾年來天然資源遭到嚴重剝削。仰賴澳洲的貿易及外援，失業率高，70% 的人口資源短缺。

政治：1975 年獨立，國會制民主國家，是大英國協的一員。第一次世界大戰之前，德國人控制了巴布亞紐幾內亞的北部海岸及島嶼省分（德屬紐幾內亞），英國則於 1901 年以前控制了南部（英屬紐幾內亞），後來直到獨立之前，南北部都由澳洲統治（當時稱為「紐幾內亞與巴布亞」）。布干維爾島的獨立戰爭（1988～1998 年）代價不貲，但也為自己贏得了自治權。

1　巴布亞紐幾內亞危機四伏。已有些團體與政府預測，巴布亞紐幾內亞這國家將會滅亡。嚴重的貪污阻礙了國家的進步，雖然其他國家希望透過外援幫助當地的勞工，卻極少真正發揮效果。嚴峻的地理條件造成取得天然資源的困難，貪婪的外國企業卻牢牢掌握了資源的使用權。移民為尋找工作機會湧入大都市，卻難以在都市中生存。暴力犯罪行為越來越多，HIV 病毒更是透過性行為迅速蔓延。多元族群（共一千個民族）使國家不易統一，部族之間的戰爭與復仇性的殺戮已存在數千年的歷史；求神使國家脫離暴力，帶領國家邁向統一，並為國家能超越種族、建立認同禱告。

2　越來越多人回到過去行使巫術與妖術的時代。巴布亞紐幾內亞的文化承認這世界的靈性，但「獵巫」行動卻越來越普遍。如果有人被懷疑行使邪術卻不承認，就會遭受凌虐，但只要承認就必死無疑，最近甚至開始威脅到 HIV ／愛滋病患者的生命，因為他們非常迷信，不相信生病是不

各宗教信仰比例
（總人口 %）

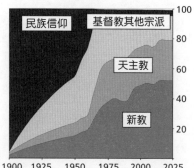

良生活習慣或醫療疏失所造成；請為神祕宗教的活動及相關暴力行為的終止禱告。一個全國基督徒比例高達 96% 的國家，竟然出現這些問題，意謂著教會已失去它的功能。這些問題既是教會面臨的挑戰，也是分享福音的契機。

3　巴布亞紐幾內亞曾有一百三十年光榮的宣教歷史。宣教始於海岸地區，逐步向內陸推進，最後抵達高地，使福音遍傳。有些地方更曾發生萬人歸主運動，吸引 95% 的族群承認信主；為積極、活潑的教會讚美神！有人信主後旋即恢覆不信上帝的傳統，或繼續酗酒、賭博，甚至信奉混雜邪惡思想的基督教信仰。雖然有些地方已有復興，但需要更多更大的復興浪潮。今天的宣教士重視健康醫療、教育、發展、翻譯、聖經教導與其他支援工作。巴布亞紐幾內亞人必須更深刻感受到福音的意義，才能改變整個社會。

4　**無論是小型聖經學校或極少數的神學院，都必須以領袖培訓為首要目標**。神學延伸制計畫對於偏鄉的牧者與教會同工尤有助益，各地教會也已逐漸明白這點。現在每年有一千多名學員註冊，求神呼召更多弟兄姊妹全職投入基督教事工。偏鄉事工的困難使許多人卻步，所以大部分接受高等教育訓練的基督徒，往往轉而接受高薪工作的挖角，使大多數與世隔絕的群體，仍舊缺乏優質的教學與優秀的領袖。因為地處偏遠與識字率低，所以廣播成為極為重要的福音工具，使人得以與外面的世界連結，給他們學習的機會。

5　為聖經翻譯工作極大的進展讚美神。目前已有兩百一十個語言完成新約譯本，但只有十二個語言完成整本聖經的翻譯。許多外國與本土機構投入逾兩百六十項翻譯計畫，每年完成許多語言的新約翻譯！但仍有多達四百種語言需要翻譯團隊的參與。求神加添譯者能力，使漫長的翻譯工作加快腳步，並為更加精確的翻譯品質禱告；請為識字能力的訓練禱告，若無人具有讀寫的能力，將再多上帝的話語譯成文字亦是枉然。

6　宣教組織的航班與飛行員為教會與宣教中心注入一線生機。巴布亞紐幾內亞的境內有許多地區，都必須靠航空飛行才能到達，茂密的森林、高聳的山脈、濃密的雲層、危險的天候，使當地堪稱全世界飛行條件最嚴酷的地區之一。若飛行人員不足，宣教士就必須減少飛行頻率；請為「飛行宣教團契」（36 名外籍與 120 名國內同工，以及 14 架飛機）、國際語言學院（SIL）／叢林輔助服務中心（JAARS，6 架飛機與 2 架直升機）、新部落差會（3 架飛機與 1 架直升機）的職員，以及每一個在機上服事、一起飛行的人禱告。

7　布干維爾（總人數：二十三萬人，幾乎都信仰基督教）；請為巴布亞紐幾內亞政府與布干維爾島民之間數十年來的仇恨能獲得解決，促進長久的和平禱告，雙方都需要饒恕與和好。1990 年代的戰爭中，約有兩萬島民失去性命，數千人成為難民。布干維爾的社會因內戰遭到嚴重的破壞，僅存少數的教育與醫療資源中心；請為教會能與政府攜手重建布干維爾禱告。布干維爾的屬靈需要甚至比巴布亞紐幾內亞更加迫切；請為基督教信仰的真正復興禱告。內戰時有許多人來到教會，卻於戰後離開。

索羅門群島 Solomon Islands　　　　　大洋洲

人數：53 萬 6 千　**首都**：荷尼阿拉（位於瓜達爾卡納爾島上，7 萬 5 千人）
基督徒人數：51 萬 3 千　**福音派人數**：17 萬 9 千
主要宗教：基督教
成長最快速宗教：當地民族信仰
主要族群：索羅門群島有的語族超過 76 種，包括美拉尼西亞人（90.2%）、玻里尼西亞人（4.2%）、歐亞大陸人（3.4%）、密克羅尼西亞人（1.2%）、中國漢人（0.7%）
官方語言：英語　**貿易語言**：索羅門皮京語（使用語言超過全國人口半數）
全部語言：71 種（若包含方言，則多達 120 種）

經濟：大部分人仰賴農漁業與低度開發的礦產資源，動亂與內戰（1998～2003 年）造成多人死亡，3 萬人無家可歸，並使經濟受挫。
政治：1978 年脫離英國獨立，建立國會制民主國家，接受英國君主的統治。種族的影響力遠大於國家認同與國家地位的重要性，種族之間的緊張關係導致動亂與內戰的發生，戰爭於 2003 年結束，貪污是主要的嚴重問題。

1　多元的種族與分割的國土（六大島群）形成了分裂的社會。部族與政治團體同處一個社會，為促進國家的團結合一而努力。其他國家的介入帶來 2003 年的和平，並解除武裝分子的軍備，但嚴重的分裂狀態並未解決。這些語言與文化的藩籬也阻礙了基督教事工的進行，每個弱小的族群都需要透過不同的方式傳福音，也需要不同的語言資源。各個部落皆信仰不同的宗派；請為基督教能透過有意義的方式，深入每個團體，並解決分裂的問題禱告；求神幫助他們因著悔改，而真正做到饒恕與和好，唯有如此，國家才能真正有所發展。

2　過去的索羅門群島曾經歷大復興，先是南海福音教會（South Sea Evangelical Churches，1935 年與 1970 年），接著是所有宗派（1982 年）。今天的基督徒並未落實他們的信仰，教會彼此爭奪會友。許多島民受到基督教異端或假教師吸引，有些甚至仍在進行神靈的崇拜。教會需要新的復興！

3　請為牧者與領袖的培訓禱告。請為許多聖經學校與各宗派的神學院禱告。國際靈風合作夥伴組織（Langham Partnership）在索羅門群島主持的神學延伸制計畫及講道研討會，都展現良好的發展成果，並帶來正面的影響。數百名學員受訓後，都可以培訓會友。南海福音教會認為會友的重生，是這些培訓的成果。

4　外國事工的衰微，伴隨著當地事工的茁壯。關懷受創婦女與青年的機構包含「基督教關懷中心」（Christian Care Center，屬聖公會）、「暴風中的天堂」（Haven in the Storm）與「聖經道路中心」（Bible Way Centre）。更生事工成果豐碩，有許多人註冊了聖經的函授課程！聖經目前只完成三種語言的翻譯，索羅門皮京語是最普遍的語言，目前已完成索羅門皮京語的聖經翻譯（2008 年），我們為此讚美神。目前翻譯事工計畫由國內信徒主導。請為「全球福音錄音網」（Global Recordings Network）能透過以八十八種語言與方言錄製福音信息，結出豐盛的果子禱告。國內第一間基督教廣播電台 Gud Nius Redio（皮京語，意指「福音廣播」）錄製的地點位於首都。

太平洋群島地區　　　　　　　　　　　　　大洋洲

美屬薩摩亞、庫克群島（包含庫克群島、紐埃、皮特凱恩群島與托克勞）、法屬玻里尼西亞、關島、吉里巴斯、密克羅尼西亞（包含密克羅尼西亞聯邦、馬紹爾群島、北馬里亞納群島、帛琉）、諾魯（瑙魯）、新喀里多尼亞群島、薩摩亞、東加（湯加）、吐瓦魯（圖瓦盧）、萬那杜（瓦努阿圖）、瓦利斯和富圖納群島（澳洲、斐濟、紐西蘭、巴布亞紐幾內亞、索羅門群島另有專篇）

這些太平洋上的小島孤立於世界之外，大多僅能支持一定的人口及簡單的生活型態。人民靠栽種作物與打魚為生，但這健康又傳統的生活卻因現代化而有了變化。現在已有許多人將捕魚權賣給其他國家，不再種植糧食作物，改種現金作物。酗酒與藥物濫用變成嚴重的問題，飲食與健康情形每況愈下。十九世紀末時，新教宣教士透過福音事工，使大部分太平洋地區的人

民都信主，大型的歸主運動亦帶領所有民族與群島成為基督徒國家，深厚的
教會傳統現正面臨極大的挑戰。請為上述及以下列的需要禱告。

1　外國的侵略嚴重破壞了傳統文化與價值觀。無論是美、法軍隊與海軍的
出現、亞洲的移民，以及步伐緩慢卻勢不可擋的現代全球化經濟與文化，都
是巨大的衝擊。外來的影響力透過外援、美國與東亞的金融投資以及海外薪
資，支配著國內的經濟。過去的簡單生活與態度已不復存在，取而代之的是
對物質財富與進步的追求。

2　社會變遷影響最大的非年輕族群莫屬。他們覺得與舊文化脫節，對於傳
統陌生，不瞭解過去那種文化大家庭的感覺，同時必須汲汲營營找到具一定
水準的工作與教育機會，才能融入二十一世紀的現代生活。許多人離鄉背井
或出國留學，留在家鄉的青年往往感到乏味或灰心，因此很容易染上酒癮；
請為島上的年輕人在這困難與複雜的挑戰中，能找到健全、有前景、榮耀神
的出路禱告。

3　大批流亡的太平洋島民。太平洋島民流亡於海外的人口，遠多於住在國
內的居民，大多是為了尋找工作機會或留學。從海外匯回的薪資對於當地經
濟幫助極大，但海外勞工也會面臨新的挑戰，包括孤單寂寞、失去他們的文
化與信仰，甚至遭遇許多新的誘惑等等；請為居住海外的勞工禱告，求耶穌
基督在需要的地方與他們同在。

4　為太平洋群島過去光榮的宣教歷史讚美神！約兩百年前，新教宣教士來
到這裡，藉著勇敢與犧牲，將福音傳給這裡的人民。薩摩亞人與東加人等族
群甚至也差派宣教士，到太平洋的其他島嶼傳福音！因著這些努力，使大多
數的太平洋島民接受基督教信仰；我們為他們悠久深厚的基督教歷史感謝神。

5　太平洋地區雖然接受基督教，卻未必是真正的基督徒。雖有許多人自認
為是基督徒，事實上卻未過著耶穌門徒的生活。教會大多沒有能力造就門
徒，許多島民將部落的古老迷信、習俗與基督教的教導混在一起。雖然聖經
已翻譯成許多島上的方言，多數人卻沒有能力閱讀聖經，或並未擁有聖經。
有人認為現在太平洋群島的人信仰過於淺薄，因此需要再一次的福音遍傳。

6　各教會與宗派都隨著早期宣教活動而增長，但今日看來卻既古老又無
能，每年的聚會人數若非減少，就是維持不變。雖然有些教會仍保有社會及

政治的影響力，但他們的教導已不再明白彰顯耶穌與聖經。已有些新興的基督教團體開始增長，並吸引其他宗派的舊會友，這些團體包括福音派與靈恩派，甚至包含摩門教與其他宗派；請為聖靈帶來新生命禱告，求神更新與復興這些古老的教會，使他們恢復舊有的榮光與純潔。

7　太平洋島嶼因地理位置成為世界的邊緣，人口也從未增長。若某間教會增長，勢必意味著其他教會會友的流失。當有新的宗派出現，就代表教會之間必然因會友的爭奪而腥風血雨。教會之間很難團結，甚至在同一個宗派或教會內都會產生分裂，分歧似乎不可避免。教會應當向世人展現和平與合一，不應是充滿爭執與對立的地方；求神回應耶穌替祂的門徒所做的禱告：「使眾人成為一體！」

8　大部分島嶼的福音派人數都有所增長，有些島上增長較快，有些較為緩慢，這通常意謂著新宗派與會堂的開始，但也勢必犧牲舊有的宗派與教會。現在似乎已能看到屬靈新生命的出現，這跡象令人振奮，求神引導信徒走在正確的道路上；請為這些教會能對太平洋地區的社會、族群、文化、經濟與政治產生屬靈方面的正面影響力禱告。

附錄一
全球現況與數據

全球現況與數據

　　本節的地圖、圖表與名錄，都透露出幾個重要的普世宣教議題，不僅是數字，更顯示人口、宣教、教會增長方面的變化，表現了社會的興衰。透過視覺效果及數字，能使人明白履行大使命事工目前遭遇的缺乏。希望以下的內容能幫助我們為世上各國各族做出信心的禱告。

各國的數據資料

　　下頁是按照國名的字母順序排列的宗教、經濟、人口趨勢對照一覽表。本書的資料修訂自《普世宣教手冊》第七版，並新增 2010 年以來的資料。前半部包含 2010 年的人口數及同年出版的相關基督教、宗教與種族數據，後半部呈現的是 2015 年的人口數，以及更新過的都市人口及十五歲以下人口數、人類發展指數排名（Human Development Index Ranking）以及個人平均所得，並增加供水率與網路普及率的數據。

　　表格中的資料有助於我們瞭解世界各地的基督教事工，未來將面臨什麼挑戰或特別的機會，這些資料包含了幾個重要的面向：

- **移民與生育導致人口增長。**人口增長最明顯的國家都有人口移入與高出生率的問題，人口下降的國家通常面臨低出生率與人口外移的挑戰，平均壽命往往不長。
- **人口增長是社會興衰的指標。**數十年的人口成長統計，將比年度統計透露出更多訊息。有些國家雖然人數較少，但增長率（或下降率）仍顯示出與國家興亡有關的關鍵議題。
- **財富、平均年齡與生育率息息相關。**世界上最富裕的國家，幾乎都是家庭子女數最低、平均年齡最高的國家。除此之外，若求學期間較長、成家時間較晚、家庭規模越小，國家亦較富強。另一方面，窮困

的國家往往生育率高、家庭規模較大,並擁有較年輕的整體人口(因為年齡小的兒童族群佔比較高)。

- **近年來的人口增長導致移民潮**,其規模前所未見。貧窮國家人口持續增長意謂著面對本已貧乏的資源、土地與就業機會,競爭將更加激烈。在富裕的國家裡,人口增長率低甚至下降,屆退休年齡的人口卻不斷增加,意謂著從其他國家引進年輕勞動人口的需求將逐漸增加。
- **若人口持續增長,合法與非法移民比例必然增加。**人口增長將嚴重影響窮困國家的基督教事工,因為窮困的國家大多未曾聽過福音。移民福音事工的需要與機會亦將逐漸增加。

國家	2010年人口	基督徒	福音派基督徒 (佔總人口%)	非基督徒	未福音化 (佔總人口%)	所有族群	未得之民 (族群數量)	基督化族群	2015年人數	人口年成長率	城市人口 (佔總人口%)	小於15歲人口 (佔總人口%)	人類發展指數排名 (共186國)	年收入/人 (USD)	供水普及率	網路普及率
阿富汗	29,117,489	<0.1	<0.1	100.0	78.5	76	71	4	32,006,788	2.4	23.8	44.9	175	$726	64.2	6
阿爾巴尼亞	3,169,087	30.5	0.5	69.5	22.1	13	1	8	3,196,981	0.3	54.5	19.5	70	$5,344	95.7	60
阿爾及利亞	35,422,589	0.3	0.2	99.7	66.0	41	35	5	40,633,464	1.8	73.8	28.4	93	$5,767	83.9	17
美屬薩摩亞	68,505	95.1	21.3	4.9	0.6	10	1	9	55,538	0.0	94.1	—	—	—	100.0	94
安道爾	86,685	90.8	0.4	9.2	1.6	11	3	8	80,950	0.8	86.7	14.4	33	$6,255	100.0	94
安哥拉	18,992,707	94.1	22.5	5.9	1.3	60	8	45	22,819,926	3.1	60.0	47.0	148	$6,255	54.3	19
安圭拉	15,465	90.0	17.2	10.0	0.7	6	0	5	14,614	1.2	100.0	—	—	—	—	—
安地卡與巴布達	88,550	92.5	19.9	7.5	0.6	6	0	5	91,822	1.0	29.8	24.2	67	$14,726	97.9	63
阿根廷	40,665,732	90.6	9.1	9.4	1.1	60	1	50	42,154,914	0.9	92.7	23.9	45	$8,926	98.7	60
亞美尼亞	3,090,379	94.4	8.7	5.6	0.9	40	9	15	2,989,467	0.2	64.1	20.2	87	$3,517	99.8	46
阿魯巴	107,380	92.9	7.6	7.1	0.9	10	2	5	103,889	0.4	47.2	18.3	—	—	98.1	79
澳大利亞	21,507,384	69.5	14.5	30.5	2.9	142	10	92	23,918,374	1.3	89.4	19.2	2	$62,337	100.0	83
奧地利	8,387,491	82.6	0.5	17.4	3.0	47	7	36	8,557,761	0.4	67.9	14.4	18	$54,735	100.0	81
亞塞拜然	8,933,928	2.7	0.2	97.3	65.5	40	25	13	9,612,580	1.1	53.9	22.2	82	$9,279	80.2	59
巴哈馬	345,736	94.7	35.9	5.4	0.6	10	0	5	387,549	1.4	84.5	21.6	49	$25,640	98.4	72
巴林	807,131	9.8	2.9	90.2	47.5	16	6	5	1,359,726	1.7	88.7	21.6	48	$28,168	100.0	90
孟加拉	164,425,491	0.7	0.4	99.3	54.2	400	353	13	160,411,249	1.2	28.9	29.0	146	$1,100	84.8	7
巴貝多	256,552	94.9	34.2	5.1	1.2	11	0	7	287,482	0.5	44.9	18.7	38	$15,810	99.8	75
白俄羅斯	9,587,940	70.5	1.3	29.5	1.0	28	5	17	9,259,666	-0.5	75.5	15.8	50	$8,805	99.6	54
比利時	10,697,588	62.7	1.2	37.3	2.9	38	10	21	11,183,411	0.4	97.5	17.2	17	$49,607	100.0	82
貝里斯	312,928	83.9	18.8	16.1	2.1	14	1	10	347,598	2.4	44.5	32.9	96	$4,764	99.3	32
貝南	9,211,741	39.9	8.3	60.1	25.5	69	13	17	10,879,828	2.7	45.6	42.2	166	$933	76.1	5
百慕達	64,995	90.5	24.3	9.5	1.0	9	0	7	65,578	0.2	100.0	—	—	—	—	95
不丹	708,484	2.1	1.8	97.9	78.4	35	32	1	776,461	1.6	36.4	27.1	140	$2,827	98.1	30
玻利維亞	10,030,832	91.0	16.2	9.0	0.7	43	5	13	11,024,522	1.6	67.2	34.1	108	$3,220	88.1	40
波士尼亞	3,759,633	41.0	0.1	59.0	27.9	20	5	17	3,819,684	-0.1	48.8	14.7	81	$5,320	99.6	68
波札那	1,977,569	65.6	8.1	34.4	5.4	51	4	14	2,056,370	0.9	62.3	33.0	119	$7,704	96.8	15
巴西	195,423,252	91.4	26.3	8.6	0.6	289	58	116	203,657,210	0.8	84.9	23.1	85	$11,607	97.5	52
英屬維京群島	23,276	84.9	27.3	15.1	0.8	7	0	5	28,800	1.1	41.5	—	—	—	—	—
汶萊	407,045	11.4	6.1	88.6	51.8	34	8	25	428,539	1.4	76.4	24.4	30	$39,886	—	65
保加利亞	7,497,282	79.9	1.9	20.1	5.7	79	8	4	7,112,641	-0.8	73.7	14.0	57	$8,131	99.5	53
布吉納法索	16,286,706	20.7	8.9	79.3	37.1	12	28	8	17,914,625	2.8	27.4	45.0	183	$857	81.7	1
蒲隆地	8,518,862	90.5	27.0	9.5	1.1	7	3	7	10,812,619	3.2	11.2	44.9	178	$344	75.3	1
維德角群島	512,582	94.6	6.6	5.4	0.5	7	0	5	508,315	0.8	63.4	28.2	132	$4,335	89.3	38
柬埔寨	15,053,112	3.1	1.6	96.9	48.8	42	30	5	15,677,059	1.7	20.1	31.0	138	$1,177	71.3	6
喀麥隆	19,958,351	53.8	9.0	46.2	17.9	290	16	205	23,393,129	2.5	52.7	42.5	150	$1,458	74.1	6
加拿大	33,889,747	72.1	7.7	27.9	3.3	156	16	132	35,871,283	1.0	80.8	16.5	11	$51,594	99.8	86
荷屬加勒比[1]	n/a	—	—	—	—	—	—	—	20,000	2.4	94.1	14.7	—	—	—	—
開曼群島	56,628	77.1	21.3	22.9	2.3	11	0	9	59,967	1.5	100.0	—	—	$395	95.6	74
中非共和國	4,505,945	76.4	32.3	23.6	17.1	87	7	58	4,803,082	2.0	39.3	39.2	180	$395	68.2	4
查德	11,506,130	38.5	10.1	61.5	50.2	141	72	39	13,605,625	3.0	21.9	47.9	184	$1,536	50.7	2
智利	17,134,708	87.2	18.4	12.8	0.8	26	2	23	17,924,062	0.9	89.4	20.6	40	$15,736	98.8	67
香港	7,069,378	12.4	6.1	87.6	18.4	11	4	2	7,313,557	0.7	100.0	11.7	13	$42,748	—	74
澳門	547,591	5.4	5.4	94.7	26.3	12	4	6	584,420	1.8	100.0	12.5	—	—	—	66

國家/地區																
中國	1,330,584,783	7.9	5.7	92.1	35.5	516	427	19	1,401,587,000	0.6	51.9	18.2	101	$7,961	91.9	46
台灣	23,561,660	5.8	2.8	94.2	36.0	41	13	24	23,428,000	0.2	74.3	13.9	--	$22,743	--	--
聖誕島	1,600	18.2	3.0	81.8	--	--	--	--	1,707	1.3	--	--	--	--	--	--
科科斯（基林）群島	670	19.4	1.3	80.6	--	--	--	--	702	0.9	--	--	--	--	--	--
哥倫比亞	46,300,196	94.4	7.5	5.6	0.8	92	4	61	49,529,208	1.3	75.6	27.0	91	$8,485	91.2	52
葛摩聯邦	691,351	0.9	0.2	99.1	66.8	12	8	3	770,058	2.4	28.1	41.7	169	$1,037	46.5	7
剛果民主共和國	67,827,495	92.2	18.7	7.9	1.3	239	4	222	71,246,355	2.7	34.8	44.5	186	$443	75.3	2
剛果共和國	3,758,678	89.7	15.9	10.3	1.2	77	3	71	4,671,142	2.6	64.1	42.5	142	$3,574	--	7
庫克群島	19,933	96.2	12.6	3.8	0.4	9	0	9	20,833	0.5	74.5	--	--	--	--	--
哥斯大黎加	4,639,827	93.9	14.8	6.1	0.6	21	1	19	5,001,657	1.4	65.1	22.7	62	$11,352	96.6	46
科特迪瓦	21,570,746	33.6	10.5	66.4	26.9	106	34	37	21,295,284	2.3	52.0	41.0	168	$1,413	80.2	3
克羅埃西亞	4,409,659	92.0	0.4	8.0	1.4	32	3	27	4,255,374	-0.4	58.1	14.6	47	$14,410	98.6	67
古巴	11,204,351	56.5	8.8	43.5	0.9	14	2	10	11,248,783	-0.1	75.1	15.6	59	--	94.0	26
庫拉索	n/a	--	0.8	27.6	2.2	--	--	--	164,463	2.2	94.1	19.1	--	--	--	65
賽普勒斯	879,723	72.4	0.7	74.1	11.8	19	3	14	1,164,695	1.1	70.7	16.6	31	$24,949	100.0	74
捷克	10,410,786	25.9	3.5	14.7	0.9	39	5	30	10,777,060	0.4	73.4	15.4	28	$19,497	99.8	95
丹麥	5,481,283	85.3	0.1	98.3	2.8	32	8	21	5,661,723	0.4	87.1	17.3	15	$64,025	100.0	10
吉布地	879,053	1.8	16.8	5.7	61.1	11	6	8	899,658	1.5	77.1	33.6	164	$1,789	92.1	59
多米尼克	66,515	91.8	9.1	5.6	0.6	11	0	8	72,680	0.4	67.2	--	72	$7,536	--	46
多明尼加共和國	10,225,482	94.4	8.5	87.2	1.0	18	2	13	10,652,135	1.2	70.3	29.6	96	$6,032	80.9	40
厄瓜多	13,774,909	94.5	3.9	5.4	32.2	31	23	20	16,225,691	1.6	68.0	29.3	89	$6,538	86.4	50
埃及	84,474,427	12.8	31.7	10.0	0.6	39	2	8	84,705,681	1.6	43.6	30.9	112	$3,749	99.3	23
薩爾瓦多	6,194,126	94.6	4.4	54.7	1.5	13	2	9	6,426,002	0.7	65.3	28.9	107	$4,164	90.1	16
赤道幾內亞	693,385	90.0	2.1	39.3	1.7	22	2	20	799,372	2.8	39.6	38.5	136	$17,145	--	1
厄利垂亞	5,223,994	47.3	4.9	9.4	17.5	19	9	25	6,737,634	3.2	21.8	43.0	181	$644	99.1	80
愛沙尼亞	1,339,459	45.3	19.6	34.8	0.5	37	6	30	1,280,227	-0.3	69.5	16.1	33	$22,207	51.5	2
衣索比亞	84,975,606	60.7	28.8	3.4	1.0	116	20	5	98,942,102	2.6	17.2	41.4	173	$606	--	90
法羅群島	50,152	90.6	10.8	35.0	0.7	5	0	5	49,496	0.0	42.0	--	--	--	--	28
福克蘭群島	3,038	65.2	24.3	16.3	0.8	5	0	22	3,058	0.3	76.0	--	--	--	89.0	37
密克羅尼西亞聯邦共和國	111,101	66.6	25.2	38.9	14.5	24	4	26	104,460	0.2	22.7	34.1	117	$3,341	96.3	92
斐濟	854,098	65.0	12.1	8.8	1.0	35	7	24	892,727	0.7	52.6	28.7	96	$4,931	100.0	82
芬蘭	5,345,826	83.8	1.0	7.8	5.2	35	33	56	5,460,592	0.3	83.8	16.5	21	$51,428	100.0	57
法國	62,636,580	61.1	4.5	20.7	2.0	101	1	17	64,982,894	0.5	86.4	18.1	20	$47,030	--	9
法屬圭亞那	231,313	92.2	7.2	95.5	0.5	25	0	14	261,729	2.5	77.1	31.5	--	--	100.0	14
法屬玻利尼西亞	272,394	79.4	12.7	21.3	2.2	16	4	43	282,764	1.1	51.5	22.1	106	$13,360	92.2	43
加彭	1,501,266	4.5	0.8	35.8	61.2	49	14	7	1,751,199	2.4	86.5	38.3	165	$503	90.1	84
甘比亞	1,750,732	78.7	1.6	36.6	6.2	32	13	21	1,970,081	3.2	57.9	45.7	72	$3,949	98.7	12
喬治亞	4,219,191	64.3	2.1	15.2	2.9	36	19	55	4,304,540	-0.4	52.9	18.5	5	$50,384	100.0	60
德國	82,056,775	84.8	24.2	8.5	12.6	82	20	49	82,562,004	-0.1	74.1	12.9	135	$1,509	87.2	66
迦納	24,332,755	91.5	2.9	3.4	4.8	109	2	4	26,984,328	2.1	52.6	38.0	29	$23,787	99.8	35
直布羅陀	29,354	96.6	0.4	6.3	2.2	7	0	32	29,354	0.0	100.0	14.7	63	--	100.0	65
希臘	11,183,393	93.7	4.7	5.9	0.7	46	10	5	11,125,833	0.3	61.7	--	--	$8,143	96.8	--
格陵蘭	57,291	94.1	19.6	3.3	0.5	5	0	7	57,275	0.4	85.8	26.5	--	--	99.5	--
格瑞那達	104,342	94.1	4.3	--	0.6	7	0	7	106,694	0.4	39.5	20.9	--	--	--	--
瓜地洛普	467,182	96.7	14.2	--	1.2	8	1	10	418,340	0.5	98.4	--	--	--	--	--
關島	179,893	--	--	--	--	13	1	10	169,885	1.3	93.3	25.5	--	--	--	--

國家	2010年人口	基督徒 (占總人口 %)	福音派基督徒 (占總人口 %)	非基督徒 (占總人口 %)	未福音化 (占總人口 %)	所有族群 (族群數量)	未得之民 (族群數量)	基督化族群	2015年人數	人口年成長率	城市人口 (佔總人口 %)	小於15歲人口 (%)	人類發展指數排名 (共186國)	年收入/人 (USD)	供水普及率	網路普及率
瓜地馬拉	14,376,881	96.1	24.4	3.9	0.5	60	1	57	16,255,094	2.5	50.2	39.7	133	$3,816	93.8	20
幾內亞	10,323,755	4.5	0.7	95.5	64.2	47	29	5	12,347,766	2.5	35.9	41.8	178	$638	74.8	2
幾內亞比索	1,647,380	10.9	1.6	89.1	57.6	32	14	4	1,787,793	2.4	44.6	41.0	176	$581	73.6	3
蓋亞那	761,442	52.7	19.8	47.3	18.5	22	2	15	807,611	0.5	28.4	34.5	118	$4,171	97.6	33
海地	10,188,175	95.1	16.0	4.9	0.5	9	1	6	10,603,731	1.4	54.8	34.2	161	$898	62.4	11
梵蒂岡	785	100.0	2.5	0.0	0.0	2	0	2	800	0.0	100.0	--	--	--	--	--
宏都拉斯	7,615,584	96.6	23.0	3.4	0.6	24	3	19	8,423,917	2.0	52.7	34.3	120	$2,422	89.6	18
匈牙利	9,973,141	88.0	2.8	12.0	1.2	23	2	20	9,911,396	-0.2	69.9	14.8	37	$14,112	100.0	73
冰島	329,279	90.6	3.8	9.4	0.6	11	1	10	336,728	1.1	93.8	20.6	13	$51,736	100.0	97
印度	1,214,464,312	6.3	2.2	93.7	45.0	2533	2223	115	1,282,390,303	1.2	31.6	28.4	136	$1,702	92.6	15
印尼	232,516,771	15.9	5.6	84.2	41.6	783	200	367	255,708,785	1.2	51.5	28.1	121	$3,529	84.9	16
伊朗	75,077,547	0.5	0.2	99.5	66.0	103	93	7	79,476,308	1.3	69.2	24.1	76	$5,306	95.9	31
伊拉克	31,466,698	1.6	0.2	98.4	60.6	33	20	10	35,766,702	2.9	66.4	39.2	131	$7,079	85.4	9
愛爾蘭	4,589,002	91.7	1.5	8.3	1.0	24	3	19	4,726,856	1.1	62.5	21.6	7	$50,019	99.9	78
以色列	7,285,033	2.0	0.4	98.0	52.4	53	40	8	7,919,528	1.3	91.9	28.0	16	$39,225	100.0	71
義大利	60,097,564	82.4	1.1	17.6	1.8	63	11	49	61,142,221	0.2	68.5	14.0	25	$37,577	100.0	58
牙買加	2,729,909	82.9	28.0	17.1	1.0	11	1	8	2,813,276	0.5	52.1	26.0	85	$5,096	93.1	38
日本	126,995,411	1.5	0.5	98.5	29.9	34	23	5	126,818,019	-0.1	91.9	12.9	10	$39,619	100.0	86
約旦	6,472,392	2.2	0.3	97.8	56.9	21	14	5	7,689,760	3.5	83.0	33.4	100	$5,702	96.1	44
哈薩克	15,753,460	12.2	0.7	87.9	37.7	76	41	30	16,770,447	1.0	53.5	26.4	69	$13,227	93.1	54
肯亞	40,862,900	82.7	48.9	17.3	6.2	115	35	49	46,748,617	2.7	24.4	41.8	145	$1,266	61.7	39
吉里巴斯	99,547	98.5	7.2	1.5	0.5	7	0	6	105,555	1.5	44.0	30.9	121	$1,499	66.8	12
北韓	23,990,703	1.5	1.0	98.5	59.6	11	4	5	25,155,326	0.5	60.4	21.2	NR		98.1	--
南韓	48,500,717	31.0	16.8	69.0	1.5	29	11	7	49,750,234	0.5	83.5	14.2	12	$27,553	97.8	85
科威特	3,050,744	13.8	1.5	86.2	45.7	47	27	16	3,583,399	3.6	98.3	24.6	54	$45,342	99.0	75
吉爾吉斯	5,550,239	5.3	2.6	94.7	55.3	147	134	0	5,707,529	1.4	35.4	30.9	125	$1,380	87.6	23
寮國	6,436,093	3.4	0.5	96.6	56.2	34	7	25	7,019,652	1.9	35.4	34.4	138	$1,699	71.5	13
拉脫維亞	2,240,265	60.0	7.0	40.0	1.1	23	8	11	2,031,361	-0.6	67.7	15.5	44	$18,145	98.4	75
黎巴嫩	4,254,583				11.7	13	8	11	5,053,624	3.0	87.4	19.4	72	$10,424	100.0	71
賴索托	2,084,182	89.3	12.1	10.7	0.7	40	4	24	2,120,116	1.1	28.3	35.6	158	$1,440	81.3	5
賴比瑞亞	4,101,767	41.4	14.6	58.6	27.8	40	4	9	4,503,439	2.6	48.5	42.3	174	$562	74.6	5
利比亞	6,545,619	2.6	0.3	97.4	59.8	28	28	0	6,317,080	0.9	77.9	29.4	64	$13,294		17
列支敦斯登	36,190	79.2	0.5	20.8	3.9	8	0	7	37,461	0.7	14.3	--	24			94
立陶宛	3,255,324	85.4	1.1	14.6	0.8	24	7	16	2,998,969	-0.5	67.2	15.4	41	$18,143	95.9	68
盧森堡	491,772	81.6	0.5	18.4	1.2	19	7	16	543,261	1.3	85.7	17.3	26	$120,525	100.0	94
馬其頓	2,043,360	65.5	0.2	34.5	10.5	25	6	17	2,109,251	0.1	59.4	16.4	78	$5,704	99.4	61
馬達加斯加	20,146,442	53.5	11.5	46.5	21.0	50	9	10	24,235,390	2.8	33.2	41.7	151	$526	49.6	2
馬拉威	15,691,784	76.0	19.6	24.0	4.7	33	4	21	17,308,685	2.8	15.8	44.8	170	$240	85.0	5
馬來西亞	27,913,990	9.4	4.3	90.6	44.1	182	56	33	30,651,176	1.6	73.5	25.3	64	$12,419	99.6	67
馬爾地夫	313,920	0.2	0.1	99.8	79.6	62	37	2	357,981	1.9	42.3	28.2	104	$8,220	98.6	44
馬利	13,323,104	2.6	0.7	97.4	62.6	11	5	9	16,258,587	3.0	35.6	47.5	182	$758	67.2	2
馬爾他	409,999	96.8	1.3	3.2	0.5	7	1	5	431,239	0.3	95.0	14.2	32	$25,792	100.0	69
馬紹爾群島	63,398	97.1	44.5	2.9	0.5	7	5	5	52,993	0.2	72.2		NR	$3,352	94.5	12
馬提尼克	406,001	95.8	6.1	4.2	0.6	7	1	--	405,688	0.2	89.0	17.9	--			--

國家/地區														
茅利塔尼亞	3,365,675	0.3	99.8	75.5	19	14	3	4,080,224	2.5	41.7	39.7	155	$1,197	49.6
模里西斯	1,294,569	0.1	67.3	27.5	17	5	4	1,263,581	0.4	41.8	18.9	80	$10,294	99.8
馬約特	199,065	1.6	98.4	74.5	11	8	2	233,993	2.7	50.3	43.7	61	—	—
墨西哥	110,645,154	95.0	5.0	0.6	317	14	303	125,235,587	1.2	78.4	27.4	61	$11,269	94.9
摩爾多瓦	3,575,574	73.4	26.6	1.4	31	8	21	3,436,828	-0.8	48.4	16.9	113	$2,456	96.5
摩納哥	32,904	84.8	15.2	1.5	15	1	13	38,320	0.8	100.0	—	NR	—	100.0
蒙古	2,701,117	1.7	98.3	59.9	20	17	1	2,923,050	1.5	69.5	27.7	108	$4,377	84.6
蒙特內哥羅	625,516	77.1	23.0	7.5	24	2	20	621,556	0.0	63.5	18.3	52	$7,929	98.0
蒙哲臘	5,962	95.3	4.7	0.5	6	0	5	5,176	0.9	14.8	—	130	—	83.6
摩洛哥	32,777,808	46.5	99.9	69.6	30	24	5	34,559,157	1.4	57.4	27.9	130	$3,726	49.2
莫三比克	23,405,670	9.0	53.5	13.0	62	8	16	27,121,827	2.5	31.4	45.1	185	$711	85.7
緬甸	50,495,672	91.4	91.0	41.1	142	51	43	54,164,262	0.8	33.2	24.2	149	$959	91.7
納米比亞	2,212,037	91.5	8.6	3.8	35	2	25	2,392,370	1.9	39.0	35.0	128	$6,490	—
諾魯	10,254	2.9	8.5	3.6	9	0	6	10,122	0.2	100.0	—	NR	$680	88.1
尼泊爾	29,852,682	46.6	97.1	59.5	351	325	45	28,440,629	1.2	17.3	33.0	157	$51,910	100.0
荷蘭	16,653,346	53.2	53.5	4.0	60	12	36	16,844,195	0.3	83.6	16.8	4	$44,958	98.5
新喀里多尼亞	253,743	97.7	19.4	1.5	47	0	45	263,147	1.3	61.2	22.2	—	$2,023	100.0
紐西蘭	4,303,457	0.3	46.8	2.1	62	5	45	4,596,396	1.0	86.3	20.1	6	$525	85.0
尼加拉瓜	5,822,265	51.3	99.7	62.6	18	1	14	6,256,510	1.4	57.8	31.9	129	$1,895	52.3
尼日	15,891,482	94.9	48.7	21.5	522	67	175	19,268,380	3.9	18.1	50.1	186	$101,022	64.0
奈及利亞	158,258,917	68.6	51.3	30.8	37	28	4	183,523,432	2.8	50.3	44.4	153	$24,561	—
紐埃	1,438	85.2	94.9	51.1	5	0	3	1,273	-2.9	39.7	—	—	$1,313	97.5
諾福克島	2,234	91.1	31.4	22.7	—	—	10	2,318	0.7	—	—	—	$15,267	100.0
北馬里亞納群島	88,409	2.8	14.8	12.7	12	0	36	55,070	0.4	91.9	—	—	$12,827	93.0
挪威	4,855,315	2.5	85.2	8.4	56	14	7	5,142,842	1.0	79.7	18.6	1	$3,271	91.4
阿曼	2,905,114	95.9	2.8	0.8	35	25	11	4,157,783	7.9	73.7	21.9	84	$4,516	—
巴基斯坦	184,753,300	1.6	97.6	57.1	389	374	32	188,144,040	1.7	36.5	32.8	146	$7,386	81.8
帛琉	20,531	90.5	4.1	0.5	7	0	7	21,291	0.8	85.1	—	52	$3,279	94.3
巴勒斯坦	4,409,392	95.8	98.4	48.5	20	8	11	4,548,815	2.5	74.6	39.0	110	$15,012	39.7
巴拿馬	3,508,475	96.3	9.5	0.9	32	1	23	3,987,866	1.6	75.9	27.6	59	$22,687	93.8
巴布亞紐幾內亞	6,888,387	95.5	4.2	1.4	879	3	747	7,031,819	2.1	12.5	37.2	156	$94,264	86.8
巴拉圭	6,459,727	92.3	3.7	0.6	39	1	32	7,032,942	1.7	62.5	31.8	111	$10,185	91.8
秘魯	29,496,120	100.0	4.6	0.7	104	5	69	31,161,167	1.3	77.6	28.0	77	$14,769	—
菲律賓	93,616,853	89.6	7.8	6.3	186	19	58	101,802,706	1.7	49.1	33.4	114	$798	99.8
皮特凱恩群島	50	100.0	0.0	0.0	—	—	—	51	0.5	—	29.8	—	$4,121	—
波蘭	38,038,094	94.4	10.4	0.3	24	3	21	38,221,584	0.0	60.8	15.1	39	$15,012	100.0
葡萄牙	10,732,357	95.3	5.6	3.0	31	4	24	10,610,014	0.0	61.6	14.4	43	$22,687	—
波多黎各	3,998,010	5.9	4.7	25.2	15	1	12	3,680,058	-0.2	99.2	18.9	—	$94,264	97.0
卡達	1,508,322	87.0	94.1	50.1	23	7	6	2,350,549	5.9	98.9	13.6	36	$10,185	70.7
留尼旺	837,094	66.9	13.0	5.9	16	4	10	885,099	1.2	95.1	24.7	—	$14,769	98.5
羅馬尼亞	21,190,154	89.1	3.0	5.4	29	6	22	21,579,201	-0.3	52.8	15.1	56	$798	—
俄羅斯	140,366,561	94.7	33.1	1.2	163	77	57	142,098,141	-0.2	74.0	16.5	55	$4,121	—
盧安達	10,277,212	96.6	10.9	26.9	13	3	9	12,428,005	2.7	19.4	41.5	167	—	97.0
聖赫勒拿	4,406	94.7	5.3	8.8	3	0	3	4,124	-0.6	39.5	—	—	—	—
薩摩亞	178,943	96.6	3.4	18.0	8	0	8	193,228	0.8	19.6	37.3	96	—	98.5
聖馬利諾	31,537	88.8	11.2	<0.1	4	0	4	31,802	0.6	94.1	—	NR	—	—

國家	2010年人口	基督徒 (佔總人口%)	福音派基督徒	非基督徒	未福音化	所有族群 (族群數量)	未得之民	基督化族群	2015年人數	人口年成長率	城市人口 (佔總人口%)	小於15歲人口 (佔總人口%)	人類發展指數排名 (共186國)	年收入/人 (US D)	供水普及率	網路普及率
聖多美普林西比	165,397	87.5	4.2	12.5	0.5	7	7	7	202,781	2.6	63.4	41.4	144	$2,042	97.0	23
沙烏地阿拉伯	26,245,969	5.4	0.3	94.6	60.1	41	24	7	29,897,741	1.8	82.5	28.3	57	$25,320	97.0	61
塞內加爾	12,860,717	6.4	0.2	93.6	58.2	57	27	7	14,967,446	2.9	42.8	43.3	154	$1,222	74.1	21
塞爾維亞（含科索沃）	7,771,633	80.4	0.6	19.6	2.9	33	6	26	9,424,030	-0.5	56.7	15.9	64	$6,539	99.2	52
塞席爾	84,600	96.1	5.9	3.9	0.9	10	3	7	93,754	0.6	54.0	22.2	46	$16,503	96.3	50
獅子山	5,835,664	13.2	3.9	86.9	43.8	31	12	5	6,318,575	1.9	39.6	40.9	177	$1,016	60.1	2
新加坡	4,836,691	16.0	7.8	84.0	25.7	51	21	10	5,618,866	2.0	100.0	15.3	18	$57,442	100.0	73
斯洛伐克	5,411,640	93.3	1.2	6.7	0.8	20	1	18	5,457,889	0.1	54.7	15.2	35	$19,999	100.0	78
斯洛維尼亞	2,024,912	54.2	0.1	45.8	1.5	19	1	17	2,079,085	0.2	49.8	14.5	21	$24,669	99.6	73
索羅門群島	535,699	95.8	33.3	4.2	0.5	71	0	70	584,482	2.1	20.9	39.6	143	$2,240	80.5	8
索馬利亞	9,358,602	0.3	<0.1	99.7	65.9	22	17	5	11,122,711	2.9	38.2	46.7	NR	--	95.1	2
南非	50,492,408	75.2	21.1	24.8	2.2	62	5	41	53,491,333	0.8	62.4	29.3	121	$6,858	95.1	49
南蘇丹	n/a	77.2	36.3	22.8	14.2	78	3	25	12,152,321	4.0	18.2	41.5	NR	$1,043	56.5	--
西班牙	45,450,497	77.1	1.0	22.9	1.6	53	6	9	47,199,069	0.4	77.6	15.5	23	$31,601	100.0	72
斯里蘭卡	20,409,946	8.4	1.2	91.6	39.3	76	64	9	21,611,842	0.8	15.2	25.1	92	$3,658	93.8	22
聖巴泰米	9,300	61.0	2.3	39.0	<0.1	--	--	4	10,309	2.0	37.0	--	--	$8,169	--	--
聖吉茨與尼維斯	52,368	93.0	21.8	7.0	0.6	5	0	4	55,376	1.1	32.0	23.1	72	$13,699	98.3	80
聖露西亞	173,942	95.1	14.6	4.9	1.4	6	0	5	184,937	0.8	16.8	23.1	88	$8,169	93.8	35
聖馬丁[1]	38,250	83.9	2.5	16.2	<0.1	--	--	--	46,914	2.0	94.1	--	--	--	--	--
法屬聖馬丁	6,044	96.9	<0.1	3.1	0.1	3	0	3	41,519	1.6	91.2	--	--	--	--	--
聖皮埃與密克隆	109,284	90.1	3.1	9.9	1.3	11	0	9	6,049	0.0	94.1	--	--	--	--	--
聖文森	n/a	88.7	39.1	11.3	0.5	--	--	--	109,374	0.0	49.7	24.5	83	$7,097	95.1	52
蘇丹[2]	n/a	7.2	5.2	92.8	62.4	165	133	10	39,613,217	2.1	33.3	40.5	171	$1,818	55.5	23
蘇利南	524,345	49.6	13.8	50.4	17.3	26	1	16	548,456	0.9	70.1	26.4	105	$10,293	95.2	37
史瓦濟蘭	1,201,904	84.7	25.1	15.3	1.0	12	1	7	1,285,519	1.5	21.2	37.3	141	$3,578	74.1	25
瑞典	9,293,026	57.2	6.9	42.8	2.4	63	8	49	9,693,883	0.7	85.4	17.3	7	$62,699	100.0	95
瑞士	7,594,561	75.8	4.4	24.2	2.6	40	7	29	8,238,610	1.0	73.8	14.7	9	$88,746	100.0	87
敘利亞	22,505,091	6.3	0.1	93.7	45.7	34	16	13	22,264,996	0.7	56.5	34.5	116	n/a	90.1	26
塔吉克	1,074,845	1.0	0.1	99.0	59.0	46	27	16	8,610,384	2.4	26.5	36.1	125	$1,163	71.7	16
坦尚尼亞	45,039,573	54.1	17.9	45.9	16.3	160	33	72	52,290,796	3.0	27.2	44.7	152	$832	53.2	4
泰國	68,139,238	1.1	0.5	98.9	44.8	113	75	7	67,400,746	0.3	34.4	17.5	103	$5,704	95.8	29
東帝汶	1,171,163	87.4	2.3	12.6	6.5	23	0	18	1,172,668	1.7	28.7	44.8	134	$4,612	70.5	1
多哥	6,780,030	45.4	10.7	54.6	22.1	56	2	20	7,170,797	2.6	38.5	41.6	159	$754	60.0	5
托克勞	1,206	100.0	3.4	0.5	0.5	--	--	--	1,250	1.9	0.0	--	--	--	--	--
東加	104,260	90.0	15.5	10.0	8.8	10	0	9	106,379	0.4	23.5	36.8	95	$4,911	99.3	35
千里達與托巴哥	1,343,725	65.6	20.2	34.4	8.8	15	2	12	1,346,697	0.3	14.0	20.8	67	$22,209	96.8	64
突尼西亞	10,373,957	0.2	<0.1	99.8	65.9	23	15	7	11,235,248	1.1	66.5	23.2	94	$4,290	99.7	44
土耳其	75,705,147	0.2	<0.1	98.2	51.6	60	38	16	76,690,509	1.2	72.5	24.9	90	$10,504	100.0	46
土庫曼	5,176,502	1.8	<0.1	98.2	68.0	42	22	16	5,373,487	1.3	49.0	28.2	102	$9,217	71.1	10
特克斯與凱科斯群島	32,970	90.4	32.4	9.7	0.7	5	0	6	34,339	2.1	95.3	--	NR	--	97.7	37
吐瓦魯	9,916	97.1	17.8	2.3	0.5	6	0	53	9,916	0.0	51.0	--	--	$3,373	98.0	16
烏干達	33,796,461	84.7	37.0	15.3	1.4	66	6	53	40,141,262	3.3	16.0	47.9	161	$692	74.8	--
烏克蘭	45,433,415	79.0	3.8	21.0	2.2	66	22	36	44,646,131	-0.6	69.1	15.0	78	n/a	98.0	42
烏茲別克	n/a	1.0	0.3	99.0	60.0	43	26	16	n/a	1.3	36.0	28.8	--	n/a	--	37
阿拉伯聯合大公園	4,707,307	8.6	1.3	91.5	44.1	43	26	6	9,577,128	2.5	84.7	16.1	41	$44,885	99.6	88

國家	2010年人口	基督徒%	福音派%	非基督徒%	未稿音化%	所有族群	未得之民	基督化族群	2015年人口	人口年成長率	城市人口%	小於15歲%	HDI排名	平均年收入	自來水普及率	網路普及率
英國	62,129,818	59.7	8.8	40.3	3.0	104	28	64	64,094,856	0.6	79.7	17.6	26	$46,077	100.0	90
烏拉圭	3,372,222	64.7	6.2	35.3	1.7	30	1	28	3,429,997	0.3	92.6	21.5	51	$17,750	99.5	58
美屬維京群島	109,326	95.0	23.8	5.1	0.9	11	1	9	106,906	0.1	96.0	20.8	--	--	100.0	45
美國	317,641,087	77.6	28.9	22.4	1.7	363	59	254	325,127,634	0.8	82.6	19.4	3	$57,158	99.2	84
烏茲別克	27,794,296	0.8	0.3	99.3	56.7	67	37	21	29,709,932	1.4	36.2	28.1	114	$2,174	87.3	38
萬那杜	245,786	94.1	45.9	5.9	1.2	112	0	102	263,888	2.2	25.2	36.1	124	$3,221	90.7	11
委內瑞拉	29,043,555	84.5	10.8	15.5	1.0	65	2	44	31,292,702	1.5	93.7	27.9	71	$11,037	--	55
越南	89,028,741	9.4	1.8	90.6	31.1	113	63	7	93,386,630	1.0	31.7	22.4	127	$2,234	95.0	44
瓦利斯與富圖納群島	15,446	99.0	0.9	1.0	0.5	4	0	4	13,153	-0.6	0.0	--	--	--	--	--
葉門	24,255,928	0.1	<0.1	99.9	65.4	28	17	7	25,535,086	2.3	32.9	39.1	160	$1,594	54.9	20
尚比亞	13,257,269	87.0	25.7	13.0	2.3	82	5	51	15,519,604	3.2	39.6	46.3	163	$1,770	63.3	15
辛巴威	12,644,041	78.0	30.9	22.0	1.9	44	3	30	15,046,102	2.8	39.1	38.5	172	$1,077	79.9	19

備註：

1 聖馬丁在 1983 年以後正式成為「荷屬安地列斯群島政府（Netherlands Antilles）」轄下的「島嶼領地（Island Territory）」，到了 2010 年，聖馬丁被荷蘭政府升格為更具自治地位的「獨立邦（Constituent country）」，被賦予等同於荷蘭、阿魯巴、庫拉考的高度自治地位。資料來源：外交部網站。

2 2011 年，南蘇丹和國自蘇丹獨立。基督徒、福音派基督徒和非基督徒從此獲得自治，福音派基督徒和非基督徒衍生自 2015 年預估的人數為 2015 年預估值，以普世宣教機構資料庫為基礎。

資料來源：

2010 年人口　聯合國人口資料庫（2008 年），普世宣教機構採用中度人口增長預測模型求得之預估值。

基督徒、福音派基督徒、非基督徒人數　普世宣教機構（2012 年）。資料直接引自普世宣教機構。

未稿音化　世界基督徒資料庫（2010 年）。

所有族群、未得之民、基督化族群　約書亞資料庫（2010 年），普世宣教機構採用中度人口增長預測模型求得之預估值。

2015 年人口數　聯合國人口資料庫（2012 年）之預估值。

人口年成長率（AGR）　表示 2010 年至 2015 年人口成長率的平均值。資料來源：聯合國人口資料庫（2013 年）。

城市人口百分比　表示居住於城市的人口比例。資料來源：聯合國人類發展報告（2013 年）。該報告中無可取用資料的國家，則採用世界基督教資料庫。

小於 15 歲人口　表示年齡介於 0 歲~14 歲人口佔全國人口的比例。資料來源：聯合國人口資料庫（2012 年），普世宣教機構採用中度人口增長預測模型求得之預估值。

人類發展指數排名（HDI）　代表該國人類發展指數的排名。人類發展指數為一綜合指數，納入平均壽命、識字率、入學率、生活品質等程度。資料來源：聯合國人類發展報告（2013 年）。該報告共計入 186 國。表中「阿爾巴尼亞 70」指，阿爾巴尼亞的人類發展程度在 186 國當中排名第 70。「--」表示該國未計入排名。

平均年收入（GDP per capita）　代表該國國內生產毛額除以總人口數的數字，單位為美元。這不代表該國國民的實際購買能力，這樣一來會縮小差距。資料來源：國際貨幣基金組織（2014 年）。

自來水普及率　代表一國經淨化之用水（自來水廠、公共水龍頭或水塔、筒井、井孔、受維護的水井與水泉，以及雨水收集設備）的人口比例。資料來源：世界銀行資料庫（2013 年）。

網路普及率（每百人）　表示每百人中能使用網際網路之人數。資料來源：世界銀行資料庫（2013 年）。

福音派比例最高的國家
（佔人口比例）

排名	國家	福音派比例
1	肯亞	48.92
2	萬那杜	45.92
3	馬紹爾群島	44.50
4	聖文森	39.09
5	烏干達	37.01
6	巴哈馬	35.92
7	巴貝多	34.15
8	索羅門群島	33.34
9	特克斯與凱科斯群島	32.39
10	中非共和國	32.25
11	薩爾瓦多	31.65
12	辛巴威	30.93
13	奈及利亞	30.84
14	尼加拉瓜	29.75
15	美國	28.89
16	法羅群島	28.77
17	牙買加	28.01
18	英屬維京群島	27.30
19	蒲隆地	27.04
20	盧安達	26.87

福音派比例最低的國家
（佔人口比例）

排名	國家	福音派比例
1	土耳其	0.01
2	突尼西亞	0.01
3	聖馬利諾	0.01
4	摩洛哥	0.01
5	葉門	0.02
6	阿富汗	0.03
7	土庫曼	0.03
8	索馬利亞	0.05
9	蒙特內哥羅	0.05
10	聖皮埃與密克隆	0.05
11	波士尼亞	0.06
12	茅利塔尼亞	0.06
13	馬爾地夫	0.07
14	斯洛維尼亞	0.09
15	巴勒斯坦	0.09
16	塔吉克	0.10
17	敘利亞	0.11
18	馬約特	0.12
19	尼日	0.14
20	吉布地	0.14

福音派人數成長最快的國家
（佔人口比例）

排名	國家	年增長率
1	伊朗	19.6%
2	阿富汗	16.7%
3	甘比亞	8.9%
4	柬埔寨	8.8%
5	格陵蘭	8.4%
6	阿爾及利亞	8.1%
7	索馬利亞	8.1%
8	蒙古	7.9%
9	科威特	7.3%
10	塔吉克	6.9%
11	寮國	6.8%
12	茅利塔尼亞	6.7%
13	聖多美普林西比	6.5%
14	蘇丹	6.4%
15	蘇利南	6.3%
16	幾內亞比索	6.2%
17	塞內加爾	6.1%
18	北韓	6.0%
19	哥倫比亞	6.0%
20	安道爾	5.9%

福音派人數成長最慢（或減少最快）的國家
（佔人口比例）

排名	國家	年增長率
1	紐埃	-4.1%
2	瑞典	-0.6%
3	喬治亞	-0.6%
4	日本	-0.4%
5	斯洛維尼亞	-0.2%
6	托克勞群島	-0.1%
7	福克蘭群島	-0.1%
8	芬蘭	-0.1%
9	英國	0.0%
10	科科斯群島	0.0%
11	聖皮埃與密克隆	0.0%
12	巴勒斯坦	0.0%
13	丹麥	0.2%
14	史瓦濟蘭	0.2%
15	捷克	0.3%
16	美屬維京群島	0.3%
17	東加	0.4%
18	聖赫勒拿	0.5%
19	愛沙尼亞	0.5%
20	紐西蘭	0.5%

* 左下表中，許多國家的福音派人數之所以增長較快，是因為福音派人口本身非常少，所以部分國家也出現在右上表福音派人口比例最低的清單之中。

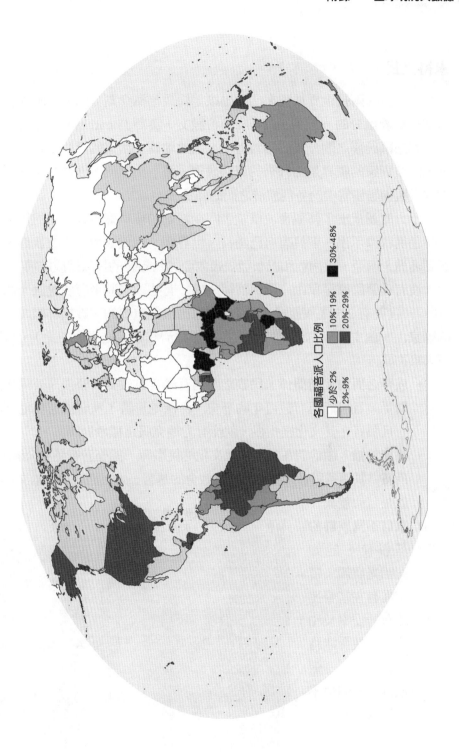

各國福音派人口比例

少於 2%

2%-9%

10%-19%

20%-29%

30%-48%

未得之民

下一頁的兩張世界地圖，凸顯出以地緣政治概念劃分的國家疆界，以及以聖經意義劃分的「族群」（ethne，希臘文，英譯為 nation）邊界之間的差異。看來國與國之間分界的複雜程度，遠比地圖上所畫的界線還要高！事實上，許多國家的疆界是由外來的帝國政權「畫」出來的，他們根本就漠視了地理景觀和居住當中的各個族群之間的關係。

下方的圖指出了傳福音、植堂、門徒造就和聖經翻譯等事工的規模，每一個色塊都標示出一個擁有自己語言、世界觀、價值觀與文化的族群。請注意到非洲、南亞、東南亞和巴布亞紐幾內亞尤為複雜的民族組成結構。

沒有一個國家是單由一個族群組成的，有些國家甚至有多達數千個族群（單單印度就有 2,533 個族群）。有些國家由幾個重要的少數族群組成，也有的國家由一個主要族群佔人口的大多數（經濟和政治結構也如此）。請為以下人事物禱告：

- **族群之間的和諧關係。**民族之間的互動常見敵對、緊張、公開暴力等關係，且可能已有數百年的歷史，深深地影響了整個國家和地區。但一旦福音在其文化裡扎根，就能有力地克服這種敵對關係。

- **國家領袖。**願他們在處理多元文化的挑戰時，能充滿智慧和公義。

- **所有嘗試傳遞福音**以及努力建造教會的基督工人，能成功跨越文化和民族語言的差異。

- **來自不同族群的基督徒**，能如同明光照耀，帶來唯有在基督裡才有的安平及和睦。為教會能將福音帶進每一個族群，一個也不遺漏禱告。

最多未得之民的國家（2014 年）

排名	國家	未得之民	排名	國家	未得之民
1	印度	2027	16	越南	73
2	中國	456	17	查德	72
3	巴基斯坦	444	18	緬甸	52
4	孟加拉	341	19	加拿大	47
5	尼泊爾	330	20	馬利	47
6	印尼	227	21	斯里蘭卡	43
7	寮國	138	22	土耳其	42
8	蘇丹	133	23	法國	41
9	奈及利亞	112	24	以色列	41
10	美國	95	25	烏克蘭	38
11	俄羅斯	90	26	哈薩克	37
12	馬來西亞	86	27	烏茲別克	37
13	伊朗	85	28	科特迪瓦	36
14	泰國	83	29	阿爾及利亞	35
15	阿富汗	74	30	菲律賓	33

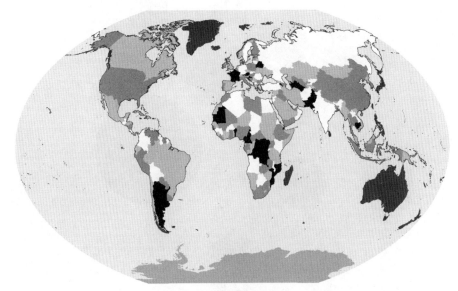

國家分界

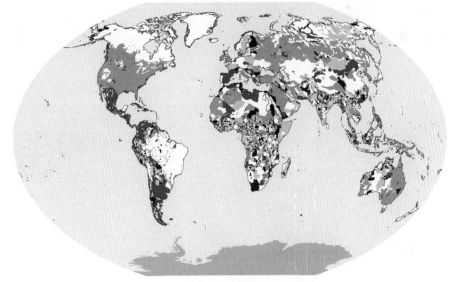

民族語言群體分界

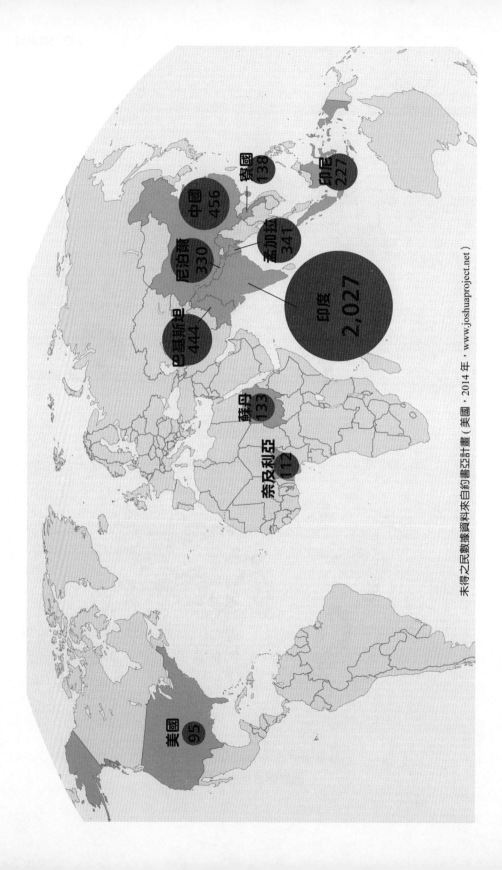

美國 95

奈及利亞 112

蘇丹 133

巴基斯坦 444

尼泊爾 330

中國 456

寮國 138

孟加拉 341

印尼 227

印度 2,027

未得之民數據資料來自約書亞計畫（美國，2014年，www.joshuaproject.net）

最大未得之民族群

排名	民族集群	主要信仰	族群人口數（十萬人）	所有族群	未得之民	未得之民 %	主要區域
1	印度人	印度教	434.46	586	529	90.3	南亞
2	孟加拉人	伊斯蘭教	325.29	395	385	97.5	南亞
3	日本人	佛教	128.78	57	39	68.4	東亞
4	烏爾都穆斯林	伊斯蘭教	103.87	358	358	100.0	南亞
5	賈特人	伊斯蘭教	68.84	166	164	98.8	南亞
6	拉賈斯坦人	印度教	68.42	178	177	99.4	南亞
7	黎凡特阿拉伯人	伊斯蘭教	65.40	129	32	24.8	中東
8	泰盧固人	印度教	61.55	164	147	89.6	南亞
9	馬拉地—孔卡尼人	印度教	59.77	140	129	92.1	南亞
10	馬格利布阿拉伯人	伊斯蘭教	59.41	35	34	97.1	北非
11	突厥人	伊斯蘭教	58.04	58	50	86.2	西亞
12	泰國人	佛教	55.08	33	31	93.9	東南亞
13	古吉拉特人	印度教	50.20	212	205	96.7	南亞
14	波斯人	伊斯蘭教	48.26	88	65	73.9	西亞
15	普什圖人	伊斯蘭教	46.51	26	26	100.0	南亞
16	馬拉亞利人	印度教	36.10	115	82	71.3	南亞
17	巽他與貝塔威爪哇人	伊斯蘭教	35.63	3	2	66.7	東南亞
18	卡納達人	印度教	34.91	164	160	97.6	南亞
19	旁遮普人	伊斯蘭教	33.70	241	230	95.4	南亞
20	豪薩人	伊斯蘭教	33.28	20	20	100.0	西非
21	富拉尼／富爾貝人	伊斯蘭教	32.64	50	49	98.0	西非
22	緬甸人	佛教	32.46	26	24	92.3	東南亞
23	庫德人	伊斯蘭教	29.86	53	53	100.0	西亞
24	阿拉伯阿拉伯人	伊斯蘭教	29.37	93	66	71.0	中東
25	亞塞拜然人	伊斯蘭教	29.21	36	36	100.0	西亞
26	烏茲別克人	伊斯蘭教	27.17	20	20	100.0	中亞
27	孟—高棉人	佛教	25.96	223	161	72.2	東南亞
28	馬來人	伊斯蘭教	24.82	82	44	53.7	東南亞
29	蘇丹阿拉伯人	伊斯蘭教	23.46	44	43	97.7	北非
30	彝族	民族宗教	21.24	170	127	74.7	東亞、東南亞
31	壯族	民族宗教	18.92	29	26	89.7	東亞、東南亞
32	中國回族	伊斯蘭教	18.54	18	17	94.4	東亞
33	貝都因阿拉伯人	伊斯蘭教	17.37	15	15	100.0	中東
34	奧里雅人	印度教	16.13	313	302	96.5	南亞
35	索馬里人	伊斯蘭教	15.96	29	28	96.6	非洲之角
36	龔德人	印度教	15.88	11	8	72.7	南亞
37	維吾爾人	伊斯蘭教	15.61	24	24	100.0	東亞／中亞
38	爪哇馬都拉人	伊斯蘭教	14.90	5	4	80.0	東南亞
39	比爾人	印度教	14.65	8	8	100.0	南亞
40	猶太人	民族宗教	14.55	181	176	97.2	中東
41	滿州人	無宗教信仰	13.42	4	4	100.0	東亞
42	其他南亞人	印度教	13.41	161	134	83.2	南亞
43	哈薩克人	伊斯蘭教	12.93	34	33	97.1	中亞
44	尼泊爾—帕哈里人	印度教	12.87	85	77	90.6	南亞
45	烏拉爾—塞爾維亞人	伊斯蘭教	11.67	104	57	54.8	東歐
46	高加索人	伊斯蘭教	11.32	157	122	77.7	西亞／東歐
47	苗族	民族宗教	11.23	69	47	68.1	東南亞
48	葉門阿拉伯人	伊斯蘭教	11.18	16	16	100.0	中東
49	蒙古人	佛教	11.09	49	43	87.8	東亞
50	俾路支人	伊斯蘭教	10.44	22	22	100.0	南亞

附錄二
資料來源說明

　　本書希望教導並激勵神的子民為改變世界而禱告，並且付諸行動。書中提供的數據資料十分重要。這些經過縝密調查研究之後所得的數值，不僅奠定《普世宣教手冊》的基礎，同時使本書的代禱事項更加充實與完整。

　　各個國家、宗派、宣教機構所提供的（世俗、宗教、基督教方面的）資料是否堪用或正確與否不盡相同，有些團體甚至並未保存資料。除了資料品質不一，完成《普世宣教手冊》的相關研究更需耗費大量的時間，因此資料未必百分之百正確。因此若讀者發現任何明顯的失誤或錯誤，請至 www.operationworld.org 提出建議或指正，我們絕對歡迎各位的指教！我們的事工是以互相合作為基礎，因此相當重視與世界各地讀者與機構的聯繫與交流。

　　我們希望透過這些數值，幫助讀者能確實明白上帝在世上所作的工，以及我們遵行大使命時所面臨的挑戰。這實在不是件容易的事！除了「普世宣教機構」的事工之外，只有「世界基督教資料庫」（World Christian Database）、「世界宗教資料庫」（World Religion Database）會蒐集全球的宗教、宗派與教會的資料。

資料來源

　　以下將說明書中每個地區與國家各方面資料的來源與使用方式。

　　《萬國代禱手冊》改編（並精簡）自 2010 年所出版的第七版《普世宣教手冊》，因此書中所列都是 2010 年的數值，文字內容則根據 2014 年六月取得的資料，並新增了國家所遭遇的重大變化（如南蘇丹的建國、荷屬安地列斯群島的解體，或「阿拉伯春天」引發的事件）。

　　〔註：欲瞭解 2015 年完整的國家人口數值表，請見附錄一：全球現況與數據（360 頁），該表列出了 2010 年的人口、基督徒、福音派基督徒、非基督徒、福音未得之民以及各族群的數量，也包括 2015 年的都市人口、人類發展排名、識字率、十五歲以下人口與個人平均所得。〕

人口數

人數 根據 2008 年聯合國人口資料庫衍生的估計值。有些聯合國的數字與國家政府提供的不符，因此為了尋求《普世宣教手冊》的一致，本書會採用聯合國 2010 年的資料。

首都 這些都市的人口資料基本上都取自 2010 年的世界基督教資料庫，且大部分是都市群（conurbations，以大都市為中心，加上周圍環繞的衛星都市，在社會或經濟上形成共同生活圈）的人口現況。這與以都市的邊界計算人口的作法不同，卻反而更能反映都市人口無限擴張的實際狀況。若都市實際人口在某些情況下更具代表性，本書也會視情況採用。

宗教

包括所有宗教、基督教與福音派基督教，統計資料都直接引自 2010 年的「普世宣教機構」資料庫，唯一例外的是蘇丹與南蘇丹（根據 2010 年的「普世宣教機構」資料所修正）。

基督徒 不分宗派與委身程度，指的是所有自稱基督徒的人口。欲瞭解本書為何採用廣義的「基督徒」定義，將一般未將之歸類為基督徒的群體也含括在內，請見 379 頁。

福音派基督徒 概念的說明詳見 380 頁。福音派基督徒的統計資料是根據「普世宣教機構」的基督教與宗派資料而修正，「普世宣教機構」的「福音派」定義與其他著名的基督教與宗教資料來源稍有出入。「普世宣教機構」特別提供了相關數值，幫助建立全球基督教信仰的知識系統。

主要宗教 指的是擁有最多信徒的宗教信仰。成長最快速的宗教，意指 2005 年至 2010 年期間年度成長率最高的宗教。本書未列出信徒比例低於 1% 的宗教。

種族

主要族群 本書以最簡單明瞭的方式呈現各國的族群多元性，各族群的人口與比例資料引自「約書亞計畫」（Joshua Project）名錄，並稍作修改。書中呈現各族群佔全國人口的比例，並於括弧中附註相關說明或敘述。本書並未列出國內所有族群，僅列出原住民族與人口較多的族群，有時也會列出難民

與短暫居留的族群，但未必會附註他們於全國人口中所佔的比例。同時，本書亦按照各國適用的方式，呈現該國現況資料。

官方語言 該國政府認可使用的語言。

全部語言 當地人使用的語言，資料來源為「民族語」（Ethnologue）資料庫。

經濟與政治

目的不在於完整分析政治局勢，而是透過簡短的文字介紹各國概況，使讀者對於該國背景有基本的認識。

普世宣教機構資料庫與資訊來源

《萬國代禱手冊》是依據第七版的《普世宣教手冊》所修訂，原書厚達一千頁，書中包含數千筆紮實的資料來源與資料要點，因此本書無法完整收錄原書的每一筆參考文獻與書目。

此處將特別提及幾個重要的資料來源，大多數來源所提供的資料都非常專業、一致，包括聯合國、世界銀行、國際貨幣基金組織、《大英百科年鑑》、《人類發展報告》、民族語機構、世界基督教資料庫與約書亞計畫資料庫。

代禱事項的資料來源甚至更加廣泛，除了透過與一千多人的書信往來，我們更藉由近十萬封電子郵件、傳真、私人信件、問卷來調查相關資料，並確認資料與文字正確與否。網路搜尋則是取得各國重要資訊的方法之一，我們透過網路與世界各角落專業人士交流，獲得他們提供的資訊與建議。

書中有許多統計資料，都曾收錄於某個於 1984 年所建立的資料庫。該資料庫提供的資料既是本書的重要來源，亦奠定了前輩《普世宣教手冊》的基礎。「普世宣教機構」資料庫則收集了人口、經濟、社會、宗教，以及基督教各宗派與宣教機構的統計資料。

〔註：《普世宣教手冊》完整版的內頁收錄了更多相關資料，《普世宣教手冊》DVD 的內容更包含資料庫所有的表格與資料表。因此我們鼓勵讀者至www.operationworld.org 網站，瞭解「普世宣教機構」其他的資料內容。〕

附錄三
名詞解釋

10/40 Window 10/40 之窗　指全球北緯十度至四十度之間的地帶，包含北非、中東和亞洲。這個長方窗框形假想地區擁有最大量的物質及靈性上的需求、最多的福音未得之民。大多數國家的政府均積極地反對基督教。

adherent 信徒　特定宗教、教會或哲學思想的跟從者。這是一個廣泛的定義，僅反映人們對自己的身分認同，無涉他們的實踐狀況和忠誠度。它指的是公開認信者，即使他們只是掛名的跟隨者。

affiliated Christians 連屬基督徒　是指所有被認為屬於一個有組織的教會的群體，包括正式會友以及有參與聚會的非正式會友，包括成年人與孩童，是一個比教會正式會友更大的群體。

Alpha Course 啟發課程　在家庭、教會、咖啡廳以及其他地點的非正式聚會，向非基督徒介紹福音。這個運動從英國發跡，在過去二十年中擴散到許多國家，在大多數文化脈絡中皆頗有福音功效。

animism 泛靈信仰　相信一切沒有生命的物體都有靈魂附著其上，因此人類必須討好它們，不要使它們發怒，以免遭到傷害。

born-again believers 重生信徒　意指那些在恩典中，藉著信心和基督的救贖之工，得以接受聖靈所賜的新生命的人。在日常用語當中，指那些宣稱經歷過福音轉變大能的人。然而，全世界究竟有多少人真正獲得重生，這精確數字只有上帝知道。

charismatics 靈恩派　那些經歷過聖靈更新能力、並且能作見證的人，他們操練聖靈的恩賜（例如說方言、醫治、說預言和施展神蹟奇事）。一般來說，靈恩更新或所謂「第二波」五旬宗仍屬於基督教主流的宗派。另有「第三波」更新運動，雖與第二波有許多相似之處，但很少公開地表明自己與正統五旬宗或靈恩運動的關聯。然而，本書將第二波和第三波靈恩運動歸為同一個派別。在我們的普世宗派調查當中，只統計了 1990 年至 2010 年間全球 37,500 個宗派與靈恩運動有關的比例，這個結果很有可能並未包括已不再積極參與靈恩運動的信徒。

Christian 基督徒　是指任何自稱為基督徒者，包括相信既有基督教傳統及信仰，和他們的委身程度或神學觀念是否正統無關。這裡唯一的標準是對

信仰的自我認同，我們採納這個原則的經文根據是馬太福音十章 32 節和羅馬書十章 9 節。

Church 教會（大寫 C）指某一個特定宗派、國家、甚至全球的教會，也可以抽象地指那普世性、看不見的教會。

church 教會（小寫 c）指本地的一群信徒，這個字也常指一座教會建築或其事工，但在本書中多避免這種用法。開創新教會則稱為「植堂」（church planting）。

cross-cultural missionaries 跨文化宣教士 是指由教會所差派的全時間基督徒工人，在國內或國外不同文化的人群中宣教。

denomination 宗派 是指在一國之內的信徒群體正式或非正式聯結的組織或網絡。請留意，國際性宗派因在數個國家中建立事工，會被重複計算。

ethnic religions 民族信仰 是一般性的名詞，代表許多與民族有關的非正式宗教，例如祖先崇拜、泛靈信仰、物質崇拜、拜物教、薩滿教、通靈術等等。

ethnolinguistic people 民族語言群體 是指有相同語言的種族或宗族，並認定有同一祖先、歷史、習俗及語言的傳統。本書中所提到的「民族」（people）或「民族群體」（people group）大多是採用這個定義。

ethnoreligionist 民族信仰者 是一般性的名詞，代表侷限在某個民族內部裡的相同信仰者。他們的信仰是封閉的，包括（但不限於）泛靈信仰、祖先崇拜、多神信仰、精靈崇拜、薩滿教、民俗宗教、泛神論、部落彌賽亞運動、以及其他類似宗教信仰。

evangelicals 福音派 本書稱為「福音派」的乃具有以下信仰的基督徒：

(1) 信靠主耶穌基督是其唯一得到救恩的途徑，基督的受死和復活帶來了救恩。(2) 個人的信心和悔改乃出於聖靈的更新。(3) 承認聖經是神所默示的，是基督徒信仰與生活的準則。(4) 委身於合乎聖經的生活方式、個人見證、佈道及宣教事工，領人信主。

福音派信徒大多屬新教、獨立宗派或聖公會，其中也有些屬天主教或東正教。本書中有關福音派的統計數字，包括：

(1) 所有連屬於各宗派的基督徒（會友及子女等），在神學上合乎以上福音派的定義。(2) 部分連屬於其他宗派的基督徒，有福音派的觀點，但並非完全接納福音派的神學。

以上是神學性的定義，而非根據個人經歷，故在本書相關統計數字中，不一定每個人都有「得救」或「重生」的經歷。只有上帝知道真正重生

得救的人數有多少！在許多國家中，這裡定義的福音派中可能只有一部分是有真正悔改並行出基督徒生命的人。然而，這些數字仍然顯示出有多少人願意認同這樣宣揚福音的教會。

evangelism 傳福音 基督徒傳講福音的行動。

evangelization 福音化 宣講、分享福音，並看到福音的種子結出果子的過程（不論在屬靈層面和物質層面上）。

evangelized 聽聞福音者 是指曾經聽過福音的人，知道耶穌自稱為神的兒子，祂降世為人贖罪，並且要人順服跟隨祂。聽過福音的人未必相信。在 2010 年，全世界的聽聞福音者大概有十七至十九億人。

fetishes 拜物教 這個宗教相信無生命的物件有神祕能力，故依賴護身符、驅邪符、飾物等來保護自己或侵害別人。主要盛行於非洲及中南美洲。

foreign missionaries 外國宣教士 由教會或宣教機構差派至外國傳福音的全時間基督徒工人。

Global North 北方國家 歐洲、北美國家以及澳洲和紐西蘭。與「南方國家」相對。

Global South 南方國家 拉丁美洲、加勒比海地區的國家，以及非洲、亞洲以及大部分太平洋國家。這種北／南之分開始於九〇年代後期，相當於西方／非西方之分。

Great Commission 大使命 耶穌升天前給門徒的一連串最後的命令，要他們往普世傳福音，為相信的人施洗／浸，訓練他們作門徒，並教訓他們遵守耶穌的教導。

harvest force 收莊稼隊伍 是指積極或有心參與大使命事工的所有基督徒團體。

least-reached peoples 最少觸及之民 請看「未得之民」的定義。

Majority World 人口在世界佔多數的國家 南美、非洲、亞洲國家。《普世宣教手冊》較喜歡使用這個名詞代替「非西方國家」或「南方國家」。

marginal groups 邊緣宗派 本書用這個名詞來形容所有似是而非的基督教宗派，他們接受某些基督教特徵、部分聖經真理，再加上所謂特別從神而來的啟示，多半聲稱只有他們擁有「真道」。很多讀者會懷疑他們應否算為基督徒，這是合理的疑問。然而，本書慣以各人自認的宗教信仰分類，所有這類邊緣宗派的信徒都聲稱忠於基督，故儘管他們在基督位格、神性、代贖以及復活等神學觀上可能有錯誤，但為使讀者窺見今天潛身在基督教名義下各種活動之全貌，我們將之歸入為廣義基督教。

MegaBloc 宗派體系 本書將基督教分為六大體系：新教、獨立／本土宗派、聖公會、天主教、東正教以及邊緣宗派。

missionary 宣教士 是指一個被差去傳信息的人。這是從拉丁文演變出來的名稱，與新約聖經沿用「使徒」（apostle）一詞有相同意義。基督教宣教士是由當地教會差出去傳福音、建立教會及培育信徒的人，很多時候他們被差到不同種族、文化或語言的人群之中工作。近代對「宣教士」一詞，隨著地區的偏好而有很大的差異：

(1) 北美洲較狹窄的用法：所有被差往外國傳福音、建立教會或從事牧養工作的人。(2) 歐洲及拉丁美洲較廣義的用法：所有被差派出去，無論在外國或本土傳福音、建立教會或從事跨文化事工的人。(3) 非洲及亞洲更廣義的用法：這用法更接近上述提及聖經中的用詞，包含所有被差出去傳福音、建立教會或從事其他事工的人，無論是否為跨文化事工、或在本國或外國。

《普世宣教手冊》通常會綜合各地區對宣教士的看法，將之分為以下三類：外國、跨文化、本土。大多數外國宣教士都從事跨文化事工，雖然有些是在同文化的僑民當中工作。

non-Western world 非西方世界 是指拉丁美洲、非洲與亞洲的國家。本書很少使用第三世界，或二／三世界這些含有輕蔑或傲慢色彩的名詞；而且，自共產黨第二世界崩潰後，這些名詞已失去意義。這個名詞意同「南方國家」與「人口在世界佔多數的國家」。

Pentecostals 五旬宗 是指那些屬於五旬宗神學派別的信徒，通常在重生後經歷聖靈的洗禮，有聖靈的恩賜，且說方言。

people group 民族群體 在社會學上是指一大群自覺彼此有密切關係的人。從傳福音的觀點來看，這是個最廣大的人群組合，福音在當中傳播不會因任何隔閡而受到攔阻、誤解或不接納。本書採用的民族群體定義是指**民族語言群體**（ethnolinguistic people group），即按照人們的語言和種族來決定他們的認同感和忠誠度。我們通常用**族群**來代替**民族群體**這個名詞。

people movement 民族群體歸主運動 是指某一個民族群體裡一大群非基督徒歸主的運動，通常是整個家族和社區一起歸主。

reached/unreached 福音已得／未得之民 通常是用來形容某群或某地區的人是否已對福音有所回應。嚴格來說，它代表對福音接觸的程度，而非他們有否接納福音。雖然這個詞組不太準確，本書仍將繼續使用。

renewal 更新 是指教會的信徒加強個人的復興或對基督的委身，在傳統宗派

中靈恩運動的更新便是個例子。見「靈恩派」條目。

revival 復興 是指那些日漸冷淡無力、世俗化的信徒和教會，再次經歷到靈命恢復、充滿能力的過程。復興運動常被誤認為傳福音運動，其實復興是神大能的運行（通常是回應人們的禱告），以聖靈澆灌祂的百姓，使他們恢復愛主的熱忱。

Shamanism 薩滿教 以巫醫、治療師、占卜師為重要的信仰對象的傳統民間宗教，又稱黃教。

Shari'a 伊斯蘭律法 根據可蘭經以及其他穆斯林傳統文獻（*hadith*）所制定的伊斯蘭律法制度。

Shi'a Muslims 什葉派穆斯林 是伊斯蘭教第二大派別，在伊朗及亞洲的中、南部最強盛。他們的領導人可追溯到穆罕默德的堂兄弟阿里（Ali）。

short-term worker 短期工人 指在宣教工場工作六個月至兩年不等的工人。

Sufi 蘇菲派 信奉伊斯蘭教蘇菲派的人，專注在追尋伊斯蘭教的神祕天啟。

Sunni Muslims 遜尼派穆斯林 伊斯蘭教的一個主流派別跟隨者。

syncretism 混合主義 是指將不同的宗教信仰混合，構成一個信仰系統及條規。如巴哈伊教是融合伊斯蘭教、基督教及其他宗教信條而成。亦有些非洲本土宗派，企圖融合基督教和在基督教傳入之前已有的傳統信仰。

traditional ethnic religion 傳統民族信仰 是一般性的名詞，表示一個國家的非正式及民族性的宗教。

unaffiliated Christians 無連屬基督徒 指自稱是基督徒，卻不附屬於任何正規的教會或宗派的人。

unevangelized 未聽聞福音者 指那些沒有足夠的機會以聽見福音和做出回應的人。

Universalism 普救論 這一派相信所有的人終必得救，無論他們在世時相信什麼或做了什麼。

unreached people 未得之民 是指在一個民族語言群體之中，不存在任何基督徒群體，其人數及資源足以在沒有外界（跨文化）的協助時，能獨自向他們的同胞傳福音的群體。有時這些群體也會被稱為最少觸及之民（least-reached people）、隱藏之民（hidden people）或前線之民（frontier people）。

Wahhabi 瓦哈比派 是一個信仰保守基要派的伊斯蘭宗派別，多數集中在沙烏地阿拉伯、波斯灣及中亞地區的國家。

Western World 西方世界 歐洲、北美國家以及澳洲和紐西蘭。

禱告日曆

一月		二月		三月	
1 ☐	世界 (p.1)	1 ☐	歐洲 (p.273)	1 ☐	孟加拉 (p.156)
2 ☐	世界 (p.1)	2 ☐	歐洲 (p.273)	2 ☐	孟加拉 (p.156)
3 ☐	世界 (p.1)	3 ☐	歐洲 (p.273)	3 ☐	孟加拉 (p.156)
4 ☐	世界 (p.1)	4 ☐	歐洲 (p.273)	4 ☐	巴貝多 (p.145)
5 ☐	世界 (p.1)	5 ☐	歐洲 (p.273)	5 ☐	白俄羅斯 (p.277)
6 ☐	世界 (p.1)	6 ☐	大洋洲 (p.347)	6 ☐	比利時 (p.278)
7 ☐	世界 (p.1)	7 ☐	大洋洲 (p.347)	7 ☐	比利時 (p.278)
8 ☐	世界 (p.1)	8 ☐	大洋洲 (p.347)	8 ☐	貝里斯 (p.99)、
9 ☐	世界 (p.1)	9 ☐	阿富汗 (p.150)		百慕達 (p.145)
10 ☐	世界 (p.1)	10 ☐	阿富汗 (p.150)	9 ☐	貝南 (p.15)
11 ☐	世界 (p.1)	11 ☐	阿爾巴尼亞 (p.274)	10 ☐	不丹 (p.158)
12 ☐	非洲 (p.11)	12 ☐	阿爾及利亞 (p.12)	11 ☐	玻利維亞 (p100)
13 ☐	非洲 (p.11)	13 ☐	阿爾及利亞 (p.12)	12 ☐	玻利維亞 (p100)
14 ☐	非洲 (p.11)	14 ☐	美屬薩摩亞 (p.357)、	13 ☐	波士尼亞 (p.280)
15 ☐	非洲 (p.11)		安道爾 (p.343)	14 ☐	波札那 (p.16)
16 ☐	非洲 (p.11)	15 ☐	安哥拉 (p.14)	15 ☐	巴西 (p.101)
17 ☐	非洲 (p.11)	16 ☐	安哥拉 (p.14)	16 ☐	巴西 (p.101)
18 ☐	非洲 (p.11)	17 ☐	安圭拉(p.145)、	17 ☐	巴西 (p.101)
19 ☐	美洲 (p.97)		安地卡與巴布達 (p.145)	18 ☐	巴西 (p.101)
20 ☐	美洲 (p.97)	18 ☐	阿根廷 (p.98)	19 ☐	英屬印度洋區域 (p.92)、
21 ☐	美洲 (p.97)	19 ☐	阿根廷 (p.98)		英屬維京群島 (p.145)、
22 ☐	美洲 (p.97)	20 ☐	亞美尼亞 (p.152)		汶萊 (p.159)
23 ☐	美洲 (p.97)	21 ☐	亞美尼亞 (p.152)	20 ☐	保加利亞 (p281)
24 ☐	美洲 (p.97)	22 ☐	阿魯巴 (p.145)	21 ☐	布吉納法索 (p.17)
25 ☐	亞洲 (p.149)	23 ☐	澳洲 (p.348)	22 ☐	布吉納法索 (p.17)
26 ☐	亞洲 (p.149)	24 ☐	澳洲 (p.348)	23 ☐	蒲隆地 (p.19)
27 ☐	亞洲 (p.149)	25 ☐	奧地利 (p.275)	24 ☐	柬埔寨 (p.160)
28 ☐	亞洲 (p.149)	26 ☐	奧地利 (p.275)	25 ☐	柬埔寨 (p.160)
29 ☐	亞洲 (p.149)	27 ☐	亞塞拜然 (p.153)	26 ☐	喀麥隆 (p.21)
30 ☐	亞洲 (p.149)	28 ☐	巴哈馬 (p.145)、巴林 (p.155)	27 ☐	喀麥隆 (p.21)
31 ☐	亞洲 (p.149)	29 ☐	巴哈馬 (p.145)、巴林 (p.155)	28 ☐	加拿大 (p.104)
				29 ☐	加拿大 (p.104)
				30 ☐	維德角群島 (p.92)、
					開曼群島 (p.145)
				31 ☐	中非共和國 (p.22)

七月

1 ☐ 印度 (p.183)
2 ☐ 印度 (p.183)
3 ☐ 印度 (p.183)
4 ☐ 印度 (p.183)
5 ☐ 印尼 (p.201)
6 ☐ 印尼 (p.201)
7 ☐ 印尼 (p.201)
8 ☐ 印尼 (p.201)
9 ☐ 印尼 (p.201)
10 ☐ 印尼 (p.201)
11 ☐ 印尼 (p.201)
12 ☐ 印尼 (p.201)
13 ☐ 印尼 (p.201)
14 ☐ 伊朗 (p.209)
15 ☐ 伊朗 (p.209)
16 ☐ 伊朗 (p.209)
17 ☐ 伊拉克 (p.212)
18 ☐ 伊拉克 (p.212)
19 ☐ 愛爾蘭 (p.301)
20 ☐ 以色列 (p.214)
21 ☐ 以色列 (p.214)
22 ☐ 義大利 (p.303)
23 ☐ 義大利 (p.303)
24 ☐ 牙買加 (p.125)
25 ☐ 日本 (p.215)
26 ☐ 日本 (p.215)
27 ☐ 日本 (p.215)
28 ☐ 約旦 (p.218)
29 ☐ 約旦 (p.218)
30 ☐ 哈薩克 (p.219)
31 ☐ 哈薩克 (p.219)

八月

1 ☐ 肯亞 (p.47)、吉里巴斯 (p.357)
2 ☐ 肯亞 (p.47)、吉里巴斯 (p.357)
3 ☐ 北韓 (p.221)
4 ☐ 北韓 (p.221)
5 ☐ 南韓 (p.222)
6 ☐ 南韓 (p.222)
7 ☐ 科威特 (p.224)
8 ☐ 吉爾吉斯 (p.225)
9 ☐ 寮國 (p.227)
10 ☐ 拉脫維亞 (p.305)
11 ☐ 黎巴嫩 (p.228)
12 ☐ 賴索托 (p.49)
13 ☐ 賴比瑞亞 (p.50)
14 ☐ 賴比瑞亞 (p.50)
15 ☐ 利比亞 (p.52)
16 ☐ 列支敦斯登、盧森堡 (p.344)
17 ☐ 立陶宛 (p.306)
18 ☐ 馬其頓 (p.307)
19 ☐ 馬達加斯加 (p.53)
20 ☐ 馬拉威 (p.55)
21 ☐ 馬來西亞 (p.230)
22 ☐ 馬來西亞 (p.230)
23 ☐ 馬爾地夫 (p.233)
24 ☐ 馬利 (p.56)
25 ☐ 馬利 (p.56)
26 ☐ 馬爾他(p.308)、
　　馬丁尼克 (p.145)
27 ☐ 茅利塔尼亞 (p.57)
28 ☐ 模里西斯、馬約特 (p.92)
29 ☐ 墨西哥 (p.126)
30 ☐ 墨西哥 (p.126)
31 ☐ 墨西哥 (p.126)

九月

1 ☐ 密克羅尼西亞 (p.357)
2 ☐ 摩爾多瓦(p.309)、
　　摩納哥 (p.344)
3 ☐ 蒙古 (p.234)
4 ☐ 蒙特內哥羅 (p.310)、
　　蒙哲臘 (p.145)
5 ☐ 摩洛哥 (p.59)
6 ☐ 摩洛哥 (p.59)
7 ☐ 莫三比克 (p.61)
8 ☐ 莫三比克 (p.61)
9 ☐ 緬甸 (p.235)
10 ☐ 緬甸 (p.235)
11 ☐ 納米比亞 (p.62)、諾魯 (p.357)
12 ☐ 尼泊爾 (p.237)
13 ☐ 尼泊爾 (p.237)
14 ☐ 荷蘭 (p.311)、庫拉考 (p.145)、
　　聖馬丁 (p.145)
15 ☐ 新喀里多尼亞 (p.357)
16 ☐ 紐西蘭 (p.352)
17 ☐ 尼加拉瓜 (p.128)
18 ☐ 尼日 (p.64)
19 ☐ 尼日 (p.64)
20 ☐ 奈及利亞 (p.65)
21 ☐ 奈及利亞 (p.65)
22 ☐ 奈及利亞 (p.65)
23 ☐ 挪威 (p313)
24 ☐ 阿曼 (p.240)
25 ☐ 巴基斯坦 (p.241)
26 ☐ 巴基斯坦 (p.241)
27 ☐ 巴基斯坦 (p.241)
28 ☐ 巴基斯坦 (p.241)
29 ☐ 巴勒斯坦 (p.245)、
　　巴拿馬 (p.130)
30 ☐ 巴布亞紐幾內亞 (p.354)

教會復興叢書 23

萬國代禱手冊

編　　者：萬迪克（Jason Mandryk）、沃莫莉（Molly Wall）
翻 譯 者：顧華德、黃懿翎
總 編 輯：金玉梅
責任編輯：陳郁文
校　　對：王德恩、張瑋哲
出 版 者：橄欖出版有限公司
　　　　　新北市中和區連城路 236 號 3 樓
　　　　　電話：(02)8228-1318　傳真：(02)2221-9445
　　　　　網址：http://blog.yam.com/cclmolive

發 行 人：李正一
發　　行：華宣出版有限公司 CCLM Publishing Group Ltd.
　　　　　新北市中和區連城路 236 號 3 樓
　　　　　電話：(02)8228-1318　傳真：(02)2221-9445
　　　　　郵政劃撥：19907176 號　網址：www.cclm.org.tw
香港地區：橄欖出版（香港）有限公司
總 代 理　Olive Publishing (HK) Ltd.
　　　　　中國香港荃灣橫窩仔街 2-8 號永桂第三工業大廈 5 樓 B 座
　　　　　Tel: (852) 2394-2261　Fax: (852) 2394-2088
　　　　　網址：www.ccbdhk.com
新加坡區：錫安書房 Xi-An Bookstore
經 銷 商　212, Hougang Street 21 #01-339
　　　　　Singapore 530212
　　　　　Tel: (65)62834357　Fax: (65)64874017
　　　　　E-mail: gtdist@singnet.com.sg
北美地區：北美基督教圖書批發中心 Chinese Christian Books Wholesale
經 銷 商　603 N. New Ave #A Monterey Park, CA 91755 USA
　　　　　Tel: (626)571-6769　Fax: (626)571-1362
　　　　　Website: www.ccbookstore.com
加拿大區：神的郵差國際文宣批發協會
經 銷 商　Deliverer Is Coming International Publishing
　　　　　B109-15310 103A Ave. Surrey BC Canada V3R 7A2
　　　　　Tel: (604)588-0306　Fax: (604)588-0307
澳洲地區：佳音書樓 Good News Book House
經 銷 商　1027, Whitehorse Road, Box Hill, VIC3128, Australia
　　　　　Tel: (613)9899-3207　Fax: (613)9898-8749
　　　　　E-mail：goodnewsbooks@gmail.com

封面設計：戴芯榆
內頁設計：周佳慧
承 印 者：橄欖印務部
行政院新聞局登記證局版台業字第 2600 號
出版時間：2016 年 02 月初版 1 刷
年　　份：20　19　18　17　16
刷　　次：05　04　03　02　01　　　　　　　　版權所有，翻印必究

國家圖書館出版品預行編目 (CIP) 資料

萬國代禱手冊 / 萬迪克 (Jason Mandryk), 沃莫莉 (Molly Wall) 編
; 顧華德, 黃懿翎翻譯 . -- 初版 . -- 新北市 : 橄欖出版 : 華宣發
行 , 2016.02
416 面 ; 17×23 公分 . -- (教會復興叢書 ; 23)
譯自 : Pray for the world
ISBN 978-957-556-841-2(平裝)

1. 基督教　2. 祈禱

244.3　　　　　　　　　　　　　　　　　　105000824